Die Zulässigkeit des Präventiveinsatzes der Streitkräfte im Innern zur Abwehr terroristischer Gefahren

Europäische Hochschulschriften Recht

European University Studies in Law

Publications Universitaires Européennes de Droit

Band/ Volume **6263**

Alexander Nörz

Die Zulässigkeit des Präventiveinsatzes der Streitkräfte im Innern zur Abwehr terroristischer Gefahren

PETER LANG

Bibliografische Information der Deutschen Nationalbibliothek
Die Deutsche Nationalbibliothek verzeichnet diese Publikation in der Deutschen Nationalbibliografie; detaillierte bibliografische Daten sind im Internet über http://dnb.d-nb.de abrufbar.

Zugl.: Bonn, Univ., Diss., 2021.

Gedruckt auf alterungsbeständigem, säurefreiem Papier.

D 5
ISSN 0531-7312
ISBN 978-3-631-85996-4 (Print)
E-ISBN 978-3-631-86784-6 (E-PDF)
E-ISBN 978-3-631-86785-3 (EPUB)
DOI 10.3726/b19124

Peter Lang – Berlin · Bern · Bruxelles · New York · Oxford · Warszawa · Wien

Diese Publikation wurde begutachtet.

www.peterlang.com

Vorwort

Die vorliegende Arbeit wurde im Wintersemester 2020/2021 von der Rechts- und Staatswissenschaftlichen Fakultät der Rheinischen Friedrich-Wilhelms-Universität Bonn als Dissertation angenommen. Rechtsprechung und Literatur konnten für die Veröffentlichung im Wesentlichen noch bis Ende April 2021 berücksichtigt werden.

Herzlich danken möchte ich meinem Doktorvater Professor Dr. Heiko Sauer, den ich bereits in meinem Schwerpunktbereichsstudium als hervorragenden Wissenschaftler und Lehrer kennenlernen durfte. Es freut mich sehr, dass er mir die Chance gegeben hat, bei ihm zu promovieren, mich mein Thema frei aussuchen ließ und auf meinem Weg jederzeit bestmöglich mit seinem Rat, aber auch Zuspruch, unterstützte.

Herrn Professor Dr. Dr. Wolfgang Durner, LL.M. danke ich für die schnelle Erstellung des Zweitgutachtens.

Mein besonderer Dank gebührt meiner Familie, ihr ist diese Arbeit gewidmet. Meinen Eltern Gerda Nörz und Dieter Nörz, möchte ich dafür danken, dass sie mich immer und in jeder denkbaren Weise unterstützt und gefördert haben, stets den Glauben an mich behielten und die Entstehung der Arbeit mit großem Interesse verfolgt haben. Ohne sie wäre die Entstehung dieser Arbeit nicht möglich gewesen. Darüber hinaus danke ich meinem Vater auch dafür, dass er immer für die eine oder andere Diskussion zur Verfügung stand und die anstrengende Aufgabe des Korrekturlesens mit auf sich nahm. Ebenso möchte ich meiner Freundin danken, die in jeder Situation für mich da ist, mir mit ihrer Liebe immer neue Kraft gibt und mich durch alle Höhen und Tiefen bei der Entstehung dieser Arbeit begleitet hat.

Königswinter, im August 2021
Alexander Nörz

Inhaltsverzeichnis

Abkürzungsverzeichnis

a.F.	alte Fassung
ABC	atomar, biologisch und chemisch
ABl.	Amtsblatt (der Europäischen Union)
Abs.	Absatz
AnwBl.	Anwaltsblatt
AöR	Archiv des öffentlichen Rechts
Art.	Artikel
ATDG	Antiterrordateigesetz
BAYTEX 2018	Bayerische Terrorismusabwehr Exercise
Bd.	Band
BGBl.	Bundesgesetzblatt
BKAG	Gesetz über das Bundeskriminalamt und die Zusammenarbeit des Bundes und der Länder in kriminalpolizeilichen Angelegenheiten
BMI	Bundesministerium des Innern, auch: Bundesministerium des Innern, für Bau und Heimat
BMVg	Bundesministerium der Verteidigung
BPolG	Bundespolizeigesetz, Gesetz über die Bundespolizei
BR-Drs.	Bundesrats-Drucksache
BRJ	Bonner Rechtsjournal
BRV	Bismarcksche Reichsverfassung (Verfassung des Deutschen Reiches von 1871)
BT-Drs.	Bundestags-Drucksache
BT-Prot.	Bundestags-Plenarprotokoll
BVerfG	Bundesverfassungsgericht
BVerfGE	Entscheidungssammlung des Bundesverfassungsgerichts
BVerwGE	Entscheidungssammlung des Bundesverwaltungsgerichts
BWTEX 2019	Baden-Württembergische Terrorismusabwehr Exercise
BWV	Bundeswehrverwaltung – Zeitschrift für Verwaltung und Recht in der Bundeswehr
bzw.	beziehungsweise
ca.	circa
CAOC	Combined Air Operations Centre
CBRN	chemisch, biologisch, radiologisch und nuklear
CIR	Cyber- und Informationsraum

CJIL	Chinese Journal of International Law
ders.	derselbe
Diss.	Dissertation
DJZ	Deutsche Juristen-Zeitung
DÖV	Die Öffentliche Verwaltung
DRiZ	Deutsche Richterzeitung
DVBl.	Deutsches Verwaltungsblatt
ECR	Electronic Combat Reconnaissance (Tornado-Klasse, Jagdbomber)
ES&T	Europäische Sicherheit und Technik
EU	Europäische Union
FAZ	Frankfurter Allgemeine Zeitung
FS	Festschrift
gem.	gemäß
GETEX 2017	Gemeinsame Terrorismusabwehr Exercise
GG	Grundgesetz
GMBl.	Gemeinsames Ministerialblatt
GS	Gedächtnisschrift
GSG 9 d. Bpol	Grenzschutzgruppe 9 der Bundespolizei
GSZ	Zeitschrift für das Gesamte Sicherheitsrecht
GV. NRW.	Gesetz- und Verordnungsblatt (des Landes Nordrhein-Westfalen)
GVBl.	Bayerisches Gesetz- und Verordnungsblatt
Habil.-Schr.	Habilitationsschrift
HB-Drs.	Hamburgische Bürgerschaft-Drucksache
HDStR	Handbuch des Deutschen Staatsrechts
Hrsg.	Herausgeber
HStR	Handbuch des Staatsrechts
IDS	Interdiction Strike (Tornado-Klasse, Jagdbomber)
IMK	Ständige Konferenz der Innenminister
IS	Islamischer Staat (Terrororganisation in Syrien und dem Irak)
JA	Juristische Arbeitsblätter
JBÖS	Jahrbuch Öffentliche Sicherheit
JöR	Jahrbuch des öffentlichen Rechts der Gegenwart
Jura	Juristische Ausbildung
JuS	Juristische Schulung
KJ	Kritische Justiz
KPD	Kommunistische Partei Deutschlands
LKV	Landes- und Kommunalverwaltung

LKW	Lastkraftwagen
LuftSiG	Luftsicherheitsgesetz
m.w.N.	mit weiteren Nachweisen
MAD	Militärischer Abschirmdienst
NATO	North Atlantic Treaty Organization
NJW	Neue Juristische Wochenschrift
NLFZ SiLuRa	Nationale Lage- und Führungszentrum Sicherheit im Luftraum
NPD	Nationaldemokratische Partei Deutschlands
Nr.	Nummer
NVwZ	Neue Zeitschrift für Verwaltungsrecht
NWVBl.	Nordrhein-Westfälische Verwaltungsblätter
NZWehrr	Neue Zeitschrift für Wehrrecht
PolG NRW	Polizeigesetz des Landes Nordrhein-Westfalen
POR	Polizei- und Ordnungsrecht
Prot. d. BV.	Protokolle der Deutschen Bundesversammlung
RECCE	Reconnaissance, dt. Aufklärung (Tornado-Klasse, Aufklärung)
RGBl.	Reichsgesetzblatt
RuP	Recht und Politik
RW	Rechtswissenschaft: Zeitschrift für rechtswissenschaftliche Forschung
S+F	Sicherheit und Frieden
SAR	Search and Rescue
SEK	Spezialeinsatzkommando
SG	Soldatengesetz
SKB	Streitkräftebasis (militärischer Organisationsbereich der Streitkräfte)
sog.	sogenannt
Sp.	Spalte
S-Res.	Resolution des UN-Sicherheitsrats
SRP	Sozialistische Reichspartei
SRÜ	Seerechtsübereinkommen der Vereinten Nationen
StGB	Strafgesetzbuch
ThürVBl.	Thüringer Verwaltungsblätter
TranspR	Transportrecht
UBWV	Unterrichtsblätter für die Bundeswehrverwaltung; seit 2002: Unterrichtsblätter. Zeitschrift für Ausbildung, Fortbildung und Verwaltungspraxis für die Bundeswehrverwaltung
UN Doc.	United Nations Documents

UZwG	Gesetz über den unmittelbaren Zwang bei Ausübung öffentlicher Gewalt durch Vollzugsbeamte des Bundes
UZwGBw	Gesetz über die Anwendung unmittelbaren Zwanges und die Ausübung besonderer Befugnisse durch Soldaten der Bundeswehr und verbündeter Streitkräfte sowie zivile Wachpersonen
VBlBW	Verwaltungsblätter für Baden-Württemberg
VR	Verwaltungsrundschau
VV	Friedensvertrag von Versailles
VVDStRl	Veröffentlichungen der Vereinigung der deutschen Staatsrechtslehrer
WRV	Weimarer Reichsverfassung (Verfassung des Deutschen Reiches von 1919)
WSA	Wiener Schlussakte
ZaöRV	Zeitschrift für ausländisches öffentliches Recht und Völkerrecht
ZfP	Zeitschrift für Politik
ZG	Zeitschrift für Gesetzgebung
ZRP	Zeitschrift für Rechtspolitik
ZSanDstBw	Zentraler Sanitätsdienst der Bundeswehr (militärischer Organisationsbereich der Streitkräfte)
ZSE	Zeitschrift für Staats- und Europawissenschaften
zugl.	zugleich

Einleitung

In den vergangenen Jahren zeigte sich, welche Bedrohung von dem internationalen Terrorismus in Europa und auch in Deutschland ausgeht. Es war der sogenannte „Islamische Staat“, der die Gefährdungslage in Europa maßgeblich verändert hat. Die Anschläge nahmen im Januar 2015 durch einen von al-Qaida ausgeführten Angriff auf die Satirezeitschrift „Charlie Hebdo“ ihren Anfang.[1] Ihren Höhepunkt fanden sie, als Paris am 13.11.2015 das Ziel einer ganzen Serie koordinierter Anschläge durch sogenannte „Hit-Teams“[2] des „Islamischen Staates“ wurde. Nahezu zeitgleich wurden das Fußballstadion Stade de France sowie Restaurants, Cafés und das Bataclan Theater angegriffen. Bei den Anschlägen in Paris kamen 130 Menschen ums Leben, es gab über 650 Verletzte.[3] Die Organisation dieses Angriffs zeigt, dass die Bedrohung durch den Terrorismus in Europa nicht nur quantitativ, sondern auch qualitativ gestiegen ist. Insoweit kann von einer „neuen Dimension“[4] des Terrorismus gesprochen werden.[5] Frankreich und auch Belgien haben zahlreiche weitere Terroranschläge erlitten, die praktisch ausschließlich von dem „IS“ durchgeführt wurden.[6] Auch in Deutschland kam es im Jahr 2016 zu zahlreichen terroristischen Anschlägen mit islamistischem Hintergrund.[7] Der bislang schwerste Anschlag erfolgte am 19.12.2016 als ein LKW in den Berliner Weihnachtsmarkt gelenkt wurde und dies 12 Menschen das Leben kostete.[8] Im März 2019 verlor der „IS“ das letzte von ihm kontrollierte

---

1 Siehe zu diesem Anschlag *BMI*, Verfassungsschutzbericht 2015, S. 152.

2 „Hit-Teams“ sind Kleingruppen von Tätern, die gezielt und koordiniert komplexere Anschläge durchführen, oft haben sie bereits Kampferfahrung gesammelt oder wurden paramilitärisch ausgebildet, siehe dazu *S. Goertz*, Der neue Terrorismus, S. 168; *BMI*, Verfassungsschutzbericht 2017, S. 166, 174.

3 Zu den Anschlägen in Paris siehe *BMI*, Verfassungsschutzbericht 2015, S. 151.

4 *BMI*, Verfassungsschutzbericht 2015, S. 151.

5 In diese Richtung auch *S. Goertz*, Der neue Terrorismus, S. 168.

6 Für einen Überblick über die Anschläge im Jahr 2016, insbesondere von Brüssel und Nizza, siehe *BMI*, Verfassungsschutzbericht 2016, S. 156.

7 Im Einzelnen zu den Anschlägen vom 26.02.2016, 16.05.2016, 18.07.2016 und 24.07.2016 siehe *BMI*, Verfassungsschutzbericht 2016, S. 155.

8 Es gab weiterhin über 50 Verletzte, siehe *BMI*, Verfassungsschutzbericht 2016, S. 155.

Gebiet in Syrien.[9] Gerade seit den Gebietsverlusten entwickelte sich der „IS“ zu einem Untergrundnetzwerk, welches versucht die Gewalt über lokale Gebiete zurückzuerlangen.[10] Im April 2020 zeigte sich der „Islamische Staat“ auch bereits wieder in der Lage zur Durchführung lokaler komplexer Anschlagsereignisse.[11] Ihm verbleiben wohl auch weiterhin hinreichend finanzielle Mittel zur Unterstützung von Anschlägen im In- und Ausland.[12] In dem Verfassungsschutzbericht 2018 wird daher zu Recht davon gesprochen, dass sich die Bedrohungslage „auf hohem Niveau stabilisiert“[13] hat. Trotz dessen, dass im Jahr 2018 und 2019 innerhalb Deutschlands kein islamistischer Anschlag erfolgreich durchgeführt wurde, besteht die Gefahrenlage weiterhin.[14]

In jüngerer Zeit sind Bundeswehr und Polizei daher dazu übergegangen, in regelmäßigen Abständen groß angelegte gemeinsame Terrorismusabwehr-Übungen durchzuführen, um die Kooperation zu verbessern, die Kommunikation zu erproben und die Reaktionen zu beschleunigen, falls ein Streitkräfteeinsatz im Innern erforderlich werden sollte.[15] Die erste länderübergreifende Übung dieser Art wurde im März 2017 mit der Gemeinsamen Terrorismusabwehr Excercise 2017 (GETEX 2017) durchgeführt.[16] Als fiktives Szenario wurde der Übung die

---

9 *R. Hermann*, Warum der IS weiter gefährlich bleibt, FAZ (online) vom 22.03.2019, zu finden unter: https://www.faz.net/aktuell/politik/ausland/warum-der-is-weiter-gefaehrlich-bleibt-16103411.html (Stand: 03.07.2021).

10 BT-Drs. 19/15034, S. 2 f.

11 *BMI*, Verfassungsschutzbericht 2020, S. 192 f.

12 Ninth report of the Secretary-General on the threat posed by ISIL (Da'esh) to international peace and security and the range of United Nations efforts in support of Member States in countering the threat, UN Doc. S/2019/612, S. 3 Ziff. 11.

13 So wörtlich *BMI*, Verfassungsschutzbericht 2018, S. 171; im Wesentlichen daran festhaltend *BMI*, Verfassungsschutzbericht 2019, S. 173 f.; *BMI*, Verfassungsschutzbericht 2020, S. 4, 189.

14 Siehe auch die Einschätzung der Mitgliedstaaten der Vereinten Nationen: Ninth report of the Secretary-General on the threat posed by ISIL (Da'esh) to international peace and security and the range of United Nations efforts in support of Member States in countering the threat, UN Doc. S/2019/612, S. 6 Ziff. 26; Deutschland wird im Global Terrorism Index 2019 auch noch mit 4,25 Punkten bewertet und Frankreich sogar mit 5 Punkten, siehe *Institute for Economics & Peace*, Global Terrorism Index 2019, S. 8.

15 Vgl. das Ziel, genannt in BT-Drs. 19/1243, S. 2. Die Bundeswehr empfiehlt die Durchführung weiterer solcher Übungen, um die Zusammenarbeit der entsprechenden Behörden und Hilfsorganisationen zu optimieren, siehe BT-Drs. 19/3650, S. 9.

16 An der Übung waren die Länder Baden-Württemberg, der Freistaat Bayern, Bremen, Nordrhein-Westfalen, Saarland und Schleswig Holstein beteiligt, siehe BT-Drs. 19/

Situation eines besonders schweren Unglücksfalls zugrundegelegt, welcher sich durch eine bundesweite terroristische Gefährdungslage unter Verübung mehrerer terroristischer Anschläge innerhalb kurzer Zeit auszeichnete.[17] Sowohl am Münchener Hauptbahnhof als auch am Düsseldorfer Flughafen explodiert eine Bombe und tötete jeweils 20 Menschen, zudem liegt eine Flugabwehrwaffe auf dem Flugfeld; in einer Schule in Bremen fielen Schüsse von Maschinenpistolen; innerhalb von Bayern wurde ein Linienbus entführt, die Entführer forderten die Sendung einer Videobotschaft, da dem Verlangen nicht nachgekommen wurde, ist eine Geisel hingerichtet worden; ein Hamburger LKW mit einer Gefahrgutladung meldet sich nicht mehr und das GPS-Tracking fiel aus, wobei ein Zusammenhang mit dem Anschlag in Bremen vermutet wurde.[18] Es ergingen insgesamt 46 fiktive Anträge[19] zur Abfrage spezieller Fähigkeiten[20] an die Bundeswehr. Aufgrund der positiven Resonanz der GETEX Übung hat die IMK schon im Juni 2018 die Vorbereitungen zur Durchführung einer weiteren GETEX Übung eingeleitet.[21] Diese wird aufgrund der Corona-Pandemie voraussichtlich erst im Jahr 2024 stattfinden können.[22] Im Juni 2018 schloss sich

---

1243, S. 4; 19/2556, S. 3; siehe allgemein dazu https://www.bmi.bund.de/SharedDocs/faqs/DE/themen/sicherheit/GETEX/getex-liste.html (Stand: 03.07.2021).

17 BT-Drs. 18/12066, S. 2; 19/1243, S. 2.

18 Die Rekonstruktion des exakten Szenarios gestaltet sich als schwierig, vgl. zu den hier benannten Aspekten in einer Zusammenschau den Beitrag des Bundeswehrverbandes, zu finden unter: https://www.dbwv.de/aktuelle-themen/politik-verband/beitrag/news/polizei-und-bundeswehr-trainieren-zusammen-fuer-terror-ernstfall (Stand: 03.07.2021); *M. Holscher*, Bundeswehr und Polizei üben gemeinsam den Antiterrorkampf, Spiegel Online vom 07.03.2017, zu finden unter: http://www.spiegel.de/politik/deutschland/bundeswehr-und-polizei-ueben-einsatz-gegen-terror-a-1137522.html (Stand: 03.07.2021); *J. Leithäuser*, Unbekannte Gefilde, FAZ vom 06.03.2017, S. 4.

19 30 davon waren Amtshilfeersuchen gem. Art. 35 Abs. 1 GG, diese wurden alle gebilligt. 16 weitere Ersuchen richteten sich auf Hilfeleistungen, die auf Art. 35 Abs. 2 S. 2 GG gestützt werden mussten, nur 13 davon wurden (teilweise unter Auflagen) zugesagt, siehe BT-Drs. 18/12066, S. 4; für eine genaue Auflistung vgl. BT-Drs. 19/3650, S. 6 f.

20 BT-Drs. 18/12066, S. 4.

21 *IMK*, Sammlung der zur Veröffentlichung freigegebenen Beschlüsse der 208. Sitzung der ständigen Konferenz der Innenminister und –senatoren der Länder, S. 23.

22 Die Übung war für das Jahr 2020 angesetzt und wurde pandemiebedingt in das Jahr 2021 bzw. 2024 verschoben, siehe hierzu https://www.schleswig-holstein.de/DE/Landesregierung/IV/Presse/PI/2020/Corona/200430_corona_absage_getex.html (Stand: 03.07.2021); IMK, Sammlung der zur Veröffentlichung freigegebenen Beschlüsse der 214. Sitzung der ständigen Konferenz der Innenminister und -senatoren der Länder, S. 16.

hieran die im Freistaat Bayern durchgeführte Übung „BAYTEX 2018“ an. Auch dieser Übung lag eine fiktive jihadistisch-terroristische Großlage zugrunde, bei welcher die Streitkräfte sogar für die Verrichtung hoheitlicher Aufgaben hinzugezogen wurden.[23] Es handelte sich um die Anforderung von Transportfähigkeiten für die geschützte Beförderung von Verletzten auf dem Land und in der Luft, die Fähigkeiten zur Detektion chemischer Stoffe und die Entschärfung von Bomben.[24] Die Streitkräfte sollten darüber hinaus zusammen mit der Polizei und unter deren Führung jeweils für den Objektschutz eingesetzt werden und einen Kontrollpunkt einrichten und betreiben, dies wurde teilweise auch real erprobt.[25] Es folgte im Oktober 2019 mit der „BWTEX 2019“ unter Beteiligung von 2.500 Personen die bislang größte Antiterror-Übung dieser Art.[26] Das zugrunde gelegte fiktive Szenario sah vor, dass mindestens vier Terroristen die Konstanzer Fußgängerzone angreifen, wobei der Angriff mit einem explodierten Sprengsatz eingeleitet wurde.[27] Die Polizei ist überfordert.[28] Eine Autobombe explodiert und die vier Terroristen eröffnen in der Innenstadt wahllos das Feuer auf Passanten, wobei ungefähr 30 Menschen sterben und etwa 70 verletzt werden.[29] Es zeichnet sich schnell ab, dass die Streitkräfte um Hilfe zu ersuchen sind, weil deren Unikatfähigkeiten benötigt werden, um die Polizei zu entlasten und die Lage kontrollieren zu können.[30] So sollten gepanzerte Transportfahrzeuge und Lufttransportfähigkeiten zur Verfügung gestellt werden, um eine sichere Evakuierung von verletzten Personen aus der Gefahrenzone zu ermöglichen; weitergehende Hilfeleistungen bestanden in der Kampfmittelbeseitigung (Sprengstoffe) sowie insbesondere dem Schutz der Sammelstelle für Verletzte und Rettungskräfte.[31] Die Szenarien erscheinen an den Anschlag in Paris vom

23 BT-Drs. 19/3650, S. 2 f.

24 BT-Drs. 19/3650, S. 5.

25 Siehe BT-Drs. 19/3650, S. 5 auch dazu, dass diese letzten beiden Anträge nur unter Auflagen gebilligt wurden.

26 Näher zu der Übung *C. W. Tohsche*, ES&T 12/2019, S. 43; siehe auch https://im.baden-wuerttemberg.de/de/service/presse-und-oeffentlichkeitsarbeit/pressemitteilung/pid/historische-groessenordnung-bei-der-bwtex-2019 (Stand: 03.07.2021).

27 *C. W. Tohsche*, ES&T 12/2019, S. 43 (43, 45).

28 *C. W. Tohsche*, ES&T 12/2019, S. 43.

29 Zu den Zahlen siehe *C. W. Tohsche*, ES&T 12/2019, S. 43.

30 *C. W. Tohsche*, ES&T 12/2019, S. 43 (43 f.).

31 https://im.baden-wuerttemberg.de/de/service/presse-und-oeffentlichkeitsarbeit/pressemitteilung/pid/historische-groessenordnung-bei-der-bwtex-2019 (Stand: 03.07.2021).

13.11.2015 angelehnt zu sein. Solche Einsätze erfordern regelmäßig ein frühzeitiges Handeln und Eingreifen. Der Einsatz der Streitkräfte im Innern wirft allerdings erhebliche Probleme auf. Diese intensivieren sich noch, je früher der Einsatz durchzuführen ist. Fraglich ist daher, wann und unter welchen Umständen solche insbesondere präventiven Einsätze der Streitkräfte im Innern zur Abwehr terroristischer Gefahren überhaupt zulässig sind.

A. Keine realitätsferne Diskussion

Dieser Problemstellung wird zum Teil nachgesagt, dass sie eine reine „Scheindebatte“[32] sei; so würde sich ein Streitkräfteeinsatz im Falle eines Anschlags schon erübrigen, weil auch die Polizei über geeignete Ausrüstung und Sondereinsatzkommandos zur Bewältigung von Terrorlagen verfüge.[33] Argumentiert wird auch damit, dass abseits einer Flugzeugentführung der Einsatz von spezifisch militärischen Mitteln wie Kampfpanzern – etwa bei einem Anschlag wie auf den Berliner Weihnachtsmarkt im Dezember 2016 – auch keinen Gewinn darstelle, sodass die Diskussion realitätsfern sei.[34]

Allerdings geht es meist nicht unbedingt um den Einsatz spezifisch militärischer Mittel mit zerstörerischer Wirkung. Die Streitkräfte verfügen vielmehr über besondere Fähigkeiten, die auch als „Unikat-Fähigkeiten“[35] bezeichnet werden. Die Ständige Innenministerkonferenz sieht sie als „unverzichtbare[n] Bestandteil eines funktionierenden Bevölkerungsschutzes“ und benennt konkret die *Fähigkeit zum CBRN-Schutz* (Abwehr chemischer, biologischer, radioaktiver oder nuklearer Bedrohungen), die *Search and Rescue-Fähigkeiten, Aufklärungs- bzw. Erkundungsfähigkeiten sowie Lufttransportfähigkeiten, Pionierfähigkeiten* und *sanitätsdienstliche Fähigkeiten*.[36] So kann etwa auch die medizinische Versorgung einer großen Anzahl von Personen gleichzeitig und innerhalb kurzer Zeit gewährleistet werden.[37] Neben diesen sechs oft zitierten Fähigkeiten haben

32 Zu dem Begriff *J. Froese*, DVBl. 2017, S. 546 (547).

33 Dies aber ablehnend *J. Froese*, DVBl. 2017, S. 546 (547).

34 *R. Schmidt-Radefeldt*, Inlandseinsätze der Armee und Militarisierung der Polizei, in: U. Kischel/S. Grf. v. Kielmansegg, Rechtsdurchsetzung mit militärischen Mitteln, S. 1 (53 f.); dagegen für einen spezifischen Nutzen *S. Goertz*, Terrorismusabwehr, S. 132 ff.

35 Siehe dazu BT-Drs. 18/9619, S. 10.

36 *IMK*, Sammlung der zur Veröffentlichung freigegebenen Beschlüsse der 192. Sitzung der Ständigen Konferenz der Innenminister und –senatoren der Länder, S. 20; BT-Drs. 18/9619, S. 10; *F. Ebert*, LKV 2017, S. 10 (14).

37 Vgl. BT-Drs. 17/5672, S. 28.

die Streitkräfte aber auch die Ausrüstung zur Abwehr von Gefahren im Luft- und Seeraum und die Fähigkeit zum „großflächigen Objektschutz“ etwa zur Absicherung kritischer Infrastrukturen.[38] Diesbezüglich dürften auch die operativen Fähigkeiten zur kurzfristigen Planung und Durchführung bestehen.[39] So können die Polizeien von Bund und Ländern gerade bei etwaigen Großveranstaltungen oder breitflächigen Gefahrenlagen an ihre Grenzen kommen.[40] Die Streitkräfte verfügen über große Mengen an Personal und entsprechendes schweres Gerät, das sich auch für solche Zwecke einsetzen ließe.[41] Diese besonderen Fähigkeiten können im Falle einer terroristischen Großlage den Ausschlag geben. Entsprechend ging es bei den Antiterror-Übungen regelmäßig um eine Vielzahl der vorstehenden Fähigkeiten (inklusive des Objektschutzes), um die Polizei zu entlasten und die Lage zu bewältigen.

Judith Froese hat treffend beschrieben, dass die verfassungsrechtliche Zulässigkeit solcher Streitkräfteeinsätze vor Eintritt eines gegebenenfalls zum präventiven Einsatz legitimierenden Anschlages zu klären ist.[42] Dies gilt unabhängig davon, dass ein tatsächliches Erfordernis für einen solchen Einsatz in den vergangenen Jahren nicht bestand.[43] Es geht schließlich um die Frage, ob und unter welchen Umständen ein Einsatz verfassungsrechtlich durchgeführt werden könnte, wenn dieser plötzlich erforderlich wird.[44]

Anhand der Gefahrenlage zeigt sich, dass es sich bei diesem Thema um ein reales Problem handelt, mit dem sich verfassungsrechtlich in angemessener Weise auseinanderzusetzen ist. Dabei geht es, wie sich zeigte, gerade nicht um *einfache* Terrorlagen. Solche kann die Polizei zweifellos eigenständig bewältigen, das umfasst etwa Geiselnahmen oder Vorbereitungen durch Einzeltäter. Im Fokus der Untersuchung stehen *komplexe* Terrorlagen, welche sich sogar zeitlich

---

38 *U. v. Krause*, Einsatz der Bundeswehr im Innern, S. 18.

39 In diese Richtung auch *J. Senger*, Streitkräfte und Materielles Polizeirecht, S. 56.

40 *B. Walter*, NZWehrr 2006, S. 70 (75) beschreibt, dass größere Einsätze der Polizei in der Vergangenheit oft nur gut ausgingen, weil die Gegenseite keine Kenntnis von der Not der Polizei hatte; eindrucksvoll zeigt sich das auch am Beispiel des G-20 Gipfels 2017, als 31.500 Sicherheitskräfte Probleme hatten, die Lage zu bewältigen, zu der Anzahl siehe BT-Drs. 18/13535, S. 7; ähnlich *U. v. Krause*, Einsatz der Bundeswehr im Innern, S. 18.

41 *F. Ebert*, LKV 2017, S. 10 (14) geht sogar davon aus, dass dieses dafür benutzt werden kann, um Angriffs- oder Fluchtwege von Terroristen zu blockieren.

42 *J. Froese*, DVBl. 2017, S. 546 (547).

43 *J. Froese*, DVBl. 2017, S. 546 (547).

44 *J. Froese*, DVBl. 2017, S. 546 (547).

mit anderen kräftezehrenden Ereignissen wie Großveranstaltungen überschneiden können. Diese können zur Überlastung der Polizei führen. Natürlich spielen auch Terrorlagen eine Rolle, für deren Bewältigung technische Fähigkeitsdefizite der Polizei bestehen. Hierzu gehört der klassische Fall der Gefahrenabwehr im Luftraum. Der Blick richtet sich hier aber vor allem auf solche oder vergleichbare Szenarien, die sich in der jüngeren Vergangenheit in Europa ereignet haben oder gegenwärtig im Rahmen von gemeinsamen Terrorismusabwehr-Übungen geprobt werden.

B. Anlass und Ziel der Untersuchung

Das Problem der Zulässigkeit solcher – insbesondere präventiven – Streitkräfteeinsätze stellt sich im Zuge der Notstandsverfassung, welche seit nunmehr über 50 Jahren im Wesentlichen nicht mehr reformiert wurde. Im Schrifttum wird oft die Auffassung vertreten, dass eine Verfassungsänderung nötig sei.[45] In diesem politisch sensiblen Bereich ist es allerdings schwierig, eine verfassungsändernde Zweidrittelmehrheit zu finden. Daran ändert sich nichts dadurch, dass in der Bevölkerung durchaus eine entsprechende Zustimmung für solche Einsätze bestünde: Im Jahr 2016 wurde eine Zustimmung von 69% und eine Ablehnung von 29% in der Bevölkerung für Streitkräfteeinsätze im Innern, etwa zur Abwehr terroristischer Gefahren, festgestellt.[46] Der letzte Versuch zur Änderung der Notstandsverfassung wurde erfolglos im Jahr 2017 durch den Freistaat Bayern angeregt.[47] Fraglich ist, ob eine Verfassungsänderung tatsächlich unumgänglich ist.

Das Bundesverfassungsgericht hat die Einsatzmöglichkeiten der Streitkräfte über die Jahre sukzessiv ausgeweitet. In seinem Plenarbeschluss aus dem Jahr

---

45 So beispielsweise *W. Schäuble*, ZRP 2007, S. 210 (212 f.); *C. Gramm*, Die Verwaltung 41 (2008), S. 375 (402 f.); *M. Ladiges/R. Glawe*, DÖV 2011, S. 621 (626 f.); *M. Sachs*, JuS 2013, S. 283 (285); *F. Schoch*, Jura 2013, S. 255 (267); *J. Herrmann/B. Pistorius*, DRiZ 2016, S. 296; *V. Ullrich/F. Roggan*, ZRP 2016, S. 126; *M. Ladiges*, ZRP 2016, S. 185; *M. Bäumerich/M. Schneider*, NVwZ 2017, S. 189 (194).

46 *B. Walter*, NZWehrr 2019, S. 3 (12) unter Bezug auf eine Umfrage im Rahmen des ARD Deutschlandtrends; für eine ältere Umfrage siehe auch *J. Pannkoke*, Der Einsatz des Militärs im Landesinnern, S. 259; ähnlich liegt auch die Quote des Vertrauens, das die Bevölkerung in die Bundeswehr setzt, dieses bewegt sich in den Jahren von 2017-2021 zwischen 66-76% mit einem Durchschnittswert von etwa 70,5%, siehe *Statista*, Wie sehr vertrauen Sie der Bundeswehr?, zu finden unter: https://de.statista.com/statistik/daten/studie/377235/umfrage/umfrage-in-deutschland-zum-vertrauen-in-die-bundeswehr/ (Stand: 03.07.2021).

47 BR-Drs. 97/17.

2012 stellte es allerdings sehr restriktive Maßstäbe für den präventiven Einsatz der Streitkräfte im Katastrophennotstand nach Art. 35 Abs. 2 S. 2, Abs. 3 S. 1 GG auf, indem es forderte, dass „Ereignisse von katastrophischen Dimensionen"[48] vorliegen müssen. Ein Einsatz der Streitkräfte sei dann zulässig, wenn ein „katastrophaler Schaden [...] mit an Sicherheit grenzender Wahrscheinlichkeit in Kürze eintreten"[49] werde. Daneben sei „Ein ins Vorfeld des Katastrophengeschehens verlagerter Einsatz [...] unzulässig"[50]. Der Präventiveinsatz wurde damit zwar weiterhin zur Vorbeugung von Schäden prinzipiell für zulässig erklärt, gleichzeitig aber erheblichen Restriktionen unterworfen. Sieht man die „an Sicherheit grenzende Wahrscheinlichkeit" auch als solche und nicht als dehnbaren Begriff an, so zieht diese Rechtsprechung eine bedeutende Rechtsunsicherheit nach sich: Eine an Sicherheit grenzende Wahrscheinlichkeit kann im Rahmen einer Gefahrenprognose nicht vorschnell angenommen werden.

Weder die Problematik des Präventiveinsatzes noch der Inneneinsatz der Streitkräfte gegen Terroristen sind neue Themengebiete. Jüngere Entwicklungen in Rechtsprechung, Literatur und Wirklichkeit lassen allerdings so manche Aspekte dieses Problemkreises in neuem Licht erscheinen. Betroffen sind dabei nicht nur die Begriffe von Einsatz und Verteidigung, sondern beispielsweise auch die Wahrscheinlichkeit, welche im Rahmen des Katastrophennotstandes an den Eintritt katastrophaler Schäden zu stellen sind. Schließlich ist es vorstellbar, dass gerade das Unterlassen eines solchen Einsatzes wegen dem Erfordernis einer „an Sicherheit grenzenden Wahrscheinlichkeit" erst die Katastrophe umfänglich ermöglicht. Das gibt Anlass, aufgestellte Grundsätze zu überdenken, fortzudenken und gegebenenfalls neu zu bewerten. Die Frage zu beantworten, wann solche präventiven Einsätze ihrer Zulässigkeit nach mit dem Grundgesetz zu vereinbaren sind, ist Ziel dieser Untersuchung.

C. Gang der Untersuchung

Die Untersuchung nimmt daher die gegenwärtigen Entwicklungen in den Blick und stellt auf den Prüfstand, inwieweit das Erfordernis einer Verfassungsänderung tatsächlich besteht oder wie weit die Notstandsverfassung in ihrer aktuellen Fassung bereits hinreichende Instrumentarien für präventive Einsätze der Streitkräfte im Innern zur Abwehr terroristischer Bedrohungen bereithält.

---

48 BVerfGE 132, 1 (16 f., Rn. 43).

49 BVerfGE 132, 1 (18 f., Rn. 47).

50 BVerfGE 132, 1 (18 f., Rn. 47).

Methodisch lassen sich diese Fragen im Wege der Interpretation analysieren. Anzudenken ist auch ein Verfassungswandel. Das Institut des Verfassungswandels hat in diesem Bezug unzureichende Aufmerksamkeit erfahren. Die Untersuchung denkt damit auch Ansätze des Bundesverfassungsgerichts fort, die in den Jahren 2006 und 2012 gelegt wurden. Die Möglichkeit eines Verfassungswandels wurde dort nicht angesprochen, wenn auch ein solcher gegebenenfalls sogar bereits durchgeführt wurde.

In dem ersten Teil werden im Rahmen einer Bestandsaufnahme die Grundlagen des Themas sowie wichtige Begrifflichkeiten erörtert. Dies umfasst die Abgrenzung des Streitkräftebegriffs von dem der Bundeswehr, einer kurzen Erläuterung des Begriffs des Terrorismus sowie einer Erklärung über das Verständnis des Präventiveinsatzes im Sinne der Arbeit (A.). Im Rahmen dessen wird auch ein Überblick über die Organisation der Streitkräfte gegeben. Daran schließt sich im zweiten Kapitel ein Überblick über die Sicherheitsverfassung und die Verteilung der Staatsaufgabe der Sicherheit im Rahmen der Staatsorganisation zwischen Polizei und Streitkräften an (B.). Dort wird sich zeigen, dass polizeiliche und militärische Gefahrenabwehr angesichts des Terrorismus unter dem Aspekt der Staatsaufgabe Sicherheit und vor den Unikatfähigkeiten der Streitkräfte nicht mehr vollständig getrennt werden kann und dies verfassungsrechtlich auch nicht vorgesehen ist. Das dritte Kapitel stellt die historischen Einsätze der Streitkräfte und ihre Rechtsgrundlagen insbesondere in der Weimarer Republik dar (C.). Es zeigt auf, dass die besonders restriktive Fassung unserer Notstandsverfassung – wie auch die zurückhaltende Interpretation – vor allem historisch begründet sind, die herauszuarbeitenden Befürchtungen in der Gegenwart aber kaum noch bestehen. Verdeutlicht wird dies in einem Vergleich mit nachkonstitutionellen Verwendungen im Geltungszeitraum des Grundgesetzes bis in die Gegenwart.

Der zweite Teil ist der Analyse der verfassungsrechtlichen Grundlagen für den präventiven Inneneinsatz der Streitkräfte zur Abwehr terroristischer Bedrohungen gewidmet. In dem ersten Kapitel werden die verfassungsrechtlichen Begrifflichkeiten des „Einsatzes" und der „Verteidigung" im Rahmen des Art. 87a Abs. 2 GG analysiert, der einen Verfassungsvorbehalt für den Streitkräfteeinsatz statuiert (A.). Zugleich wird aufgezeigt, dass Art. 87a Abs. 2 GG selbst einen präventiven Verteidigungseinsatz im Innern ermöglicht und dass eine Verteidigung dann auch gegen terroristische Angreifer verfassungsrechtlich denkbar ist, infolge von Unsicherheiten die Tatbestandsmerkmale aber kaum von Anschlägen erfüllt werden können. Das zweite Kapitel befasst sich mit den Einsatznormen der Art. 87a Abs. 3 GG in Verbindung mit Art. 80a, 115a GG (äußerer Notstand, B. I.) und Art. 87a Abs. 4 S. 1 GG (innerer Notstand, B. II.), welche sich anhand einer Auslegung zwar der Anwendung auf terroristische Szenarien nicht völlig verschließen, aber sich wegen der hohen Voraussetzung als ungeeignet herausstellen werden. Das dritte Kapitel widmet sich den wichtigsten verfassungsrechtlichen Ermächtigungsgrundlagen für Inneneinsätze der Streitkräfte in diesem Kontext: Art. 35 Abs. 2 S. 2 GG sowie Art. 35 Abs. 3 S. 1 GG (Katastrophennotstand, C.). Diese bilden den Schwerpunkt der Untersuchung und werden im Hinblick auf Inhalt und Reichweite für die Durchführung eines Präventiveinsatzes beleuchtet. Im Wege der Interpretation wird sich zeigen, dass diese Normen nicht nur terroristische Angriffe umfassen, sondern auch Präventiveinsätze zulassen und die vom Bundesverfassungsgericht gefundene Wahrscheinlichkeitsschwelle zu hoch angesetzt ist.

Im dritten Teil wird die Rechtsfigur des Verfassungswandels untersucht (A.) und die Möglichkeit eines Verfassungswandels im Normbereich der Art. 35 Abs. 2 S. 2, Abs. 3 S. 1 GG sowie Art. 87a Abs. 2 GG in Betracht gezogen und daher dessen Inhalt und Zulässigkeit untersucht (B. und C.). Hierbei wird sich herausstellen, dass die Notstandsverfassung längst im Wandel ist. Der Verfassungswandel kann hierbei als unterstützendes Argument die im Wege der Interpretation gefundenen Ergebnisse für den Katastrophennotstand bestätigen (B.). Im Bereich der Verteidigung wird der Verfassungswandel hingegen an seine Grenzen stoßen (C.).

Teil 1: Allgemeiner Teil – Bestandsaufnahme und Klärung von Begrifflichkeiten

Der erste Teil dient einer Bestandsaufnahme der gegenwärtigen Lage sowie der Beleuchtung zentraler Begrifflichkeiten. Es soll hierbei ein Überblick über die entsprechende Bedeutung gegeben werden, die diesen Begriffen auch in dieser Arbeit zugrunde gelegt wird. Nach dieser Zwecksetzung sollen keineswegs im Rahmen einer Grundsatzdiskussion letztverbindliche Definitionen vorgeschlagen werden. Weiterhin wird ein Überblick über die Organisation und den Aufbau der Streitkräfte gegeben. Über die relevanten Begrifflichkeiten hinaus werden die Sicherheitsaufgabe des Staates und ihre verfassungsrechtliche Verankerung betrachtet. Die Aufteilung der Staatsaufgabe in „innere" und „äußere" Sicherheit wird beleuchtet und die Streitkräfte sowie die Polizei in das staatliche Gefüge der Sicherheitsgewährleistung eingeordnet. Zuletzt werden die historischen Rechtsgrundlagen und jene Erfahrungen mit dem Einsatz der Streitkräfte im Innern untersucht, die in der Vergangenheit gemacht wurden. Diese stellen einen wichtigen historischen Hintergrund für die Entwicklung der Wehr- und Notstandsverfassung dar, die ihr Verständnis bis heute prägen. Im Anschluss werden auch die Verwendungen der Streitkräfte in der Gegenwart näher betrachtet.

A. Begriffsbestimmungen

Abzugrenzen ist der Begriff der „Streitkräfte" zu jenem der „Bundeswehr". Es bleibt weiterhin zu klären, welche Bedeutung sich hinter dem „Terrorismus" und dem Präventiveinsatz gegen denselben verbirgt. Dies dient neben der Nachvollziehbarkeit auch der näheren Bestimmung des Untersuchungsgegenstandes und gibt Anlass, sich mit der spezifischen Bedeutung dieser Begriffe näher zu befassen.

I. Begriff der Streitkräfte in Abgrenzung zum Begriff der Bundeswehr

Der Begriff der Streitkräfte ist dem Grundgesetz keineswegs fremd, nicht zuletzt in der wehrverfassungsrechtlichen Grundsatznorm des Art. 87a GG[51] findet er in Abkehr[52] von historisch besetzten Begriffen wie dem der „Wehrmacht“[53], des „Heeres“[54] oder der „bewaffneten Macht“[55] Anwendung. Das Grundgesetz definiert den Begriff jedoch nicht, sodass dessen Bedeutung zu untersuchen ist. Der Begriff der Bundeswehr findet sich dagegen ausschließlich in Art. 87b GG, der die Bundeswehrverwaltung benennt. Vielfache Anwendung findet der Begriff der Bundeswehr lediglich auf einfachgesetzlicher Normebene.[56]

1. Definition des verfassungsrechtlichen Streitkräftebegriffs

Im verfassungsrechtlichen Schrifttum existieren im Wesentlichen zwei[57] Definitionsansätze für den Begriff der „Streitkräfte“: So werden diese teilweise als

---

51 An anderer Stelle findet er seine Erwähnung in Art. 12a Abs. 1, Abs. 2 S. 3 und Abs. 3 S. 2 Hs. 1, Art. 17a Abs. 1, Art. 35 Abs. 2 S. 2 und Abs. 3 S. 1, Art. 65a Abs. 1, Art. 87b Abs. 1 S. 2, Art. 96 Abs. 2 S. 1 und S. 2 sowie Art. 115b GG.

52 *O. Depenheuer*, in: T. Maunz/G. Dürig, GG Kommentar, Art. 87a (2008) Rn. 69.

53 Art. 47 WRV (RGBl. 1919, S. 1383): „Der Reichspräsident hat den Oberbefehl über die Gesamte *Wehrmacht* des Reichs.“

54 Art. 60 der Verfassung des Deutschen Reiches von 1871 (RGBl., S. 63): „Die Friedens-Präsenzstärke des Deutschen *Heeres* wird bis zum 31. Dezember 1871 auf Ein Prozent der Bevölkerung von 1871 normirt […]“.

55 Art. 48 WRV: „Wenn ein Land die ihm nach der Reichsverfassung oder den Reichsgesetzen obliegenden Pflichten nicht erfüllt, kann der Reichspräsident es dazu mit Hilfe der *bewaffneten Macht* anhalten. […]“.

56 So beispielsweise in § 2 Abs. 2 SG – Gesetz über die Rechtsstellung der Soldaten in der Fassung der Bekanntmachung vom 30.05.2005 (BGBl. I, S. 1482), zuletzt geändert durch Gesetz vom 20.11.2019 (BGBl. I, S. 1626); §§ 1 Abs. 1, Abs. 3 S. 1, 2 Abs. 1, Abs. 2 S. 2 Hs. 1, Abs. 3, 3 Abs. 1 Nr. 1 – 3 UZwGBw – Gesetz über die Anwendung unmittelbaren Zwanges und die Ausübung besonderer Befugnisse durch Soldaten der Bundeswehr und zivile Wachpersonen vom 12.08.1965 (BGBl. I, S. 796), zuletzt geändert durch Gesetz vom 21.12.2007 (BGBl. I, S. 3198).

57 Es existieren weitere Ansätze, die von diesen abweichen, so beispielsweise *H. A. Wolff*, in: D. Hömig/ders., GG Kommentar, Art. 87a Rn. 1, der beide Ansätze teilweise kombiniert und eine Negativdefinition, ausgehend von der Bundeswehr vornimmt. So sind unter den Streitkräften „der zum militärischen Einsatz bestimmte, militärisch organisierte und an das Befehlsprinzip gebundene Teil der vollziehenden Staatsgewalt

das „in der Bundeswehr organisierte Machtinstrument der Bundesrepublik Deutschland“[58] betrachtet. Diese Definition sieht sich allerdings der Kritik ausgesetzt, dass sie sich zu stark an dem gegenwärtigen Zustand der Bundeswehr orientiert und somit kein hinreichendes Abstraktionsniveau aufweist.[59] Zudem ist zu beachten, dass die Bundeswehr eine inhaltliche Prägung auch auf einfachgesetzlicher Ebene erfährt und sich daher nicht zu der Bestimmung verfassungsrechtlicher Begriffe eignet.[60]

Unter den Streitkräften werden heute im Schrifttum daher überwiegend „alle militärisch-organisierten Einheiten Deutschlands, die als Kombattanten auf der Grundlage von Befehl und Gehorsam unter der Befehls- und Kommandogewalt des Bundesministers der Verteidigung (Art. 65a GG) bzw. im Verteidigungsfall des Bundeskanzlers (Art. 115b GG) stehen“[61] verstanden.[62]

Dadurch, dass der Verteidigungsminister die Befehls- und Kommandogewalt innehat, ergibt sich auch, dass die Streitkräfte der vollziehenden Gewalt

---

der Bundesrepublik Deutschland zu verstehen, also die – alle deutschen Soldaten umfassende – Bundeswehr unter Ausschluss der Bundeswehrverwaltung, […] die für die Streitkräfte zuständigen Gerichte, die Militärseelsorge und […] ausländischen Streitkräfte“; Ähnlich kombiniert *J. Senger*, Streitkräfte und Materielles Polizeirecht, S. 6; *M. Schultz*, Auslandsentsendung, S. 133.

58 Grundlegend: *K. Ipsen*, in: W. Kahl/C. Waldhoff/C. Walter, Bonner Kommentar zum Grundgesetz, Art. 87a (1969) Rn. 13; dem folgend *U. Schopohl*, Außeneinsatz, S. 63; *W. Grubert*, Verteidigungsfremde Verwendungen der Streitkräfte, S. 197 f., der zugleich auch auf das Prinzip von Befehl und Gehorsam abstellt; *K. Stern*, Staatsrecht, Bd. II, S. 1476; *J. Pannkoke*, Der Einsatz des Militärs im Landesinnern, S. 207 f.; *P. Karpinski*, Einsatz der Streitkräfte im Staatsnotstand, S. 12; *J.-O. Schröder*, Integration deutscher Streitkräfte, S. 18; *J. Senger*, Streitkräfte und Materielles Polizeirecht, S. 6, der sich jedoch auf beide Definitionen gleichermaßen bezieht.

59 *W. Heun*, in: H. Dreier, GG Kommentar, Bd. III, Art. 87a Rn. 9.

60 *M. Baldus/S. Müller-Franken*, in: H. v. Mangoldt/F. Klein/C. Starck, GG Kommentar, Bd. 3, Art. 87a Rn. 36.

61 *H. Krieger*, in: B. Schmidt-Bleibtreu/H. Hofmann/H.-G. Henneke, GG Kommentar, Art. 87a Rn. 10.

62 Siehe auch *V. Epping*, in: ders./C. Hillgruber, BeckOK GG, Art. 87a Rn. 1; *M. Baldus/S. Müller-Franken*, in: H. v. Mangoldt/F. Klein/C. Starck, GG Kommentar, Bd. 3, Art. 87a Rn. 36; mit inhaltlich vergleichbaren Elementen jeweils: *W. Heun*, in: H. Dreier, GG Kommentar, Bd. III, Art. 87a Rn. 9; *O. Depenheuer*, in: T. Maunz/G. Dürig, GG Kommentar, Art. 87a (2008) Rn. 70; *S. Schmahl*, in: H. Sodan, GG Kommentar, Art. 87a Rn. 2.

angehören.[63] Abgrenzend gehören damit weder die Bundespolizei noch die Polizeien der Länder den Streitkräften an.[64] Gleiches gilt für die Bundeswehrverwaltung, die Militärseelsorge, die Truppendienst- und Wehrgerichte als auch die Universitäten der Bundeswehr.[65] Das hat vorwiegend systematische Gründe, denn für die benannten Institutionen bestehen eigenständige verfassungsrechtliche Regelungen.[66] Zu den Streitkräften gehören hingegen die Feldjägereinheiten[67] als auch der Militärische Abschirmdienst (MAD).[68] Den durch das Grundgesetz vorgeschriebenen Aspekten wird durch diese Definition sachgerecht Rechnung getragen, sodass sie auch dieser Untersuchung zugrunde gelegt wird.

---

63 *R. Schmidt-Radefeldt*, Streitkräfteintegration, S. 23; *ders.*, in: V. Epping/C. Hillgruber, BeckOK GG, Art. 65a Rn. 12; *W. Grubert*, Verteidigungsfremde Verwendungen der Streitkräfte, S. 207; *A. Dietz*, in: Görres-Gesellschaft, Staatslexikon, Bd. I, Sp. 897.

64 *H. Krieger*, in: B. Schmidt-Bleibtreu/H. Hofmann/H.-G. Henneke, GG Kommentar, Art. 87a Rn. 10; vgl. *J. Kokott/D. Hummel*, in: M. Sachs, GG Kommentar, Art. 87a Rn. 3.

65 *H. Krieger*, in: B. Schmidt-Bleibtreu/H. Hofmann/H.-G. Henneke, GG Kommentar, Art. 87a Rn. 10; *J. Kokott/D. Hummel*, in: M. Sachs, GG Kommentar, Art. 87a Rn. 3; *O. Depenheuer*, in: T. Maunz/G. Dürig, GG Kommentar, Art. 87a (2008) Rn. 71; *V. Epping*, in: ders./C. Hillgruber, BeckOK GG, Art. 87a Rn. 1; *S. Schmahl*, in: H. Sodan, GG Kommentar, Art. 87a Rn. 2; *H. A. Wolff*, in: D. Hömig/ders., GG Kommentar, Art. 87a Rn. 1; *M. Baldus/S. Müller-Franken*, in: H. v. Mangoldt/F. Klein/C. Starck, GG Kommentar, Bd. 3, Art. 87a Rn. 37.

66 Für die die Polizei des Bundes und der Länder bestehen mit Art. 35 Abs. 2 S. 1 und S. 2, Abs. 3 S. 1, Art. 87a Abs. 3 S. 2 und Art. 87a Abs. 4 S. 1 sowie vor allem Art. 91 Abs. 1 und Abs. 2 S. 1 GG eigenständige verfassungsrechtliche Regelungen, die die Polizei der Länder und des Bundes den Streitkräften gegenüberstellen. Sie können damit systematisch kein Teil der Streitkräfte sein. Gleiches gilt für die Bundeswehrverwaltung, die ihre Regelung in Art. 87b GG findet, die Wehrstrafgerichte gem. Art. 96 Abs. 2, die Truppendienstgerichte gem. Art. 96 Abs. 4 sowie die Militärseelsorge entsprechend Art. 140 GG in Verbindung mit Art. 141 WRV sowie die Bildungseinrichtungen der Bundeswehr, die allerdings auch der Bundeswehrverwaltung angehören. Siehe dazu ausführlich *J.-P. Fiebig*, Der Einsatz der Bundeswehr im Innern, S. 72 ff.; im Überblick: *M. Baldus/S. Müller-Franken*, in: H. v. Mangoldt/F. Klein/C. Starck, GG Kommentar, Bd. 3, Art. 87a Rn. 37; *M. Ladiges*, Die Bekämpfung nicht-staatlicher Angreifer im Luftraum, S. 158; *J. Pannkoke*, Der Einsatz des Militärs im Landesinnern, S. 207.

67 *V. Epping*, in: T. Maunz/G. Dürig, GG Kommentar, Art. 65a (2008) Rn. 79.

68 *H. Krieger*, in: B. Schmidt-Bleibtreu/H. Hofmann/H.-G. Henneke, GG Kommentar, Art. 87a Rn. 10; *O. Depenheuer*, in: T. Maunz/G. Dürig, GG Kommentar, Art. 87a (2008) Rn. 71.

2. *Definitionsansätze für den Begriff der Bundeswehr und Abgrenzung*

Teilweise wird dem Begriff der Bundeswehr einfach die Bedeutung der „Streitkräfte“ zugeschrieben.[69] Dies unterschlägt allerdings eben jene Abgrenzung, auf die es im Sinne dieser Arbeit ankommt: Die Bundeswehr umfasst über die Streitkräfte hinaus auch die zivile Verwaltung (insb. Bundeswehrverwaltung).[70] An anderer Stelle wird die Bundeswehr als die „Gesamtheit des der militärischen Landesverteidigung der Bundesrepublik Deutschland dienenden Personals und Materials einschließlich aller Einrichtungen, Anlagen und Organisationselemente“[71] oder als „die militärische Gesamtorganisation Deutschlands, bestehend aus den eigentlichen Streitkräften (militärischer Teil der Bundeswehr) und der Bundeswehrverwaltung (ziviler Teil der Bundeswehr)“[72] bezeichnet.[73] Die „Bundeswehr“ ist praktisch ein bloßer Organisationsbegriff.[74] Sie unterteilt sich in die militärischen Organisationsbereiche der Streitkräfte einerseits und in zivile bzw. nichtmilitärische Organisationsbereiche andererseits.[75] Es zeigt sich, dass eine Abgrenzung zwischen dem Begriff der Bundeswehr und der Streitkräfte daher institutionell einfach erfolgen kann: Der Begriff der Bundeswehr

---

69 *Duden*, Das Synonymwörterbuch, S. 231 (Bundeswehr); synonyme Verwendungen der Begriffe „Bundeswehr“ und „Streitkräfte“ finden sich auch bei *R. Kreutzer*, DVBl. 1969, S. 399 in Fn. 11; *M. H. W. Möllers*, Wörterbuch der Polizei, 2. Aufl. 2012, S. 393 (Bundeswehr). Diese wurden unmittelbar als die „Streitkräfte der Bundesrepublik Deutschland“ definiert. Mittlerweile wurde dies korrigiert: *ders.*, Wörterbuch der Polizei, 3. Aufl. 2018, S. 463 (Bundeswehr), sodass nun die zivile Verwaltung berücksichtigt wird.

70 *O. Depenheuer*, in: T. Maunz/G. Dürig, GG Kommentar, Art. 87a (2008) Rn. 70; *V. Epping*, in: ders./C. Hillgruber, BeckOK GG, Art. 87a Rn. 1; *F. Kirchhof*, Verteidigung und Bundeswehr, in: J. Isensee/P. Kirchhof, HStR IV, § 84 Rn. 3.

71 *E.-C. Meier/A. Hannemann/R. Meyer zum Felde*, Wörterbuch der Sicherheitspolitik, Grundsatzartikel „Bundeswehr und Neuausrichtung der Bundeswehr“, S. 91.

72 *Brockhaus*-Enzyklopädie, Bd. 5, S. 99 (Bundeswehr).

73 Im Schrifttum wird deswegen teilweise auch eine Unterteilung zwischen „Bundeswehr im engeren Sinne“ (nur Streitkräfte) und „Bundeswehr im weiteren Sinne“ (Streitkräfte und zivile Teile) vorgenommen. Siehe dazu *J.-P. Fiebig*, Der Einsatz der Bundeswehr im Innern, S. 39, ausführlich zu den Unterschieden S. 40 ff.; *J. Senger*, Streitkräfte und Materielles Polizeirecht, S. 7; bereits zuvor: *N.-P. Kleiner*, Notstandsverfassung, S. 32.

74 *K. Eichen*, in: D. Walz/ders./S. Sohm, Soldatengesetz, § 2 Rn. 2; *N.-P. Kleiner*, Notstandsverfassung, S. 26, 31.

75 *V. Epping*, in: T. Maunz/G. Dürig, GG Kommentar, Art. 65a (2008) Rn. 80.

umfasst auch die nichtmilitärischen Organisationsbereiche und damit die Bundeswehrverwaltung (Art. 87b GG), die Rechtspflege der Bundeswehr (teilweise Art. 96 Abs. 2, Abs. 4 GG) und die Militärseelsorge (Art. 140 GG i.V.m. Art. 141 WRV).[76]

Für diese Untersuchung spielen insbesondere die militärischen Fähigkeiten der Streitkräfte sowie ihr Eingriffspotenzial in praktischer als auch rechtlicher Hinsicht eine tragende Rolle. Der Begriff der Bundeswehr ist daher für die Zwecke dieser Arbeit zu weit gefasst. Aus diesem Grund und dem Umstand, dass dem Grundgesetz lediglich die Begrifflichkeit der Streitkräfte bekannt ist, wird nachfolgend der Begriff der Streitkräfte verwendet.

3. *Überblick über die Organisation der Streitkräfte*

Die Streitkräfte untergliedern sich zum einen in die Teilstreitkräfte und zum anderen in die militärischen Organisationsbereiche der Streitkräftebasis (SKB), des Zentralen Sanitätsdienstes der Bundeswehr (ZSanDstBw) und des Cyber- und Informationsraums (CIR).[77] Über deren Organisation, zahlenmäßige Stärke und Ressourcen wird an dieser Stelle ein Einblick vermittelt, um einen Eindruck über das gegenwärtige militärische Potenzial zu gewinnen, welches im Einsatzfall prinzipiell zur Verfügung stünde.

Nach Art. 87a Abs. 1 S. 2 GG müssen sich die zahlenmäßige Stärke und die Grundzüge ihrer Organisation aus dem Haushaltsplan ergeben. Letztere meint hierbei die Untergliederung der Streitkräfte in die Teilstreitkräfte sowie ihre Korps, Divisionen, Brigaden und Unterstützungsverbände.[78] Durch den Bundeshaushaltsplan 2021 ist ein personeller organisatorischer Umfang von 202.451 Soldatinnen und Soldaten zugelassen.[79] Völkerrechtlich ist eine Obergrenze der Friedenspräsenzstärke der Streitkräfte auf 370.000 Soldatinnen und Soldaten

---

76 Im Einzelnen dazu auch Bundeshaushaltsplan 2021, Einzelplan 14, S. 119, zu finden unter: www.bundeshaushalt.de (Stand: 03.07.2021).

77 *V. Epping*, in: T. Maunz/G. Dürig, GG Kommentar, Art. 65a (2008) Rn. 80, der jedoch den Cyber- und Informationsraum noch nicht benennt, da dieser erst seit 2017 existiert.

78 *M. Baldus/S. Müller-Franken*, in: H. v. Mangoldt/F. Klein/C. Starck, GG Kommentar, Bd. 3, Art. 87a Rn. 67; Für eine Aufteilung in die einzelnen Divisionen, Brigaden oder die Zugehörigkeit zu (multinationalen) Korps, siehe den Bundeshaushaltsplan 2021, Einzelplan 14, S. 21 ff., zu finden unter: www.bundeshaushalt.de (Stand: 03.07.2021).

79 Bundeshaushaltsplan 2021, Einzelplan 14, S. 21, zu finden unter: www.bundeshaushalt.de (Stand: 03.07.2021).

festgelegt.[80] Die tatsächliche Stärke liegt im gegenwärtig bei ungefähr 184.000 Soldatinnen und Soldaten.[81]

Hierarchisch normiert bereits Art. 65a GG, dass die Streitkräfte in der Friedenszeit dem Bundesminister für Verteidigung untergeordnet sind. Hieraus lässt sich das „Primat der Politik“[82] ableiten. Die Befehls- und Kommandogewalt über die Streitkräfte liegt demnach ausschließlich bei der politischen Führung und nicht etwa bei dem Generalinspekteur. Der ranghöchste Soldat und damit truppendienstliche Vorgesetzte eines jeden Soldaten ist hingegen der Generalinspekteur der Bundeswehr im Range eines Generals.[83]

a) Teilstreitkräfte

Die Teilstreitkräfte Heer, Luftwaffe und die Marine sind funktionale Untergliederungen der Streitkräfte.[84] Sie verfügen über die nach ihrem Aufgabenspektrum erforderlichen sachlichen Mittel und Ausrüstungsgegenstände.

Das Heer sind die Landstreitkräfte des Staates. Seine Kernkompetenz liegt bei den Landoperationen und solchen im bodennahen Luftraum.[85] Dem Heer gehören aktuell ca. 60.000 Soldatinnen und Soldaten an.[86] In der Öffentlichkeit bekannter ist dabei das zur „Division Schnelle Kräfte“ gehörende „Kommando Spezialkräfte“ als Spezialeinheit.[87] Zur Erfüllung seiner Aufgaben verfügt das Heer über das entsprechende Großgerät und die

---

80 So Art. 3 Abs. 2 des Zwei-Plus-Vier Vertrages, siehe das Gesetz zu dem Vertrag vom 12. September 1990 über die abschließende Regelung in Bezug auf Deutschland vom 11.10.1990 (BGBl. II, S. 1317); so *W. Heun*, in: H. Dreier, GG Kommentar, Bd. III, Art. 87a Rn. 5.

81 So die offizielle Website der Bundeswehr, zu finden unter: https://www.bundeswehr.de/de/ueber-die-bundeswehr (Stand: 03.07.2021).

82 Siehe dazu *A. Dietz*, Das Primat der Politik, S. 16, 21; *R. Schmidt-Radefeldt*, in: V. Epping/C. Hillgruber, BeckOK GG, Art. 65a Rn. 2.

83 *A. Dietz*, in: Görres-Gesellschaft, Staatslexikon, Bd. I, Sp. 897.

84 *E.-C. Meier/A. Hannemann/R. Meyer zum Felde*, Wörterbuch zur Sicherheitspolitik, S. 491 (Teilstreitkraft).

85 *BMVg*, Waffensysteme und Großgerät, S. 5.

86 Siehe https://www.bundeswehr.de/de/organisation/heer (Stand: 03.07.2020). Auf der offiziellen Website der Bundeswehr befinden sich auch stets aktuelle Angaben bezüglich des Personals der übrigen Teilstreitkräfte und Organisationsbereiche.

87 Für eine weitergehende Auflistung siehe Bundeshaushaltsplan 2021, Einzelplan 14, S. 21, zu finden unter: www.bundeshaushalt.de (Stand: 03.07.2021).

erforderlichen Waffensysteme wie Kampfpanzer, Radfahrzeuge aber auch bewaffnete Unterstützungshubschrauber.[88]

Als Seestreitkräfte des Staates liegt die Kompetenz und Aufgabe der Marine vor allem in der Aufrechterhaltung der „maritimen Sicherheit".[89] Aktuell liegt ihre zahlenmäßige Stärke bei ca. 16.400 Soldatinnen und Soldaten. Die Marine verfügt nicht nur über Fregatten, Korvetten, Versorgungsschiffe und U-Boote, sondern auch über Hubschrauber und Aufklärungsflugzeuge.[90]

Die Luftwaffe repräsentiert die Luftstreitkräfte des Staates. Sie trägt primär die Verantwortung für die Sicherung des deutschen Luftraums, darüber hinaus ist sie auch für Aufklärungsmissionen bei Auslandseinsätzen sowie für Patiententransporte zuständig.[91] Hierfür stehen ihr beispielsweise Mehrzweckkampfflugzeuge wie der Eurofighter, andere Kampfflugzeuge wie Jagdbomber, Aufklärungsflugzeuge, Flugabwehrsysteme, aufgabenspezifische Hubschrauber und Aufklärungsdrohnen zur Verfügung.[92] Aktuell gehören der Luftwaffe ca. 28.000 Soldatinnen und Soldaten an.[93] Eine besondere Erwähnung im Kontext dieser Arbeit verdienen hierbei die beiden Taktischen Luftwaffengeschwader 71 und 74.[94] Sie stellen die Eurofighter Alarmrotten der Luftstreitkräfte. Diesen ist die Überwachung und Sicherung des deutschen Luftraumes im Sinne des „Air Policing" in der Friedenszeit anvertraut.[95] Von Wittmund und Neuburg aus steigen sie zahlreiche Male jährlich auf, um Luftzwischenfälle bzw. „Renegade"-Verdachtsfälle zu überprüfen.[96] Bei „Renegades" handelt es sich um

88 *BMVg*, Waffensysteme und Großgerät, S. 6 ff. für eine genaue Auflistung.

89 *BMVg*, Waffensysteme und Großgerät, S. 85.

90 *BMVg*, Waffensysteme und Großgerät, S. 84 ff.

91 *BMVg*, Waffensysteme und Großgerät, S. 57.

92 *BMVg*, Waffensysteme und Großgerät, S. 59, 61, 63, 66 ff., 78 ff., 82 ff., so etwa der Tornado IDS, ECR-Tornado (Jagdbomber) oder Tornado RECCE (Aufklärung).

93 Siehe https://www.bundeswehr.de/de/organisation/luftwaffe/organisation-/ (Stand: 03.07.2021).

94 Für eine genaue organisatorische Untergliederung der Luftwaffe siehe Bundeshaushaltsplan 2021, Einzelplan 14, S. 21 f., zu finden unter: www.bundeshaushalt.de (Stand: 03.07.2021).

95 Näher zum Auftrag der taktischen Luftwaffengeschwader siehe unter https://www.bundeswehr.de/de/organisation/luftwaffe/organisation-/ (Stand: 03.07.2021).

96 Seit dem Jahr 2012 bis in das Jahr 2019 gab es insgesamt 10 „Suspected Renegade"-Fälle, siehe BT-Drs. 19/4173, S. 21 für eine Auflistung mit Datum, Uhrzeit und Begründung der Einstufung. Am 10.03.2017 gab es beispielsweise einen Alarmstart aufgrund eines „Suspected Renegade"-Falles, der zu einer Teilevakuierung von Atomkraftwerken führte. Ein Passagierflugzeug hatte den Funkkontakt verloren, weil eine

Flugzeugentführungen, bei denen Terroristen ein (Passagier-)Flugzeug als Waffe einsetzen.[97] Koordiniert werden die Alarmrotten vom Nationalen Lage- und Führungszentrum für Sicherheit im Luftraum in Uedem (NLFZ SiLuRa), einer ressortübergreifenden Dienststelle, die eng mit dem Combined Air Operations Centre der NATO zusammenarbeitet (CAOC).[98] Die Alarmrotten nehmen so eine Schlüsselstellung bezüglich präventiver Inneneinsätze gegen terroristische Gefahren aus dem Luftraum ein. Dies findet seinen Grund darin, dass die Polizeikräfte über keine Flugzeuge dieser Art verfügen. Kommt es im Luftraum zu einer Flugzeugentführung, können nur die Alarmrotten der Streitkräfte diese Gefahr kontrollieren.

b) Militärische Organisationsbereiche

Die Streitkräftebasis, der Zentrale Sanitätsdienst sowie der Cyber- und Informationsraum sind die sonstigen militärischen Organisationsbereiche der Streitkräfte.

Die Streitkräftebasis bündelt verschiedene bereichsübergreifende sowie organisatorische Aufgaben und ist so für die Funktionsfähigkeit, Koordination und Entlastung der Streitkräfte zuständig.[99] So tragen ca. 32.900 Personen die Verantwortung unter anderem für die Mobilität der Streitkräfte, die Logistik bzw. die Versorgung mit Waren und Gütern, die Ausbildung und Forschung sowie die zivil-militärische Zusammenarbeit im In- und Ausland.[100] Institutionell zugehörig sind der Streitkräftebasis beispielsweise die Feldjägereinheiten, Unterstützungsverbände, Logistikbataillone und der Militärische Abschirmdienst.[101]

---

falsche Frequenz eingewählt wurde (BT-Drs. 18/11957, S. 1 f.). Unabhängig davon kam es im Jahr 2013 zu sieben Alarmstarts, im Jahr 2014 zu Zehn Alarmstarts und im Jahr 2015 sogar zu 18 Alarmstarts (BT-Drs. 18/7331, S. 26). Zwischen Januar 2016 und Februar 2017 kam es insgesamt zu 14 Alarmstarts (BT-Drs. 18/11323, S. 59).

97 Vgl. BT-Drs. 19/4173, S. 20; 19/7499, S. 2.

98 Siehe näher hierzu den Beitrag der Bundeswehr, zu finden unter: https://www.bundeswehr.de/de/sicherheit-im-luftraum-der-luftwaffe-entgeht-nichts--135310 (Stand: 03.07.2021).

99 Siehe *BMVg*, Waffensysteme und Großgerät, S. 140 ff.; *A. Dietz*, in: Görres-Gesellschaft, Staatslexikon, Bd. I, Sp. 897.

100 Siehe hierzu https://www.bundeswehr.de/de/organisation/streitkraeftebasis/auftrag (Stand: 03.07.2021).

101 Dazu und für eine genaue organisatorische Untergliederung der Streitkräftebasis siehe Bundeshaushaltsplan 2021, Einzelplan 14, S. 22 f., zu finden unter: www.bundeshaushalt.de (Stand: 03.07.2021).

Der Sanitätsdienst soll die Gesundheit der Soldaten im Inland und im Ausland gewährleisten, erhalten oder wiederherstellen.[102] In diesem Bereich sind ca. 20.000 Soldatinnen und Soldaten tätig.[103] Ihm zugehörig sind etwa die Bundeswehrkrankenhäuser und die Sanitätsakademie der Bundeswehr.[104]

Bei dem Cyber- und Informationsraum (CIR) handelt es sich um einen neuen militärischen Organisationsbereich,[105] in dem gegenwärtig ca. 14.500 Personen beschäftigt sind.[106] Durch ihn sollen die Streitkräfte mit der zunehmenden Digitalisierung Schritt halten.[107] Der Cyber- und Informationsraum stellt damit eine Antwort auf die wachsende Cyber-Bedrohungslage in Deutschland dar: Cyber-Angriffe können verheerende Folgen für Wirtschaft und Gesellschaft haben.[108] Das betrifft im Speziellen den Fall des Angriffs „kritischer Infrastruktur"[109]. Ihre Fähigkeit liegt daher primär in der Cyber-Verteidigung.[110] Es sollen Angriffe auf die eigenen Systeme der Streitkräfte sowie (im Sinne der gesamtstaatlichen Sicherheitsvorsorge) auf kritische Infrastruktur aus dem Cyberraum vorgebeugt werden.[111]

---

102 Siehe dazu https://www.bundeswehr.de/de/organisation/sanitaetsdienst/aufgaben-und-selbstverstaendnis-sanitaetsdienst-bundeswehr (Stand: 03.07.2021).

103 So die offizielle Website https://www.bundeswehr.de/de/organisation/sanitaetsdienst/kommando-und-organisation-sanitaetsdienst (Stand: 03.07.2021).

104 Siehe Bundeshaushaltsplan 2021, Einzelplan 14, S. 22, zu finden unter: www.bundeshaushalt.de (Stand: 03.07.2021).

105 Zu der Indienststellung siehe *BMVg*, Tagesbefehl vom 05.04.2017.

106 Siehe hierzu https://www.bundeswehr.de/de/organisation/cyber-und-informationsraum/kommando-und-organisation-cir (Stand: 03.07.2021).

107 *BMVg*, 7. Bericht des Bundesministeriums der Verteidigung zu Rüstungsangelegenheiten, Teil 1 März 2018, S. 5.

108 Näher zur Bedrohungslage: *BMI*, Cyber-Sicherheitsstrategie für Deutschland 2016, S. 7.

109 *BMI*, KRITIS-Strategie, S. 3. Bei „kritischer Infrastruktur" handelt es sich demnach um „Organisationen und Einrichtungen mit wichtiger Bedeutung für das staatliche Gemeinwesen, bei deren Ausfall oder Beeinträchtigung nachhaltig wirkende Versorgungsengpässe, erhebliche Störungen der öffentlichen Sicherheit oder andere dramatische Folgen eintreten würden.", exemplarisch dafür in Anlehnung an S. 5: Atomkraftwerke („Energieversorgung"), Staudämme („Wasserversorgung"), Flughäfen („Transport und Verkehr"), Krankenhäuser („Gesundheitswesen").

110 Zum Begriff auch *BMI*, Cyber-Sicherheitsstrategie für Deutschland 2016, S. 46; *BMVg*, Konzeption der Bundeswehr, S. 53 f.

111 *BMVg*, Abschlussbericht Aufbaustab Cyber- und Informationsraum, S. 5; zum gemeinsamen Schutz der kritischen Infrastruktur: *BMVg*, Weissbuch 2016, S. 38.

II. Begriff des Terrorismus und der terroristischen Gefahren

Sofern von Terror und Terrorismus gesprochen wird, ist die Bildung einer Vorstellung über dessen Bedeutung meist nicht schwierig. Die Wörter sind allerdings nicht synonym zu verstehen. Als „Terror" wird eine staatliche Schreckensherrschaft gegen Bürger oder Bürgergruppen bezeichnet (auch: „Terror von oben").[112] „Terrorismus" bezeichnet dagegen vereinfacht und dem allgemeinen Sprachgebrauch nach die Verbreitung von Angst und Schrecken durch politisch motivierte Gewaltanwendung gegen einen Staat und dessen Bürger (auch: „Terror von unten").[113] Eine allgemeingültige Definition des Terrorismusbegriffs aufzustellen, wird in der Wissenschaft allerdings als kaum möglich angesehen.[114] Das hat seinen Grund in der Vielfältigkeit der Erscheinungsformen und verschiedenen Ideologien des Terrorismus.[115] Weiterhin ist jenes, was sich hinter dem Begriff des Terrorismus verbirgt, auch von einer gewissen Subjektivität geprägt: So findet sich in dem Zusammenhang nicht selten die Redewendung „Des einen Freiheitskämpfer

---

112 *Brockhaus*-Enzyklopädie, Bd. 27, S. 233 (Schlüsselbegriff Terrorismus); *M. Scholz*, Staatliches Selbstverteidigungsrecht gegen terroristische Gewalt, S. 18; *M. H. W. Möllers*, Wörterbuch der Polizei, 3. Aufl. 2018, S. 2274 (Terrorismus), der Terror als „Instrument staatlicher Repressionspolitik" ausweist; Ursprünglich geprägt wurde der Begriff „terreur" während der Französischen Revolution durch die jakobinische Schreckensherrschaft und war zu dieser Zeit keineswegs negativ konnotiert, siehe dazu *M. Thiel*, Entgrenzung, S. 32; *S. Middel*, Terrorismusbekämpfung, S. 44 f.; *B. Hoffman*, Terrorismus – der unerklärte Krieg, S. 23; *T. Riegler*, Terrorismus, S. 14; *G. Warg*, VerwArch 102 (2011), S. 570 (571).

113 *Brockhaus*-Enzyklopädie, Bd. 27, S. 233 (Schlüsselbegriff Terrorismus); zu der Abgrenzung auch *A. Wildfang*, Terrorismus, S. 70 f.; *M. Scholz*, Staatliches Selbstverteidigungsrecht gegen terroristische Gewalt, S. 18; *C. Dau*, Selbstverteidigung, S. 29; *C. Degenhart*, in: M. Sachs, GG Kommentar, Art. 73 Rn. 46; zu der politischen Motivation auch *K. Schmalenbach*, NZWehrr 2000, S. 15 (19).

114 *C. Tomuschat*, DÖV 2006, S. 357 (360); *C. J. Tams*, DÖV 2007, S. 367 (372); *B. Hoffman*, Terrorismus – der unerklärte Krieg, S. 50 ff.; *M. Thiel*, Entgrenzung, S. 32; *T. Riegler*, Terrorismus, S. 14 ff.; *F. Neubacher*, Jura 2010, S. 744 (745); *R. Lavalle*, ZaöRV 67 (2007), S. 89; *B. Grzeszick*, Staat und Terrorismus, in: J. Isensee, Der Terror, der Staat und das Recht, S. 55 (58).

115 Für einen Überblick über die Erscheinungsformen siehe *J. Urban*, Internationaler Islamistischer Terrorismus, in: U. Backes/E. Jesse, Gefährdungen der Freiheit, S. 441 (444 ff.).

ist des anderen Terrorist“[116]. Es existiert dennoch eine nahezu unerschöpfliche Menge von interdisziplinären Definitionsansätzen.[117] In der Rechtswissenschaft wird meist auf das völkerrechtliche Verständnis rekurriert.[118] Im Zuge der Föderalismusreform[119] im Jahre 2006 fand der Begriff des „Internationalen Terrorismus“ auch Einzug in das Grundgesetz (vgl. Art. 73 Abs. 1 Nr. 9a GG).[120] In der Gesetzesbegründung wird darauf hingewiesen, dass

---

116 Als Urheber des Zitats wird oft der 40. Präsident der Vereinigten Staaten *Ronald Reagan* benannt. In seiner „Radio Address to the nation on Terrorism” vom 31.05.1986 erwähnt Reagan den Satz in einer Rede wörtlich, zitierte ihn jedoch selbst und distanzierte sich von ihm. Den Satz bezeichnet er als irreführend, da Freiheitskämpfer nicht die Bevölkerung terrorisieren müssen, sondern die militärischen Kräfte sowie andere Instrumente des Staates zum Ziel haben, die das Regime an der Macht hält.

117 So findet sich bei *B. Hoffman*, Terrorismus – der unerklärte Krieg, S. 71 eine Tabelle, die 101 Definitionen nach Häufigkeit der benannten Definitionselemente aufschlüsselt; exemplarisch für Definitionen aus der Rechtswissenschaft: für einen kriminologischen Ansatz: *A. Wildfang*, Terrorismus, S. 71; für völkerrechtliche Ansätze: *K. Schmalenbach*, NZWehrr 2000, S. 15 (20); *C. Dau*, Selbstverteidigung, S. 31; zu den Merkmalen auch *G. Warg*, VerwArch 102 (2011), S. 570 (589); *J. Senger*, Streitkräfte und Materielles Polizeirecht, S. 58 ff.; siehe auch *J. Griebel/C. Schäfer*, NVwZ 2020, S. 511 (512 ff.); Für politik- und sozialwissenschaftliche Ansätze: *W. Laqueur*, Die globale Bedrohung S. 44; *P. Waldmann*, Terrorismus, S. 14; *C. Müller*, JBÖS 2018/2019, S. 223 (223 ff.).

118 Siehe in einer Zusammenschau etwa die Entscheidung des Sicherheitsrates der Vereinten Nationen S-Res. Nr. 1566 (2004) vom 8.10.2004, zu finden unter: http://www.un.org/depts/german/sr/sr_04-05/sr1566.pdf (Stand: 03.07.2021); zu dem vorherigen Verständnis des „Terrorismus“ in Resolutionen des UN-Sicherheitsrats zwischen den Jahren 1985 und 2004, siehe *B. Saul*, CJIL 4 (2005), S. 141; siehe weiter das Sekundärrecht der Europäischen Union, insbesondere die Richtlinie (EU) 2017/541 des Europäischen Parlaments und des Rates vom 15.03.2017 zur Terrorismusbekämpfung und zur Ersetzung des Rahmenbeschlusses 2002/475/JI des Rates und zur Änderung des Beschlusses 2005/671/JI des Rates, (ABl. L 88, S. 6).

119 Gesetz zur Änderung des Grundgesetzes vom 28.08.2006 (BGBl. I, S. 2034).

120 Auch in einfachgesetzlichen Normen wird der Terrorismus benannt und normiert. Siehe etwa § 129a StGB, welcher nach dem Rahmenbeschluss reformiert wurde und dessen Verständnis des Terrorismus zwecks Harmonisierung adaptierte (BGBl. 2003 I, S. 2836). Ein anderes Beispiel ist das Antiterrordateigesetz (BGBl. 2006 I, S. 3409), zuletzt geändert durch Gesetz vom 20.11.2019 (BGBl. I, S. 1626). Auch dieses stellt jedoch auf das Begriffsverständnis des Grundgesetzes und des BKAG ab, das seinerseits das Verständnis von § 129a StGB und damit des Europarechts zugrunde legt, siehe *C. Arzt*, in: W.-R. Schenke/K. Graulich/J. Ruthig, Sicherheitsrecht des Bundes, § 1 ATDG Rn. 18.

der Begriff ebenso durch seine Entwicklungsoffenheit wie auch durch das Verständnis vorgeprägt wird, welches er im Rahmen von „internationalen und nationalen Normen“ erhält.[121] Ausgegangen wird daneben aber auch weiter vom einfachen Sprachgebrauch, welcher in der instrumentalisierten Gewaltanwendung oder Gewaltandrohung zur Erregung von „Angst und Schrecken“ liegt.[122] Beabsichtigt werden könnte allerdings auch, dass staatliche oder gesellschaftliche Strukturen gefestigt oder destabilisiert werden.[123] Dies ist bereits eine hinreichende Begriffsbestimmung für die Zwecke dieser Untersuchung, denn auf eine nähere Abgrenzung von verschiedenen Erscheinungsformen von *nicht-staatlichem Terrorismus* kommt es nicht maßgeblich an; die zu erörternden Grundsätze gelten für jede dieser Formen gleichermaßen. Entscheidend ist nur, dass der *Staatsterrorismus* nicht unter das hiesige Verständnis des Terrorismus fällt. Dieser liegt vor, wenn staatliche Einrichtungen selbst terroristische Handlungen durchführen bzw. sich zur Durchsetzung ihrer Ziele des Terrors oder terroristischer Mittel bedienen.[124] Unter Terrorismus kann in Abgrenzung zu staatlich veranlasster Schreckensherrschaft insoweit nur ein (nichtstaatlicher) Angriff gegen Staat und Gesellschaft verstanden werden, der „von unten“ erfolgt.[125]

Bedeutsam für diese Untersuchung ist allerdings, dass die terroristische Bedrohung dazu geeignet sein muss, die Tatbestandsvoraussetzungen einer Einsatznorm für den Inneneinsatz zu erfüllen, damit die Streitkräfte normativ zum Einsatz gelangen können und ggf. müssen, um verheerende Schäden von der Bevölkerung abzuwenden. Das bedeutet, dass die terroristische Bedrohung

---

121 BT-Drs. 16/813, S. 12; zu der verfassungsrechtlichen Selbstständigkeit des Begriffs siehe aber *A. Uhle*, in: T. Maunz/G. Dürig, GG Kommentar, Art. 73 (2010) Rn. 211; auch dazu, dass die „Vorprägung“ daher nicht im Sinne einer dynamischen Verweisung zu verstehen ist. Siehe dazu auch *R. Sannwald*, in: B. Schmidt-Bleibtreu/ H. Hofmann/H.-G. Henneke, GG Kommentar, Art. 73 Rn. 136; *C. Degenhart*, in: M. Sachs, GG Kommentar, Art. 73 Rn. 46.

122 *A. Uhle*, in: T. Maunz/G. Dürig, GG Kommentar, Art. 73 (2010) Rn. 212; *C. Degenhart*, in: M. Sachs, GG Kommentar, Art. 73 Rn. 46.

123 *A. Uhle*, in: T. Maunz/G. Dürig, GG Kommentar, Art. 73 (2010) Rn. 212; *M. Heintzen*, in: H. v. Mangoldt/F. Klein/C. Starck, GG Kommentar, Bd. 2, Art. 73 Rn. 100.

124 *W. Dietl/K. Hirschmann/R. Tophoven*, Terrorismuslexikon, S. 19; *C. Tomuschat*, DÖV 2006, S. 257 (360).

125 *B. Hoffman*, Terrorismus – der unerklärte Krieg, S. 24; *S. Middel*, Terrorismusbekämpfung, S. 45; *M. Scholz*, Staatliches Selbstverteidigungsrecht gegen terroristische Gewalt, S. 18.

eine bestimmte *Intensitätsschwelle* überschreiten muss, die für jede Norm vom Grundgesetz anders angelegt ist. Der Frage, inwieweit sich die einzelnen Normen zur Abwehr terroristischer Bedrohungen eignen und wie hoch die Intensitätsschwelle dann liegen muss, wird bei der Analyse der einzelnen Normen im zweiten Teil nachgegangen.

III. Begriff des Präventiveinsatzes der Streitkräfte

Zuletzt zu beantworten ist die Frage, was unter einem „Präventiveinsatz" der Streitkräfte zu verstehen ist. Das Grundgesetz sieht in verschiedenen Lagen die Möglichkeit des Einsatzes[126] der Streitkräfte vor. Dem allgemeinen Sprachgebrauch nach wird unter „Prävention" die Vorbeugung oder Verhütung von etwas verstanden.[127] „Präventiv" gehandelt wird also, wenn einer unerwünschten Entwicklung vorbeugend bzw. verhütend entgegengetreten wird.[128] So liegt es auch bei dem Präventiveinsatz der Streitkräfte. Hinterfragt wird also, inwieweit die Streitkräfte in der jeweiligen Situation eingesetzt werden können, um vorbeugend tätig zu werden. Hierbei kann sich die Frage des Einsatzes – je nach Einsatzgrundlage – zu verschiedenen Zeitpunkten stellen. In Anlehnung an das Polizeirecht lassen sich diese auch für den präventiven Einsatz der Streitkräfte herleiten. Ein Einsatz ist so noch im Vorfeld des Ereignisses vorstellbar. Der früheste Zeitpunkt läge hierbei noch im Vorfeld der Entstehung einer konkreten Gefahr im Sinne einer Gefahrenvorsorge bzw. bei dem Vorliegen einer rein abstrakten Gefahr. Hierzu könnten bestimmte Formen des Objekt- und Raumschutzes gezählt werden, wenn es an eindeutigen Hinweisen für einen Anschlag noch fehlt bzw. ein solcher allenfalls in unbestimmter Zukunft drohen könnte. Ist die Situation konkreter geworden und eine Gefahr bereits entstanden, so könnte der Einsatz erfolgen, um diese Gefahr zu bekämpfen. Dies umschreibt den klassischen Fall der Gefahrenabwehr. Auf das Beispiel des Objektschutzes bezogen, wäre der konkrete Hinweis auf einen alsbald und konkret erfolgenden Anschlag erforderlich, um etwa ein bestimmtes Ziel schützen zu können. Zuletzt könnte ein Einsatz auch nach Eintritt des Ereignisses, aber vor Eintritt des Schadens erfolgen. In diesem Fall würden die Streitkräfte nur zur Abwendung des Schadensfalles

---

126 Was unter einem „Einsatz" zu verstehen ist, wird aufgrund der systematischen Zugehörigkeit der Frage zum zweiten Teil erst im Rahmen des Art. 87a Abs. 2 GG behandelt. Dazu siehe unten, Teil 2 A. I.

127 *Brockhaus*-Enzyklopädie, Bd. 22, S. 54 (Prävention).

128 *Brockhaus*-Enzyklopädie, Bd. 22, S. 55 (präventiv).

vorbeugend tätig werden. Eine solche Abwendung des weiteren Schadensverlaufes könnte zum Beispiel in der Absicherung einer Sanitätsstelle gesehen werden, wenn der terroristische Anschlag bereits begonnen hat. Denkbar wäre auch ein Szenario, in welchem nur die Luftwaffe den Schadenserfolg eines bereits begonnen Anschlags noch verhindern kann, indem sie etwa den mit Sprengstoff beladenen LKW, der einen Staudamm zu sprengen droht, aufhält.

Abstrahiert bestehen damit die drei Phasen der Gefahrenvorsorge, der Gefahrenabwehr und der Schadensvorbeugung. Präventiveinsätze der Streitkräfte sind also Einsätze, die zur Vorbeugung eines Ereignisses vor, bei einer Gefahr oder nach Eintritt des Ereignisses zur Vorbeugung des Schadens erfolgen. In all diesen Fällen nehmen die Streitkräfte Aufgaben der Gefahrenabwehr wahr. Dies gibt Anlass sich mit der innerstaatlichen Verteilung der Sicherheitsaufgabe näher zu befassen.

B. Die Sicherheitsverfassung in der Gegenwart

Eine Kernaufgabe des Staates liegt seit jeher in der Gewährleistung der Sicherheit seiner Bürger. Diese Aufgabe wird im Rahmen der Verfassung aufgeteilt. Die Bedeutung der Sicherheit sowie der Gewährleistung und Aufteilung der Sicherheitsaufgabe im Sinne innerer und äußerer Sicherheit nach dem Grundgesetz wird im Folgenden aufgezeigt. Hierbei wird auch der Frage nachgegangen, inwieweit die Aufspaltung der Sicherheitsaufgabe – vor dem Hintergrund der Entwicklungen terroristischer Bedrohungen – noch zeitgemäß oder überhaupt durchzuhalten ist.

I. Sicherheit als Staatszweck und Staatsaufgabe

Die „Sicherheit" ist ein vielschichtiger Begriff. Sie wird im Rahmen der Staatsaufgabe oft auch mit sozialer, technischer oder ökologischer Sicherheit in Verbindung gebracht.[129] Vor dem Kontext der Untersuchung muss allerdings ein engeres Begriffsverständnis zugrunde gelegt werden. Sicherheit in diesem Sinne stellt einen Zustand der Freiheit von Angst und Furcht vor Gefahren bzw. Schädigungen für Rechtsgüter, auch durch Dritte, dar.[130]

---

129 *W. Brugger*, VVDStRl 63 (2004), S. 101 (102); *P. Kirchhof*, Der deutsche Staat im Prozeß der europäischen Integration, in: J. Isensee/ders., HStR X, § 214 Rn. 34.

130 *D. Heckmann*, Sicherheitsarchitektur im bedrohten Rechtsstaat, in: U. Blaschke/A. Förster/S. Lumpp/J. Schmidt, Sicherheit statt Freiheit?, S. 11; *M. Thiel*, Entgrenzung, S. 141; für verschiedene Ansätze vgl. *A. Anter*, JBÖS 2008/2009, S. 15 (16); *W. Brugger*,

Gerade der Schutz von Leib, Leben und Eigentum spielt hierbei eine erhebliche Rolle. In der Gewährleistung der Sicherheit seiner Bürger liegt eine Kernaufgabe des Staates.[131] Er schützt ihn vor Terrorismus und kriegerischen Auseinandersetzungen, aber auch vor anderen Gefahren, die seine Rechtsgüter beeinträchtigen können.[132] Historisch betrachtet ist die Gewährleistung von Sicherheit als Staatszweck keineswegs neu.

1. *Sicherheit als Staatszweck nach Hobbes und Locke*

Der Staatszweck ist ein Begriff, welcher weniger dem Staatsrecht als vielmehr der Staatslehre und der Staatsphilosophie entstammt.[133] Staatszwecke befassen sich mit der Rechtfertigung, dem Sinn und der Legitimation des staatlichen Seins und Handelns.[134] Sie sind daher auf einer hohen Abstraktionsebene zu verorten.[135] Der Sicherheitsgedanke wurde in diesem Kontext bereits in der Vergangenheit als elementarer Gründungszweck für einen Staat herangezogen.

Die staatsphilosophische Grundlage hierfür bot *Thomas Hobbes*. Er betont in seinem Werk „Leviathan" die grundlegende Gleichheit des Menschen wie auch seine Tendenz zur Unfriedlichkeit.[136] Der Mensch befinde sich in einem Kriegszustand „eines jeden gegen jeden".[137] Ein gesellschaftliches Zusammenleben sei nach Hobbes daher nur mittels einer „einschüchternden Macht" möglich.[138] Um dem Zustand des Bürgerkriegs zu entfliehen, schließen die Menschen nach Hobbes daher einen „künstlichen Vertrag", also einen Staatsvertrag, in welchem

---

VVDStRl 63 (2004), S. 101 (102); *C. Gusy*, VVDStRl 63 (2004), S. 151 (155), der die Sicherheit treffend auch als „Abwesenheit von Risiken" definiert; siehe auch die Ansätze von *F.-X. Kaufmann*, Sicherheit, S. 55 ff., 140, der die Sicherheit als herstellbaren Zustand der Gefahrlosigkeit auffasst; *J. Isensee*, Das Grundrecht auf Sicherheit, S. 21 definiert die Sicherheit als „Schutz des Bürgers vor dem Übergriff anderer".

131 Zu der Sicherheit als Kernprinzip der Verfassung *P. Kirchhof*, Verfassung, Theorie und Dogmatik, in: J. Isensee/ders., HStR XII, § 273 Rn. 64, 71.

132 *P. Kirchhof*, Der deutsche Staat im Prozeß der europäischen Integration, in: J. Isensee/ders., HStR X, § 214 Rn. 34.

133 *W. Schwetzel*, Freiheit, Sicherheit, Terror, S. 61; *H. Maurer*, Staatsrecht I, § 6 Rn. 23.

134 *H. P. Bull*, Staatsaufgaben, S. 43; *ders.*, NVwZ 1989, S. 801 (802); *H. Maurer*, Staatsrecht I, § 6 Rn. 23; *C. Link*, VVDStRl 48 (1990), S. 7 (17).

135 Staatszwecke stehen noch über Staatszielen, vgl. *C. Link*, VVDStRl 48 (1990), S. 7 (18).

136 *T. Hobbes*, Leviathan, Kap. 13, S. 94 f.

137 *T. Hobbes*, Leviathan, Kap. 13, S. 96.

138 *T. Hobbes*, Leviathan, Kap. 13, S. 95.

sich jeder gegenüber jedem „zur Einhaltung des Friedens" verpflichte.[139] Die Menschen schaffen eine „allgemeine Gewalt", welche diese Verpflichtung sicherstelle und in der Lage dazu sein müsse „die Menschen vor dem Angriff Fremder und vor gegenseitigen Übergriffen zu schützen und ihnen dadurch eine solche Sicherheit zu verschaffen [...]"[140]. Zur Konstituierung dieser Gewalt übertragen sie ihre Macht und Stärke sowie ihr Recht sich zu regieren auf eine oder mehrere Personen; und „ist dies geschehen, so nennt man diese zu einer Person vereinten Menge *Staat* [...] die Erzeugung jenes großen *Leviathan* [...], dem wir [...] unseren Schutz und Frieden verdanken." (Hervorhebung im Original).[141] Die Pflicht zum Gehorsam besteht nach *Hobbes* im Sinne eines gegenseitigen Leistungsaustausches allerdings nur so lange, wie der Souverän den Untertanen auch Schutz gewährleisten kann.[142] Bereits Hobbes erkannte allerdings, dass der Staat keine absolute Gewähr für die Sicherheit übernehmen kann, dieser habe aber jedenfalls dafür Sorge zu tragen, dass „kein gerechter Grund zur Furcht"[143] bestehe.

Auch nach *John Locke* befindet sich der Mensch ohne Einflüsse eines Staatswesens in dem „Naturzustand", der von der Freiheit und Gleichheit des Menschen gekennzeichnet ist.[144] Dem auch von Unsicherheit geprägten Naturzustand entkommen die Menschen, indem sie sich zu einer „politischen Gesellschaft" zusammenschließen, einem Staatswesen.[145] Den Zweck der Begründung einer

139 *T. Hobbes*, Leviathan, Kap. 17, S. 134, siehe aber auch Kap. 15, S. 114; weiterführend zu den Staatsvertragslehren: *C. Gusy*, DÖV 1996, S. 573 (576 f.).

140 *T. Hobbes*, Leviathan, Kap. 17, S. 134.

141 *T. Hobbes*, Leviathan, Kap. 17, S. 134.

142 *T. Hobbes*, Leviathan, Kap. 21, S. 171.

143 *T. Hobbes*, De Cive, Kap. 6 Abschnitt 3, S. 133.

144 *J. Locke*, Zwei Abhandlungen, Zweite Abhandlung, § 4; siehe zu dem Naturzustand näher §§ 6, 7. In dem Naturzustand herrsche das Gesetz der Vernunft (Naturrecht). Dieses gebietet nach Locke, dass ein Mensch einem anderen keinen Schaden zufügen soll. Nach Möglichkeit soll der Mensch sogar andere Menschen schützen und „erhalten". Der Naturzustand, wie Locke ihn versteht, ist damit weniger belastend wie jener Bürgerkriegszustand, in dem Hobbes die Menschheit erblickt. Dennoch ist er mit Unsicherheit und Unbehaglichkeit verbunden, weswegen die Menschen anstreben, ihn zu verlassen, siehe dazu § 131.

145 *J. Locke*, Zwei Abhandlungen, Zweite Abhandlung, § 89.

solchen Gesellschaft sieht *Locke* vor allem in der Gewährleistung von Schutz und Sicherheit, aber auch eines friedlichen Zusammenlebens.[146]

Die Gewährleistung von Sicherheit ist demnach seit jeher ein Grund für die Legitimation einer staatlichen Herrschaft.[147] Diese beansprucht auch heute weiterhin Geltung.[148]

2. *Die Staatsaufgabe der Sicherheit in der Verfassung*

Staatsaufgaben sind gegenüber den Staatszwecken auch dem Staatsrecht zuzuordnen. Sie ergeben sich aus politischen Entschließungen und der daraufhin folgenden Aufnahme in die Rechtsordnung.[149] Staatsaufgaben sind damit Kernaufgaben, die der Staat nach dem Grundgesetz zu erfüllen hat oder erfüllen darf.[150] Eine Staatsaufgabe in diesem Sinne ist die Gewährleistung der Sicherheit.[151] Insoweit kann davon gesprochen werden, dass der abstrakte Staatszweck

---

146 *J. Locke*, Zwei Abhandlungen, Zweite Abhandlung, § 95. Dazu, dass *J. Locke* auch die Gefahr der Etablierung einer solchen Macht sah und sich daher für eine Gewaltenteilung aussprach siehe §§ 137, 143.

147 *C. Calliess*, DVBl. 2003, S. 1096.

148 So argumentiert *J. Isensee*, Das Grundrecht auf Sicherheit, S. 3, 17 aufbauend auf Hobbes mit der Sicherheit als staatlichem Legitimationsgrund; *ders.*, Das Grundrecht als Abwehrrecht und als staatliche Schutzpflicht, in: ders./P. Kirchhof, HStR IX, § 191 Rn. 161, 181; *M. Sachs*, in: K. Stern, Staatsrecht, Bd. III/1, S. 732; dazu, dass auch heute der Staat sich aus seiner Eigenschaft als Sicherheitsgarant legitimiert *A. Anter*, JBÖS 2008/2009, S. 15 (19); *T. T. Walter*, Der Staat als Sicherheitsgarant?, S. 9; Zu der Entwicklung der Verschränkung von Sicherheitsgewähr und Gehorsam, vgl. *C. Link*, VVDStRl 48 (1990), S. 7 (27); *C. Calliess*, ZRP 2002, S. 1 (3f.); *F. Becker*, NVwZ 2015, S. 1335; *O. Depenheuer*, in: T. Maunz/G. Dürig, GG Kommentar, Art. 87a (2008) Rn. 1, der das Strukturprinzip von politischer Herrschaft in der Gewährleistung von Sicherheit gegen Gehorsam sieht; Die Sicherheitsgewähr wird auch sonst stetig als Legitimationsgrund des Staates herangezogen, vgl. *M. Brenner*, Staatsaufgaben, in: O. Depenheuer/C. Grabenwarter, Verfassungstheorie, § 25 Rn. 52 f.; *C. Gusy*, POR, Rn. 71; *M. Thiel*, POR, § 1 Rn. 1 zur Gewährleistung von Gefahrenabwehr als Rechtfertigungsgrund des Staates. Gleichwohl sei angemerkt, dass aus Staatszwecken aufgrund ihrer hohen Abstraktionsebene schwierig konkrete Argumente oder Handlungspflichten herzuleiten sein dürften.

149 *C. Gusy*, DÖV 1996, S. 573 (574).

150 *H. Maurer*, Staatsrecht I, § 6 Rn. 24, § 1 Rn. 12; *J. Isensee*, Staatsaufgaben, in: ders./P. Kirchhof, HStR IV, § 73 Rn. 13; zu der verpflichtenden Wirkung auch *H. P. Bull*, Staatsaufgaben, S. 44.

151 *H. H. Trute*, GS B. Jeand'Heur, 1999, S. 403 (413); *D. Wiefelspütz*, NWVBl. 2006, S. 41 zu der Schutzfunktion und Schutzverpflichtung des Staates aus dem Grundgesetz; *P.*

in der Verfassung als Aufgabe konkretisiert wird.[152] Dabei handelt es sich um eine Aufgabe von essenzieller Bedeutung. Sie wurde im Grundgesetz auch ohne ausdrückliche Erwähnung als selbstverständlich angesehen und als implizit verankert vorausgesetzt.[153] Normativ wird sie teilweise auf das Rechtsstaatsprinzip gem. Art. 20 Abs. 3, 28 Abs. 1 GG und die Grundrechte, insbesondere in ihrer Schutzdimension zurückgeführt.[154] Ihr kommt im Staate eine freiheitskonstituierende Wirkung zu, denn nur auf der Grundlage von Sicherheit – als Zustand der Abwesenheit von Furcht und Risiken – kann sich Freiheit erst vollständig entfalten.[155] So konstatiert auch das Bundesverfassungsgericht: „Die Sicherheit des Staates als verfasster Friedens- und Ordnungsmacht und die von ihm zu gewährleistende Sicherheit seiner Bevölkerung sind Verfassungswerte, die mit

---

Kirchhof, Der deutsche Staat im Prozeß der europäischen Integration, in: J. Isensee/ders., HStR X, § 214 Rn. 34; *H. P. Bull*, Staatsaufgaben, S. 218, 348 ff.; *M. Möstl*, staatliche Garantie, S. 3, 44; zu der Schutzgewähr als Staatsziel dagegen siehe *J. Welz*, NZWehrr 2019, S. 221.

152 *C. Calliess*, ZRP 2002, S. 1 (4).

153 *W. Brugger*, VVDStRl 63 (2004), S. 101 (129 ff.); *C. Hillgruber*, JZ 2007, S. 209 (210); *V. Götz*, Innere Sicherheit, in: J. Isensee/P. Kirchhof, HStR IV, § 85 Rn. 21; *S. Middel*, Terrorismusbekämpfung, S. 25; *J. Limbach*, AnwBl. 2002, S. 454; *J. Isensee*, Das Grundrecht auf Sicherheit, S. 16; *G. Robbers*, Sicherheit als Menschenrecht, S. 13; *M. Möstl*, staatliche Garantie, S. 45; *M. Sachs*, in: K. Stern, Staatsrecht, Bd. III/1, S. 732 f.; *M. Kniesel*, ZRP 1996, S. 482 (485).

154 Für das Rechtsstaatsprinzip als Ansatz bereits: *R. v. Mohl*, Polizei-Wissenschaft, Bd. I, S. 10 ff., demnach hat der Rechtsstaat seinen Zweck dadurch zu erfüllen, dass „dem feindseligen Einwirken von Menschen" Justiz und Polizei entgegengesetzt wird, um etwaige Verstöße zu bestrafen und drohende Rechtsbeeinträchtigungen abzuwehren oder zu verhindern; für die Grundrechte als Ansatz: *J. Isensee*, Das Grundrecht auf Sicherheit, S. 33 ff.; siehe dazu auch *S. Middel*, Terrorismusbekämpfung, S. 26 f. m.w.N.; *T. T. Walter*, Der Staat als Sicherheitsgarant?, S. 82; *W. Schwetzel*, Freiheit, Sicherheit, Terror, S. 72 f.; zu der Schutzfunktion des Staates, bezogen auf die Schutzpflichten der Grundrechte, siehe *D. Wiefelspütz*, Abwehr terroristischer Anschläge, S. 12 f.; *C. Gusy*, POR, Rn. 72; *M. Möstl*, staatliche Garantie, S. 69 f.

155 Sondervotum *E. Haas*, BVerfGE 115, 371 (374); In diese Richtung bereits BVerfGE 57, 250 (268 f.); *M. Thiel*, JBÖS 2012/2013, S. 251 (263); *U. Di Fabio*, NJW 2008, S. 421 (422); *C. Hillgruber*, JZ 2007, S. 209 (211); unter Bezug auf die Innere Sicherheit: *V. Götz*, Innere Sicherheit, in: J. Isensee/P. Kirchhof, HStR IV, § 85 Rn. 2; *B. Walter*, NZWehrr 2019, S. 3.

anderen im gleichen Rang stehen und unverzichtbar sind, weil die Institution Staat von ihnen die eigentliche und letzte Rechtfertigung herleitet."[156]

Hieraus folgt, dass dem Bestehen der Staatsaufgabe Sicherheit im Rahmen ihrer Verteilung auf die staatlichen Institutionen von Streitkräften und Polizei zumindest ein bestimmtes Gewicht beigemessen werden kann. Zu beachten ist aber, dass mit der verfassungsrechtlichen Staatsaufgabe nicht die Verpflichtung zu der Gewährleistung „absoluter" Sicherheit einhergeht. Eine solche ist auch aus tatsächlichen Erwägungen heraus nicht zu verwirklichen. Sie steht vielmehr unter dem „Vorbehalt des Möglichen".[157] Personelle und sachliche Ressourcen zur Erfüllung einer Staatsaufgabe stehen dem Staat nicht unbegrenzt zur Verfügung und stellen somit die *Grenze des faktisch Möglichen* zur Aufgabenerfüllung dar.[158]

Hinzutritt, dass der Staat im Interesse der Freiheit seiner Bürger Restrisiken hinnehmen darf und muss.[159] So gebieten die Grundrechte in ihrer Schutzdimension als einer der Pfeiler der Sicherheitsaufgabe des Staates zwar den Schutz seiner Bürger, begrenzen die Aufgabe aber auch zugleich als „negative Kompetenznormen".[160] Nur wenn die Aktivierungsschwelle der

---

156 BVerfGE 49, 24 (56 f.) mit Verweis auf BVerwGE 49, 202 (209), welche das Bundesverfassungsgericht wörtlich zitiert; seitdem ständige Rechtsprechung: BVerfGE 115, 320 (346); 120, 274 (319).

157 Vgl. dazu *O. Depenheuer*, Vorbehalt des Möglichen, in: J. Isensee/P. Kirchhof, HStR XII, § 269 Rn. 55 ff.; *J. Isensee*, Resilienz von Recht im Ausnahmefall, in: K. v. Lewinski, Resilienz des Rechts, S. 33 (39 f.).

158 *O. Depenheuer*, Vorbehalt des Möglichen, in: J. Isensee/P. Kirchhof, HStR XII, § 269 Rn. 45; *J. Isensee*, Resilienz von Recht im Ausnahmefall, in: K. v. Lewinski, Resilienz des Rechts, S. 33 (39 f.).

159 *O. Depenheuer*, Vorbehalt des Möglichen, in: J. Isensee/P. Kirchhof, HStR XII, § 269 Rn. 56, auch mit Verweis auf BVerfG, Beschluss der Ersten Kammer des Ersten Senats vom 26.03.2001, 1 BvQ 15/01, Rn. 20 = BVerfG, DVBl. 2001, S. 797 (799), zu dem Vorbehalt der Verfügbarkeit von Polizeikräften; *W. Schwetzel*, Freiheit, Sicherheit, Terror, S. 54; *W. Hoffmann-Riem*, ZRP 2002, S. 497 (501), nach dem schon ein Versprechen für absolute Sicherheit auf einen unfreiheitlichen und unehrlichen Staat hinweisen würde; *E. Denninger*, KJ 2002, S. 467 (468); *ders.*, in: H. Lisken/ders., Handbuch des Polizeirechts, B Rn. 12 f.; *W. Schäuble*, ZRP 2007, S. 210 (211); *J. Isensee*, Das Grundrecht auf Sicherheit, S. 42.

160 So bereits BVerfGE 4, 7 (15); 55, 274 (302); *F. Müller*, Die Einheit der Verfassung, S. 142 f.; *T. Kingreen/R. Poscher*, Grundrechte, Rn. 108 ff., 133 ff.; *M. Kloepfer*, Verfassungsrecht, Bd. II, § 48 Rn. 37; kritisch dazu: *K. F. Gärditz*, Grundrechte im Rahmen der Kompetenzordnung, in: J. Isensee/P. Kirchhof, HStR IX, § 189 Rn. 23 ff.

grundrechtlichen Schutzpflicht überschritten wird und das Untermaßverbot verletzt wird, kann aus den Grundrechten gegebenenfalls ein Handlungsgebot des Staates hergeleitet werden.[161] So zeigt sich, dass die Grundrechte zugleich eben auch die rechtliche Grenze staatlicher Schutzverpflichtung aufstellen. Eine undifferenzierte vorschnelle Argumentation mit einer Schutzpflicht ist daher nicht zielführend. Vor dem Hintergrund der Sicherheitsverfassung sowie den Grundrechten als objektiver Werteordnung zugleich ist die Staatsaufgabe allerdings unter dem Gebot der Effektivität der Gefahrenabwehr zu erfüllen.[162] Die Staatsaufgabe der Sicherheit wird – in dem hier relevanten Sinne – im Grundgesetz aufgespalten in die Gewährleistung der inneren und äußeren Sicherheit.[163]

II. Innere und äußere Sicherheit in der Sicherheitsverfassung

Die Sicherheitsaufgabe des Staates wird in einem ganzen Netzwerk verschiedener Normen des Grundgesetzes aufgegriffen, die systematisch nicht in einem Abschnitt geordnet sind. Sie ergibt sich damit aus dem „Gesamtsinn der Verfassung".[164] Hierbei geht es vor allem um solche Bestimmungen, die sich materiell mit der Gewährleistung der Sicherheit befassen. Zusammengefasst bildet dieses Normgefüge die „Sicherheitsverfassung"[165]. Im Folgenden

---

161 *S. Middel*, Terrorismusbekämpfung, S. 34 ff., 38 f.; siehe auch *T. Kingreen/R. Poscher*, Grundrechte, Rn. 348 ff.

162 *D. Wiefelspütz*, NWVBl. 2006, S. 41 zu der Verpflichtung des Staates effektiven Schutz zu gewährleisten, sowohl unter Rückgriff auf polizeiliche als auch militärische Mittel; mit Verteidigungsbezug *O. Depenheuer*, in: T. Maunz/G. Dürig, GG Kommentar, Art. 87a (2008) Rn. 14 ff.; *W. Schäuble*, ZRP 2007, S. 210 (211), der sich für eine optimale Gewährleistung ausspricht; dagegen wohl: *M. Kniesel*, ZRP 1996, S. 482 (488), der nicht auf Effektivität, sondern Rechtsstaatlichkeit als Maßgabe abstellt. Das erscheint aber kaum als Widerspruch, da die effektive Gefahrenabwehr in rechtsstaatlich und grundrechtlich gesetzten Grenzen zu erfolgen hat.

163 *H. P. Bull*, Staatsaufgaben, S. 349; *P. Kirchhof*, Der deutsche Staat im Prozeß der europäischen Integration, in: J. Isensee/ders., HStR X, § 214 Rn. 34; *O. Depenheuer*, in: T. Maunz/G. Dürig, GG Kommentar, Art. 87a (2008) Rn. 12.

164 *J. Limbach*, AnwBl. 2002, S. 454; dem folgend *T. T. Walter*, Der Staat als Sicherheitsgarant?, S. 82.

165 Zu dem Begriff siehe auch *R. Poscher*, Sicherheitsverfassungsrecht im Wandel, in: T. Vesting/S. Korioth, Der Eigenwert des Verfassungsrechts, S. 245; zum Sicherheitsrecht als Teilrechtsordnung siehe auch *H. A. Wolff*, DVBl. 2015, S. 1076; *M. Bäcker*, Terrorismusbekämpfung und Sicherheitsverfassungsrecht in Deutschland, in: A. Scherzberg/

wird jedoch nicht allen Vorgaben der Verfassung zum weitläufigen[166] Sicherheitsrecht nachgegangen, sondern nur jenen, die in ihren Grundzügen die Aufgaben der inneren und äußeren Sicherheit konstituieren. Hierzu gehören regelmäßig Verfassungsnormen, die sich mit der Polizei befassen als auch solche der „Wehrverfassung“[167].

1. Innere Sicherheit und Gefahrenabwehr als Aufgabe der Polizei

Bei der inneren Sicherheit handelt es sich – obwohl er der Verfassung nicht bekannt ist – um einen staatsrechtlichen Begriff.[168] Auch dieser kann mit der „Freiheit von Angst und Furcht“ in Verbindung gebracht werden.[169] Dem Kern nach umfasst die innere Sicherheit vor allem die Bekämpfung von Kriminalität, welche die Freiheit und Rechte in der inneren Friedensordnung des Staates bedroht.[170] Diesbezüglich kann eine Dreiteilung angeführt werden: Die repressive Gewährleistung von Sicherheit mittels Strafverfolgung, die präventive Gewährleistung in Form der Gefahrenabwehr sowie die nachrichtendienstliche Sicherheitsgewährleistung im Vorfeld.[171] Die vorbeugende (präventive) Bekämpfung von Straftaten prägt die innere Sicherheit als besonders wichtigen Teilaspekt maßgeblich.[172] Diese Aufgabe obliegt der Polizei als zuständige Institution für die Abwehr von Gefahren für die

O. Can/İ. Doğan, Der Rechtsstaat in Zeiten von Notstand und Terrorabwehr, S. 117 (119 f., 149).

166 So gehört beispielsweise auch Art. 13 Abs. 4 GG zum Sicherheitsverfassungsrecht.

167 Zu dem Begriff der Wehrverfassung vgl. beispielsweise *C. Gramm*, Die Verwaltung 41 (2008), S. 375 (375 f.); *M. Bartke*, Verteidigungsauftrag der Bundeswehr, S. 79; für eine weite Auslegung siehe *J. Welz*, NZWehrr 2019, S. 221.

168 *V. Götz*, Innere Sicherheit, in: J. Isensee/P. Kirchhof, HStR IV, § 85 Rn. 3; dagegen *M. Kniesel*, ZRP 1996, 482 (485), der in dem Begriff der inneren Sicherheit ein nicht juristisches und beliebig auffüllbares politisches Schlagwort sieht.

169 *F.-X. Kaufmann*, Sicherheit, S. 10, der diese Formulierung in seiner soziologischen Untersuchung auf den psychischen Zustand des Menschen bezieht, was in einer Abgrenzung zu seinem Verständnis von äußerer Sicherheit als Schutz vor Gefahren noch deutlicher wird; sich dem anschließend: *M. Kutscha*, in: F. Roggan/ders., Handbuch Innere Sicherheit, S. 24.

170 *V. Götz*, Innere Sicherheit, in: J. Isensee/P. Kirchhof, HStR IV, § 85 Rn. 2, 5.

171 *H. A. Wolff*, DVBl. 2015, S. 1076 (1077).

172 Zur Prävention siehe auch *V. Götz*, Innere Sicherheit, in: J. Isensee/P. Kirchhof, HStR IV, § 85 Rn. 14.

innerstaatliche Rechts- und Friedensordnung.[173] Dies betrifft selbstverständlich auch terroristische Gefahren, bei denen die Verübung schwerer und schwerster Straftaten droht. Eine konkrete Gefahr ergibt sich nach allgemeiner Auffassung bei einem Sachverhalt, wenn dieser bei ungehindertem Fortgang in absehbarer Zeit und mit hinreichender Wahrscheinlichkeit zu einem Schaden an den von der jeweiligen Norm geschützten Rechtsgütern (meist „öffentliche Sicherheit oder Ordnung") führt.[174] Zusätzlich wird die Gefahrenabwehr mittlerweile um den Aspekt der Gefahrvorsorge angereichert, die noch im Vorfeld konkreter Gefahren erfolgt.[175] Mit der Gefahrenvorsorge soll eine spätere Entstehung der Gefahr bereits verhindert oder aber die wirksame Bekämpfung der Gefahr ermöglicht werden.[176] Zu der inneren Sicherheit wird neben der Bekämpfung von Kriminalität und Verbrechen durch Polizei und Justiz auch der Katastrophenschutz gezählt.[177] Letzterer erlangt im Kontext terroristischer Bedrohungen eine besondere Bedeutung.

Die Aufgabe der Gefahrenabwehr als solche der Polizei lässt sich aus der Verfassung unmittelbar herleiten. Aufschlussreich sind hierfür besonders die materiellen Kompetenznormen zu der „öffentlichen Sicherheit" innerhalb des Grundgesetzes. So normiert Art. 35 Abs. 2 S. 1 GG, dass ein Land in Fällen besonderer Bedeutung „Zur Aufrechterhaltung oder Wiederherstellung der öffentlichen Sicherheit oder Ordnung" Kräfte und Einrichtungen des Bundesgrenzschutzes (Bundespolizei) zur Unterstützung seiner Polizei

---

173 *F. Kirchhof*, Verteidigung und Bundeswehr, in: J. Isensee/P. Kirchhof, HStR IV, § 84 Rn. 4; *D. Wiefelspütz*, NWVBl. 2006, S. 41; *ders.*, Abwehr terroristischer Anschläge, S. 13; *P. Badura*, ZSE 2007, S. 358 (363); *O. Depenheuer*, in: T. Maunz/G. Dürig, GG Kommentar, Art. 87a (2008) Rn. 18; *E. Denninger*, in: H. Lisken/ders., Handbuch des Polizeirechts, D Rn. 1, 11; *T. Kingreen/R. Poscher*, POR, § 3 Rn. 1 ff.; *J.-P. Fiebig*, Der Einsatz der Bundeswehr im Innern, S. 89 bzgl. der Grundfunktion der Polizei, welche in der Gewährleistung der inneren Sicherheit liegt; *S. Talmon*, BRJ 2016, S. 5 (7); *W. Schäuble*, ZRP 2007, S. 210 (213); *J. Martínez Soria*, DVBl. 2004, S. 597; *M. Bäcker*, Terrorismusbekämpfung und Sicherheitsverfassungsrecht in Deutschland, in: A. Scherzberg/O. Can/İ. Doğan, Der Rechtsstaat in Zeiten von Notstand und Terrorabwehr, S. 117 (123 ff.).

174 So fast wörtlich bei *M. Thiel*, Entgrenzung, S. 51 f. m.w.N.; *J. Dietlein*, in: ders./J. Hellermann, Öffentliches Recht in Nordrhein-Westfalen, § 3 Rn. 49.

175 *M. Thiel*, Entgrenzung, S. 81 f.; *W.-R. Schenke*, POR, Rn. 10.

176 *M. H. W. Möllers*, Wörterbuch der Polizei, 3. Aufl. 2018, S. 886 (Gefahrenvorsorge).

177 Zu diesem und weiteren, für die Untersuchung aber irrelevanten Bereichen der inneren Sicherheit siehe *V. Götz*, Innere Sicherheit, in: J. Isensee/P. Kirchhof, HStR IV, § 85 Rn. 6.

anfordern kann, wenn sie ohne die Unterstützung eine ihr obliegende Aufgabe nicht oder nur unter erheblichen Schwierigkeiten erfüllen kann. Die öffentliche Sicherheit wird unterteilt in die Schutzgüter der Unversehrtheit der Rechtsordnung, der subjektiven Rechte und Rechtsgüter des Einzelnen sowie den Bestand des Staates, seiner Einrichtungen und Veranstaltungen.[178] Auch die Polizeigesetze der Länder arbeiten mit dieser Begrifflichkeit.[179] Der gefahrenabwehrrechtliche Begriff der „öffentlichen Sicherheit“ ist damit also keineswegs identisch mit dem der inneren Sicherheit, stellt jedoch einen gewichtigen Ausschnitt derselben dar.[180]

Auch Art. 35 Abs. 2 S. 1 GG zeigt verfassungsrechtlich auf, dass vorrangig die Landespolizei für die Abwehr von Gefahren für Schutzgüter der öffentlichen Sicherheit zuständig ist. Die Bundespolizei kann allerdings nachrangig zur Hilfe angefordert werden. Ähnlich verhält es sich im Falle des Art. 91 Abs. 1 GG (Innerer Notstand). Demnach kann ein Land „Zur Abwehr einer drohendern Gefahr für den Bestand oder die freiheitliche demokratische Grundordnung des Bundes oder eines Landes [...] Polizeikräfte anderer Länder sowie Kräfte und Einrichtungen [...] des Bundesgrenzschutzes anfordern“. Möglichkeiten zum Einschreiten des Bundes sieht Art. 91 Abs. 2 S. 1 GG erst vor, wenn das Land nicht fähig oder willens ist, gegen die Gefahr vorzugehen. Art. 91 Abs. 2 S. 3 GG bietet eine weitere Option zum Einschreiten seitens des Bundes, sofern die Gefahr mehr als nur ein Land bedroht. Die Polizei des Landes bleibt also zunächst selbst dann für die Abwehr einer Gefahr verantwortlich, wenn der Bestand oder die freiheitlich demokratische Grundordnung eines Landes (als Schutzgut der öffentlichen Sicherheit) bedroht ist.

---

178 *M. Schubert*, in: M. Sachs, GG Kommentar, Art. 35 Rn. 36; *L. Münkler*, in: B. Schmidt-Bleibtreu/H. Hofmann/H.-G. Henneke, GG Kommentar, Art. 35 Rn. 30; *E. Denninger*, in: H. Lisken/ders., Handbuch des Polizeirechts, D Rn. 16 ff.; *C. Gusy*, POR, Rn. 79; *W. Erbguth/T. Mann/M. Schubert*, Besonderes Verwaltungsrecht, Rn. 435; *W.-R. Schenke*, POR, Rn. 53; *J. Dietlein*, in: ders./J. Hellermann, Öffentliches Recht in Nordrhein-Westfalen, § 3 Rn. 50 ff.; *J. Isensee*, Das Grundrecht auf Sicherheit, S. 23.

179 Exemplarisch: § 1 Abs. 1 PolG NRW (GV. NRW. 2003, S. 441), zuletzt geändert durch Gesetz vom 18.12.2018 (GV. NRW. S. 741), der die Aufgabe „Gefahren für die öffentliche Sicherheit oder Ordnung abzuwehren (Gefahrenabwehr)“ der Polizei zuweist.

180 *V. Götz*, Innere Sicherheit, in: J. Isensee/P. Kirchhof, HStR IV, § 85 Rn. 4; so auch *M. Kutscha*, in: F. Roggan/ders., Handbuch Innere Sicherheit, S. 25; *M. Möstl*, staatliche Garantie, S. 127 hingegen bezeichnet die „innere Sicherheit“ und „öffentliche Sicherheit“ sogar als „weitestgehend austauschbare Begriffe“ und verwendet sie praktisch synonym.

Aus dieser Systematik der Sicherheitsverfassung ergibt sich damit für die Gefahrenabwehr im Innern das *Subsidiaritätsprinzip*[181] zwischen Bund und Ländern: Primär ist die Polizei der Länder für die Abwehr von – selbst erheblichen – Gefahren zuständig (Art. 35 Abs. 2 S. 1, 91 Abs. 1 GG). Sekundär bzw. nachrangig kann die Bundespolizei in bestimmten Situationen hinzugezogen werden (Art. 35 Abs. 2 S. 1, Art. 91 Abs. 1 und 2 GG). Die Bundespolizei diente hingegen schon ursprünglich zum Schutze der Grenzen (Art. 87 Abs. 1 S. 2 in Verbindung mit Art. 73 Abs. 1 Nr. 5 GG) und zur Abwehr bestimmter Gefahrenlagen, die das Gebiet oder die Kräfte eines Landes überschreiten (Art. 35 Abs. 2 S. 1, Art. 91 Abs. 1 und 2, Art. 115f Abs. 1 Nr. 1 GG). Auch das Bundesverfassungsgericht betont daher, dass die Bundespolizei nicht zu einer „allgemeinen, mit den Landespolizeien konkurrierenden Bundespolizei ausgebaut werden und damit sein Gepräge als Polizei mit begrenzten Aufgaben verlieren“[182] darf. Für die allgemeine Gefahrenabwehr zuständig ist und bleibt damit die Landespolizei.

2. *Äußere Sicherheit und Verteidigung als Aufgabe der Streitkräfte*

Art. 87a Abs. 1 S. 1 GG legt als zentrale Norm des Wehrverfassungsrechts fest, dass der Bund Streitkräfte zur Verteidigung aufstellt. Damit weist das Grundgesetz den Streitkräften unmittelbar die Verteidigung als primäre Aufgabe zu.[183] Zugleich stellt sie den bedeutendsten Begriff der äußeren Sicherheit dar, die damit den Streitkräften anvertraut ist.[184] Die Verteidigung als Hauptaufgabe der Streitkräfte ergibt sich weiterhin auch aus der Entstehungsgeschichte: Denn als die Wehrverfassung im Jahr 1956 in das Grundgesetz aufgenommen wurde, lagen die Ziele in nach außen gerichteter Verteidigungsmöglichkeit.[185] Damit sind die Streitkräfte nach herkömmlichem Verständnis – und ohne eine spätere, detaillierte Klärung des Begriffs der Verteidigung vorwegzunehmen – mit der militärischen Abwehr

---

181 Siehe dazu *A. Dietz*, ZG 2017, S. 325 (332 f.); *ders.*, DÖV 2012, S. 952 (961); *B. Walter*, NZWehrr 2006, S. 70 (75).

182 BVerfGE 97, 198 (218); siehe auch BVerfGE 139, 194 (226 f., Rn. 110).

183 *J.-P. Fiebig*, Der Einsatz der Bundeswehr im Innern, S. 127; *P. Kirchhof*, FS R. Bernhardt, 1995, S. 797 (807); *W. Grubert*, Verteidigungsfremde Verwendungen der Streitkräfte, S. 267; *J. Senger*, Streitkräfte und Materielles Polizeirecht, S. 67; *K. Kersting*, NZWehrr 1983, S. 64 (70); *D. Wiefelspütz*, Abwehr terroristischer Anschläge, S. 13; *P. Badura*, ZSE 2007, S. 358 (361); zu der Verteidigung als Staatsaufgabe: *O. Depenheuer*, in: T. Maunz/G. Dürig, GG Kommentar, Art. 87a (2008) Rn. 8.

184 *V. Götz*, Innere Sicherheit, in: J. Isensee/P. Kirchhof, HStR IV, § 85 Rn. 17.

185 *M. Schultz*, Auslandsentsendung, S. 108.

von außen kommender Angriffe betraut.[186] Mit der Normierung des Verteidigungsauftrags in Art. 87a Abs. 1 S. 1 GG hat der Verfassungsgesetzgeber zugleich eine verfassungsrechtliche Grundentscheidung für eine wirksame militärische Landesverteidigung getroffen.[187] Die Aufgabe ist keineswegs optional, vielmehr geht mit ihr auch die Verpflichtung zur Aufstellung und Erhaltung der Streitkräfte einher.[188] Für die Aufstellung der Streitkräfte zur Verteidigung besteht mit Art. 87a Abs. 1 S. 1 GG schließlich ein Verfassungsauftrag.[189] Durch diese wird der Staat mittels einer Verfassungsnorm zu der Erfüllung einer Staatsaufgabe verpflichtet.[190] Zugleich bildet die Norm eine institutionelle Garantie, die einer einfachgesetzlichen Abschaffung der Streitkräfte im Wege stünde.[191]

Alle anderen Aufgaben als jene der Verteidigung sind Sekundäraufgaben[192] der Streitkräfte. Das betrifft also vor allem die Gefahrenabwehr in besonderen inneren Gefahrenlagen, welche gem. Art. 87a Abs. 2 GG in den Fällen der Art. 35 Abs. 2 S. 2, Abs. 3 S. 1, Art. 87a Abs. 3 und Abs. 4 GG möglich ist und

---

186 *F. Kirchhof*, Verteidigung und Bundeswehr, in: J. Isensee/P. Kirchhof, HStR IV, § 84 Rn. 49; *D. Wiefelspütz*, Abwehr terroristischer Anschläge, S. 13, 16; *ders.*, NWVBl. 2006, S. 41 (41 f.).

187 So das Bundesverfassungsgericht in ständiger Rechtsprechung und oft in Verbindung mit Art. 12a, 73 Abs. 1 Nr. 1, 115b GG: BVerfGE 28, 243 (261); 32, 40 (46); 48, 127 (159); 69, 1 (21f.); 77, 170 (221); 105, 61 (73); zu dem Gebot, dass die Streitkräfte so aufzustellen sind, dass sie ihre militärischen Aufgaben effizient erfüllen können, siehe auch BVerfGE 28, 36 (47).

188 *M. Baldus/S. Müller-Franken*, in: H. v. Mangoldt/F. Klein/C. Starck, GG Kommentar, Bd. 3, Art. 87a Rn. 21 f.; *M. Kment*, in: H. D. Jarass/B. Pieroth, GG Kommentar, Art. 87a Rn. 2; *K. Dau*, NZWehrr 2011, S. 1 (8).

189 BVerfGE 28, 36 (47); BVerwGE 43, 353 (356); 73, 187 (191); 93, 323 (326, 332); *H. P. Aust*, in: I. v. Münch/P. Kunig, GG Kommentar, Art. 87a Rn. 29; *M. Baldus/S. Müller-Franken*, in: H. v. Mangoldt/F. Klein/C. Starck, GG Kommentar, Bd. 3, Art. 87a Rn. 21; *P. Badura*, ZSE 2007, S. 358; *K. Dau*, NZWehrr 2011, S. 1 (8).

190 Vgl. näher dazu *J. Isensee*, Staatsaufgaben, in: ders./P. Kirchhof, HStR IV, § 73 Rn. 11, 17. Verfassungsaufträge liegen damit auf niedrigerer Abstraktionsebene als etwa Staatsaufgaben oder gar Staatsziele. Verfassungsaufträge sind vielmehr konkret gefasst und oft sehr begrenzt.

191 *M. Baldus/S. Müller-Franken*, in: H. v. Mangoldt/F. Klein/C. Starck, GG Kommentar, Bd. 3, Art. 87a Rn. 22; *H. Krieger*, in: B. Schmidt-Bleibtreu/H. Hofmann/H.-G. Henneke, GG Kommentar, Art. 87a Rn. 5.

192 *J. Senger*, Streitkräfte und Materielles Polizeirecht, S. 67; *P. Kirchhof*, FS R. Bernhardt, 1995, S. 797 (808).

auf die noch genauer einzugehen sein wird.[193] Besonderes Augenmerk verdienen diese Regelungen, weil die Verfassung hier zum Zwecke der Bekämpfung besonders schwerwiegender innerer Gefahrenlagen die prinzipielle Trennung zwischen polizeilicher und militärischer Gefahrenabwehr durchbricht. Es zeigt sich, dass bei der Verwirklichung der Sicherheitsaufgabe des Staates das Prinzip der *Effektivität der Gefahrenabwehr*[194] gilt. In besonderen Gefährdungslagen wird durch diese Normen der Notstandsverfassung[195] auch die militärische Gefahrenabwehr eröffnet.

3. *Zusammenfassung und Ergebnis*

Die Gewährleistung von Sicherheit ist eine Staatsaufgabe, die sich unter anderem in die Gewährleistung innerer und äußerer Sicherheit aufspaltet. Aus der Sicherheitsverfassung ergibt sich, dass die Polizei im Rahmen dessen vorwiegend für die Abwehr von Gefahren und die Aufrechterhaltung bzw. Wiederherstellung der öffentlichen Sicherheit im Innern zuständig ist (insb. Art. 35 Abs. 2 S. 1, Art. 91 Abs. 1 und 2 GG). Den Streitkräften hingegen obliegt als Primärauftrag die Verteidigung (Verfassungsauftrag aus Art. 87a Abs. 1 S. 1 GG), also die militärische Abwehr von Gefahren, die auf von außen kommende Angreifer zurückzuführen sind. Im Sinne der einheitlichen Staatsaufgabe Sicherheit sind diese Aufgabenbereiche insbesondere im Bereich der inneren Sicherheit für die Polizeikräfte nicht uneingeschränkt exklusiv. Soweit das Gebot der Effektivität der Gefahrenabwehr es erfordert, kann die Aufgabentrennung durchbrochen werden (Sekundäraufgaben der Streitkräfte).

---

193 *J. Kokott/D. Hummel*, in: M. Sachs, GG Kommentar, Art. 87a Rn. 13; *H. Krieger*, in: B. Schmidt-Bleibtreu/H. Hofmann/H.-G. Henneke, GG Kommentar, Art. 87a Rn. 38.

194 Zum Ziel der Effektivität der Gefahrenabwehr als Verfassungsgrundsatz für den Streitkräfteeinsatz siehe *A. Dietz*, ZG 2017, S. 325 (333 f.).

195 Siebzehntes Gesetz zur Ergänzung des Grundgesetzes vom 24.06.1968 (BGBl. I, S. 709). Art. 35 Abs. 2 erhielt seine heutige Fassung allerdings erst mit dem einunddreißigsten Gesetz zur Änderung des Grundgesetzes vom 28.07.1972 (BGBl. I, S. 1305).

III. Überholung der Aufteilung der Sicherheitsaufgabe in der heutigen Zeit?

Seit der Jahrtausendwende wird zunehmend die Auffassung vertreten, dass die Grenzen zwischen innerer und äußerer Sicherheit unschärfer werden.[196] Der Grund dafür wird meist in den Herausforderungen durch den internationalen Terrorismus gesehen.[197] Aber auch die Aufgabenfelder gehen in manchen Bereichen fließend ineinander über. Das hat seinen Hintergrund darin, dass bestimmte Aufgaben von den einfachen Sicherheitskräften in Ermangelung von geeigneter Ausrüstung oder Fähigkeiten gar nicht umgesetzt werden können. Könnten die Streitkräfte in bestimmten Situationen dann nicht eingreifen, würden Schutzlücken drohen, die einer Rechtfertigung kaum zugänglich sind. Nicht zuletzt wird diese Möglichkeit durch die Sicherheitsverfassung bzw. Notstandsverfassung mit den Sekundäraufgaben der Streitkräfte auch normativ eröffnet. Deshalb ist grundlegend zu hinterfragen, ob eine solche (strikte) Trennung heute noch sinnvoll und möglich ist.

1. Internationaler Terrorismus als Ursache für die zunehmende Auflösung der Grenzen

Der internationale Terrorismus etabliert mittlerweile auch in Europa eine bedeutende und noch anhaltende Gefahr.[198] Terrorismus spiegelt zwar zunächst die Begehung schwerer und schwerster Straftaten wieder und unterfällt damit der Kriminalitätsbekämpfung durch die Polizei und Justiz. Inzwischen wird allerdings auf den Einsatz neuer Mittel wie Flugzeuge oder Chemiewaffen seitens der Terroristen zur Umsetzung der Gewalttaten zurückgegriffen. Ein noch nicht weit erschlossenes Feld ist auch der Cyberraum. Eine Bekämpfung dieser Gefahren allein durch die Polizei mit den ihr zur Verfügung stehenden Mitteln ist oft nicht möglich und daher auch nicht ausreichend.[199] Die Koordination, mit der manche Anschläge durch terroristische Hit-Teams unter Verwendung von

---

196 *BMVg*, Weissbuch 2016, S. 48; *D. Wiefelspütz*, AöR 132 (2007), S. 44 (71); *ders.*, Abwehr terroristischer Anschläge, S. 9 f.; *C. Gramm*, Die Verwaltung 41 (2008), S. 375 (380); *M. Thiel*, Entgrenzung, S. 45; *C. Gusy*, VVDStRl 63 (2004), S. 151 (154); *V. Götz*, Innere Sicherheit, in: J. Isensee/P. Kirchhof, HStR IV, § 85 Rn. 17; *F. Ebert*, LKV 2017, S. 10 (14); *P. Badura*, ZSE 2007, S. 358 (359).

197 So etwa *C. Gramm*, Die Verwaltung 41 (2008), S. 375 (380); *P. Badura*, ZSE 2007, S. 358 (359); *F. Ebert*, LKV 2017, S. 10 (14).

198 Siehe oben, Einleitung.

199 *D. Wiefelspütz*, AöR 132 (2007), S. 44 (71).

Kriegswaffen durchgeführt werden, kann die Sicherheitskräfte zudem an ihre Grenzen treiben. Dies gilt umso mehr, wenn sie aufgrund anderer (Groß-)Ereignisse bereits eingespannt sind.

2. Die Aufgabenfelder und Fähigkeiten von Polizei und Streitkräften

Der Grund dafür, dass eine strikte Trennung zwischen polizeilicher und militärischer Gefahrenabwehr im Innern nicht immer durchgehalten werden kann, liegt auch bei den an die Polizei und die Streitkräfte übertragenen Aufgaben. Für einige der Aufgaben, die der prinzipiellen Zuständigkeit der Polizei unterfallen, bestehen Fähigkeitsdefizite. Eine nähere Betrachtung der Aufgaben, Fähigkeiten und Defizite ist daher erforderlich.

a) Landes- und Bundespolizei

Nähere Regelungen zu den Aufgaben der Polizei finden sich auf einfachgesetzlicher Ebene. Während die Polizeien der Länder mit der allgemeinen Gefahrenabwehr betraut sind,[200] liegen die Aufgaben der Bundespolizei zwar auch im Feld der Gefahrenabwehr, sind jedoch näher spezifiziert und vorwiegend in den §§ 2 – 13 BPolG[201] geregelt. Der Bundespolizei obliegen damit spezielle Aufgaben wie die Überwachung der Grenzen bis zu einer Tiefe von 30 Kilometern gem. § 2 BPolG. Ihr sind darüber hinaus auch gem. § 4 BPolG in Verbindung mit §§ 3, 5, 9 Abs. 1a, 10a Abs. 2 LuftSiG[202] sowie § 4a BPolG luftpolizeiliche Aufgaben übertragen. Damit ist die Bundespolizei die zuständige Behörde für die Abwehr von Angriffen auf die Sicherheit des zivilen Luftverkehrs. Das umfasst besonders die Verhinderung von Sabotageakten, Flugzeugentführungen und terroristischen Anschlägen (§ 1 LuftSiG).[203] Nach § 5 BPolG kann die Bundespolizei auch auf

---

200 Dazu siehe oben, B. II. 1.

201 Gesetz über die Bundespolizei vom 19.10.1994 (BGBl. I, S. 2978), zuletzt geändert durch Gesetz vom 20.11.2019 (BGBl. I, S. 1724).

202 Luftsicherheitsgesetz vom 11.01.2005 (BGBl. I, S. 78), zuletzt geändert durch Gesetz vom 20.11.2019 (BGBl. I, S. 1626).

203 So bestreift die Bundespolizei die Sicherheitsbereiche und durchsucht ggf. Personen und Gepäck gem. § 5 Abs. 1 LuftSiG, soweit die Aufgaben der Luftsicherheitsbehörden nicht gem. § 16 Abs. 2 LuftSiG von den Ländern im Auftrage des Bundes wahrgenommen werden. In insgesamt 14 deutschen Flughäfen ist die Bundespolizei für die Erfüllung der Aufgaben gem. § 5 LuftSiG zuständig, siehe *E. Buchberger*, in: W.-R. Schenke/ders./J. Ruthig, Sicherheitsrecht des Bundes, § 5 LuftSiG Rn. 1f.; *K. Graulich*, in: W.-R. Schenke/ders./J. Ruthig, Sicherheitsrecht des Bundes, § 4 BPolG Rn. 4.

Ersuchen für den Objektschutz von Verfassungsorganen und Bundesministerien eingesetzt werden. Auch an der maritimen Sicherheit wird die Bundespolizei gem. § 6 BPolG beteiligt.[204] Nicht zuletzt finden die bereits im verfassungsrechtlichen Rahmen angesprochenen Aufgaben und Verwendungsmöglichkeiten aus Art. 91 Abs. 1 und Abs. 2, Art. 35 Abs. 2 S. 1, Abs. 2 S. 2 sowie Abs. 3 S. 1 GG ihre einfachgesetzliche Ausformung in § 7 und § 11 BPolG. So obliegen der Bundespolizei auch im Verteidigungsfall bzw. im Katastrophennotstand Aufgaben der Gefahrenabwehr. Eine Anforderung der Bundespolizei zur Aufrechterhaltung der öffentlichen Sicherheit im Rahmen des § 11 Abs. 1 Nr. 1 BPolG in Fällen besonderer Bedeutung ist gerade bei Großdemonstrationen[205] oder politischen Anlässen[206] möglich.

Die Polizeien der Länder verfügen zusammengefasst im Jahr 2016 über eine Stärke von etwa 220.000 Beamtinnen und Beamten.[207] Die Bundespolizei hat im September 2020 ungefähr 51.300 Mitarbeiterinnen und Mitarbeiter, von denen ca. 42.900 Polizeivollzugsbeamte sind.[208] Die Landespolizeigesetze lassen für die Anwendung des unmittelbaren Zwangs verschiedene Hilfsmittel zu. Das sind beispielsweise Fesseln, Wasserwerfer, technische Sperren, Dienstfahrzeuge, Reiz- und Betäubungswaffen und bestimmte Sprengmittel; zulässige Waffen sind etwa Schlagstöcke, Pistolen, Revolver, Gewehre und

---

204 *K. Graulich*, in: W.-R. Schenke/ders./J. Ruthig, Sicherheitsrecht des Bundes, § 6 BPolG Rn. 1, 33, 39 f. Der Anwendungsbereich bestimmt sich demnach durch die sonstigen spezialgesetzlichen Regelungen der Zuständigkeiten auf See. Die Bundespolizei erfüllt damit auch auf See beispielsweise die üblichen grenzpolizeilichen Aufgaben, leistet Beiträge zum Umweltschutz oder Hilfe in Notfällen.

205 *K. Graulich*, in: W.-R. Schenke/ders./J. Ruthig, Sicherheitsrecht des Bundes, § 11 BPolG Rn. 8.

206 *K. M. Malmberg*, in: M. Drewes/ders./M. Wagner/B. Walter, § 11 BPolG Rn. 26 ff. Im Rahmen des G-20 Gipfels wurden über 5.500 Bundespolizisten eingesetzt, vgl. BT-Drs. 18/13535, S. 7. Etwa 80% dieser Bundespolizisten wurde allerdings im Rahmen ihrer originären Aufgaben Gem. §§ 2 – 6 BPolG eingesetzt, insbesondere am Hamburger Flughafen sowie zur Erfüllung ihrer grenz- und bahnpolizeilichen Aufgaben, vgl. dazu BT-Drs. 18/13535, S. 5, 7; 18/13033, S. 3.

207 Für das Jahr 2016 siehe *Statista*, Anzahl der Polizisten in Deutschland nach Bundesländern im Jahr 2016, zu finden unter: https://de.statista.com/statistik/daten/studie/516101/umfrage/polizisten-in-deutschland-nach-bundeslaendern (Stand: 03.07.2021).

208 So die offizielle Website der Bundespolizei, zu finden unter: https://www.bundespolizei.de/Web/DE/05Die-Bundespolizei/07Daten-Fakten/Daten-Fakten_node.html (Stand: 03.07.2021).

Maschinenpistolen.[209] Für die Bundespolizei sind auch besondere Waffen wie Maschinengewehre oder aber Schusswaffen mit Sprenggeschossen vorgesehen.[210]

Die Polizei der Länder verfügt über Spezialeinsatzkommandos (SEK), deren Aufgabe in der Bekämpfung und ggf. auch Ausschaltung besonders gefährlicher Straftäter wie Terroristen liegt.[211] Das Pendant der Bundespolizei hierzu ist die der Öffentlichkeit bekannte Spezialeinheit „GSG 9 der Bundespolizei", die auf die Bekämpfung von Terrorismus spezialisiert ist.[212]

b) Streitkräfte

Neben der Landesverteidigung als Primäraufgabe und Grundfunktion kommt den Streitkräften ein weitläufiges Aufgabenspektrum zu, welches hier nicht abschließend dargestellt werden kann.[213] Es sind Aufgaben, die ihre Wurzeln in der Verfassung, gerade auch in den Sekundäraufgaben der Streitkräfte finden. Besonderes Augenmerk verdienen hier einige Aufgaben, die die Streitkräfte im Innern zu erfüllen haben. Dazu gehört der „Heimatschutz"

---

209 Siehe exemplarisch § 58 Abs. 3 und Abs. 4 PolG NRW. Etwas weitergehend hingegen: Art. 86 Polizeiaufgabengesetz Bayern vom 14.09.1990 (GVBl. S. 397), zuletzt geändert durch Gesetz vom 10.12.2019 (GVBl. S. 691), das auch Maschinengewehre aufzählt.

210 Siehe dazu § 2 Abs. 3 und Abs. 4 UZwG – Gesetz über den unmittelbaren Zwang bei Ausübung öffentlicher Gewalt durch Vollzugsbeamte des Bundes vom 10.03.1951 (BGBl. I, S. 165), zuletzt geändert durch Gesetz vom 24.05.2016 (BGBl. I, S. 1217). Der § 2 Abs. 4 UZwG besagt dabei jedoch, dass nur Waffen verwendet werden können, die „dienstlich zugelassen" sind. Die entsprechende Verwaltungsvorschrift erließ das Bundesministerium des Innern am 18.01.1974 (GMBl., S. 55), zuletzt geändert durch Verwaltungsvorschrift vom 19.12.1975 (GMBl. 1976, S. 27). In dieser Fassung sind für die Verbände der Bundespolizei „Schlagstöcke, Reizstoffe, Pistolen, Revolver, Gewehre, Maschinenpistolen, Maschinengewehre, Schusswaffen, aus denen Sprenggeschosse verschossen werden können, Explosivmittel" vorgesehen. Diese Regelung in einer Verwaltungsvorschrift, statt in einem Gesetz, wird kritisch gesehen, vgl. *T. Linke*, NZWehrr 2006, S. 177 (184 f.). Für die Spezialeinheiten der Bundespolizei sind mit Verwaltungsvorschrift vom 09.12.2015 auch sog. „Taser" (Distanzelektroimpulsgeräte) zugelassen worden (GMBl. 2016, S. 4).

211 *F. Rachor/F. Roggan*, in: H. Lisken/E. Denninger, Handbuch des Polizeirechts, C Rn. 60.

212 *F. Rachor/F. Roggan*, in: H. Lisken/E. Denninger, Handbuch des Polizeirechts, C Rn. 70.

213 Für eine genaue Auflistung der Aufgaben siehe *BMVg*, Weissbuch 2016, S. 91 ff.

sowie die auch frühzeitige Erkennung und Vorsorge nationaler Krisen im Lichte der gesamtstaatlichen Sicherheitsaufgabe.[214] Diese Aufgabe untergliedert sich unter anderem in die „Überwachung und Sicherung des deutschen Luft- und Seeraums", sämtliche „Hilfeleistungen in Fällen von Naturkatastrophen, schweren Unglücksfällen und bei innerem Notstand sowie Amtshilfe" und wird auch mit „Beiträgen zur Terrorabwehr im Rahmen der verfassungsmäßigen Voraussetzungen" verwirklicht.[215] Bestimmte Aufgaben können von der Polizei institutionell in Ermangelung von technischer Ausrüstung oder Fähigkeiten auch nicht umfassend wahrgenommen werden. Das betrifft besonders im Bereich der Luftraumüberwachung („Air Policing") die Gefahrenabwehr im Luftraum. So wird der Luftraum mittels Radars ressortübergreifend im NLFZ SiLuRa unter anderem von Beamten der Bundespolizei überwacht.[216] Spätestens dann, wenn sich jedoch ein Luftzwischenfall ereignet, müssen die Streitkräfte im Wege der Amtshilfe zur Überprüfung und ggf. sogar im Rahmen eines Einsatzes zur Abhilfe gerufen werden. Schließlich verfügen nur sie mit den Alarmrotten über die erforderlichen Kampfflugzeuge. Die einfachgesetzliche Grundlage hierfür liegt im dritten Abschnitt des Luftsicherheitsgesetzes „Unterstützung und Amtshilfe durch die Streitkräfte" und damit in den §§ 13 – 15 LuftSiG. Personell betrachtet sind in den Streitkräften im Juli 2021 etwa 184.000 Soldatinnen und Soldaten aktiv.[217]

Die Streitkräfte zeichnen sich zudem durch die bereits in der Einleitung dargestellten „Unikat-Fähigkeiten"[218] aus. Sie verfügen über große Mengen an Personal und entsprechendes schweres Gerät, welche in besonderen Fällen Defizite der Polizei ausgleichen können.[219] Auch die *Cyberfähigkeiten* aus dem neu aufgebauten militärischen Organisationsbereich CIR kann eine zunehmende Relevanz in der Zukunft entwickeln. Der Cyberraum wird mittlerweile als eigenständiger Operationsraum

---

214 *BMVg*, Weissbuch 2016, S. 92; *BMVg*, Konzeption der Bundeswehr, S. 20; *BMVg*, Verteidigungspolitische Richtlinien, S. 21.

215 *BMVg*, Weissbuch 2016, S. 92; *BMVg*, Konzeption der Bundeswehr, S. 20.

216 Siehe dazu https://www.bundeswehr.de/de/sicherheit-im-luftraum-der-luftwaffe-entgeht-nichts--135310 (Stand: 03.07.2021).

217 So die offizielle Website der Bundeswehr, zu finden unter: https://www.bundeswehr.de/de/ueber-die-bundeswehr (Stand: 03.07.2021).

218 Siehe oben, Einleitung, A.; BT-Drs. 18/9619, S. 10.

219 *F. Ebert*, LKV 2017, S. 10 (14) geht sogar davon aus, dass dieses dafür benutzt werden kann, um Angriffs- oder Fluchtwege von Terroristen zu blockieren.

neben Land, Luft, See und Weltraum betrachtet.[220] Relevant können in diesem Bereich Computernetzwerkoperationen (CNO)[221] zum Schutz eigener Systeme[222] und kritischer Infrastruktur[223] sein, aber auch Informationseingriffe[224] im Sinne von Gefahrenvorsorge sind vorstellbar. Die Streitkräfte verfügen aber auch über Störpanzer[225], die bei akuten Gefahrenlagen das Mobilfunknetz blockieren könnten und so terroristische Aktivitäten und ggf. das Fernzünden einer Bombe lokal verhindern oder erschweren könnten. Zu denken ist in diesem Zusammenhang auch an die Unterbrechung einer Funkverbindung etwa zu einer Drohne.

3. *Zusammenfassung und Ergebnis*

Der internationale Terrorismus stellt die innerstaatliche Sicherheitsaufgabe vor neue Herausforderungen. Sowohl der Bund mit der Bundespolizei als auch die Länder verfügen über weitläufige sachliche und personelle Mittel, insbesondere auch Spezialeinheiten (SEK, GSG 9 d. Bpol). Damit bestehen die Fähigkeiten, Anschläge durch Einzeltäter und Kleingruppen zu bewältigen. Durch komplexere Großlagen kann die Polizei jedoch an ihre Grenzen stoßen, das betrifft sowohl ihr Personal, wie auch ihre Fähigkeiten. In manchen Aufgabenbereichen, etwa der Gefahrenabwehr im Luftraum weist die Polizei technische Fähigkeitsdefizite auf, die eine Gefahrenabwehr unmöglich werden lässt. Erforderlich wird jedenfalls dann die Hilfe durch die Streitkräfte. Eine solche Unterstützung wurde mit der Notstandsverfassung ermöglicht und ist mancher Hinsicht durch die besonderen Fähigkeiten der Streitkräfte angezeigt. Andernfalls können Schutzlücken entstehen, die sich kaum rechtfertigen

220 *BMVg*, Abschlussbericht Aufbaustab Cyber- und Informationsraum, S. 13.

221 Nach *H. Krieger*, in: B. Schmidt-Bleibtreu/H. Hofmann/H.-G. Henneke, GG Kommentar, Art. 87a Rn. 15 werden Computernetzwerkoperationen definiert als „militärische Operationen, die Computersysteme und Netzwerke nutzen, um solche des Gegners mit der Zielsetzung anzugreifen, diese Systeme entweder zeitweise zu stören oder zu infiltrieren, um weitere Operationen zur Informationsübermittlung, -veränderung oder -zerstörung zu ermöglichen".

222 *C. Marxsen*, JZ 2017, S. 543 (544).

223 *BMVg*, Abschlussbericht Aufbaustab Cyber- und Informationsraum, S. 13.

224 Nach *C. Marxsen*, JZ 2017, S. 543 (549) wurde bereits 2015 im Rahmen einer offensiven CNO in das Mobilfunknetz eines afghanischen Mobilfunkanbieters eingedrungen, um Informationen bzgl. der Entführung einer Entwicklungshelferin zu erhalten. Von der Bundesregierung wurde das nach *Marxsen* allerdings nicht bestätigt.

225 Zu dem Störpanzer „Hummel", siehe *BMVg*, Waffensysteme und Großgerät, S. 191; siehe aber auch BT-Drs. 19/7620, S. 3 für andere Störeinrichtungen gegen Drohnen.

ließen. Angesichts des internationalen Terrorismus ist eine strikte Trennung zwischen polizeilicher und militärischer Gefahrenabwehr in besonderen Lagen daher kaum durchzuhalten.

C. Historische Erfahrungen mit dem Einsatz der Streitkräfte im Innern

Der Einsatz der Streitkräfte im Innern wird in Deutschland anders als in anderen europäischen Ländern auch auf Grund der historischen Erfahrungen oft sehr kritisch betrachtet. Befürchtet wurde vor allem der Missbrauch der Verwendung der Streitkräfte als „innenpolitische Gefahr"[226]. Die Notstandsverfassung erhielt daher eine restriktive Normierung im Grundgesetz und der Inneneinsatz wurde auf eine eng umgrenzte Anzahl von Einsatzmöglichkeiten beschränkt. Die historischen Erfahrungen Deutschlands mit dem Inneneinsatz der Streitkräfte in der jüngeren deutschen Verfassungsgeschichte sind daher näher zu betrachten. Ihnen gegenübergestellt werden die nachkonstitutionellen Verwendungen der Bundeswehr und im Zuge dessen die Befürchtungen auf ihre Aktualität hinterfragt. Näher in den Blick genommen werden die vergangenen 100 Jahre und besonders die Zeit der Weimarer Republik. Zu klären ist auch, inwieweit der Zeit des Deutschen Bundes und des Deutschen Kaiserreichs eine epochale Bedeutung zukommt. Jene Zeiten, die sogar noch vor dem Spätabsolutismus liegen, entfalten keinen erkennbaren Einfluss auf die heutige Diskussion, liegen sie dem heutigen System nicht nur zeitlich einfach zu fern. Über die entsprechenden verfassungsrechtlichen Rechtsgrundlagen dieser Epochen wird anhand von Beispielen im Folgenden ein Überblick vermittelt. Dies dient einerseits dazu aufzuzeigen, welche Gestaltung die Normen in der Vergangenheit aufwiesen. Andererseits eröffnet die Darstellung, mit welcher Rücksichtslosigkeit die Streitkräfte im Innern in der Staatspraxis der Vergangenheit gerade auch gegen die Bevölkerung eingesetzt wurden (I.). Darauf folgt eine Darstellung der bisherigen Verwendungen in der Bundesrepublik Deutschland (II.).

---

226 So bezeichnete der SPD-Abgeordnete *A. Arndt* die „bewaffnete Macht" als „politischer Faktor" (*A. Arndt*, BT-Prot. 2/132 vom 06.03.1956, S. 6824B); der SPD-Abgeordnete *W. Mellies* wollte sichergestellt wissen, dass die Bewaffnung „nicht zur innerpolitischen Gefahr auswächst" (*W. Mellies*, BT-Prot. 2/132 vom 06.03.1956, S. 6847C).

I. Vorkonstitutionelle Einsätze des Militärs im Innern

In den Blick zu nehmen ist die Zeit des Deutschen Bundes, des Deutschen Kaiserreiches sowie der Weimarer Republik und des Nationalsozialismus.

1. Deutscher Bund (1815 – 1866)

Schon im Deutschen Bund bestanden weitläufige verfassungsrechtliche Möglichkeiten des Einschreitens für das Militär auf Ebene des Bundes- und Landesrechts.[227] Die Aufrechterhaltung der „innern Ruhe und Ordnung in den Bundesstaaten" oblag nach Art. 25 S. 1 WSA[228] den jeweiligen Regierungen. Die Landesverfassungen räumten den Herrschern hierfür in Form von Generalklauseln die nötigen Befugnisse ein.[229] War ein solches Recht nicht verfassungsrechtlich gewährleistet, so war es gewohnheitsrechtlich als ungeschriebenes „*ius eminens*" anerkannt, welches dem Herrscher das

---

227 Zu den geschriebenen Möglichkeiten im Einzelnen siehe *E. R. Huber*, AöR 79 (1953/1954), S. 1 (1 ff.); *J. Pannkoke*, Der Einsatz des Militärs im Landesinnern, S. 5 ff.; *J. Senger*, Streitkräfte und Materielles Polizeirecht, S. 24 ff.; *T. Linke*, AöR 129 (2004), S. 489 (497 ff.); *H. M. Parche*, Notstand, S. 43 ff.; zum sogenannten „Belagerungszustand" siehe auch *N.-P. Kleiner*, Notstandsverfassung, S. 107 ff.; *M. Fleischmann*, Wörterbuch des Deutschen Staats- und Verwaltungsrechts, Bd. I, S. 397 (Belagerungszustand); dieser war auf Ebene des Landesrechts das Mittel zum Streitkräfteeinsatz, siehe dazu *H. M. Parche*, Notstand, S. 68; *J. Pannkoke*, Der Einsatz des Militärs im Landesinnern, S. 6, 33 ff.

228 Schlußakte der Wiener Ministerkonferenzen vom 15.05.1820. Art. 25 Wiener Schlussakte: „Die Aufrechterhaltung der innern Ruhe und Ordnung in den Bundesstaaten steht den Regierungen allein zu. Als Ausnahme kann jedoch, in Rücksicht auf die innere Sicherheit des gesammten Bundes, und in Folge der Verpflichtung der Bundes-Glieder zu gegenseitiger Hülfsleistung, die Mitwirkung der Gesammtheit zur Erhaltung oder Wiederherstellung der Ruhe, im Fall einer Widersetzlichkeit der Unterthanen gegen die Regierung, eines offenen Aufruhrs, oder gefährlicher Bewegungen in mehreren Bundesstaaten, Statt finden." (zitiert nach *E. R. Huber*, Dokumente, Bd. I, S. 94).

229 Siehe exemplarisch hierfür Art. 73 der Verfassungsurkunde für das Großherzogtum Hessen vom 17.12.1820: „Der Großherzog ist befugt, ohne ständische Mitwirkung, die zur Vollstreckung und Handhabung der Gesetz erforderlichen, so wie die aus dem Aufsichts- und Verwaltungsrecht ausfließenden Verordnungen und Anstalten zu treffen, und in dringenden Fällen das Nöthige zur Sicherheit des Staats vorzukehren." (zitiert nach *E. R. Huber*, Dokumente, Bd. I, S. 230); für andere Ermächtigungen, die einer Generalklausel glichen, siehe auch *H. M. Parche*, Notstand, S. 64 Fn. 1.

Recht verlieh das Nötige zur Sicherheit des Staates zu unternehmen.[230] Dieses konnte nur durch eine ausdrückliche verfassungsrechtliche Regelung beschränkt werden.[231]

Das Militär wurde daher im Rahmen dieser Möglichkeiten gerade auch im Innern des Deutschen Bunds eingesetzt. Im Jahre 1830 kam es in Södel infolge eines Irrtums zu einem auf eine landesrechtliche Generalklausel gestützten und von Willkür geprägten Militäreinsatz.[232] Bekanntheit erlangte als Bundesintervention etwa der „Frankfurter Wachensturm" im Jahre 1833.[233] Ebenso kam das ius eminens zur Anwendung, so im November 1848 in Berlin, um mit militärischer Gewalt eine politische Tagung der Abgeordneten bzw. Nationalversammlung zu verhindern.[234]

Der Einsatz des Militärs im Innern des Deutschen Bundes war geläufig, was seinen Grund auch darin haben dürfte, dass die Polizei zu dieser Zeit unzureichend ausgebaut war.[235] Das Militär stellte vielmehr die „höhere Polizeigewalt" des Herrschers dar.[236] Die Polizei selbst hingegen verfolgte zu dieser Zeit noch verstärkt Wohlfahrtszwecke.[237] Das Militär wurde dabei durchaus zur Stabilisierung und Erhaltung der Macht verwendet. Die Zeit des Deutschen Bundes zeichnete sich damit durch willkürliche Anwendung der Rechtsgrundlagen und militärischer Gewalt aus. Diese Epoche prägte die Diskussionen um die Notstandsverfassung allerdings praktisch nicht, sodass zumindest ein tragender

---

230 Siehe dazu *H. M. Parche*, Notstand, S. 61 f.; *J. Pannkoke*, Der Einsatz des Militärs im Landesinnern, S. 34.

231 *H. M. Parche*, Notstand, S. 62.

232 Zu den geschichtlichen Hintergründen der Zollunruhen in Oberhessen siehe *R. Rürup*, Deutschland im 19. Jahrhundert 1815 – 1871, S. 148; im Einzelnen siehe zu dem Ereignis *C. Crößmann*, Die Unruhen in Oberhessen im Herbste 1830, S. 32, 34; *Allgemeine Zeitung*, Zur Geschichte der Unruhen in Oberhessen, außerordentliche Beilage Nr. 197 und 198 vom 21.11.1830, S. 786; *Allgemeine Zeitung*, Zur Geschichte der Unruhen in Oberhessen, außerordentliche Beilage Nr. 199 und 200 vom 22.11.1830, S. 793.

233 Siehe geschichtlich hierzu den Bericht der Bundesversammlung, Prot. d. BV., 13. Sitzung vom 04.04.1833, § 130; Prot. d. BV., 16. Sitzung vom 12.04.1833, § 148; Prot. d. BV., 17. Sitzung vom 15.04.1833, § 151; zu den Hintergründen siehe auch *E. R. Huber*, Verfassungsgeschichte, Bd. II, S. 168; *J. Pannkoke*, Der Einsatz des Militärs im Landesinnern, S. 28 ff.

234 Zu diesem Vorfall siehe *E. R. Huber*, Verfassungsgeschichte, Bd. II, S. 751 ff.

235 *M. Stolleis*, in: H. Lisken/E. Denninger, Handbuch des Polizeirechts, A Rn. 28. So kamen in den 1820er Jahren in Berlin auf 200.000 Einwohner etwa 100 Polizeibeamte.

236 *J. Pannkoke*, Der Einsatz des Militärs im Landesinnern, S. 138.

237 Zu dem Wohlfahrtszweck der Polizei siehe *M. Stolleis*, in: H. Lisken/E. Denninger, Handbuch des Polizeirechts, A Rn. 16, 26.

Einfluss auf die Entstehung der Notstandsverfassung nicht nachweisbar ist. Sie wird daher nicht detailliert beleuchtet.

2. Deutsches Kaiserreich (1871 – 1918)

Auch zur Zeit des Deutschen Kaiserreichs bestanden diverse Möglichkeiten zur Durchführung von Militäreinsätzen im Innern.[238] Auf Grundlage dieser kam es zu mehrfachen Einsätzen des Militärs gegen Streikbewegungen und Arbeitskämpfe.[239] Neben dem Niederschlagen solcher Streiks ging 1913 die sogenannte „Zabernaffäre“[240] in die Geschichte ein. Ein junger Leutnant

---

238 So etwa die „Reichsexekution“ gem. Art. 19 BRV, bei der diese Möglichkeit anerkannt war, siehe *M. v. Seydel*, BRV Kommentar, Art. 19, Anmerkung II; *J. Pannkoke*, Der Einsatz des Militärs im Landesinnern, S. 49; *P. Kroß*, Weimarer Reichsverfassung, S. 33; *J. Senger*, Streitkräfte und Materielles Polizeirecht, S. 31; *N.-P. Kleiner*, Notstandsverfassung, S. 142; *T. Linke*, AöR 129 (2004), S. 489 (503); verhängt werden konnte durch den Kaiser auch der „Kriegszustand“ (Reichsbelagerungszustand) gem. Art. 68 BRV, womit der „große“ Belagerungszustand gemeint war, den „kleinen“ konnte der Kaiser nicht verhängen, siehe *M. Fleischmann*, Wörterbuch des Deutschen Staats- und Verwaltungsrechts, Bd. I, S. 399 (Belagerungszustand); *J. Pannkoke*, Der Einsatz des Militärs im Landesinnern, S. 56. Zur näheren Unterscheidung von „großem“ und „kleinem“ Belagerungszustand siehe *J. Pannkoke*, Der Einsatz des Militärs im Landesinnern, S. 37 ff.; die Bundesfürsten konnten zudem gem. Art. 66 Abs. 2 BRV das Militär generell zu polizeilichen Zwecken einsetzen, wobei diesbezügliche Einzelheiten durch Landesrecht ausgeformt werden konnten, siehe dazu *J. Wieland*, Verfassungsrechtliche Grundlagen polizeiähnlicher Einsätze der Bundeswehr, in: D. Fleck, Terrorismusbekämpfung, S. 167 (170); *J. Senger*, Streitkräfte und Materielles Polizeirecht, S. 32; *J. Pannkoke*, Der Einsatz des Militärs im Landesinnern, S. 176; *P. Dreist*, NZWehrr 2006, S. 45 (54); *H. M. Parche*, Notstand, S. 83.

239 So im Jahre 1871, als Kavallerieeinheiten in Oberschlesien einen Bergarbeiterstreik von rund 3000 Arbeitern niederschlugen und bei dem zahlreiche Menschen starben, siehe *W. Grubert*, Verteidigungsfremde Verwendungen der Streitkräfte, S. 76; *J. Wieland*, Verfassungsrechtliche Grundlagen polizeiähnlicher Einsätze der Bundeswehr, in: D. Fleck, Terrorismusbekämpfung, S. 167 (170); *P. Dreist*, UBWV 2006, S. 93 (94); im Jahr 1876 ging das Militär mit Infanterie und Kavallerie gegen eine Demonstration von Landarbeitern vor, siehe *P. Bachmann/K. Zeisler*, Der deutsche Militarismus vom 17. Jahrhundert bis 1917, S. 296; *W. Grubert*, Verteidigungsfremde Verwendungen der Streitkräfte, S. 77; im Jahr 1889 wurde ein großer Bergarbeiterstreik im Ruhrgebiet mit einem Militäreinsatz niedergeschlagen, siehe *P. Bachmann/K. Zeisler*, Der deutsche Militarismus vom 17. Jahrhundert bis 1917, S. 304; *W. Grubert*, Verteidigungsfremde Verwendungen der Streitkräfte, S. 77.

240 Siehe zu dem Hergang und den Folgen ausführlich *E. R. Huber*, Verfassungsgeschichte, Bd. IV, S. 582 ff.; *J. Pannkoke*, Der Einsatz des Militärs im Landesinnern, S. 157 ff; *W. Grubert*, Verteidigungsfremde Verwendungen der Streitkräfte, S. 79 ff.; zeitgenössisch

beleidigte in Zabern (Elsass-Lothringen) einen elsässischen Rekruten sowie die heimische Bevölkerung.[241] In der Folge kam es zu Unmut in der Bevölkerung, welche das Militär nicht dulden wollte und daher – trotz zweifelhafter Rechtsgrundlage – eingeschritten ist.[242] Im Rahmen dessen wurden insbesondere willkürlich Personen verhaftet.[243] Auch dies blieb letztlich wegen eines Freispruchs des Leutnants sowie des Regimentskommandeurs im Ergebnis ohne Konsequenzen.[244]

Die Polizei umfasste zur Reichsgründung kaum 10.000 Exekutivbeamte in Preußen.[245] Auch im Kaiserreich war die Polizei damit noch nicht hinreichend ausgebaut.[246] Vielmehr waren es deswegen die Streitkräfte, die zu dieser Zeit stetig für polizeiliche Aufgaben herangezogen wurden.[247] Das betraf gerade auch polizeiliche Routineaufgaben.[248] Historisch begründet wurde

---

siehe auch *G. Anschütz*, DJZ 1913, Sp. 1457; *H. Lindenau*, DJZ 1913, Sp. 1461; *O. Hamm*, DJZ 1914, Sp. 121; *P. Laband*, DJZ 1914, Sp. 185.

241 Zu der Bezeichnung als „Wackes" durch den Leutnant siehe *G. Anschütz*, DJZ 1913, Sp. 1457, der diese konkrete Bezeichnung mit jener des „Saupreuß" vergleicht; *E. Schenk*, Der Fall Zabern, S. 8; *E. R. Huber*, Verfassungsgeschichte, Bd. IV, S. 583; *H.-U. Wehler*, Krisenherde des Kaiserreichs 1871 – 1918, S. 71 f.; *J. Pannkoke*, Der Einsatz des Militärs im Landesinnern, S. 157.

242 Siehe *G. Anschütz*, DJZ 1913, Sp. 1457 (1458); *J. Wieland*, Verfassungsrechtliche Grundlagen polizeiähnlicher Einsätze der Bundeswehr, in: D. Fleck, Terrorismusbekämpfung, S. 167 (170).

243 Verhaftet wurden insbesondere 24 Personen, die vor einer Kaserne über die Geschehnisse diskutierten sowie ein Richter und ein Staatsanwalt, nach *W. Grubert*, Verteidigungsfremde Verwendungen der Streitkräfte, S. 80 merkte der Richter beim Vorbeigehen an, dass er dieses Vorgehen für rechtswidrig halte; *H.-U. Wehler*, Krisenherde des Kaiserreichs 1871 – 1918, S. 73 benennt die Verhaftung von etwa 30 Personen; *E. Schenk*, Der Fall Zabern, S. 27 ff. nennt die Verhaftung von 27 Personen und nur des Staatsanwaltes; für weitere Vorfälle siehe auch *G. Anschütz*, DJZ 1913, Sp. 1457 (1458).

244 *E. R. Huber*, Verfassungsgeschichte, Bd. IV, S. 595; *J. Pannkoke*, Der Einsatz des Militärs im Landesinnern, S. 161 f.; in Bezug auf den Regimentskommandeur siehe auch *P. Laband*, DJZ 1914, Sp. 185 (188 ff.).

245 *M. Stolleis*, in: H. Lisken/E. Denninger, Handbuch des Polizeirechts, A Rn. 28.

246 Siehe auch *H. M. Parche*, Notstand, S. 184.

247 *W. Grubert*, Verteidigungsfremde Verwendungen der Streitkräfte, S. 74; *P. Reimer*, Das Staatsrecht des Notstands in Deutschland, in: A. Scherzberg/O. Can/İ. Doğan, Der Rechtsstaat in Zeiten von Notstand und Terrorabwehr, S. 83 (104, Fn. 70).

248 Beispielsweise zur Überwachung von Strafanstalten, siehe *P. Laband*, Staatsrecht, Bd. IV, S. 71; *W. Grubert*, Verteidigungsfremde Verwendungen der Streitkräfte, S. 74.

zu dieser Zeit von der selbstverständlichen Zuständigkeit der Streitkräfte auch für die innere Sicherheit ausgegangen.[249] Die dem Kaiser zustehende Verfügbarkeit über das Militär führte dabei zu einer Machtkonzentration, die sich auch im innenpolitischen Bereich auswirkte.[250] Die Debatte um die Notstandsverfassung wurde allerdings auch durch die Epoche des Deutschen Kaiserreichs bei weitem nicht so geprägt wie durch die Zeit der Weimarer Republik.

3. *Weimarer Republik (1918 – 1933)*

Die Weimarer Republik wurde nach der Abdankung von Kaiser Wilhelm II. am 09.11.1918 ausgerufen.[251] Sie war ein republikanischer und demokratischer Bundesstaat.[252] Die Weimarer Reichsverfassung trat dennoch erst am 14.08.1919 in Kraft.[253] Schon in der Zwischenzeit bis zum Inkrafttreten der Weimarer Reichsverfassung entstanden beachtliche Unruhen im Land.[254] So begann am 05.01.1919 der sogenannte Spartakusaufstand mit der Besetzung des Berliner Zeitungsviertels durch bewaffnete linksradikale Kräfte.[255] Vor allem das Redaktionsgebäude der SPD-Zeitung „Vorwärts“ wurde besetzt.[256] Die Arbeiter wurden dazu aufgerufen, die Reichsregierung sogar mit Waffen zu bekämpfen, worauf diese zur Beendigung des Aufstands mit einem Militäreinsatz reagierte.[257] Eine verfassungsrechtliche Rechtsgrundlage stand zu dieser Zeit noch nicht zur Verfügung, da die Weimarer Reichsverfassung schließlich noch nicht in Kraft

---

249 *F. v. Calker*, Das Recht des Militärs zum administrativen Waffengebrauch, S. 10; *P. Laband*, DJZ 1914, Sp. 185 (189); *M. Stolleis*, in: H. Lisken/E. Denninger, Handbuch des Polizeirechts, A Rn. 34.

250 *W. Grubert*, Verteidigungsfremde Verwendungen der Streitkräfte, S. 73; in diese Richtung auch *H. R. v. Frisch*, Verantwortlichkeit der Monarchen, S. 357.

251 *J. Pannkoke*, Der Einsatz des Militärs im Landesinnern, S. 85.

252 *B. Pieroth*, Jura 2019, S. 789 (792 f.); vgl. auch Art. 1 und Art. 5 WRV (RGBl. 1919, S. 1383).

253 Siehe Die Verfassung des Deutschen Reichs vom 11. August 1919, ausgegeben zu Berlin den 14. August 1919 (RGBl., S. 1383.).

254 Für andere Beispiele als dem Spartakusaufstand im Überblick siehe *H. Schneider*, Die Reichsverfassung vom 11. August 1919, in: J. Isensee/P. Kirchhof, HStR I, § 5 Rn. 18.

255 *J. Pannkoke*, Der Einsatz des Militärs im Landesinnern, S. 85; vgl. zu den Geschehnissen auch *O. F. R. Haardt/C. M. Clark*, Die Weimarer Reichsverfassung als Moment in der Geschichte, in: H. Dreier/C. Waldhoff, Das Wagnis der Demokratie, S. 9 (24 f.).

256 *A. Dietz*, Das Primat der Politik, S. 176.

257 *J. Pannkoke*, Der Einsatz des Militärs im Landesinnern, S. 85.

getreten war.[258] Im Raume stand vielmehr das Recht zum Einsatz auf Grundlage des „überlieferten Belagerungszustandsrechts“ oder des originären „Rechts der Revolution“ zur uneingeschränkten Ausübung der Diktaturgewalt, auf welches der Einsatz dann letztlich auch gestützt wurde.[259] Damit herrschte zwar erhebliche Unsicherheit bezüglich der Rechtsgrundlage, der Aufstand wurde aber dennoch durch das Militär niedergeschlagen.

a) Verfassungsrechtliche Möglichkeiten des Einschreitens und deren Nutzung

Nach Inkrafttreten kannte die Weimarer Reichsverfassung sowohl die Möglichkeit der Reichsexekution wie auch der Ausübung der Diktaturgewalt. Der Einsatz der Streitkräfte spielte bei diesen Formen des Einschreitens eine bedeutende Rolle. Die Streitkräfte in der Weimarer Republik waren eine einheitliche und integrierte Wehrmacht des Reiches.[260] Sie unterstand gem. Art. 47 WRV[261] dem Oberbefehl des Reichspräsidenten.

aa) Die Reichsexekution

Auch die Weimarer Reichsverfassung sah ein Einschreiten gegen ein Land vor, das die ihm obliegenden Pflichten nicht erfüllte. Zum einen konnte die „abhängige Reichsexekution“ durch Gerichtsurteil gem. Art. 19 Abs. 1, Abs. 2 WRV[262] angestrebt werden.[263] Im Rahmen der Vollstreckung dieses Urteils war die Möglichkeit eines Militäreinsatzes anerkannt.[264] Zum anderen konnte die „selbstständige Reichsexekution“, also ohne vorheriges Verfahren, gem. Art. 48

---

258 Siehe dazu auch *J. Pannkoke,* Der Einsatz des Militärs im Landesinnern, S. 85 f.

259 *E. R. Huber*, Verfassungsgeschichte, Bd. V, S. 1091;.*J. Pannkoke,* Der Einsatz des Militärs im Landesinnern, S. 85 f.

260 *T. Linke*, AöR 129 (2004), S. 489 (503); *W. Grubert,* Verteidigungsfremde Verwendungen der Streitkräfte, S. 135.

261 Art. 47 WRV (RGBl. 1919, S. 1383): „Der Reichspräsident hat den Oberbefehl über die gesamte Wehrmacht des Reichs.“

262 Art. 19 WRV (RGBl. 1919, S. 1383): „(1) Über Verfassungsstreitigkeiten innerhalb eines Landes, in dem kein Gericht zu ihrer Erledigung besteht, sowie über Streitigkeiten nichtprivatrechtlicher Art zwischen verschiedenen Ländern oder zwischen dem Reiche und einem Lande entscheidet auf Antrag eines der streitenden Teile der Staatsgerichtshof für das Deutsche Reich, soweit nicht ein anderer Gerichtshof des Reichs zuständig ist. (2) Der Reichspräsident vollstreckt das Urteil des Staatsgerichtshofs.“

263 *J. Pannkoke,* Der Einsatz des Militärs im Landesinnern, S. 70.

264 *J. Pannkoke,* Der Einsatz des Militärs im Landesinnern, S. 70 m.w.N.

Abs. 1 WRV[265] eingeleitet werden.[266] Es bestand ein Wahlrecht, nach welcher der Rechtsgrundlagen vorgegangen werden sollte.[267] Art. 48 Abs. 1 WRV sah bereits seinem Wortlaut nach vor, dass der Reichspräsident bei Nichterfüllung einer Pflicht das betreffende Land zu der Erfüllung seiner Reichspflichten „mit Hilfe der bewaffneten Macht anhalten" konnte. Zu den Pflichten gehörten auch die polizeilichen Verpflichtungen, die den Gliedstaaten oblagen.[268] War ein Militäreinsatz zwar ausdrücklich rechtlich zulässig, so musste doch das Verhältnismäßigkeitsprinzip sowie die Art. 42 – 44 des Versailler Vertrages[269] als rechtliche Grenzen beachtet werden.[270] Die Pflichtverletzung musste damit vor allem hinreichend schwer wiegen.[271] Bei selbstständigen Exekutionsmaßnahmen konnte der betroffene Gliedstaat die Reichsexekution gem. Art. 19 Abs. 1 WRV vor dem Staatsgerichtshof überprüfen lassen.[272]

Eine auf Art. 48 Abs. 1 WRV gestützte Reichsexekution mit Hilfe der bewaffneten Macht erfolgte im Jahr 1923 gegen Sachen, weil dessen Landesregierung den Aufbau „proletarischer Hundertschaften" förderte, die

---

265 Art. 48 Abs. 1 WRV (RGBl. 1919, S. 1383): „Wenn ein Land die ihm nach der Reichsverfassung oder den Reichsgesetz obliegenden Pflichten nicht erfüllt, kann der Reichspräsident es dazu mit Hilfe der bewaffneten Macht anhalten."

266 *J. Pannkoke,* Der Einsatz des Militärs im Landesinnern, S. 70.

267 Zu dem Streit vgl. *E. R. Huber*, Verfassungsgeschichte, Bd. VI, S. 732 f.

268 *J. Senger,* Streitkräfte und Materielles Polizeirecht, S. 37; *E. R. Huber*, Verfassungsgeschichte, Bd. VI, S. 734; *J. Pannkoke,* Der Einsatz des Militärs im Landesinnern, S. 72 f.

269 Siehe Gesetz über den Friedensschluss zwischen Deutschland und den alliierten und assoziierten Mächten vom 16. Juli 1919 (RGBl., S. 687). Art. 42 Versailler Vertrag: „Es ist Deutschland untersagt, auf dem linken Ufer des Rheines und auf dem rechten Ufer westlich einer 50 km östlich des Stromes verlaufenden Linie Befestigungen beizubehalten oder anzulegen."
Art. 43 Versailler Vertrag: „Ebenso ist in der im Artikel 42 bezeichneten Zone die ständige oder zeitweise Unterhaltung oder Sammlung von Streitkräften untersagt. Das gleiche gilt für jedwede militärischen Übungen und die Beibehaltung aller materiellen Vorkehrungen für eine Mobilmachung."
Art. 44 Versailler Vertrag: „Jeder etwaige Verstoß Deutschlands gegen die Bestimmungen der Artikel 42 und 43 gilt als eine feindselige Handlung gegen die Signatarmächte des gegenwärtigen Vertrags und als Versuch einer Störung des Weltfriedens."

270 *J. Pannkoke,* Der Einsatz des Militärs im Landesinnern, S. 74 ff.; *J. Senger,* Streitkräfte und Materielles Polizeirecht, S. 38.

271 *J. Pannkoke,* Der Einsatz des Militärs im Landesinnern, S. 74 f.

272 Näher dazu *J. Pannkoke,* Der Einsatz des Militärs im Landesinnern, S. 82 ff.

als eine Art Hilfspolizei faschistischen Organisationen begegnen sollte.[273] Die KPD trat zudem in die Landesregierung ein und zusätzlich wurden sozialistisch-kommunistische Aktionsausschüsse eingerichtet.[274] Nachdem Reichspräsident Ebert dem Generalleutnant Müller am 26.09.1923 per Diktaturverordnung die vollziehende Gewalt übertrug, verfügte dieser auf Geheiß des Reichswehrministers die Auflösung der „proletarischen Hundertschaften".[275] Dem wurde nicht nachgekommen, vielmehr bemühte sich die Landesregierung zu deren weitergehendem Aufbau.[276] Nachdem auch eine Aufforderung zum Rücktritt der sächsischen Landesregierung erfolgslos blieb, ordnete der Reichspräsident die Reichsexekution durch Verordnung vom 29.10.1923[277] an.[278] Diese Verordnung enthielt auch eine Ermächtigung des Reichskanzlers, um die Mitglieder der Landesregierung abzusetzen.[279] Dies geschah umgehend, die Ministerien in Dresden wurden von der Reichswehr besetzt und ein Reichskommissar für Sachsen eingesetzt.[280] Solche Reichsexekutionen bzw. der etwaige Militäreinsatz unterlagen einer begrenzten parlamentarischen Kontrolle gem. Art. 48 Abs. 3 S. 2 WRV[281], welches dem Reichstag ein Aufhebungsrecht bezüglich der Maßnahmen gem. Art. 48 Abs. 1 und Abs. 2 WRV verlieh. Angesichts des Umstandes, dass der Reichspräsident den Reichstag gem. Art. 25 Abs. 1 WRV auflösen konnte, war dieser Kontrollmechanismus von keiner weitreichenden praktischen Wirksamkeit.[282] Eine solche Auflösung des Reichstags erfolgte am 18.07.1930 durch den Reichspräsidenten *von Hindenburg*, der am 16.07.1930 per Notverordnung ein Bündel von Finanzvorschriften durchsetzte, welche der Reichstag

---

273 *E. R. Huber*, Verfassungsgeschichte, Bd. VII, S. 325 f.; *J. Pannkoke*, Der Einsatz des Militärs im Landesinnern, S. 128.

274 *J. Pannkoke*, Der Einsatz des Militärs im Landesinnern, S. 128.

275 *J. Pannkoke*, Der Einsatz des Militärs im Landesinnern, S. 128.

276 *J. Pannkoke*, Der Einsatz des Militärs im Landesinnern, S. 128 f.

277 RGBl. I, S. 995.

278 Siehe dazu auch *J. Pannkoke*, Der Einsatz des Militärs im Landesinnern, S. 129.

279 Zu der Zulässigkeit dieser Maßnahme wegen des vorübergehenden Charakters vgl. *Haentzschel*, DJZ 1924, Sp. 341 (344).

280 *J. Pannkoke*, Der Einsatz des Militärs im Landesinnern, S. 129 f.

281 Art. 48 Abs. 3 WRV: „Von allen gemäß Abs. 1 oder Abs. 2 dieses Artikels getroffenen Maßnahmen hat der Reichspräsident unverzüglich dem Reichstag Kenntnis zu geben. Die Maßnahmen sind auf Verlangen des Reichstags außer Kraft zu setzen."

282 *J. Pannkoke*, Der Einsatz des Militärs im Landesinnern, S. 98.

kurz zuvor mehrheitlich als Gesetz ablehnte.[283] Nach der Auflösung konnte der Reichspräsident seine Maßnahme dann ungehindert erneut ausführen, da der bis zur Zusammensetzung eines neuen Reichstags existente „Übergangsausschuss“ kein Aufhebungsrecht hatte.[284]

bb) Die Diktaturgewalt des Reichspräsidenten

Von großer praktischer Relevanz war die in der Weimarer Reichsverfassung normierte sog. Diktaturgewalt des Reichspräsidenten.[285] Diese wurde in Art. 48 Abs. 2 S. 1 WRV[286] in der Form einer Generalklausel niedergelegt. Der Reichspräsident konnte auf Grundlage dieser Norm bei einer erheblichen Gefährdung der öffentlichen Sicherheit und Ordnung im Reich die zur Wiederherstellung der öffentlichen Sicherheit und Ordnung erforderlichen Maßnahmen treffen. Ausdrücklich zugelassen war auch ein Einschreiten mittels der bewaffneten Macht. Eine Beschränkung setzte hierbei der Grundsatz der Verhältnismäßigkeit.[287] Auch wenn die Tatbestandsmerkmale sehr an die der polizeilichen Generalklausel erinnern, wurden sie sogar extensiver ausgelegt.[288] Die Voraussetzungen

---

283 Reichspräsident *von Hindenburg* drohte für den Fall des Aufhebungsverlangens mit der Auflösung des Reichstags. Als die Aufhebung am 18.07.1930 mehrheitlich gefordert wurde, hob Reichspräsident *von Hindenburg* unverzüglich die Notverordnungen auf und löste den Reichstag durch Verordnung vom 18.07.1930 (RGBl. I, S. 299) nach Art. 25 WRV auf: „Nachdem der Reichstag heute beschlossen hat, zu verlangen, daß meine auf Grund des Artikel 48 der Reichsverfassung erlassenen Verordnungen vom 16. Juli außer Kraft gesetzt werden, löse ich auf Grund Artikel 25 der Reichsverfassung den Reichstag auf.“, siehe zu diesem Ereignis auch *B. Pieroth*, Jura 2019, S. 789 (798).

284 *J. Pannkoke,* Der Einsatz des Militärs im Landesinnern, S. 98; zu der Machtfülle des Reichspräsidenten, die sich aus der Auflösungsmöglichkeit mit der fortgesetzten Befugnis zur Ausübung der Diktaturgewalt ergab, siehe auch *Thoma*, DJZ 1924, Sp. 654 (659 f.).

285 Die Diktaturgewalt ersetzte dabei den vormals existenten Belagerungszustand, siehe *J. Pannkoke,* Der Einsatz des Militärs im Landesinnern, S. 84 m.w.N.

286 Art. 48 Abs. 2 WRV: „Der Reichspräsident kann, wenn im Deutschen Reiche die öffentliche Sicherheit und Ordnung erheblich gestört oder gefährdet wird, die zur Wiederherstellung der öffentlichen Sicherheit und Ordnung nötigen Maßnahmen treffen, erforderlichenfalls mit Hilfe der bewaffneten Macht einschreiten. Zu diesem Zweck darf er vorübergehend die in den Artikeln 114, 115, 117, 118, 123, 124 und 153 festgesetzten Grundrechte ganz oder zum Teil außer Kraft setzen.“

287 *G. Anschütz*, WRV, Art. 48 Rn. 10.

288 *G. Anschütz*, WRV, Art. 48 Rn. 8; *R. Grau*, Die Diktaturgewalt des Reichspräsidenten, in: G. Anschütz/R. Thoma, HDStR (1932), Bd. II, § 80, S. 278; *J. Heckel*, AöR 22 (1932), S. 257 (263) der in Bezug auf die Diktaturgewalt von einer „elastischen Formel“

konnten so auch bei Krisen im Wirtschafts- und Finanzsektor erfüllt sein, ganz unabhängig davon, ob sie eine klassische polizeiliche Gefahr wie einen Aufstand nach sich zog.[289] Ob die Voraussetzungen zur Ausübung der Diktaturgewalt vorlagen, oblag der Beurteilung durch den Reichspräsidenten.[290] Als Mittel des Einschreitens ermöglichte ihm Art. 48 Abs. 2 S. 1 WRV dann als „Maßnahme" neben dem Militäreinsatz auch den Erlass einer Verfügung oder einer Verordnung.[291]

In der Staatspraxis der Weimarer Republik wurde von der Ausübung der weitreichenden Diktaturgewalt reger Gebrauch gemacht; so wurden in den Jahren 1919 – 1925 alleine 136 Notverordnungen erlassen, die teilweise einfache Steuererhöhungen oder die Kürzung von Ruhestandsgehältern von Beamten durchsetzten.[292] Die vom Reichspräsidenten ergriffenen Maßnahmen mussten gem. Art. 50 S. 1 WRV[293] vom Reichskanzler oder dem zuständigen Reichsminister gegengezeichnet werden. Dies diente der Eindämmung des Missbrauchspotenzials.[294] Für die Maßnahmen der Diktaturgewalt bestand ebenso wie bezüglich der Reichsexekution das begrenzt wirksame parlamentarische Aufhebungsrecht gem. Art. 48 Abs. 3 S. 2 WRV. Die Ausübung der Diktaturgewalt war unter den Voraussetzungen des Art. 19 Abs. 1 WRV vor dem Staatsgerichtshof begrenzt gerichtlich überprüfbar.[295]

---

spricht; *J. Pannkoke,* Der Einsatz des Militärs im Landesinnern, S. 88; *J. Senger,* Streitkräfte und Materielles Polizeirecht, S. 39.

289 *G. Anschütz,* WRV, Art. 48 Rn. 8.

290 So *J. Pannkoke,* Der Einsatz des Militärs im Landesinnern, S. 94.

291 Siehe dazu *G. Anschütz,* WRV, Art. 48 Rn. 13. Die Verfügung in diesem Sinne stellte demnach eine konkrete Regelung für den Einzelfall dar, ähnlich einem Verwaltungsakt. Die Verordnung hingegen stellte eine abstrakt-generelle Regelung dar; vertiefend zum Begriff der „Maßnahme" *C. Schmitt,* VVDStRl 1 (1924), S. 63 (97 ff.); für Beispiele zulässiger und unzulässiger Maßnahmen, den vorübergehenden Charakter betonend, vgl. *Haentzschel,* DJZ 1924, Sp. 341 (343 ff.).

292 Vgl. *G. Anschütz,* WRV, Art. 48 Rn. 8. Der Reichspräsident wurde so im Notverordnungswege zu einer Art Ersatzgesetzgeber, auch wenn die Notverordnungen keinen dauerhaften Charakter hatten; *A. Dietz,* Das Primat der Politik, S. 261; siehe dazu auch *J. Berkemann,* DÖV 2019, S. 584 (585).

293 Art. 50 WRV: „Alle Anordnungen und Verfügungen des Reichspräsidenten, auch solche auf dem Gebiete der Wehrmacht, bedürfen zu ihrer Gültigkeit der Gegenzeichnung durch den Reichskanzler oder den zuständigen Reichsminister. Durch die Gegenzeichnung wird die Verantwortung übernommen."

294 Siehe dazu *E. R. Huber,* Verfassungsgeschichte, Bd. VI, S. 695; *J. Pannkoke,* Der Einsatz des Militärs im Landesinnern, S. 94.

295 Zu der beschränkten gerichtlichen Überprüfbarkeit im Rahmen einer reinen Rechtskontrolle, die eine politische Zweckmäßigkeitskontrolle ausschloss: *P. Kroß,* Weimarer Reichsverfassung, S. 188 f.; *J. Pannkoke,* Der Einsatz des Militärs im Landesinnern,

Ein letztlich auf Art. 48 Abs. 2 S. 1 fußender Militäreinsatz größerer Art ereignete sich im Rahmen des Ruhraufstandes im April 1920. Eine Schwächung des Gemeinwesens und der Wirtschaft durch den Generalstreik von Arbeitern und Angestellten gegen den Kapp-Lüttwitz-Putsch[296] veranlasste linksradikale Kräfte zum Ausruf eines Aufstands am 14.03.1920.[297] Das Ziel des Aufstandes lag in einem sozialistischen Umsturz des Weimarer Systems und der Einsetzung einer Räterepublik.[298] Tatsächlich waren die Aufständischen bewaffnet und bildeten eine organisiert geführte, etwa 45.000 Mann starke „Rote Armee" mit teilweise militärischer Ausrüstung.[299] Die Rote Armee verhaftete willkürlich Zivilpersonen, zerstörte Eigentum und plünderte Geschäfte der Regionen, welche unter ihrer Kontrolle standen, sodass die Bevölkerung ihr gegenüber schnell negativ eingestellt war.[300] Nach gescheiterten Verhandlungen mit der Reichsregierung marschierte die Reichwehr, veranlasst durch den bevollmächtigten Reichskommissar Severing und General von Watter, am 02.04.1920 in das Ruhrgebiet ein.[301] Hierfür musste nicht erneut der Ausnahmezustand gem. Art. 48 Abs. 2 S 1 WRV verhängt werden, da dieser bereits seit Januar 1920 aufgrund von vorherigen Streiks bestand.[302] Der von der Roten Armee zunächst noch geleistet schwere Widerstand kostete über 1000 Todesopfer.[303] Die Rote Armee gab wegen ihrer Unterlegenheit ihren Kampf alsbald auf, wie nicht zuletzt auch vom aufständischen Zentralrat gefordert wurde.[304]

S. 101 ff.; *E. R. Huber*, Verfassungsgeschichte, Bd. VI, S. 727 f.; die Effizienz der gerichtlichen Kontrolle anzweifelnd *A.-B. Kaiser*, Ad Legendum 2017, S. 200 (201).

296 Siehe dazu *E. R. Huber*, Verfassungsgeschichte, Bd. VII, S. 44 ff.; *J. Pannkoke*, Der Einsatz des Militärs im Landesinnern, S. 117 ff.

297 Hierzu, sowie zu den weiteren Hintergründen *E. R. Huber*, Verfassungsgeschichte, Bd. VII, S. 102; *J. Pannkoke*, Der Einsatz des Militärs im Landesinnern, S. 120.

298 *E. R. Huber*, Verfassungsgeschichte, Bd. VII, S. 102 f.; *J. Pannkoke*, Der Einsatz des Militärs im Landesinnern, S. 120.

299 So *J. Pannkoke*, Der Einsatz des Militärs im Landesinnern, S. 120; *H. M. Parche*, Notstand, S. 109 spricht sogar von 50.000 Mann.

300 *J. Pannkoke*, Der Einsatz des Militärs im Landesinnern, S. 120.

301 *J. Pannkoke*, Der Einsatz des Militärs im Landesinnern, S. 121.

302 Dazu siehe *J. Pannkoke*, Der Einsatz des Militärs im Landesinnern, S. 116, 120 f.

303 So *J. Pannkoke*, Der Einsatz des Militärs im Landesinnern, S. 122.

304 *J. Pannkoke*, Der Einsatz des Militärs im Landesinnern, S. 122.

cc) Die eingeschränkte Diktaturgewalt der Landesregierungen

Auch die Landesregierungen konnten gem. Art. 48 Abs. 4 S. 1 WRV[305] bei Gefahr im Verzug – unter den sonst vorliegenden Voraussetzungen des Art. 48 Abs. 2 S. 1 WRV – einstweilige Maßnahmen im Sinne des Art. 48 Abs. 2 S. 1 WRV treffen. „Gefahr im Verzug“ bedeutete, dass der Reichspräsident als eigentlich zuständiges Organ nicht rechtzeitig einzugreifen vermochte.[306] Die Maßnahmen mussten rein vorläufigen bzw. provisorischen Charakter aufweisen und durften keine vollendeten Tatsachen schaffen.[307] Auch konnte die Landesregierung nicht unmittelbar mit Hilfe der bewaffneten Macht einschreiten, die eben dem Oberbefehl des Reichspräsidenten unterstand; die Landesregierung musste die bewaffnete Macht vielmehr um Hilfe ersuchen.[308] Eine Anforderung militärischer Hilfe erfolgte gem. § 17 WehrG[309].[310] Die Ausübung der Diktaturgewalt

---

305 Art. 48 Abs. 4 WRV: „Bei Gefahr im Verzuge kann die Landesregierung für ihr Gebiet einstweilige Maßnahmen der in Abs. 2 bezeichneten Art treffen. Die Maßnahmen sind auf Verlangen des Reichspräsidenten oder des Reichstags außer Kraft zu setzen.“

306 *R. Grau*, Die Diktaturgewalt der Landesregierungen, in: G. Anschütz/R. Thoma, HDStR (1932), Bd. II, § 81, S. 296; *J. Pannkoke,* Der Einsatz des Militärs im Landesinnern, S. 104.

307 *J. Pannkoke,* Der Einsatz des Militärs im Landesinnern, S. 105.

308 *G. Anschütz*, WRV, Art. 48 Rn. 19; *Schwalb*, DJZ 1925, Sp. 209 (212); *N.-P. Kleiner*, Notstandsverfassung, S. 135; *E. R. Huber*, Verfassungsgeschichte, Bd. VI, S. 697; *P. Kroß,* Weimarer Reichsverfassung, S. 197; *T. Linke*, AöR 129 (2004), S. 489 (504); *J. Pannkoke,* Der Einsatz des Militärs im Landesinnern, S. 106.

309 § 17 WehrG (RGBl. 1919, S. 329): „(1) Im Falle öffentlicher Notstände oder einer Bedrohung der öffentlichen Ordnung hat die Wehrmacht auf Anfordern der Landesregierungen und der von diesen bestimmten Behörden Hilfe zu leisten. Das Ersuchen soll nur ergehen, wenn die eigenen Kräfte nicht ausreichen. Es ist an das Wehrbereichskommando oder Marinestationskommando im Falle dringender Gefahr an den nächsten militärischen Befehlshaber zu richten. Glaubt das Wehrbereichskommando (Marinestationskommando) oder der um Hilfe ersuchte militärische Befehlshaber aus wichtigen militärischen Gründen dem Ersuchen nicht stattgeben zu können, so hat das Wehrbereichskommando oder Marinestationskommando sofort die Entscheidung des Reichswehrministers herbeizuführen. (2) Selbstständiges militärisches Einschreiten ist nur zulässig, wenn die Behörden durch höhere Gewalt außerstande gesetzt sein sollten, das militärische Einschreiten herbeizuführen, oder wenn es sich nur um Zurückweisung von Angriffen oder Widersetzlichkeiten gegen Teile der Wehrmacht handelt.“

310 *Schwalb*, DJZ 1925, Sp. 209 (212); *N.-P. Kleiner*, Notstandsverfassung, S. 135; *P. Kroß*, Weimarer Reichsverfassung, S. 197; *J. Pannkoke,* Der Einsatz des Militärs im Landesinnern, S. 107; *T. Linke*, AöR 129 (2004), S. 489 (504).

seitens von Landesregierungen war damit gegenüber der des Reichspräsidenten stark eingeschränkt.

Zu einem Einschreiten mit der bewaffneten Macht kam es auch im März 1920 in Thüringen, dessen Landesregierung die Schwächung durch den Kapp-Lüttwitz-Putsch ebenfalls ausnutzte und sich gegen die Reichsregierung auflehnte.[311] Der Generalstreik wurde fortgesetzt, Aktionsausschüsse und Vollzugsräte eingesetzt sowie revolutionäre Volkswehren mit dem Ziel aufgebaut, ein Rätesystem zu etablieren.[312] Die revolutionäre Landesregierung hob unter missbräuchlicher Anwendung des Art. 48 Abs. 4 S. 1 WRV die sieben Grundrechtsartikel der Weimarer Reichsverfassung auf.[313] Abgesehen davon, dass der Anwendungsbereich des Art. 48 Abs. 4 S. 1 WRV nicht eröffnet war, wurde so das Verfassungsschutzinstrument der Landesdiktaturgewalt entgegen seiner eigentlichen Zweckbestimmung zur Abschaffung bzw. Bekämpfung der Weimarer Reichsverfassung eingesetzt.[314] Reichspräsident Friedrich Ebert erließ daraufhin eine Notverordnung[315], die einen Reichskommissar für die betroffenen thüringischen Freistaaten einsetzte. Der Reichskommissar erhielt auch die Befugnis, Mitglieder der Landesregierung abzusetzen.[316] Die Unruhen konnte er mittels der Reichswehr zügig unter Kontrolle bringen.[317] Das Einschreiten des Militärs wurde auf den gesamten Art. 48 WRV gestützt, nähere Differenzierungen zwischen Reichsexekution und der Ausübung von Diktaturgewalt unterblieben.[318]

b) Zusammenfassung und Ergebnis

Die Weimarer Reichsverfassung räumte dem Reichspräsidenten äußerst weitgehende Befugnisse im Rahmen der Diktaturgewalt ein, die über originäre polizeiliche Gefahrenlagen hinausgingen und ein schwerwiegendes Eingreifen in den verfassungsrechtlichen Normalzustand ermöglichten.[319] Gerade in der Gründungszeit und den ersten Jahren der Weimarer Republik wurde diese wegen der vorherrschenden politischen Instabilität von zahlreichen größeren Krisen

---

311 Zu dem Ereignis siehe *E. R. Huber*, Verfassungsgeschichte, Bd. VI, S. 741 f.

312 *J. Pannkoke,* Der Einsatz des Militärs im Landesinnern, S. 122.

313 *J. Pannkoke,* Der Einsatz des Militärs im Landesinnern, S. 123.

314 So *J. Pannkoke,* Der Einsatz des Militärs im Landesinnern, S. 123.

315 Verordnung vom 22.03.1920 (RGBl., S. 343).

316 Siehe die Verordnung vom 22.03.1920 (RGBl., S. 343).

317 *J. Pannkoke,* Der Einsatz des Militärs im Landesinnern, S. 123.

318 *J. Pannkoke,* Der Einsatz des Militärs im Landesinnern, S. 123.

319 So auch *W. Grubert,* Verteidigungsfremde Verwendungen der Streitkräfte, S. 146.

gebeutelt. Diese wurden oft von der Reichswehr als bedeutendem Machtfaktor des Reiches niedergeschlagen.[320] Die Reichswehr wurde so in vielen Fällen gegen politische Bestrebungen eingesetzt, obwohl sie sich selbst nicht als aktiver Gestalter der Politik sah.[321] Daran ändert sich auch nichts durch die personelle Schwächung aufgrund des Versailler Vertrages, der gem. Art. 160 VV[322] die zulässige Heeresstärke auf 100.000 Mann begrenzte. Auch die in Folge dessen entstandene schwarze Reichswehr und bestimmte Freikorps schlugen Aufstände nieder.[323] Die Polizei wurde zahlenmäßig in der Weimarer Republik auf 150.000 Mann erhöht, von denen 90.000 auf die Schutzpolizei entfielen.[324] Damit bestand hinreichend Schutzpolizei, um einen Einsatz der Reichswehr im Innern zur Abwehr alltäglicher Gefahrenlagen entbehrlich zu machen. Das Ausmaß der politischen Krisen der jungen Weimarer Republik hingegen überforderte die Polizeikräfte. Angesichts der bürgerkriegsähnlichen Zustände und von bestimmten Entwicklungen, wie der Entstehung der Roten Armee, ist das nachvollziehbar. Die Idee der Trennung polizeilicher und militärischer Aufgaben bestand damit zwar, sie konnte aber bis weit in das 20. Jahrhundert nicht vollständig umgesetzt werden. Gerade diese Bürgerkriegseinsätze der Reichswehr zu Beginn der Weimarer Republik beeinflussten intensiv und nachhaltig das öffentliche Bild der Reichswehr.[325] Sie stellen den Grund der Befürchtung dar, dass auch unter der

---

320 So auch *W. Grubert*, Verteidigungsfremde Verwendungen der Streitkräfte, S. 143; *H. M. Parche*, Notstand, S. 108.

321 *W. Grubert*, Verteidigungsfremde Verwendungen der Streitkräfte, S. 143; zu der politischen Bedeutung siehe auch *P. Kroß*, Weimarer Reichsverfassung, S. 2.

322 Friedensvertrag von Versailles vom 28.06.1919, siehe Gesetz über den Friedensschluß zwischen Deutschland und den Alliierten und assoziierten Mächten vom 16.07.1919 (RGBl., S. 687).

323 Die „schwarze Reichswehr" umschreibt illegal und gegen Art. 160 VV fortbestehende inoffizielle Reichswehrverbände, die teilweise auch durch die Reichswehr und den Staat gefördert wurden. Ähnlich rekrutierten sich die Freikorps oft aus aufgelösten Reichswehrverbänden, siehe dazu *W. Grubert*, Verteidigungsfremde Verwendungen der Streitkräfte, S. 145; *C. Schulte-Bunert*, Grundrechtsschutz und Verteidigungsauftrag, S. 88, Fn. 485; *J. Wieland*, Verfassungsrechtliche Grundlagen polizeiähnlicher Einsätze der Bundeswehr, in: D. Fleck, Terrorismusbekämpfung, S. 167 (170); zu den Freikorps siehe vertiefend *A. Dietz*, Das Primat der Politik, S. 172 ff.

324 *M. Stolleis*, in: H. Lisken/E. Denninger, Handbuch des Polizeirechts, A Rn. 56; Berlin verfügte 1932 allein über eine 16.500 Mann starke Schutzpolizei, siehe *J. Pannkoke*, Der Einsatz des Militärs im Landesinnern, S. 132.

325 So auch *W. Grubert*, Verteidigungsfremde Verwendungen der Streitkräfte, S. 146.

Geltung des Grundgesetzes erneut die Bildung von einem „Staat im Staate"[326] hätte erfolgen können. Die Streitkräfte waren in der Weimarer Zeit ein zu großer „politischer Faktor"[327]. Infolgedessen wurden diese teilweise auch als „vierte Gewalt"[328] im Staate bezeichnet. Ihnen kam daher eine besondere Bedeutung bei der Entstehung der Wehr- und Notstandsverfassung des Grundgesetzes zu.[329]

4. Nationalsozialismus (1933 – 1945)

Die Zeit des Nationalsozialismus war eine rechtsstaatlose und rechtlich ungeordnete Zeit. Sie zeichnete sich durch eine Armeepluralität aus; so traten zu der Wehrmacht, die aus der vergleichsweise kleinen Reichswehr aufgebaut wurde, auch die Parteiarmeen SA und SS hinzu.[330] Die Parteiarmeen, insbesondere die paramilitärisch organisierte SS, waren ähnlich strukturiert, aufgebaut und

---

326 So der SPD-Abgeordnete *W. Mellies* in Bezug auf die Wehrverfassung, der „verfassungskräftig Vorsorge" dafür forderte, dass die „bewaffnete Macht nicht wieder zum Staat im Staate wird" (*W. Mellies*, BT-Prot. 2/132 vom 06.03.1956, S. 6847C). Die Formulierung nimmt unmissverständlichen Bezug zu der Weimarer Republik, die *W. Mellies*, der seit 1923 Mitglied der SPD war, selbst erlebte. Das Misstrauen, welches der Reichswehr wegen ihrer Einsätze in der Weimarer Zeit insbesondere gegen linke Gruppierungen entgegengebracht wurde, spiegelt sich an dieser Stelle wieder; zuvor bereits der CDU/CSU-Abgeordnete *R. Jaeger*, der bezüglich der Grundgesetzänderung darauf abstellte, dass es zu verhindern gilt, dass die Bundeswehr ein „Staat im Staate" wird (*R. Jaeger*, BT-Prot. 2/132 vom 06.03.1956, S. 6846B); Mit direktem Bezug zu der Weimarer Republik auch *A. Arndt*, der festhielt, dass zu sichern ist, „dass es nicht wieder dazu kommt, wie es in der Weimarer Zeit war: dass die damalige Reichswehr ein Staat im Staate wurde" (*A. Arndt*, BT-Prot. 2/132 vom 06.03.1956, S. 6824D); zu einer Erklärung des Begriffs vgl. auch *U. Di Fabio*, Die Weimarer Verfassung, S. 159 ff.; *P. Laband*, DJZ 1914, Sp. 185 erscheint der Staat in einen bürgerlichen und einen militärischen Staat zerrissen, die sich feindlich gegenüber stehen. *Laband* bezieht das auf das Verhältnis der Staatsgewalt gegenüber der militärischen Kommandogewalt.

327 *A. Arndt*, BT-Prot. 2/132 vom 06.03.1956, S. 6824B; siehe auch *P. Kroß*, Weimarer Reichsverfassung, S. 2.

328 *A. Maier*, VerwArch 39 (1934), S. 265 (276); *W. Grubert*, Verteidigungsfremde Verwendungen der Streitkräfte, S. 146; *P. Dreist*, UBWV 2006, S. 93 (94).

329 Vgl. bereits die Begründung des ersten Regierungsentwurfs für eine neue Notstandsverfassung, BT-Drs. III/1800, S. 3, so versuchte man sich stetig von Art. 48 WRV zu distanzieren; so auch *W. Grubert*, Verteidigungsfremde Verwendungen der Streitkräfte, S. 146; vgl. *A. Dietz*, Das Primat der Politik, S. 210, der die Weimarer Verfassung als „Vor- und Gegenbild" für die später gegründete BRD einordnet.

330 *W. Grubert*, Verteidigungsfremde Verwendungen der Streitkräfte, S. 161.

ausgebildet wie die Wehrmacht.[331] Sie blieben jedoch alleinige Einrichtung der Partei NSDAP und wurden in keiner Weise in den Staat eingegliedert.[332] Es war daher auch nicht vorgesehen, dass die Wehrmacht als reguläre Streitkraft im Innern eingesetzt wird.[333] Diese Aufgabe sollte von den Parteiarmeen übernommen werden.[334] Ein Einsatz der Wehrmacht wäre trotzdem ebenfalls in Betracht gekommen und wurde nicht vollständig ausgeschlossen.[335] Unklar wäre für diesen Fall allerdings bereits die Rechtsgrundlage gewesen.[336] Es ist nicht gesichert, ob die Weimarer Reichsverfassung zur Zeit des Nationalsozialismus weiterhin Geltung beanspruchte, sie wurde zumindest nie förmlich außer Kraft gesetzt.[337] Die Zeit kann dennoch ab dem 24.03.1933 wegen des erfolgten Identitätswechsels als verfassungslose Zeit betrachtet werden.[338] Fest steht, dass sie jedenfalls durch zahlreiche Führerbefehle bzw. Führererlasse Modifikationen erfuhr, denen Vorrang vor allen anderen Normen zukam.[339] Soweit es dennoch zu

---

331 *W. Grubert,* Verteidigungsfremde Verwendungen der Streitkräfte, S. 161 f.

332 *W. Grubert,* Verteidigungsfremde Verwendungen der Streitkräfte, S. 162.

333 Siehe *W. Brunkow*, Rechtliche Probleme des Einsatzes, S. 20; *W. Grubert,* Verteidigungsfremde Verwendungen der Streitkräfte, S. 167; *O. Raesch*, Wehrverfassung, S. 79, demnach sollte die Wehrmacht vielmehr den Schutz des Staates gegenüber äußerer Gefahren gewährleisten.

334 *W. Brunkow*, Rechtliche Probleme des Einsatzes, S. 20; *W. Grubert,* Verteidigungsfremde Verwendungen der Streitkräfte, S. 167; *J. Senger,* Streitkräfte und Materielles Polizeirecht, S. 46 Fn. 236; angesichts der Stärke, zu welcher die SS aufgebaut wurde, wäre solch ein Einsatz auch jederzeit möglich gewesen, siehe dazu *W. Grubert,* Verteidigungsfremde Verwendungen der Streitkräfte, S. 162.

335 *W. Grubert,* Verteidigungsfremde Verwendungen der Streitkräfte, S. 168.

336 Dazu, dass keine eindeutig einfachgesetzliche Rechtsgrundlage für den Inneneinsatz bestand *W. Brunkow*, Rechtliche Probleme des Einsatzes, S. 19.

337 In diese Richtung bereits *A. Maier*, VerwArch 39 (1934), S. 265 (300), der offen ließ, ob sich eine mittelbare Verfassungsänderung der WRV ereignete oder diese „obsolet" geworden ist; näher dazu *D. Grimm*, Weimars Ende und Untergang, in: H. Dreier/ C. Waldhoff, Das Wagnis der Demokratie, S. 263 (286); siehe auch *W. Grubert,* Verteidigungsfremde Verwendungen der Streitkräfte, S. 163 m.w.N.; *J. Senger,* Streitkräfte und Materielles Polizeirecht, S. 45; *B. Pieroth*, Jura 2019, S. 789 (798).

338 So *D. Grimm*, Weimars Ende und Untergang, in: H. Dreier/C. Waldhoff, Das Wagnis der Demokratie, S. 263 (286); in diesem Sinne auch *M. Trotter*, Ausnahmezustand, S. 14; *B. Pieroth*, Jura 2019, S. 789 (799), der auf die wesentliche Umgestaltung der Weimarer Reichsverfassung durch die Reichstagsbrandverordnung und das Ermächtigungsgesetz abstellte.

339 *H.-U. Evers*, in: W. Kahl/C. Waldhoff/C. Walter, Bonner Kommentar zum Grundgesetz, Art. 91 (1969) Rn. 6; *H. M. Parche*, Notstand, S. 136; *W. Grubert,* Verteidigungsfremde

einem Einsatz gekommen wäre, hätte die Wehrmacht in der totalitären Diktatur auch ohne Rechtsgrundlage eingesetzt werden können.[340] Diese Befugnis floss letztlich aus der „Allmacht des Führers".[341] Die Wehrmacht wurde in der Zeit zwischen der Machtergreifung Hitlers und dem Beginn des zweiten Weltkriegs, soweit dies aus dem Schrifttum ersichtlich wird, im Innern allerdings wohl nicht gegen die Bevölkerung eingesetzt.[342] Wie eben schon aufgezeigt wurde, war dies Aufgabe der Parteiarmeen SA und SS.[343] Daneben dürfte für den Einsatz gegen politische Gegner die Geheime Staatspolizei bedeutsam gewesen sein.

II. Nachkonstitutionelle Verwendungen der Streitkräfte im Innern in der der Bundesrepublik Deutschland in der Vergangenheit bis in die Gegenwart (1955 – 2020)

Nach der Aufstellung der Bundeswehr[344] in der Bundesrepublik Deutschland im Jahr 1955 nahmen die Verwendungen der Streitkräfte unter der Geltung des Grundgesetzes sowie des Rechtsstaatsprinzips eine wesentlich andere Gestalt an. Eine wichtige Rolle nehmen die Streitkräfte im Katastrophenschutz ein. Aufgrund der Vielfalt der Unterstützungsleistungen können im Folgenden nur die wichtigsten und typischsten Verwendungen exemplarisch skizziert werden. Im Wesentlichen ergeben sich dabei die nachfolgenden Kategorien von Verwendungen: Hilfe in Katastrophenfällen, Großveranstaltungen, andere Verwendungen und unterlassene Verwendungen.

Verwendungen der Streitkräfte, S. 163; *J. Senger,* Streitkräfte und Materielles Polizeirecht, S. 45.

340 *W. Brunkow*, Rechtliche Probleme des Einsatzes, S. 20; *W. Grubert,* Verteidigungsfremde Verwendungen der Streitkräfte, S. 169 f.; dem folgend *J. Senger,* Streitkräfte und Materielles Polizeirecht, S. 45.

341 *W. Brunkow*, Rechtliche Probleme des Einsatzes, S. 20; *J. Senger,* Streitkräfte und Materielles Polizeirecht, S. 45.

342 *H. M. Parche*, Notstand, S. 135, der als Grund hierfür auch die schnelle Machtfertigung Hitlers benennt, sodass Umsturzversuche schon frühzeitig als chancenlos erschienen; *W. Brunkow*, Rechtliche Probleme des Einsatzes, S. 20; *J. Senger,* Streitkräfte und Materielles Polizeirecht, S. 46.

343 So *W. Brunkow*, Rechtliche Probleme des Einsatzes, S. 20; *W. Grubert,* Verteidigungsfremde Verwendungen der Streitkräfte, S. 167; *J. Senger,* Streitkräfte und Materielles Polizeirecht, S. 46 Fn. 236; *W. Grubert,* Verteidigungsfremde Verwendungen der Streitkräfte, S. 162.

344 Näher zur Aufstellung der Bundeswehr siehe *J. Pannkoke,* Der Einsatz des Militärs im Landesinnern, S. 194 f.

1. *Hilfe in Katastrophenfällen*

Mit teilweise zahlenmäßig beachtlichem Umfang wurden die Streitkräfte in der Bundesrepublik Deutschland zu der Bekämpfung von Naturkatastrophen, insbesondere im Rahmen der Fluthilfe verwendet.

Am 16. und 17. Februar 1962 kam es zu einer großen Sturmflut in Hamburg.[345] Es wurden 8000 Soldaten als Unterstützung zur Bewältigung der Katastrophe verwendet.[346] Besondere Bedeutung erlangte die „Hamburger Flutkatastrophe“ nicht nur wegen ihres Ausmaßes, sondern auch in rechtshistorischer Hinsicht, weil sie Einfluss auf die Entstehung der Notstandsverfassung im Jahr 1968 nahm.[347] Ein besonders großer Waldbrand ereignete sich am 12.08.1975 in Niedersachsen, dort wurden 8000 Soldaten auf dem Land und in der Luft zur Bekämpfung des Brandes herangezogen.[348] Bei der Oderflut im Juli 1997 wurden insgesamt 30.000 Soldaten für die Katastrophenhilfe verwendet.[349] Die zahlenmäßig bislang größte Hilfsleistung erfolgte im August 2002 infolge von Überflutungen in Bayern sowie der Elbe und damit auch in diversen anderen Bundesländern.[350] Hilfe wurde von 45.000 Soldaten mit entsprechendem Großgerät wie Hubschraubern, Bergepanzern oder Brückenlegern geleistet.[351] Im Jahr 2013 kam es zu einer noch schwereren Flut in denselben Ländern wie zuvor noch im Jahr 2002.[352] Beteiligt waren insgesamt 20.000 Soldaten unter Verwendung des erforderlichen Großgeräts.[353] Auch bei Schneekatastrophen, Umweltunglücken sowie Zug- und Eisenbahnunglücken wurde wiederholt geholfen.[354] Im Januar 2019 wurden beispielsweise 2.797 Soldaten und andere Mitarbeiter der Bundeswehr für die Beseitigung der Schneelast in Bayern, die Sprengung von Lawinen sowie die Evakuierung von Anwohnern verwendet.[355]

---

345 Siehe allgemein dazu *BMVg*, Hochwasserkatastrophe im August 2002, S. 17.

346 *BMVg*, Hochwasserkatastrophe im August 2002, S. 36.

347 BT-Drs. V/1879, S. 23; siehe auch unten, Teil 2, C. VI. 4. a) bb).

348 *BMVg*, Hochwasserkatastrophe im August 2002, S. 37.

349 Näher dazu BT-Drs. 16/6159, Anlage 2; *BMVg*, Hochwasserkatastrophe im August 2002, S. 14.

350 Siehe zu dem Ereignis auch *BMVg*, Hochwasserkatastrophe im August 2002, S. 32 ff.; *U. v. Krause*, Einsatz der Bundeswehr im Innern, S. 5.

351 BT-Drs. 16/6159, Anlage 2 Nr. 45.

352 BT-Drs. 17/14743, S. 2.

353 *U. v. Krause*, Einsatz der Bundeswehr im Innern, S. 6.

354 Für Beispiele vgl. BT-Drs. 16/6159, Anlage 2.

355 BT-Drs. 19/8032, S. 3.

Während der Corona-Pandemie ab dem Jahr 2020 haben zahlreiche Soldatinnen und Soldaten in Altenheimen, Pflegeeinrichtungen und Flüchtlingseinrichtungen ausgeholfen, mit sanitätsdienstlichen Leistungen sowie bei der Überprüfung von Infektionsketten unterstützt.[356] Zur Verfügung gestellt wurden auch etwa Schutzausrüstung und medizinische Gerätschaften.[357]

2. *Großveranstaltungen*

Die Hilfe der Streitkräfte war auch bei Großveranstaltungen in der Vergangenheit relevant. Bei der Fußballweltmeisterschaft 2006 in Deutschland halfen insgesamt 2000 Soldaten, weitere 5000 Soldaten waren für den Fall eines „Großschadensereignisses" in Bereitschaft versetzt, um im Bedarfsfall besonders schnell reagieren zu können.[358]

Aufsehen erregte der Weltwirtschaftsgipfel der Gruppe der 8 in Heiligendamm (G-8 Gipfeltreffen) zwischen dem 6. und 8. Juni 2007.[359] Beteiligt waren bis zu 1.100 Angehörige der Bundeswehr. Sichergestellt wurden von ihnen die Unterbringung der Sicherheitskräfte und deren Versorgung. Organisiert wurden darüber hinaus Personentransporte mittels Booten und Hubschraubern. Ferner wurde die medizinische (Notfall-)Versorgung durch sie gewährleistet und weitere technisch-logistische Hilfsleistungen erbracht. Schon im Vorfeld des Gipfels wurden allerdings Demonstrationen angekündigt. Daher befürchtete man Gefährdungen nicht nur durch den internationalen islamistischen Terrorismus. Erwartet wurden auch Blockaden der Zufahrtswege sowie Unterspülungen und Unterhöhlungen von Straßen. Deshalb wurden vor Beginn des Gipfels Aufklärungsmissionen von Tornados geflogen, die solche Vorhaben aufdecken sollten. Die Streitkräfte waren damit in Gefahrerforschungsmaßnahmen einbezogen, die sie durch den Überflug bei der Fertigung von Bildaufnahmen erbrachten. Besonders problematisch an diesem Ereignis war, dass ein Tornado bei dem Überflug des Demonstranten-Camps Reddelich, welches auf 5000 Personen ausgelegt war,

---

356 BT-Drs. 19/19887, S. 86; siehe auch BT-Drs. 19/19240, S. 98; für weitere Beispiele BT-Drs. 19/19021, S. 56; zur Lagerung von Impfstoffen BT-Drs. 19/25996, S. 6; zu der Durchführung von Schnelltests BT-Drs. 19/30569, S. 5; Ende Januar 2021 wurden bereits 10.583 Soldatinnen und Soldaten am Tag verwendet, siehe BT-Drs. 19/26360, S. 3; ab Mai 2021 waren es regelmäßig sogar über 15.000, siehe BT-Drs. 19/30569, S. 3.

357 BT-Drs. 19/20241, Anlage 2.

358 BT-Drs. 16/1284, S. 1 f.

359 Zu dem im Folgenden geschilderten Sachverhalt insgesamt siehe BVerfGE 126, 55 (56 ff., Rn. 2 ff.); BVerwGE 160, 169 (171).

die zulässige Mindestflughöhe von 500 Fuß (ca. 152 Meter) unterschritt und auf einer Höhe von ca. 114 Metern das Camp überflog. So stellte sich die Frage, ob durch den Überflug die Grenzen der Amtshilfe überschritten wurden und ein unzulässiger Inlandseinsatz der Streitkräfte vorlag.[360]

Bei dem G-7 Gipfeltreffen in Schloss Elmau zwischen dem 07. und 08. Juni 2015 hingegen wurden keine Aufklärungsflugzeuge oder Spähpanzer verwendet.[361] Die Hilfeleistungen beschränkten sich etwa auf die Überlassung von Liegenschaften, die Bereitstellung von Verpflegung und Unterkünften, den Transport von Personen, medizinische Unterstützung und der Bereitstellung von Gerätschaften wie Rettungshubschraubern und Rettungswagen.[362]

Im Rahmen des G20-Gipfeltreffens in Hamburg zwischen dem 07. und 08. Juli 2017 wurden im Vorfeld des Gipfels Unterwasserdrohnen zur Aufklärung angefordert, diese sollten die Elbe und Alster auf angebrachte Sprengvorrichtungen absuchen.[363] Hilfe wurde auch bei der Sicherung des Luftraums geleistet.[364] Militärische Sicherheitsbereiche hingegen sollten von vornherein nicht eingerichtet werden.[365] Vorrangig beschränkten sich die Hilfsleistungen auf die Bereitstellung von Verpflegung, Unterkünften, Stellplätzen, sanitätsdienstlichem Personal und ähnlichen Hilfsleistungen.[366]

3. *Andere durchgeführte Verwendungen*

Die Streitkräfte bzw. die Bundeswehr werden heute stetig auch für verschiedenste andere Aufgaben angefragt.[367]

---

360 Siehe dazu unten, Teil 2, A. I. 3. a) und Teil 2, A. I. 5. c).

361 Entsprechende Amtshilfeersuchen wurden nicht gestellt, vgl. BT-Drs. 18/4752, S. 17.

362 Vgl. dazu die zahlreichen Amtshilfeersuchen vor dem Gipfel, aufgelistet in BT-Drs. 18/3981, Anlage 1; 18/5176, Anlage 1; 18/5801, Anlage 1; eine Anfrage auf „Unterstützung des Raumschutzes durch die Polizei“ und der Einrichtung eines militärischen Sicherheitsbereichs in Mittenwald wurde hingegen als unzulässig abgelehnt, siehe BT-Drs. 18/5801, Anlage 1 Nr. 173.

363 Vgl. dazu und zu anderen Amtshilfeleistungen die Schriftliche Kleine Anfrage von *M. Dolzer* an die Hamburgische Bürgerschaft, HB-Drs. 21/11278, S. 3, 6 f.

364 BT-Drs. 18/12735, S. 11; 18/13363, Anlage 1 Nr. 104; HB-Drs. 21/11278, Anlage Nr. 18.

365 BT-Drs. 18/13033, S. 9.

366 BT-Drs. 18/13033, S. 10; vgl. dazu auch BT-Drs. 18/13363, Anlage 1.

367 Für eine detaillierte Auflistung siehe die Kleinen Anfragen der Partei *Die LINKE*. Diese erkundigt sich seit dem streitigen Tornado-Überflug über das Demonstranten-Camp Reddelich vierteljährlich über die geplanten und erfolgten Amtshilfe- und Unterstützungsleistungen der Bundeswehr im Inland. Siehe zuletzt BT-Drs. 19/

Neben den Hilfstätigkeiten in Katastrophenfällen erfolgten Verwendungen vor allem auch für die Personensuche und deren Bergung: Der militärische Such- und Rettungsdienst der Bundeswehr (SAR) fliegt regelmäßig Rettungseinsätze auch im zivilen Bereich und ist in das zivile Rettungswesen eingebunden.[368] Daneben sind auch Unterstützungsleistungen des Sanitätsdienstes bedeutsam.[369]

Es wurde wiederholt logistische Unterstützung für die Polizei etwa bei Anti-Atomkraft-Demonstrationen gewährt, diese bestand unter anderem in der Bereitstellung von Verpflegung und Unterkünften.[370] Auch für den Papstbesuch 2011 stellte die Bundeswehr Unterkünfte für 2000 Polizeibeamte, Stellplätze für Fahrzeuge und Verpflegung bereit.[371] Ganz erhebliche logistische Hilfsleistungen erfolgten in jüngerer Vergangenheit während der Flüchtlingskrise im Jahr 2015 und 2016: Bis zu 9.000 Soldatinnen und Soldaten halfen bei der Unterbringung, Betreuung, Erfassung und Verteilung der Flüchtlinge.[372] Es wurden 170.000 Unterkünfte zur Verfügung gestellt und etwa 200.000 Asylsuchende transportiert.[373] Hilfe wurde auch regelmäßig bei Nuklear- und Castortransporten gewährt.[374] Diese erfolgte bei Castortransporten auch mittels Aufklärung durch

---

16746 (Stand: drittes Quartal 2019) mit Verweis auf alle vorherigen Kleinen Anfragen auf S. 2.

368 *J. Senger,* Streitkräfte und Materielles Polizeirecht, S. 66 m.w.N.; nach *W. Grubert,* Verteidigungsfremde Verwendungen der Streitkräfte, S. 322 wurden zwischen 1959 und 1984 etwa 84.000 Rettungseinsätze durch die Streitkräfte geflogen; für den Einsatz bei schwierigen Wetterlagen: *Luftfahrtamt der Bundeswehr*, SAR-Jahresbericht 2017, S. 15.

369 Dabei wird medizinisches Personal wie Ärzte bzw. Rettungssanitäter und Rettungsfahrzeuge bzw. Hubschrauber zur Verfügung gestellt, vgl. BT-Drs. 16/7427, S. 4; vgl. dazu allein im Jahr 2018 BT-Drs. 19/2269, S. 19 ff.; 19/3739, S. 22 f., 28 ff.; 19/5536, S. 10 ff.; 19/8704, S. 10 ff.

370 *E. Beckert,* BWV 1986, S. 145; erwogen wurde in dem Zusammenhang auch die Verwendung von Sanitätspanzern und Hubschraubern zur Aufklärung und zum Transport von Personen, siehe *R. Jahn/N. K. Riedel,* DÖV 1988, S. 957; *W. Grubert,* Verteidigungsfremde Verwendungen der Streitkräfte, S. 315.

371 BT-Drs. 17/6049, S. 5 f.

372 Vgl. BT-Drs. 18/7250, S. 37; 18/10900, S. 38; vgl. dazu auch die zahlreichen im Wege der Amtshilfe durchgeführten Unterstützungsleistungen ab dem dritten Quartal 2015 bis Ende 2016, BT-Drs. 18/6518, Anlage 1 S. 18 ff., 23; 18/7526, S. 18 ff., 22; 18/8427, S. 24 f., 35; 18/9446, S. 39; 18/10323, S. 29; 18/11379, S. 39.

373 So *U. v. Krause,* Einsatz der Bundeswehr im Innern, S. 6; Im August 2016 wurden zumindest noch 46.500 Unterkünfte gestellt, BT-Drs. 18/9599, S. 5.

374 Für Nukleartransporte siehe BT-Drs. 16/6159, Anlage 1 Nr. 1, 2, 17; für Castortransporte siehe BT-Drs. 16/6159, Anlage 1 Nr. 15, 25, 30, 38, 49.

RECCE-Tornados.[375] Mit Tornados wurde in der Vergangenheit auch vereinzelt nach vermissten Personen gesucht.[376] Regelmäßig entschärfen die Streitkräfte Bomben.[377] Eine besonders wichtige Aufgabe liegt in der Überwachung und dem Schutz des deutschen Luftraums sowie der Gewährleistung der Gefahrenabwehr in der Luft.[378] Kontinuierlich erbringen die Streitkräfte auch „Leistungen gegenüber Dritten", wie jährlich bei der Münchener Sicherheitskonferenz.[379]

4. Verworfene und nicht durchgeführte Verwendungen

Lediglich diskutiert, aber infolge von politischem Widerstand gescheitert ist 1993 die Idee, die Streitkräfte zu der polizeilichen Aufgabe der Grenzüberwachung zu verwenden.[380] Ebenso verworfen wurde die im Jahr 1993/1994 aufkommende Idee, die Streitkräfte an Wochenenden als Polizeireserve einzusetzen, falls deren Kräfte unzureichend seien.[381] Gleiches gilt für die Verwendung der Streitkräfte bei Großdemonstrationen, an die vereinzelt gedacht wurde.[382] Vor der Fußballweltmeisterschaft 2006 wurde in Erwägung gezogen, dass die Streitkräfte Wach- und Objektschutzaufgaben an Bahnhöfen, Flughäfen, Mannschaftsquartieren und öffentlichen Plätzen übernehmen, an denen Public Viewing geplant war.[383]

---

375 *P. Dreist*, UBWV 2006, S. 93 (93, 95); *J. Senger*, Streitkräfte und Materielles Polizeirecht, S. 63.

376 *U. v. Krause*, Einsatz der Bundeswehr im Innern, S. 6; *J. Senger*, Streitkräfte und Materielles Polizeirecht, S. 63; *P. Dreist*, UBWV 2006, S. 93 (95).

377 Siehe BT-Drs. 16/6159, Anlage 1.

378 Vgl. dazu BT-Drs. 18/4752, S. 17. Teilweise werden für bestimmte Großveranstaltungen spezielle Luftraumüberwachung mittels Radar angefragt, so bei dem Münchener Oktoberfest, siehe BT-Drs. 17/788, S. 7; 17/11246, S. 19.

379 Ab 1996 bis 2007: BT-Drs. 16/6159, Anlage 3 Nr. 1, 11, 37, 47, 56, 78, 110, 138, 161, 179, 203, 215; für Beispiele übernommener Aufgaben im Rahmen der Sicherheitskonferenz 2011, siehe BT-Drs. 17/4484, S. 3; für die Jahre 2016 bis 2019 BT-Drs. 18/7473, S. 63; 18/11319, S. 2; 19/874, S. 2; 19/7797, S. 72; siehe zu dem Thema auch *F. Schoch*, Jura 2013, S. 255 (257).

380 *W. Grubert*, Verteidigungsfremde Verwendungen der Streitkräfte, S. 317.

381 So regte Wolfgang Schäuble eine Risikoreserve an, die zumindest im Notfall hinzugezogen werden können sollte, siehe *W. Schäuble*, Wir kommen zu nichts vor lauter Bedenken, FAZ vom 24.12.1993, S. 8; siehe dazu vertiefender *W. Grubert*, Verteidigungsfremde Verwendungen der Streitkräfte, S. 306.

382 Vgl. dazu *H. Klückmann*, NJW 1979, S. 2281 (2285 f.).

383 *P. Dreist*, NZWehrr 2006, S. 45 (47), demnach stand eine Verfassungsänderung in Rede; *N. Drees/M. Niedzwicki*, UBWV 2006, S. 139; *M. Ladiges*, Die Bekämpfung

Zu diesen Verwendungen kam es ebenfalls nicht.[384] Anlässlich des Münchener Amoklaufs wurden am 22.07.2016 etwa 100 Feldjäger in Bereitschaft versetzt, eine Anforderung unterblieb.[385]

Im Zusammenhang mit der Corona-Pandemie wurden diverse Anträge auf Unterstützungsleistungen gestellt, welche die Anwendung hoheitlichen Zwangs einschlossen wie etwa die Einrichtung einer gesicherten Zugangskontrolle zu einem Krankenhaus oder die Bewachung eines medizinischen Materiallagers.[386] An anderer Stelle wurde die Bestreifung von Isolierstationen, Flüchtlingseinrichtungen oder zur Sicherung von angeordneten Quarantänen angefragt.[387] Alle dieser Anträge wurden vorzeitig zurückgezogen oder abgelehnt.[388] Es wurde eine Personalstärke von 5.500 Personen, hierunter zumindest 600 Feldjäger primär für die eventuell erforderliche Sicherung eigener Liegenschaften, sekundär wohl aber auch als mögliche Unterstützungstruppe für Bund und Länder bereitgehalten.[389] Eine solche Unterstützung unterblieb.

III. Schlussfolgerungen

In einer Gesamtbetrachtung ist die Befürchtung, dass Streitkräfte einen „Staat im Staate" bilden können und als innenpolitisches Machtmittel missbraucht werden, angesichts der Erfahrungen in der Vergangenheit gut begründet. Fraglich ist, inwieweit diese Befürchtungen noch in der Gegenwart berechtigt sind. Dies lässt sich in einem Vergleich der tatsächlichen und normativen Gegebenheiten der damaligen und heutigen Zeit beantworten.

Die Streitkräfte wurden zur Zeit des Deutschen Bundes, des deutschen Kaiserreichs und der Weimarer Republik stetig für polizeiliche Aufgaben eingesetzt. Das hatte seinen Grund gerade auch in der anfangs noch schwach ausgebauten Polizei. Das Militär war stattdessen auch für die Innere Sicherheit zuständig und unterstand im Spätabsolutismus den Fürsten oder Herrschern, es war praktisch eine Monarchenarmee.[390] Das Militär konnte von ihnen auf Grundlage

---

nicht-staatlicher Angreifer im Luftraum, S. 53; *J. Senger*, Streitkräfte und Materielles Polizeirecht, S. 54.

384 Siehe dazu auch *J. Senger*, Streitkräfte und Materielles Polizeirecht, S. 54.

385 BT-Drs. 18/9619, S. 2.

386 BT-Drs. 19/18770, S. 38 mit weiteren Beispielen.

387 BT-Drs. 19/19021, S. 55 mit weiteren Beispielen.

388 BT-Drs. 19/18770, S. 38; 19/19021, S. 54 f.; 19/26360, S. 4.

389 BT-Drs. 19/20241, S. 5 f.

390 So auch *W. Grubert*, Verteidigungsfremde Verwendungen der Streitkräfte, S. 73.

generalklauselartiger Normen oder gar ungeschriebener Rechtsgrundlagen eingesetzt werden. Damit war der Einsatz des Militärs keiner normativen Regelung unterworfen, die ihm ernstzunehmende rechtliche Grenzen setzte. Der Einsatz selbst war dabei oft von militärischer Willkür gezeichnet und keiner weitreichenden Kontrolle zugänglich. Diese Zeit typisiert sich damit durch einen bedarfsmäßigen Einsatz des Militärs gerade auch im Rahmen innenpolitischer Konflikte gegen die eigene Bevölkerung. Ähnliches gilt für die Weimarer Republik. Dieser Zeit erfasste die Diktaturgewalt praktisch jede Lage des Verfassungslebens. Es folgte reger Gebrauch des Notverordnungsrechts. Dabei darf allerdings nicht übersehen werden, dass in den Anfangsjahren der Weimarer Republik eine politisch schwierige Lage bestand, und dass ein Klima von „Hass und Gewalt" vorherrschte.[391] Die Weimarer Republik war politisch instabil und das System unvollkommen. Ohne die Einsätze der Reichswehr im Zuge der Diktaturgewalt wäre das System höchstwahrscheinlich noch früher kollabiert.[392]

Ganz anders stellt sich die Situation in der Gegenwart dar. Die Bundesrepublik Deutschland ist ein politisch stabiler, funktionierender, demokratischer und freiheitlicher Rechtsstaat. Die innere Sicherheit wird von der Polizei gewährleistet, die hierzu in der Regel auch bei schwierigeren Lagen fähig ist. Die Bundeswehr ist eine Parlamentsarmee und hat sich in den vergangenen 60 Jahren fest in Rechtsstaat und Demokratie integriert.[393] Zusätzliche Stabilität sollte durch die Einbindung der Bundeswehr in die NATO erreicht werden.[394] In der

---

391 Vgl. *U. Di Fabio*, Die Weimarer Verfassung, S. 248.

392 Vgl. *U. Di Fabio*, Die Weimarer Verfassung, S. 6, 248; so auch die Auffassung in der jungen Bundesrepublik von *G. Schröder*, BT-Prot. 3/124 vom 28.09.1960, S. 7176B.

393 Dies war angesichts der historischen Erfahrungen mit einer demokratisch schlecht integrierten Reichswehr ein besonderes Anliegen in der jungen Bundesrepublik. So forderte *A. Arndt* ein „gesundes Verhältnis der Demokratie zu ihrer Bundeswehr" und die „Eingliederung der Bundeswehr in die Demokratie", siehe *A. Arndt*, BT-Prot. 2/132 vom 06.03.1956, S. 6824C, aber auch S. 6823D, 6825B; Das „Primat der Politik" sollte hierbei „unbedingt gewährleistet" sein, so *Schneider*, BT-Prot. 2/132 vom 06.03.1956, S. 6848B; vgl. auch BT-Drs. II/2150, S. 1; *J.-P. Fiebig*, Der Einsatz der Bundeswehr im Innern, S. 129, 259 geht davon aus, dass „ein Mißbrauch der Streitkräfte als Machtinstrument gegen den demokratischen Staat, z.B. bei einem Militärputsch, derzeit fast als ausgeschlossen angesehen werden [kann]"; dem folgend *J. Senger*, Streitkräfte und Materielles Polizeirecht, S. 130; vgl. auch *B. Walter*, NZWehrr 2013, S. 221 (229).

394 *R. Schmidt-Radefeldt*, Inlandseinsätze der Armee und Militarisierung der Polizei, in: U. Kischel/S. Grf. v. Kielmansegg, Rechtsdurchsetzung mit militärischen Mitteln, S. 1 (1 f.).

Geschichte der Bundesrepublik wurden die Streitkräfte noch nie als Machtpotenzial gegen den Rechtsstaat oder die Demokratie missbraucht.[395] Dies mag immer auch in Abhängigkeit zu den regierenden politischen Kräften stehen, dennoch gilt: Das Grundgesetz, welches mit den Erfahrungen der Vergangenheit geformt wurde, schafft grundlegende normative Veränderungen. Ein Einsatz der Streitkräfte im Innern vollzieht sich, wie gezeigt werden wird, unter der Geltung des Rechtsstaatsprinzips sowie aufgrund restriktiv gefasster Einsatzgrundlagen. Die normative Determinierung ist dabei höher als in anderen Ländern.[396] Das Grundgesetz schafft damit einen präzisen Rechtsrahmen für den Streitkräfteeinsatz. Soweit die vom Grundgesetz festgelegten Grenzen beachtet werden, ist der Einsatz daher gerade nicht undemokratisch oder per se rechtsstaatswidrig.[397] Das Grundgesetz sieht gerade im Falle schwerster innerer Gefahrenlagen auch subsidiär eine militärische Gefahrenabwehr vor, damit spricht normativ und rechtsstaatlich nichts gegen einen Einsatz der Streitkräfte zur Gefahrenabwehr in diesen speziellen Fällen. Der Einsatz dient im Falle der Abwehr terroristischer Gefahren auch dem Schutz der Bevölkerung und ist nicht gegen diese gerichtet.[398] Der Zusammenhang zwischen den Befürchtungen aufgrund der Einsätze in den Systemen der Vergangenheit und jenen zur Terrorismusabwehr ist daher schwierig herzustellen, das einzige Bindeglied liegt generell in einem Inlandseinsatz. Inwieweit ein solcher Einsatz zur Abwehr terroristischer Gefahrenlagen möglich ist, wird im Folgenden zu hinterfragen sein.

---

395 Dies betont auch *J.-P. Fiebig*, Der Einsatz der Bundeswehr im Innern, S. 129.

396 *S. Grf. v. Kielmansegg*, GSZ 2019, S. 45 (46).

397 So auch *P. Kroß*, Weimarer Reichsverfassung, S. 2.

398 Und genau der Einsatz gegen die eigene Bevölkerung sollte ausgeschlossen werden, siehe *C. Arndt*, DVBl. 1968, S. 729 (730); allerdings enthält die Verfassung kein Feindrecht, siehe *A. Paulus*, Der Terrorist als Feind? Geleitwort, in: A. Kulick/M. Goldhammer, Der Terrorist als Feind?, S. 1 (4).

Teil 2: Verfassungsrechtliche Grundlagen für den präventiven Streitkräfteeinsatz im Innern zur Abwehr terroristischer Gefahren

Im zweiten Teil werden die Rechtsgrundlagen für den auch präventiven Streitkräfteeinsatz im Innern untersucht. Ein Augenmerk liegt hierbei auf dem begrenzenden Verfassungsvorbehalt des Art. 87a Abs. 2 GG, der zugleich eine bedeutende Grenze und normative Einsatzgrundlage für den Streitkräfteeinsatz im Innern aufstellt (A.). Die weiteren Kapitel widmen sich dann der Untersuchung der anderen Rechtsgrundlagen für den Inlandseinsatz (B. – D.). Es wird hinterfragt, inwieweit diese Normen einer Anwendung auf terroristische Gefahrensituationen zugänglich sind und im Falle dessen einen Präventiveinsatz der Streitkräfte ermöglichen.

A. Der Verfassungsvorbehalt des Art. 87a Abs. 2 GG als verfassungsrechtliche Grenze

Art. 87a Abs. 2 GG kommt eine tragende Begrenzungsfunktion für den Inlandseinsatz der Streitkräfte zu: Er stellt den *Einsatz* der Streitkräfte, der nicht zur Verteidigung dient, unter *Verfassungsvorbehalt*[399]. Wörtlich normiert Art. 87a Abs. 2 GG:

> „Außer zur Verteidigung dürfen die Streitkräfte nur eingesetzt werden, soweit dieses Grundgesetz es ausdrücklich zulässt."

Damit erlangen die Begriffe des „Einsatzes" und der „Verteidigung" eine zentrale Bedeutung für die Zulässigkeit von Streitkräfteeinsätzen im Innern. Denn nur solche Verwendungen der Streitkräfte, die als Einsatz zu qualifizieren sind und nicht zur Verteidigung erfolgen, stehen dem Wortlaut nach unter dem Vorbehalt einer ausdrücklichen verfassungsrechtlichen Regelung. Dies wirft zunächst

---

399 *T. Linke*, NZWehrr 2004, S. 115 (120); *C. Hillgruber/J. Hoffmann*, NWVBl. 2006, S. 176 (177); *M. Baldus/S. Müller-Franken*, in: H. v. Mangoldt/F. Klein/C. Starck, GG Kommentar, Bd. III, Art. 87a Rn. 69; *J. Kokott/D. Hummel*, in: M. Sachs, GG Kommentar, Art. 87a Rn. 11, 17.

die Frage auf, was unter einem „Einsatz“ der Streitkräfte im Sinne des Art. 87a Abs. 2 GG zu verstehen ist.[400]

I. Der Begriff des „Einsatzes“ im Sinne des Art. 87a Abs. 2 GG

Über den Begriff und die Bedeutung des „Einsatzes“ im Sinne des Art. 87a Abs. 2 GG besteht seit jeher massiver Streit. Das Meinungsbild innerhalb der Literatur war entsprechend vielfältig.[401] Diese Meinungsdiversität fand seinen Grund sicherlich vor allem auch darin, dass die höchstrichterliche Rechtsprechung sich erst in jüngerer Zeit in zahlreichen Entscheidungen mit diesem Begriff auseinandergesetzt hat. Herausragende Bedeutung kommt hierbei dem Beschluss des Plenums des Bundesverfassungsgerichts[402] zu. Zunächst wird ein Überblick über den Meinungsstand in der Literatur vermittelt, bevor die Entwicklungslinie der Rechtsprechung nachgezeichnet wird, um den Begriff des Einsatzes sodann zu konkretisieren.

1. Meinungsstand in der Literatur

Unmittelbar nach der Integration der Notstandsverfassung in das Grundgesetz begann der Streit über die Auslegung des Einsatzbegriffs. Aufgrund der außergewöhnlichen Meinungsvielfalt können im Folgenden nur die zentralen

---

400 Die nachfolgende Darstellung konzentriert sich auf die Bedeutung des Einsatzes der Streitkräfte im Inland im Sinne des Art. 87a Abs. 2 GG. Nicht in den Blick genommen wird im Folgenden die Frage, wann ein „Einsatz bewaffneter Streitkräfte“ im Ausland den wehrverfassungsrechtlichen Parlamentsvorbehalt auslöst. Diese Begriffe sind getrennt zu betrachten, siehe *M. Ladiges,* Die Bekämpfung nicht-staatlicher Angreifer im Luftraum, S. 33 f., 500 f.; *D. Wiefelspütz*, Parlamentsvorbehalt, S. 32; *F. Sax*, Soldaten gegen Piraten, S. 159; *M. G. Fischer/M. Ladiges*, NZWehrr 2011, S. 221 (228); kritisch dazu *H. P. Aust*, in: I. v. Münch/P. Kunig, GG Kommentar, Art. 87a Rn. 45.

401 Umfassende und gelungene Darstellungen zu dem Streit finden sich etwa bei *M. Ladiges,* Die Bekämpfung nicht-staatlicher Angreifer im Luftraum, S. 34 ff.; *J. Senger,* Streitkräfte und Materielles Polizeirecht, S. 70 ff.; siehe auch *J.-P. Fiebig,* Der Einsatz der Bundeswehr im Innern, S. 106 ff., der eine detaillierte Auslegung des Begriffs vornimmt.

402 BVerfGE 132, 1 (19 f., Rn. 50).

Strömungen im Schrifttum skizziert werden.[403] Über diese hinaus existieren die vielfältigsten Kombinationsversuche[404] und Einzelmeinungen[405].

Nach der weitesten Auslegung des Einsatzbegriffes solle *„jede Verwendung“* der Streitkräfte einen Einsatz darstellen.[406] Dieser Ansatz ist allerdings zu weitgehend, so folgt schon aus der Entstehungsgeschichte der Norm, dass der verfassungsändernde Gesetzgeber Verwendungen wie etwa bei der freiwilligen Erntehilfe oder bei repräsentativen Anlässen nicht von dem Einsatzbegriff umfasst sah.[407] Nach einer anderen, restriktiven Auffassung seien hingegen nur

---

403 Für umfassende und gelungene Darstellungen zu dem Streitstand siehe etwa *M. Ladiges,* Die Bekämpfung nicht-staatlicher Angreifer im Luftraum, S. 34 ff.; *J. Senger,* Streitkräfte und Materielles Polizeirecht, S. 70 ff.

404 Exemplarisch etwa *K. Fehn/M. Brauns,* Bundeswehr und innere Sicherheit, S. 18 ff., die im Rahmen einer Einzelfallbetrachtung mehrere Kriterien zu der Bestimmung einer Verwendung als Einsatz heranziehen und individuell gewichten, so etwa: Abschreckungswirkung, Verteidigungsbezug, Zweckrichtung und äußeres Erscheinungsbild, Hoheitlich-obrigkeitlich und wohl auch Bewaffnung; *J. M. Mössner,* FS H.-J. Schlochauer, 1981, S. 97 (107), der alternativ auf die bewaffnete Verwendung, hoheitliche Durchführung oder „besondere Situation“ abstellt.

405 *J.-P. Fiebig,* Der Einsatz der Bundeswehr im Innern, S. 172 geht von einem Einsatz bei jeder Verwendung der Streitkräfte aus, bei welcher sie „unmittelbar oder mittelbar obrigkeitlich verwendet werden“; *J. Senger,* Streitkräfte und Materielles Polizeirecht, S. 82, sieht einen Einsatz seitens der Streitkräfte immer dann vorliegen, „wenn sich ihr besonderes Machtpotential manifestiert und damit die Gefahr des Missbrauchs dieses Machtpotentials besteht“; *W. Schäuble,* EuGRZ 2005, S. 294 (296) für eine Einordnung zur Verteidigung und eine entsprechende Anwendung des ius in bello; *T. Linke,* AöR 129 (2004), S. 489 (496, 507 ff.) zum sogenannten „zweigliedrigen Einsatzbegriff“; ablehnend hierzu, da diesem die Gefahr eines Zirkelschlusses innenwohne, *M. Ladiges,* Die Bekämpfung nicht-staatlicher Angreifer im Luftraum, S. 38; dem folgend *J. Senger,* Streitkräfte und Materielles Polizeirecht, S. 79.

406 Grundlegend *K. Kersting,* NZWehrr 1983, S. 64 (68 f.); *D. Deiseroth,* Neue Justiz 1993, S. 145 (148), der jedoch zugleich auf militärische Befehlsgewalt und Führungsgrundsätze abstellt; *B. K. W. Bähr,* Verfassungsmäßigkeit des Einsatzes, S. 139, wobei dieser auf Hilfeleistungen bzw. Verwendungen zum Zwecke der Gefahrenabwehr abstellt.

407 BT-Drs. V/2873, S. 13; so auch *M. Ladiges,* Die Bekämpfung nicht-staatlicher Angreifer im Luftraum, S. 35; ablehnend mit weitergehenden historischen Argumenten *K. Stern,* Staatsrecht, Bd. II, S. 1476; siehe auch *J. Senger,* Streitkräfte und Materielles Polizeirecht, S. 74, so wurde schon zu der extensiveren Vorgängernorm des Art. 143 a.F. GG vertreten, dass technische Hilfsleistungen nicht unter die „Inanspruchnahme“ fielen.

bewaffnete Verwendungen der Streitkräfte als Einsatz zu qualifizieren.[408] Hierbei genüge das Beisichtragen einer Waffe, wie es auch bei Polizisten üblich ist, sei es zum Selbstschutz oder zur Brechung von Widerstand.[409] Auch gegen diese Auffassung lässt sich die Entstehungsgeschichte der Norm anführen.[410] In einem Regierungsentwurf zu Art. 87a Abs. 2 GG, sah der geplante Art. 115l Abs. 3 GG eine Unterscheidung anhand bewaffneter und nicht bewaffneter Einsätze vor.[411] Diese Differenzierung wurde aber gerade nicht in das Grundgesetz aufgenommen, man kehrte sich vielmehr wissentlich von ihr ab.[412] Dem Kriterium wird dennoch teilweise Indizwirkung zugeschrieben.[413] Diese schlägt sich auch in der Praxis nieder: Bei Hilfsleistungen wird regelmäßig auf eine Bewaffnung verzichtet.[414] Manche Stimmen im Schrifttum sprechen der *innenpolitischen Neutralität der Verwendung* die entscheidende Bedeutung zu.[415] Das Kriterium eignet sich aufgrund seiner eigenen Unbestimmtheit allerdings nicht zu einer normativen Konkretisierung des Einsatzbegriffs.[416] Auch die Nutzung militärischen Know-hows kann innenpolitisch neutral sein, selbst dann, wenn sie in

408 *H.-J. Hofer*, NZWehrr 1973, S. 2 (5); *E. Klein*, ZaöRV 34 (1974), S. 429 (435), der jedoch anerkennt, dass auch ein unbewaffneter Dienst der Streitkräfte ein Einsatz sein kann; *J. M. Mössner*, FS H.-J. Schlochauer, 1981, S. 97 (107), für den das Kriterium der Bewaffnung in einem Alternativverhältnis zur hoheitlichen Verwendung und der speziellen Situation steht; *J. Kokott/D. Hummel*, in: M. Sachs, GG Kommentar, Art. 87a Rn. 17 spricht sich dafür aus, dass ein Einsatz eine „hoheitliche Verwendung der Streitkräfte als in der Regel bewaffnete Vollzugsorgane" sei, bei nicht hinreichender Bewaffnung sei hingegen die Zwangs- und Eingriffsqualität maßgeblich.

409 *J. Senger*, Streitkräfte und Materielles Polizeirecht, S. 72.

410 *B. K. W. Bähr*, Verfassungsmäßigkeit des Einsatzes, S. 140 f.

411 BT-Drs. IV/891, S. 4, 16.

412 So *M. Ladiges*, Die Bekämpfung nicht-staatlicher Angreifer im Luftraum, S. 35; *V. Epping*, NZWehrr 1993, S. 103 (105); andernfalls wären zweckwidrig Hilfsleistungen, die etwa mit Panzern für Transporte durchgeführt werden, als Einsatz einzuordnen, siehe *F. Schröder*, Zustimmungsverfahren zum Auslandseinsatz, S. 181; *J. Senger*, Streitkräfte und Materielles Polizeirecht, S. 73.

413 In diese Richtung *J. Kokott/D. Hummel*, in: M. Sachs, GG Kommentar, Art. 87a Rn. 17; *K. Fehn/M. Brauns*, Bundeswehr und innere Sicherheit, S. 18; *J.-P. Fiebig*, Der Einsatz der Bundeswehr im Innern, S. 118 kommt zu dem Ergebnis, dass das Kriterium zumindest aufgrund der Entstehungsgeschichte „nicht schlechthin ausgeschlossen" ist.

414 Vgl. *U. v. Krause*, Einsatz der Bundeswehr im Innern, S. 6, 10.

415 *G. Dürig*, in: T. Maunz/ders., GG Kommentar, Art. 87a (1971) Rn. 31 ff.; dem im Wesentlichen folgend *P. Karpinski*, Einsatz der Streitkräfte im Staatsnotstand, S. 15; *H. Klückmann*, Amtshilfe, S. 112 ff.; *R. Jahn/N. K. Riedel*, DÖV 1988, S. 957 (960).

416 *D. Wiefelspütz*, BWV 2004, S. 121 (124); *M. Ladiges*, UBWV 2010, S. 114 (116).

Verbindung mit einem belastenden Hoheitsakt steht.[417] Weiterhin wird teils auf die *militärische Verwendung*[418] der Streitkräfte zur Abgrenzung abgestellt. Entgegnet wird dem, dass es die Auslegungsschwierigkeiten lediglich zum Begriff „militärisch" verlagere.[419] Die Abgrenzung zu der schlichten Verwendung wird teils auch auf das Prinzip der *Führung durch Befehl und Gehorsam im Rahmen unmittelbarer Zwangsanwendungen*[420] oder auf die Verwendung im Rahmen *militärischer Hierarchien*[421] gestützt. Gegen derartige Abgrenzungsmerkmale spricht bereits, dass letztlich jede Verwendung der Streitkräfte auf dem Prinzip von Befehl und Gehorsam bzw. auf militärischen Hierarchien basiert und dieses daher als Abgrenzungsmerkmal nicht weiterführend ist.[422] Nach der wohl herrschenden Meinung hingegen läge ein Einsatz dann vor, wenn die Streitkräfte als *Mittel der vollziehenden Gewalt*[423] bzw. *hoheitlich*[424] verwendet werden. Als Abgrenzungskriterium zu der schlichten Verwendung der Streitkräfte fungieren dabei oft bestehende Eingriffs- und Zwangsbefugnisse.[425] Diese Auffassung

---

417 Siehe *M. Ladiges,* Die Bekämpfung nicht-staatlicher Angreifer im Luftraum, S. 37; *ders.,* UBWV 2010, S. 114 (116); *J. Senger,* Streitkräfte und Materielles Polizeirecht, S. 76, der dabei ausdrücklich auf die Verwendung der Streitkräfte im Antiterroreinsatz abstellt.

418 *B. Nölle,* Verwendung, S. 81, wobei Nölle jedenfalls bei einer bewaffneten Verwendung auch von einer militärischen ausgeht; *A. Coridaß,* Der Auslandseinsatz, S. 85 f.; *U. Schopohl,* Außeneinsatz, S. 132.

419 *G. Gornig,* JZ 1993, S. 123 (125); *M. Ladiges,* Die Bekämpfung nicht-staatlicher Angreifer im Luftraum, S. 36.

420 *E. Schmidt-Jortzig,* DÖV 2002, S. 773 (776).

421 *E. Schemann,* Verfassungsrechtliche Legitimation nichtmilitärischer Auslandseinsätze der Bundeswehr, S. 60 f.; *T. Stein,* FS K. Doehring, 1989, S. 935 (941); vgl. auch *F. Kirchhof,* Verteidigung und Bundeswehr, in: J. Isensee/P. Kirchhof, HStR IV, § 84 Rn. 58, der auf einen militärischen Verband abstellt.

422 *F. Schröder,* Zustimmungsverfahren zum Auslandseinsatz, S. 181 benennt als Beispiel, dass selbst das Austeilen von Decken an Hilfsbedürftige auf Grundlage von Befehlen erfolgt; *M. Ladiges,* Die Bekämpfung nicht-staatlicher Angreifer im Luftraum, S. 37.

423 *W. Brunkow,* NZWehrr 1971, S. 12 (15); *K. Stern,* Staatsrecht, Bd. II, S. 1477; *W. Heun,* in: H. Dreier, GG Kommentar, Bd. III, Art. 87a Rn. 15; *B. Grzeszick,* in: K. H. Friauf/ W. Höfling, Berliner Kommentar zum Grundgesetz, Art. 87a (2006) Rn. 20.

424 So bereits *C. Arndt,* DVBl. 1968, S. 729 (730); *B. Grzeszick,* in: K. H. Friauf/W. Höfling, Berliner Kommentar zum Grundgesetz, Art. 87a (2006) Rn. 20.

425 *R. Emde,* NZWehrr 1992, S. 133 (142); *G. Gornig,* JZ 1993, S. 123 (126); *C. Lutze,* NZWehrr 2001, S. 117 (119); *H. Jochum,* JuS 2006, S. 511 (512); *D. Sigloch,* Auslandseinsätze, S. 55; *T. M. Spranger,* Wehrverfassung, S. 85; *M. Schultz,* Auslandsentsendung, S. 178; *M. Zimmer,* Einsätze der Bundeswehr, S. 56; *B. Grzeszick,* in: K. H.

kann sich maßgeblich auf die Entstehungsgeschichte der Norm stützen, so formulierte der Rechtsausschuss des Bundestages in seinem Bericht, dass Art. 87a Abs. 2 GG „nur den ‚Einsatz' der Streitkräfte, d. h. ihre Verwendung als Mittel der vollziehenden Gewalt"[426] beschränkt.[427] Gegen das Kriterium der hoheitlichen Verwendung wird hingegen angeführt, dass kaum ersichtlich sei, wann die Streitkräfte nicht hoheitlich handeln würden.[428] Selbst bei der Begrüßung von Staatsgästen oder bei (Amts-)Hilfeleistungen während einer Katastrophe sei dies der Fall.[429] Gegen das Kriterium der Eingriffs- und Zwangsbefugnisse allein wird angeführt, dass Verwendungen vorstellbar seien, die zwar kein eigenes Eingriffspotenzial entfalten, im Übrigen dennoch das Machtpotenzial der Streitkräfte – mittelbar – zur Geltung bringen.[430] Zu denken sei hierbei etwa an Aufklärungsflüge zur Unterstützung der Polizei.[431]

2. *Entwicklung des Einsatzbegriffs in der höchstrichterlichen Rechtsprechung*

Seit dem Jahr 2006 ist der Begriff des Einsatzes, bezogen auf Verwendungen im Inland, Gegenstand einiger höchstrichterlicher Entscheidungen geworden. Diese Entwicklung wird chronologisch skizziert.

a) Das Urteil des Bundesverwaltungsgerichts vom 26.09.2006

Nachdem das Bundesverfassungsgericht sich in seinem ersten Urteil zum Luftsicherheitsgesetz nicht selbst mit dem Einsatzbegriff auseinandersetzte, befasst sich erstmalig das Bundesverwaltungsgericht im September 2006 näher mit dem

---

Friauf/W. Höfling, Berliner Kommentar zum Grundgesetz, Art. 87a (2006) Rn. 20; *H. A. Wolff*, in: D. Hömig/ders., GG Kommentar, Art. 87a Rn. 7; *M. Kment*, in: H. D. Jarass/B. Pieroth, GG Kommentar, Art. 87a Rn. 8.

426 BT-Drs. V/2873, S. 13.

427 So *J.-P. Fiebig*, Der Einsatz der Bundeswehr im Innern, S. 115 f., nach dem der Bericht des Rechtsausschusses besonders bedeutsam ist, da sich zahlreiche Ausschussmitglieder diverser Fraktionen intensiv mit dem Entwurf auseinandersetzen mussten. Der Bundestag dürfte sich diesem Verständnis in Ermangelung von Abweichungen angeschlossen haben, sodass von einer Übertragung der Wertungen ausgegangen werden kann.

428 *J. Senger*, Streitkräfte und Materielles Polizeirecht, S. 77.

429 *A. Coridaß*, Der Auslandseinsatz, S. 84 f.; *G. Gornig*, JZ 1993, S. 123 (125).

430 So *J. Senger*, Streitkräfte und Materielles Polizeirecht, S. 78; vgl. dazu aber auch *J.-P. Fiebig*, Der Einsatz der Bundeswehr im Innern, S. 116.

431 *R. Jahn/N. K. Riedel*, DÖV 1988, S. 957 (960).

Einsatzbegriff. Ein Oberstleutnant, der zugleich den Vorsitz über einen privaten Verein innehatte, befahl ein lokales „Historienspektakel" im Rahmen der Öffentlichkeit zu unterstützen.[432] Vor diesem Hintergrund entwickelte das Bundesverwaltungsgericht eine Einsatz-Definition:

> „Bei ‚Einsätzen' nach Art. 87a Abs. 2 i.V.m. Abs. 3 und 4, Art. 35 Abs. 2 Satz 2 und Abs. 3 Satz 1 sowie Art. 24 Abs. 2 GG geht es um die Inanspruchnahme der Streitkräfte [...] als Teil der ‚vollziehenden Gewalt' im Sinne der Art. 20 Abs. 3 und Art. 1 Abs. 3 GG zum Zwecke der Gefahrenabwehr unter Androhung oder Inanspruchnahme hoheitlichen Zwangs. [...] Der Verfassungsvorbehalt des Art. 87a Abs. 2 GG erfasst mithin (nur) solche Verwendungen, bei denen die Streitkräfte der Bundeswehr hoheitlichen Zwang einsetzen dürfen, wozu die Anwendung von Waffengewalt, Eingriffe in Rechte Dritter und die (bewaffnete) Bewachung von Objekten gehören."[433]

Schon das Bundesverfassungsgericht hatte zuvor in seinem ersten Urteil zum Luftsicherheitsgesetz unter Verweis auf den Bericht des Rechtsausschusses[434] herausgearbeitet, dass Art. 87a Abs. 2 GG verhindern soll, „dass für die Verwendung der Streitkräfte als Mittel der vollziehenden Gewalt, ungeschriebene Zuständigkeiten aus der Natur der Sache' abgeleitet werden."[435]. Das Bundesverwaltungsgericht schloss sich dieser Argumentation an und argumentierte vorwiegend mit der Entstehungsgeschichte und dem Regelungszusammenhang.[436] Darüber hinaus stellte es darauf ab, dass die Regelungen der Art. 35 Abs. 2 und Abs. 3 GG in das Grundgesetz aufgenommen wurden, um Soldaten in bestimmten Notsituationen auch polizeiliche Eingriffs- und Zwangsbefugnisse gegen Störer einzuräumen.[437]

b) Das Urteil des Bundesverwaltungsgerichts vom 16.10.2008

Zwei Jahre später bestätigte das Bundesverwaltungsgericht im Rahmen einer Konkurrenzsituation[438] diese Definition und ergänzte seine Rechtsprechung zum

---

432 Vgl. BVerwGE 127, 1.

433 BVerwGE 127, 1 (13, Rn. 55).

434 BT-Drs. V/2873, S. 13.

435 BVerfG 115, 118 (142).

436 BVerwGE 127, 1 (11 f., Rn. 52).

437 BVerwGE 127, 1 (13, Rn. 55).

438 BVerwGE 132, 110 (110 ff., 117, Rn. 1, 27, 60). Die Klägerin war eine leitende Regierungsdirektorin und wandte sich unter anderem gegen die Vergabe des Dienstpostens eines Unterabteilungsleiters an einen Soldaten statt ihr, auch weil dieser als Soldat nicht beim Bundesnachrichtendienst hätte verwendet werden können. Dies stellte nach ihrer Auffassung einen Einsatz der Streitkräfte dar.

Einsatzbegriff um das Kriterium der innenpolitischen Neutralität.[439] So stellte es fest, dass der Zweck des Art. 87a Abs. 2 GG auch darin liege, „dass Art. 87a Abs. 2 GG nicht nur jeden bewaffneten, sondern jeden innenpolitisch nicht neutralen Einsatz der Bundeswehr verhindern will"[440]. Entstehungsgeschichtlich sei dies auch darauf zurückzuführen, dass Art. 87a Abs. 2 GG seine Vorgängernorm Art. 143 GG a.F.[441] ersetzt, die Vorsorge dafür treffen sollte, dass die Streitkräfte als bewaffnete Macht keine Gefahr für die freiheitlich demokratische Grundordnung darstellen.[442] Auch sei das Merkmal der Bewaffnung, welches in dem Regierungsentwurf vom 31.01.1963 („Art. 115l Abs. 3 GG-Entwurf")[443] erwähnt wird, nicht in das Grundgesetz integriert worden, um auch Verwendungen zu erfassen, die innenpolitisch nicht neutral seien, aber ohne Bewaffnung erfolgen.[444] Neben der bereits gefundenen Definition sei mit einem Einsatz im Sinne des Art. 87a Abs. 2 GG daher

> „auch jede andere Verwendung gemeint, die sich als Mittel der vollziehenden Gewalt darstellt und die Gefahr birgt, die Bundeswehr zu einem Machtpotential (der Exekutive) im Innern werden zu lassen."[445]

c) *Der Beschluss des Plenums des Bundesverfassungsgerichts vom 03.07.2012*

Im Jahr 2012 bezog das Plenum des Bundesverfassungsgerichts Stellung zu der Frage, was unter einem Einsatz im Sinne des Art. 87a Abs. 2 GG zu verstehen ist. Anlass hierfür gab das Luftsicherheitsgesetz. Der Zweite Senat beabsichtigte im Rahmen einer ihm vorliegenden abstrakten Normenkontrolle in mehreren Rechtsfragen von der Auffassung abzuweichen, die der Erste Senat in seinem Urteil zum Luftsicherheitsgesetz noch vertreten hatte.[446] Der Erste Senat ging vor allem noch davon aus, dass der Einsatz spezifisch militärischer Waffen im

---

439 BVerwGE 132, 110 (118, Rn. 63).

440 BVerwGE 132, 110 (118, Rn. 63).

441 Siehe Gesetz zur Ergänzung des Grundgesetzes vom 19.03.1956 (BGBl. I, S. 111), Art. 143 GG a.F.: „Die Voraussetzungen, unter denen es zulässig wird, die Streitkräfte im Falle eines inneren Notstandes in Anspruch zu nehmen, können nur durch ein Gesetz geregelt werden, das die Erfordernisse des Artikels 79 erfüllt."

442 BVerwGE 132, 110 (117 f., Rn. 61) mit Verweis auf die Aussage von *A. Arndt*, BT-Prot. 2/132 vom 06.03.1956, S. 6824B.

443 BT-Drs. IV/891, S. 4.

444 BVerwGE 132, 110 (118 f., Rn. 63).

445 BVerwGE 132, 110 (119, Rn. 65).

446 BVerfGE 132, 1 (2, Rn. 5); 133, 241.

Rahmen des Art. 35 Abs. 2 S. 2, Abs. 3 S. 1 GG unzulässig sei.[447] Im Rahmen seiner Einsatzdefinition knüpft das Plenum dabei wesentlich an jenes Verständnis an, welches das Bundesverwaltungsgericht dem Begriff des Einsatzes beigemessen hat. In dem Beschluss beschreibt das Plenum:

> „Aus Art. 87a Abs. 2 GG ergeben sich Grenzen hinsichtlich der Abwehr von Gefahren, die von einem als Angriffsmittel genutzten Flugzeug ausgehen, nur, soweit es sich um einen Einsatz handelt. [...] Art. 87a Abs. 2 GG bindet nicht jede Nutzung personeller und sächlicher Ressourcen der Streitkräfte an eine ausdrückliche grundgesetzliche Zulassung, sondern nur ihre Verwendung als Mittel der vollziehenden Gewalt in einem Eingriffszusammenhang [...]. [...] Allerdings liegt eine Verwendung in einem Eingriffszusammenhang nicht erst bei einem konkreten Vorgehen mit Zwang, sondern bereits dann vor, wenn personelle oder sachliche Mittel der Streitkräfte in ihrem Droh- oder Einschüchterungspotential genutzt werden [...]."[448]

Im Ergebnis liegt demnach ein „Einsatz" der Streitkräfte vor, wenn die Streitkräfte als Mittel der vollziehenden Gewalt in einem (grundrechtlichen) Eingriffszusammenhang verwendet werden. Dabei reicht die Nutzung der Droh- und Einschüchterungspotenzials der personellen oder sächlichen Mittel der Streitkräfte zu der Begründung eines Einsatzes aus. Es zeichnet sich ab, dass sich das Plenum im Wesentlichen der bereits herrschenden Auffassung in der Literatur angeschlossen hat und hierbei versuchte, etwaige Schwächen der einzelnen Ansichten zu berücksichtigen und auszugleichen. So ist es nicht verwunderlich, dass wohl die Mehrheit im jüngeren Schrifttum der Auffassung des Plenums des Bundesverfassungsgerichts folgt.[449]

---

447 Hierzu und den weitere Differenzen, die eine Gesetzgebungskompetenz und eine fehlende Eilbefugnis des Bundesverteidigungsministers in Fällen des Art. 35 Abs. 3 S. 1 GG betrafen, siehe BVerfGE 132, 1 (1 f., Rn. 2 ff.).

448 BVerfGE 132, 1 (19 f., Rn. 50); nachfolgend BVerfGE 133, 241 (269 f., Rn. 80 f.).

449 *M. Baldus/S. Müller-Franken*, in: H. v. Mangoldt/F. Klein/C. Starck, GG Kommentar, Bd. 3, Art. 87a Rn. 80; *W. Heun*, in: H. Dreier, GG Kommentar, Bd. III, Art. 87a Rn. 15; *H. P. Aust*, in: I. v. Münch/P. Kunig, GG Kommentar, Art. 87a Rn. 44; *H. A. Wolff*, in: D. Hömig/ders., GG Kommentar, Art. 87a Rn. 7; *C. Rödel*, Inlandseinsatz, S. 75; *A. Dietz*, DÖV 2012, S. 952 (953); *M. Ladiges*, NVwZ 2012, S. 1225 (1126); *D. Wiefelspütz*, NZWehrr 2013, S. 1 (5 f.); *B. Walter*, NZWehrr 2013, S. 221 (227); *U. Lucks*, NVwZ 2015, S. 1648 (1649); *M. Ladiges*, JuS 2015, S. 598 (599); *J. Froese*, DVBl. 2017, S. 546 (547); *A. Dietz*, ZG 2017, S. 325 (328); *M. Ladiges*, NZWehrr 2017, S. 221 (228); *P.-S. Metzger*, NZWehrr 2018, S. 185 (186); auf Abwandlungen des Begriffs mit teilweise anderen Elementen wird zumindest noch abgestellt von: *H. Rehage*, Der Einsatz deutscher Streitkräfte, S. 47; *M. Droege/J. Broscheit*, JuS 2015, S. 633 (637), die zugleich auf die Nutzung militärischer Organisationsstrukturen abstellen; *M. Bäumerich/M.*

d) Das Urteil des Bundesverwaltungsgerichts vom 25.10.2017

Zuletzt musste sich das Bundesverwaltungsgericht Ende des Jahres 2017 mit der Frage befassen, wann ein Einsatz der Streitkräfte vorliegt. Der zugrundeliegende Fall ereignete sich in Heiligendamm im Jahr 2007. Ein Tornado überflog im Tiefflug das Demonstranten-Camp Reddelich zu Aufklärungszwecken.[450] Das Bundesverwaltungsgericht musste einerseits darüber entscheiden, ob durch den Tiefflug ein Eingriff in das Grundrecht der Versammlungsfreiheit der Klägerin erfolgte und andererseits, ob dieser Überflug einen (unzulässigen) Einsatz der Streitkräfte im Inland darstellte. Bezogen auf den Einsatzbegriff heißt es in dem Urteil:

> „Nach der Rechtsprechung des Bundesverfassungsgerichts setzt Art. 87a Abs. 2 GG indes nicht für jede Nutzung personeller und sächlicher Ressourcen der Streitkräfte eine ausdrückliche grundgesetzliche Zulassung voraus, sondern nur, soweit es sich bei dieser Nutzung um einen Einsatz handelt [...]. Ein Einsatz im Sinne des Art. 87a Abs. 2 GG liegt vor, wenn die Ressourcen der Streitkräfte als Mittel der vollziehenden Gewalt in einem Eingriffszusammenhang verwendet werden [...]. Allerdings liegt eine Verwendung in einem Eingriffszusammenhang nicht erst bei einem konkreten Vorgehen mit Zwang, sondern bereits dann vor, wenn personelle oder sachliche Mittel der Streitkräfte in ihrem Droh- oder Einschüchterungspotential genutzt werden [...]. Ob das der Fall ist, ist jedoch – anders als im Zusammenhang mit der zuvor erörterten Frage des Eingriffs in die Versammlungsfreiheit – ausschließlich aus objektiver Perspektive zu beurteilen. Denn die Frage der verfassungsrechtlichen Qualifizierung der Nutzung der Ressourcen der Streitkräfte als zulässige Amtshilfe oder als unzulässiger Streitkräfteeinsatz im Innern kann nicht davon abhängen, wie sich diese Nutzung aus der Sicht möglicher Betroffener im Einzelfall darstellt."[451]

Das Bundesverwaltungsgericht schließt sich damit zunächst der vom Plenum des Bundesverfassungsgerichts gefundenen Definition an, präzisiert jedoch die Anforderungen an den Eingriffszusammenhang. Demnach sei die Frage, inwieweit personelle oder sächliche Mittel der Streitkräfte in ihrem Droh- oder Einschüchterungspotenzial genutzt werden, aus *„objektiver Perspektive"* zu beurteilen.[452] Diese unterscheide sich jedoch von jenem *„objektiven Beurteilungsmaßstab"* aus der Sicht eines durchschnittlich Betroffenen, aus der das Vorliegen eines faktischen Grundrechtseingriffs zu beurteilen sei.[453] Das

---

Schneider, NVwZ 2017, S. 189 (191), die weiterhin auf das Kriterium der Bewaffnung abstellen.

450 Zu dem Sachverhalt siehe bereits die Schilderungen im Teil 1, C. II. 2.

451 BVerwGE 160, 169 (189 f., Rn. 44).

452 BVerwGE 160, 169 (189 f., Rn. 44).

453 Siehe dazu BVerwGE 160, 169 (182, 186, Rn. 31, 38).

Bundesverwaltungsgericht bestätigt daher dem sich schnell nähernden, tieffliegenden Tornado im konkreten Fall eine „einschüchternde und abschreckende Wirkung“[454]. Diese bewirkt dergestalt einen faktischen Eingriff in die Versammlungsfreiheit, dass sie dazu geeignet ist die Willensentschließungsfreiheit von Personen, die an der Versammlung teilnehmen wollen, zu beeinträchtigen (Vorfeldwirkung).[455] Gleichwohl lehnte das Bundesverwaltungsgericht die Annahme eines (unzulässigen) Einsatzes der Streitkräfte im Innern mit dem Argument ab, dass diese Mission ausschließlich Aufklärungszwecken diente, bevor eine konkrete Gefahr festgestellt wurde.[456] Der Rechtsprechung des Bundesverfassungsgerichts sei insoweit die Wertung zu entnehmen, dass eine solche Nutzung eines Militärflugzeugs zur Aufklärung allein noch kein Droh- oder Einschüchterungspotenzial entfalte.[457] Dieses entfalte sich erst dann, wenn ein Renegade-Fall bzw. eine Angriffsabsicht aufgedeckt werde.[458] Damit sei der Überflug aufgrund seiner Zweckrichtung als Aufklärungsflug – trotz des faktischen Grundrechtseingriffs – nach Auffassung des Bundesverwaltungsgerichts eine reine Unterstützungsleistung ohne Einsatzqualität.[459] Dies lässt sich auf die vom Bundesverwaltungsgericht zugrunde gelegte differenzierte Beurteilungsperspektive zurückzuführen. In der Literatur wird diese Entscheidung kritisch aufgefasst.[460]

3. *Verständnis des „Einsatzes“*

Für die Bedeutung dessen, was unter einem „Einsatz“ der Streitkräfte zu verstehen ist, zeigt sich der Wortlaut des Art. 87a Abs. 2 GG nicht aufschlussreich.[461] Auch vermögen weder militärische Dienstvorschriften[462] noch einfache Gesetze

---

454 BVerwGE 160, 169 (186, Rn. 38).

455 BVerwGE 160, 169 (182, Rn. 31).

456 BVerwGE 160, 169 (190 f., Rn. 45 f.).

457 BVerwGE 160, 169 (190 f., Rn. 45).

458 BVerwGE 160, 169 (190 f., Rn. 45) mit Verweis auf BVerfGE 133, 241 (270, Rn. 81).

459 BVerwGE 160, 169 (191, Rn. 46).

460 *M. Kutscha*, GSZ 2018, S. 112 (113); *C. Enders*, JZ 2018, S. 464 (467 f.); *F. Roggan*, NJW 2018, S. 723, der davon ausgeht, dass bereits die Amtshilfehandlung nicht legitim war, da der Polizei eigene Mittel für die Anfertigung solcher Bildaufnahmen zur Verfügung standen; *M. Sachs*, JuS 2018, S. 596 (598); *M. Ladiges*, NZWehrr 2018, S. 177 (182 ff.); *P.-S. Metzger*, NZWehrr 2018, S. 185 (188); *B. Walter*, NZWehrr 2019, S. 3 (10 f.).

461 *J.-P. Fiebig*, Der Einsatz der Bundeswehr im Innern, S. 112 f.; *B. K. W. Bähr*, Verfassungsmäßigkeit des Einsatzes, S. 136; *M. Ladiges,* Die Bekämpfung nicht-staatlicher Angreifer im Luftraum, S. 34.

462 *N. K. Riedel*, DÖV 1989, S. 890 (892); *M. Ladiges,* Die Bekämpfung nicht-staatlicher Angreifer im Luftraum, S. 34.

wie das Parlamentsbeteiligungsgesetz[463], welches zudem den Auslandseinsatz zum Gegenstand hat, das Verständnis des verfassungsrechtlichen Begriffs des Einsetzens zu präzisieren.[464] Die Bedeutung des „Einsatzes" lässt sich allerdings aus der Entstehungsgeschichte sowie dem Sinn und Zweck der Norm herleiten. Jene Auffassung, die das Bundesverfassungsgericht zu dem Begriff des Einsatzes entwickelt hat, überzeugt insbesondere wegen des Anknüpfens an den *grundrechtlichen Eingriffszusammenhang*:

Historisch ging es dem verfassungsändernden Gesetzgeber bereits im Jahre 1956 bei der Integration der Wehrverfassung[465] um den Schutz der Grundrechte.[466] Aus diesem Grund wurde der Wortlaut des Art. 1 Abs. 3 GG geändert, der sich zuvor lediglich auf die „Gesetzgebung, *Verwaltung* und Rechtsprechung"[467] erstreckte. Seitdem benennt Art. 1 Abs. 3 GG ausdrücklich die Bindung der „Gesetzgebung, *vollziehenden Gewalt* und Rechtsprechung" an die Grundrechte. Der verfassungsändernde Gesetzgeber wollte seiner Zeit sicherstellen, dass auch die Streitkräfte einer umfassenden Grundrechtsbindung unterliegen.[468] Mit derselben Verfassungsänderung wurde sodann auch der Verfassungsvorbehalt des Art. 143 a.F. GG in das Grundgesetz aufgenommen. Schon Art. 143 a.F. GG wurde eine freiheitssichernde Funktion zugeschrieben.[469] Es ist anerkannt, dass es sich bei Art. 143 a.F. GG um die Vorläufervorschrift[470] des Art. 87a Abs. 2 GG handelte und sie ihrer Funktion nach durch Art. 87a Abs. 2 GG ersetzt wurde.[471]

---

463 Gesetz über die parlamentarische Beteiligung bei der Entscheidung über den Einsatz bewaffneter Streitkräfte im Ausland (Parlamentsbeteiligungsgesetz) vom 18.03.2005 (BGBl. I, S. 775).

464 *J.-P. Fiebig*, Der Einsatz der Bundeswehr im Innern, S. 119 f.

465 Gesetz zur Ergänzung des Grundgesetzes vom 19.03.1956 (BGBl. I, S. 111).

466 In diese Richtung argumentiert *F. Schorkopf*, Staatsrecht der internationalen Beziehungen, § 6 Rn. 24; siehe auch *H. Sauer*, DÖV 2019, S. 714 (715).

467 Siehe Grundgesetz für die Bundesrepublik Deutschland vom 23.05.1949 (BGBl. I, S. 1).

468 Vgl. BT-Drs. II/2150, S. 2; *F. Schorkopf*, Staatsrecht der internationalen Beziehungen, § 6 Rn. 24; *C. Schulte-Bunert*, Grundrechtsschutz und Verteidigungsauftrag, S. 88 f.

469 *T. Linke*, AöR 129 (2004), S. 489 (512).

470 BVerwGE 132, 110 (117, Rn. 61); vgl. BT-Drs. V/2873, S. 20; vgl. auch die Aussagen des Abgeordneten *B. Hirsch* bei den Beratungen des Rechtsausschusses, Kurzprotokoll der 75. Sitzung vom 13.03.1968, S. 8; *G. Dürig*, in: T. Maunz/ders., GG Kommentar, Art. 87a (1971) Rn. 32; *J. Senger*, Streitkräfte und Materielles Polizeirecht, S. 80.

471 *J.-P. Fiebig*, Der Einsatz der Bundeswehr im Innern, S. 113; *M. Baldus/S. Müller-Franken*, in: H. v. Mangoldt/F. Klein/C. Starck, GG Kommentar, Bd. 3, Art. 87a Rn. 80.

Entstehungsgeschichtlich wurde bereits aufgezeigt, dass nach dem Rechtsausschuss des Bundestages Art. 87a Abs. 2 GG „nur den ‚Einsatz' der Streitkräfte, d. h. ihre Verwendung als Mittel der vollziehenden Gewalt" beschränken sollte.[472] Dem Verfassungsändernden Gesetzgeber ging es darum zu verhindern, dass grundrechtliche Gewährleistungen durch notstandsrechtliche Maßnahmen erodieren.[473] Die Notstandsverfassung sollte vielmehr dem Schutz von Leben und Freiheit der Bürger bei schwersten inneren Gefahrenlagen dienen.[474] Einem Missbrauch der entsprechenden Gesetze bzw. des Einsatzes der Streitkräfte sollte dabei vorgebeugt werden.[475] Damit ging es dem verfassungsändernden Gesetzgeber gerade darum, die Bürger einerseits durch die Streitkräfte, andererseits aber auch vor den Streitkräften zu schützen.[476]

Deshalb liegt ein „Einsatz" der Streitkräfte im Sinne des Art. 87a Abs. 2 GG immer dann vor, wenn die Streitkräfte „als Mittel der vollziehenden Gewalt in einem Eingriffszusammenhang" verwendet werden.[477] Dies ist jedenfalls dann

---

472 BT-Drs. V/2873, S. 13.

473 Vgl. dazu die Aussage des Abgeordneten *Even,* BT-Prot. 5/117 vom 29.06.1967, S. 5873C „Dieser Entwurf einer Grundgesetzänderung ist der Entwurf eines Gesetzes zur Sicherung von Leben und Freiheit der Bürger bei großer Gefahr und nichts anderes", siehe auch S. 5873D dazu, dass die damals noch geltenden alliierten Vorbehaltsrechte zu „weitreichenden, nicht vorhersehbaren und nahezu unbegrenzten, Eingriffen in das Rechts- und Privatleben der deutschen Bürger führen [können]" und S. 5874A dazu, dass diese Vorbehaltsrechte durch eine „freiheitliche Vorsorgegesetzgebung" abgelöst werden soll, deren Ziel gerade nicht in der Einschränkung, sondern dem Schutz der Rechte der Bürger liegt; so auch aus dem Schrifttum *M. Ladiges,* Die Bekämpfung nicht-staatlicher Angreifer im Luftraum, S. 41; in diese Richtung auch *F. Schorkopf,* Staatsrecht der internationalen Beziehungen, § 6 Rn. 24.

474 Vgl. dazu *Even,* BT-Prot. 5/117 vom 29.06.1967, S. 5873C, 5873D, 5874B. *Even* erklärte: „Extreme innerer und äußere Gefahrenlagen sind mit den Handhaben, wie sie das Grundgesetz jetzt bietet, nicht zu meistern" (S. 5873C).

475 Vgl. *Even,* BT-Prot. 5/117 vom 29.06.1967, S. 5874B. So stellte *Even* neben dem Schutzzweck der Freiheitsrechte fest: „Zweitens müssen die Bürger vor einem Mißbrauch der dazu erforderlichen Gesetze geschützt werden". Im Raume stand der Vorwurf der Schaffung einer Möglichkeit eines Staatsstreichs. Befürchtet wurde also der Missbrauch der Streitkräfte als innenpolitisches Machtmittel; vgl. dazu auch aus dem Schrifttum *K. Stern,* Staatsrecht, Bd. II, S. 1477; *M. Baldus/S. Müller-Franken,* in: H. v. Mangoldt/F. Klein/C. Starck, GG Kommentar, Bd. 3, Art. 87a Rn. 80.

476 Siehe dazu etwa *M. Ladiges,* Die Bekämpfung nicht-staatlicher Angreifer im Luftraum, S. 41; *J. Senger,* Streitkräfte und Materielles Polizeirecht, S. 80; *T. Linke,* AöR 129 (2004), S. 489 (510 ff.); in diese Richtung auch *C. Arndt,* DVBl. 1968, S. 729 (730).

477 So auch BVerfGE 132, 1 (20, Rn. 50).

der Fall, wenn die Streitkräfte *finale Grundrechtseingriffe* vornehmen oder hierzu berechtigt sind (Zwangs- und Eingriffsbefugnisse).[478] Das bedeutet, dass ein Grundrechtseingriff noch nicht vorliegen muss.[479] Ferner kommt es im Rahmen finaler Eingriffe nicht auf die Überschreitung einer bestimmten Erheblichkeitsschwelle an.[480] Das den Streitkräfte innewohnende Machtpotenzial kann sich allerdings auch jenseits eines Grundrechtseingriffs durch eine nach außen getragene abschreckende Wirkung manifestieren.[481] Aus dem Schutzzweck des Art. 87a Abs. 2 GG ergibt sich daher, dass in Einklang mit dem Plenum eine Verwendung der Streitkräfte in einem Eingriffszusammenhang auch schon dann vorliegt, "wenn personelle oder sachliche Mittel der Streitkräfte in ihrem Droh- oder Einschüchterungspotenzial genutzt werden“[482].

Angesichts des jüngsten Urteils des Bundesverwaltungsgerichts ist dennoch näher zu hinterfragen, wie der Eingriffszusammenhang zu bestimmen ist. Dies umfasst Erstens die Frage, inwieweit eine Verwendung in einem Eingriffszusammenhang auch bei *mittelbar-faktischen Grundrechtseingriffen* vorliegt. Zweitens ist fraglich, inwieweit ein Eingriffszusammenhang in diesem Sinne vorliegt, wenn die Streitkräfte dergestalt verwendet werden, dass sie das *finale Eingriffshandeln berechtigter Dritter unterstützen.* Letzteres betrifft insbesondere die Unterstützung polizeilicher Tätigkeiten. Im Anschluss ist der Prüfungsmaßstab des Droh- und Einschüchterungspotenzials näher zu beleuchten.

a) Eingriffszusammenhang von Maßnahmen, die mittelbar-faktische Grundrechtseingriffe bewirken

Finale Grundrechtseingriffe zeichnen sich dadurch aus, dass der Staat den Eingriff mit seiner Maßnahme bezweckt bzw. zielgerichtet durchführt.[483] Dabei

---

478 So auch *M. Ladiges,* Die Bekämpfung nicht-staatlicher Angreifer im Luftraum, S. 41; *F. Schorkopf,* Staatsrecht der internationalen Beziehungen, § 6 Rn. 24.

479 *M. Ladiges,* NVwZ 2012, S. 1225 (1126); vgl. auch *J. Senger,* Streitkräfte und Materielles Polizeirecht, S. 82.

480 Vgl. ebenso *M. Ladiges,* Die Bekämpfung nicht-staatlicher Angreifer im Luftraum, S. 44 mit dem Argument, dass der verfassungsändernde Gesetzgeber sogar die Regelung des Verkehrs, die regelmäßig mit geringen Eingriffen verbunden sein dürfte, ausdrücklich in Art. 87a Abs. 3 S. 1 GG aufgenommen hat; *M. Baldus/S. Müller-Franken,* in: H. v. Mangoldt/F. Klein/C. Starck, GG Kommentar, Bd. 3, Art. 87a Rn. 80.

481 So auch die Kritik an der herrschenden Auffassung durch *J. Senger,* Streitkräfte und Materielles Polizeirecht, S. 82.

482 BVerfGE 132, 1 (19 f., Rn. 50).

483 *M. Sachs,* in: ders., GG Kommentar, Art. Vor Art. 1 Rn. 81; *H. D. Jarass,* in: ders./B. Pieroth, GG Kommentar, Vorb. vor Art. 1 Rn. 27.

handelt es sich um eines der Kriterien des klassischen Grundrechtseingriffs.[484] Grundrechte sollen ihrer Schutzfunktion nach staatlicher Gewalt effektive Grenzen setzen, hiervon ausgehend hat sich daher mittlerweile ein erweitertes Verständnis des Grundrechtseingriffs etabliert.[485] Demnach werden jedenfalls auch „sonstige Beeinträchtigungen", insbesondere mittelbar-faktischer Natur, als Eingriff eingeordnet.[486] Diese zeichnen sich dadurch aus, dass sie keine zielgerichteten Einwirkungen auf das Grundrecht darstellen, sondern vielmehr eine nicht beabsichtige Nebenfolge staatlichen Handelns mit anderweitiger Zielsetzung sind.[487] Maßgeblich für die Einordnung solcher Beeinträchtigungen bzw. Einwirkungen als Grundrechtseingriff ist, dass diese eine bestimmte Intensität aufweisen, die klassischen Eingriffen entspricht (auch „Eingriffsschwelle"[488] genannt).[489] Diese Maßstäbe zugrunde gelegt, zeigt sich, dass es sich bei modernen Eingriffen, insbesondere mittelbar-faktischen Eingriffen, grundrechtsdogmatisch keineswegs um Grundrechtseingriffe zweiter Klasse handelt. Sie erfordern mit der Überschreitung der Eingriffsschwelle schließlich rechtfertigungsbedürftiger Intensität. Dies spricht dafür, dass auch mittelbar-faktische Beeinträchtigungen den Eingriffszusammenhang erfüllen. Dafür spricht weiterhin die Rechtssicherheit: Wenn sowohl finale als auch mittelbar-faktische Eingriffe grundsätzliche Abgrenzungskriterien für den Eingriffszusammenhang des Einsatzes gegenüber einer schlichten Verwendung darstellen, ermöglicht dies eine verlässliche Abgrenzung zu schlichten Verwendungen.[490]

Gegen eine solche Einschätzung ließe sich anführen, dass der Begriff des Einsatzes auszuufern drohe und sich jener Auffassung annähere, die jegliche

---

484 *T. Kingreen/R. Poscher*, Grundrechte, Rn. 292.

485 *M. Herdegen*, in: T. Maunz/G. Dürig, GG Kommentar, Art. 1 Abs. 3 (2005) Rn. 39; *S. Müller-Franken*, in: B. Schmidt-Bleibtreu/H. Hofmann/H.-G. Henneke, GG Kommentar, Vorb. v. Art. 1 Rn. 45; *T. Kingreen/R. Poscher*, Grundrechte, Rn. 108, 294; *M. Oermann/J. Staben*, Der Staat 52 (2013), S. 630 (637).

486 *M. Sachs*, in: ders., GG Kommentar, Art. Vor Art. 1 Rn. 83; *C. Starck*, in: H. v. Mangoldt/F. Klein/C. Starck, GG Kommentar, Bd. 1, Art. 1 Rn. 265; *S. Müller-Franken*, in: B. Schmidt-Bleibtreu/H. Hofmann/H.-G. Henneke, GG Kommentar, Vorb. v. Art. 1 Rn. 45.

487 *T. Kingreen/R. Poscher*, Grundrechte, Rn. 294 f.

488 Sondervotum *P. Huber*, BVerfGE 142, 257 (260, Rn. 9); *H. D. Jarass*, in: ders./B. Pieroth, GG Kommentar, Vorb. vor Art. 1 Rn. 29.

489 *S. Müller-Franken*, in: B. Schmidt-Bleibtreu/H. Hofmann/H.-G. Henneke, GG Kommentar, Vorb. v. Art. 1 Rn. 45; *M. Oermann/J. Staben*, Der Staat 52 (2013), S. 630 (637).

490 In diese Richtung *C. Gramm*, NZWehrr 2007, S. 221 (229).

Verwendung dem Einsatzbegriff unterstellt.[491] Es mag deshalb nicht jede unbeabsichtigte Beeinträchtigung für sich genommen ausreichen, um die Verwendung ihrer Qualität nach als Einsatz einzuordnen. Überschreitet die Beeinträchtigung jedoch die benannte „Eingriffsschwelle" und ist daher *vergleichbar* mit finalen Eingriffen, so wird vor dem Schutzzweck des Art. 87a Abs. 2 GG in der beeinträchtigenden Verwendung regelmäßig auch ein Einsatz zu sehen sein. Eine Ausuferung des Einsatzbegriffs ist hierdurch kaum zu erwarten, da schließlich nicht jede Beeinträchtigung die Qualität der Eingriffsschwelle überschreiten wird. In diesem Kontext ist auch das Droh- und Einschüchterungspotenzial der Streitkräftemittel zu beachten, welches eine abschreckende Wirkung entfalten kann und auf das sogleich noch einzugehen sein wird. Schon hier zeigt sich, dass der umstrittene Überflug eines Tornados über das Camp Reddelich vor dem Zweck des Art. 87a Abs. 2 GG nach dem hiesigen Begriffsverständnis als Einsatz einzuordnen gewesen wäre. Der Tiefflug stellte insoweit einen faktischen Grundrechtseingriff dar.[492] Im Ergebnis folgt in Anlehnung an den Schutzzweck des Art. 87a Abs. 2 GG regelmäßig eine Identität zwischen faktischem Grundrechtseingriff und Einsatzqualität.

b) Eingriffszusammenhang von Maßnahmen, die finale Eingriffe berechtigter Dritter begünstigen

Die Vornahme von oder die Berechtigung zu der Vornahme von finalen Grundrechtseingriffen seitens der Streitkräfte führt unweigerlich zu der Einsatzqualität der Maßnahme. Dann ist fraglich, ob das gleiche für Maßnahmen seitens der Streitkräfte gilt, die das Eingriffshandeln anderer Behörden begünstigen oder ermöglichen. Zu hinterfragen ist damit also, ob bereits unterstützende Tätigkeiten der Streitkräfte in einem Eingriffszusammenhang stehen.

Teilweise wird im Schrifttum die Auffassung vertreten, dass auch unterstützende Maßnahmen sich mittelbar auf das innerstaatliche Kräfteverhältnis auswirken und daher beachtlich seien.[493] Namentlich soll dies insbesondere für die

---

491 Siehe auch *M. Ladiges,* Die Bekämpfung nicht-staatlicher Angreifer im Luftraum, S. 41; *ders.*, NVwZ 2010, S. 1075 (1077) der sogar dafür argumentiert, dass ein mittelbar-faktischer Grundrechtseingriff als unbeabsichtigte Nebenfolge durch einschüchternde Lärmentfaltung eines Flugzeugs keine Einsatzqualität der Maßnahme begründet.

492 So auch BVerwGE 160, 169 (182, Rn. 31).

493 So insbesondere *J.-P. Fiebig,* Der Einsatz der Bundeswehr im Innern, S. 157 ff., 192, 201 f.; *P. Dreist*, NZWehrr 2006, S. 45 (68); in diese Richtung auch *J. Seifert/B. Bünker*, ThürVBl. 2006, S. 49 (52); in Bezug auf Auslandsverwendungen, namentlich der

Hilfsleistungen zur Vorbereitung polizeilicher Eingriffsmaßnahmen gelten.[494] Da die Verfassungsnorm des Art. 87a Abs. 2 GG zumindest auch die Beschränkung der Streitkräfte als Machtpotenzial im Innern bezweckt, seien diese Verwendungen ebenfalls als Einsatz zu deuten und stünden unter verfassungsrechtlichem Erlaubnisvorbehalt.[495] Dies habe seinen Hintergrund darin, dass die staatliche Macht in einer Art Gesamtbetrachtung zu sehen sei: So entfalle etwa bei der Polizei der Personalaufwand für die Versorgung der sich unmittelbar im Einsatz befindenden Polizeikräfte, wenn diese durch die Streitkräfte organisiert wird.[496] Damit sollen der Regierung infolge der Unterstützung durch die Streitkräfte mehr polizeiliche Einsatzkräfte zur Verfügung stehen.[497] Insoweit stellt *Jan-Peter Fiebig* fest „Es macht danach im Ergebnis keinen Unterschied, ob die Bundeswehr i.e.S. zur Unterstützung der Polizei bei der Bekämpfung einer Demonstration *bewaffnete Kämpfer* oder *unbewaffnete Helfer* [Hervorhebungen im Original] zur Verfügung stellt, weil sich in beiden Fällen per Saldo die Zahl der bewaffneten Kämpfer, die dem Bürger gegenüberstehen, erhöht“[498].

Dieses Argument erscheint schon mit Blick auf den Umstand fragwürdig, dass die im Einsatz befindlichen Polizeivollzugsbeamten nicht zugleich die eigene Versorgung sicherstellen. Diese wird vielmehr von Dezernaten oder Stäben wahrgenommen, welche für Logistik, Unterstützung und Verpflegung zuständig sind.[499] Des Weiteren wird gerade nur das Machtpotenzial der unterstützten Kräfte (etwa der Polizeikräfte) erhöht, nicht jenes der Streitkräfte zur Geltung gebracht.[500] Maßgeblich kann allein die seitens der Streitkräfte erbrachte (Amts-) Hilfeleistung für die Beurteilung der Einsatzqualität sein.[501] Eine Vielzahl von

---

logistischen Unterstützung fremder Streitkräfte, vgl. auch *R. Emde*, NZWehrr 1992, S. 133 (143).

494 *C. Enders*, JZ 2018, S. 464 (468) unter Bezugnahme auf Gefahrerforschungsmaßnahmen, die dazu dienen, polizeiliche Eingriffsoptionen zu klären.

495 *J.-P. Fiebig*, Der Einsatz der Bundeswehr im Innern, S. 151, 157 ff., 192; vgl. in diese Richtung auch *W. Grubert*, Verteidigungsfremde Verwendungen der Streitkräfte, S. 222.

496 *J.-P. Fiebig*, Der Einsatz der Bundeswehr im Innern, S. 160.

497 *J.-P. Fiebig*, Der Einsatz der Bundeswehr im Innern, S. 160.

498 *J.-P. Fiebig*, Der Einsatz der Bundeswehr im Innern, S. 160.

499 Vgl. https://polizei.nrw/artikel/direktion-zentrale-aufgaben-25 (Stand: 03.07.2021).

500 *J. Senger*, Streitkräfte und Materielles Polizeirecht, S. 86 f.

501 Kritisch unter Bezug auf das Kriterium der Obrigkeitlichkeit auch *D. Wiefelspütz*, BWV 2004, S. 121 (123); dem folgend *H. A. Wolff*, Verwendungen der Bundeswehr im Rahmen der Amtshilfe, in: D. Weingärtner, Die Bundeswehr als Armee im Einsatz, S. 171 (178 f.).

Unterstützungsmaßnahmen, die gegenwärtig als Amtshilfeleistungen durchgeführt werden, wären – eine solche Sichtweise zugrunde gelegt – auch nicht mehr zulässig.[502] Das betrifft insbesondere Unterstützungsleistungen gegenüber der Polizei. Umfasst sein können beispielsweise das zur Verfügung stellen von Verpflegung für die Einsatzkräfte, die Nutzungsüberlassung von Liegenschaften und Stellplätzen, die Erbringung von Sanitätsdienstleistungen, die Überlassung von Fahrzeugen oder selbst von Waffen.[503] Relevant sind in diesem Kontext auch Aufklärungsflüge zur Auffindung von Erddepots, von vermissten Personen oder gar Fahndungszielpersonen.[504]

Rein unterstützenden Tätigkeiten wie der Versorgung oder der Erbringung von Sanitätsdienstleistungen, die das finale Eingriffshandeln Dritter begünstigen eine Einsatzqualität zuzusprechen, ist zu weitgehend.[505] Sie ist durch die Zweckrichtung des Art. 87a Abs. 2 GG nicht angezeigt. Mit Blick auf die Entstehungsgeschichte sowie dem Sinn und Zweck des Art. 87a Abs. 2 GG, den Bürger auch vor den Streitkräften zu schützen, ist der Eingriffszusammenhang nur auch auf solche Maßnahmen auszuweiten, bei denen personelle oder sächliche Mittel abschreckend, das heißt bedrohlich oder einschüchternd verwendet werden. Dass die Förderung fremder Eingriffe einen Einsatz begründen würde, lässt sich dagegen nicht nachweisen. Deshalb stehen auch Aufklärungsflüge, selbst wenn diese zur Gefahrerforschung dienen, in keinem Eingriffszusammenhang, solange durch sie weder finale noch moderne Eingriffe folgen.[506]

---

502 So auch *D. Wiefelspütz*, BWV 2004, S. 121 (123).

503 Siehe oben, Teil 1, C. II. für die vielfältigen Beispiele der Verwendungen der Streitkräfte bis in die Gegenwart.

504 In diese Richtung auch *P. Reimer*, in: W. Kahl/C. Waldhoff/C. Walter, Bonner Kommentar zum Grundgesetz, Art. 35 (2017) Rn. 156 f.

505 *J. Senger*, Streitkräfte und Materielles Polizeirecht, S. 86, der hier ebenfalls keine Möglichkeit eines Missbrauchs des Matchpotentials der Streitkräfte sieht; *M. Ladiges*, Die Bekämpfung nicht-staatlicher Angreifer im Luftraum, S. 51 f., fordert einen Vergleich zu Objektschutzaufgaben, um die Qualität solcher Unterstützungsleistungen als Einsatz einzuordnen; vgl. auch *K. Fehn/M. Brauns*, Bundeswehr und innere Sicherheit, S. 38.

506 Auf die Zweckrichtung der Maßnahme kommt es nach dem hier zugrunde gelegten Eingriffsbegriff nicht an. Knüpft man – wie manche Vertreter „hoheitlicher" Verwendungen – den Einsatz etwa an Gefahrenabwehrzwecke, so würden zahlreiche technische Hilfsleistungen erfasst werden. Das kann auch eine Unterstützung im Rahmen der Fluthilfe betreffen, vgl. *M. Ladiges*, Die Bekämpfung nicht-staatlicher Angreifer im Luftraum, S. 41; folgen aus Gefahrerforschungsmaßnahmen Grundrechtseingriffe,

c) *Das Droh- und Einschüchterungspotenzial als Prüfungsmaßstab*

Zu bestimmen bleibt, wann personelle oder sachliche Mittel der Streitkräfte ein Droh- oder Einschüchterungspotenzial entfalten. Das Bundesverwaltungsgericht sieht hierfür eine Beurteilung aus einer objektiven Perspektive vor.[507] Diese objektive Perspektive unterscheide sich jedoch von dem objektiven Beurteilungsmaßstab, welcher für die Feststellung einer einschüchternden bzw. abschreckenden Wirkung in Bezug auf mittelbar-faktische Grundrechtseingriffe anzulegen sei.[508] Hinter dieser Trennung steht die Erwägung, dass die Einordnung einer Verwendung als Streitkräfteeinsatz nicht davon abhängen könne, wie sich eine Nutzung militärischer Mittel von dem Blickwinkel möglicher Betroffener darstellt.[509]

Die Frage, wann Mittel der Streitkräfte eine einschüchternde oder abschreckende Wirkung entfalten, lässt sich ohne Rücksicht auf die Perspektive einzelner Betroffener allerdings kaum beantworten.[510] Mit Blick auf die freiheitssichernde Funktion bzw. den Schutzzweck des Art. 87a Abs. 2 GG ist es daher angezeigt, einen Gleichlauf zwischen abschreckendem mittelbar-faktischen Grundrechtseingriff und Einsatz der Streitkräfte anzunehmen. Für beide Fragestellungen bedarf es zur Gewährleistung der Rechtssicherheit, Rechtsanwendungsgleichheit und Vorhersehbarkeit einer Beurteilung aus der Sicht eines verständigen objektiven Dritten.[511] Damit dürfte eine in Frage stehende Verwendung von Streitkräftemitteln auch so ausgestaltet werden können, dass eine abschreckende Wirkung möglichst vermieden wird. Allerdings kann sich eine abschreckende Wirkung durch staatliches Handeln auch entfalten, ohne zugleich einen Grundrechtseingriff zu bewirken.[512] Dies verleiht dem Droh- und Einschüchterungspotenzial seine eigenständige Bedeutung neben dem modernen Grundrechtseingriff.

---

so steht sie freilich in einem Eingriffszusammenhang, vgl. dazu *ders.*, NZWehrr 2018, S. 177 (184); *C. Enders*, JZ 2018, S. 464 (468).

507 BVerwGE 160, 169 (190, Rn. 44).

508 BVerwGE 160, 169 (184, 190, Rn. 33, 44).

509 BVerwGE 160, 169 (190, Rn. 44).

510 *M. Ladiges*, NZWehrr 2018, S. 177 (182 f.).

511 So ähnlich BVerwGE 160, 169 (184, Rn. 33) unter Bezug auf den mittelbar-faktischen Eingriff; weder die Einordnung als Einsatz noch als mittelbar-faktischer Eingriff kann von subjektiven Empfindlichkeiten abhängen, siehe zu subjektiven Empfindlichkeiten *T. Kingreen/R. Poscher*, Grundrechte, Rn. 301 f.

512 *J. Senger*, Streitkräfte und Materielles Polizeirecht, S. 82; *J. Staben*, Abschreckungseffekt, S. 3 Fn. 9 und S. 4.

Andere Kriterien für die Ausfüllung des Prüfungsmaßstabes des Droh- und Einschüchterungspotenzials sind allerdings schwierig aufzufinden.

Zu denken ist an die reine Sichtbarkeit[513] sachlicher militärischer Mittel oder einer größeren Anzahl von Soldaten. Dem wird entgegengehalten, dass gerade wegen der restriktiven Möglichkeiten der Streitkräfte, grundrechtsrelevant zu handeln, ein solches Abstellen auf die bloße Sichtbarkeit kaum genügen kann.[514] Militärische Gerätschaften werden außerdem, ohne stets abschreckend zu wirken, zur Hilfe bei Naturkatastrophen zur Erfüllung bestimmter Aufgaben eingesetzt.[515] Die bloße Sichtbarkeit von Mitteln der Streitkräfte ist für sich genommen daher noch nicht geeignet, um aus objektiver Perspektive eine bedrohliche Wirkung zu entfalten. Selbst die sichtbare Bewaffnung kann hierfür lediglich eine Indizwirkung aufweisen. Eine andere Sichtweise würde den Zweck des Art. 87a Abs. 2 GG überspannen und ist daher zu weit.[516] Insoweit dürfte es weiterhin auf die spezifische Art und Weise der Verwendung im Einzelfall ankommen. Namentlich zumindest darauf, ob das Mittel und dessen konkrete Verwendung geeignet erscheint, bei einem objektiven Dritten die Befürchtung zu begründen, dass die militärischen Mittel zu seinem Nachteil verwendet werden könnten. Maßgeblich ist damit die Abschreckungswirkung als Nebeneffekt[517] der in Rede stehenden staatlichen Maßnahme. Bezweckt die Maßnahme bereits eine Einschüchterung, damit potentielle Störer von einem Vorhaben absehen (z.B. mit einem Warnschuss), so wird die Maßnahme regelmäßig bereits finale Grundrechtseingriffe verursachen. Häufig beeinträchtigt dürfte dann die Willensentschließungsfreiheit sein, die ihre Wurzeln in Art. 8 Abs. 1 GG, aber auch in Art. 5 Abs. 1, ggf. Art. 2 Abs. 1 GG finden kann.[518]

Eine solche Verwendung ist unzweifelhaft im Rahmen einer beabsichtigten „*Show of force*“[519], einer militärischen Machtdemonstration der eigenen Stärke,

---

513 So bereits *R. Jahn/N. K. Riedel*, DÖV 1988, S. 957 (960).

514 *M. Ladiges*, NVwZ 2010, S. 1075 (1077).

515 Ähnlich *M. Ladiges*, NVwZ 2010, S. 1075 (1077).

516 Diese Wertung unterliegt auch den Urteilen des Bundesverfassungsgerichts und des Bundesverwaltungsgerichts, vgl. BVerfGE 133, 241 (S. 269 f., Rn. 81); BVerwGE 160, 169 (190 f., Rn. 45); ebenfalls als zu weitgehend eingeordnet von *U. Lucks*, NVwZ 2015, S. 1648 (1649, Fn. 16); *U. Fastenrath*, JZ 2012, S. 1128 (1129); *M. Ladiges*, NVwZ 2010, S. 1075 (1077); vgl. in ähnlichem Zusammenhang auch *F. Schorkopf*, Staatsrecht der internationalen Beziehungen, § 6 Rn. 24.

517 Vgl. *J. Staben*, Abschreckungseffekt, S. 124.

518 Siehe BVerwGE 160, 169 (182, Rn. 31) unter Bezug auf Art. 8 Abs. 1 GG.

519 Vgl. dazu *J.-P. Fiebig*, Der Einsatz der Bundeswehr im Innern, S. 176 ff.; *M. Droege*, JuS 2008, S. 135 (139).

gegeben. Die Übergänge zu einem grundrechtlichen Eingriffszusammenhang können also fließend sein.

d) Ergebnis

Die hier vertretene Auffassung stimmt damit im Wesentlichen mit jener des Bundesverfassungsgerichts überein, versucht diese allerdings zu präzisieren. Demnach liegt ein Einsatz vor, wenn die Streitkräfte „als Mittel der vollziehenden Gewalt in einem Eingriffszusammenhang" verwendet werden, was auch der Fall ist, wenn „personelle oder sachliche Mittel der Streitkräfte in ihrem Droh- oder Einschüchterungspotenzial genutzt werden".[520] Dies ist jedenfalls dann der Fall, wenn die Streitkräfte finale Grundrechtseingriffe vornehmen oder vorzunehmen berechtigt sind. Verwendungen der Streitkräfte, die mittelbar-faktische Grundrechtseingriffe bewirken, stehen ebenso in einem Eingriffszusammenhang, weil sie für eine Qualifikation als Grundrechtseingriff eine finalen Eingriffen vergleichbare Intensität aufweisen müssen. Bewirkt eine Verwendung bzw. Maßnahme keinen mittelbar-faktischen Grundrechtseingriff, kann von dem Handeln der Streitkräfte dennoch eine abschreckende Wirkung ausgehen. Maßgeblich für die Einordnung als Einsatz ist dann die Beurteilung aus einer objektiven Perspektive. Zu hinterfragen ist, ob aus der Sicht eines objektiven Dritten durch die Art und Weise der konkreten Verwendung die Befürchtung begründet wird, dass die verwendeten Streitkräftemittel zu seinem Nachteil genutzt werden.

Unterstützungsleistungen jedweder Art stellen nur dann einen Einsatz dar, wenn sie einen der eben aufgestellten Maßstäbe erfüllen. Eine lediglich mittelbare Begünstigung finaler Eingriffe durch Dritte ist unbeachtlich.

4. Die „schlichte Verwendung" der Streitkräfte im Rahmen der Amtshilfe nach Art. 35 Abs. 1 GG

Solche Handlungen und Maßnahmen der Streitkräfte, die keine Einsatzqualität aufweisen, werden auch als *schlichte Verwendungen*[521] bezeichnet. Sie unterliegen nicht dem Verfassungsvorbehalt des Art. 87a Abs. 2 GG. Daraus ergibt sich, dass solche Verwendungen prinzipiell ohne ausdrückliche Zulassung im Grundgesetz nach den Grundsätzen des Amtshilferechts erbracht werden können. Das verfassungsrechtliche Fundament der Amtshilfe ist in Art. 35 Abs. 1 GG normiert. Aus der indikativen Formulierung der Norm ergibt sich, dass sie auch ohne

---

520 So jeweils BVerfGE 132, 1 (19 f., Rn. 50).

521 *J.-P. Fiebig*, Der Einsatz der Bundeswehr im Innern, S. 64 f.

Umsetzung verbindlich und verpflichtend wirkt, also self-executing ist.[522] Eine nähere Ausgestaltung der Amtshilfe, insbesondere des Verfahrens, findet sich dennoch in den §§ 4 – 8 VwVfG[523] und für die Streitkräfte intern in der entsprechenden zentralen Dienstvorschrift[524]. Auch die Streitkräfte sind eine im Sinne des Art. 35 Abs. 1 GG, § 4 Abs. 1 VwVfG amtshilfeberechtigte und -verpflichtete Behörde.[525] Bei einer Amtshilfeanfrage muss die ersuchende Behörde rechtlich zur Vornahme der ersuchten Handlung berechtigt sein.[526] Einem solchen Ersuchen kann dann von Seiten der Streitkräfte als ersuchter Behörde aber nur nachgekommen werden, wenn auch sie zur Vornahme der Handlung berechtigt ist.[527] Schon hier zeichnet sich ab, dass die eben aufgezeigten Grundsätze zum „Einsatz" große Bedeutung im Rahmen von Amtshilfeersuchen an die Streitkräfte entfalten. Im Wege der Amtshilfe können auch Verwendungen, die einen Einsatz im oben genannten Sinne darstellen, ersucht werden. Diese wären jedoch *rechtlich unmöglich*, sofern der Einsatz nicht zur Verteidigung erfolgen würde oder aufgrund ausdrücklicher Zulassung im Grundgesetz erlaubt wäre.[528] Die

---

522 *P. Reimer*, in: W. Kahl/C. Waldhoff/C. Walter, Bonner Kommentar zum Grundgesetz, Art. 35 (2017) Rn. 64; *H.-G. Dederer*, in: T. Maunz/G. Dürig, GG Kommentar, Art. 35 (2018) Rn. 65; *H. A. Wolff*, Verwendungen der Bundeswehr im Rahmen der Amtshilfe, in: D. Weingärtner, Die Bundeswehr als Armee im Einsatz, S. 171 (175).

523 Verwaltungsverfahrensgesetz vom 25.05.1976 (BGBl. I, S. 1253), in der Fassung der Bekanntmachung vom 23.01.2003 (BGBl. I, S. 102), zuletzt geändert durch Gesetz vom 21.06.2019 (BGBl. I, S. 846).

524 Zentrale Dienstvorschrift A-2110/10, Hilfeleistungen der Bundeswehr im Rahmen des Artikels 35 des Grundgesetzes (Amts- und Katastrophenhilfe) vom 04.07.2018 (GMBl., S. 670).

525 *H.-G. Dederer*, in: T. Maunz/G. Dürig, GG Kommentar, Art. 35 (2018) Rn. 36; *P. Reimer*, in: W. Kahl/C. Waldhoff/C. Walter, Bonner Kommentar zum Grundgesetz, Art. 35 (2017) Rn. 72; *H. A. Wolff*, Verwendungen der Bundeswehr im Rahmen der Amtshilfe, in: D. Weingärtner, Die Bundeswehr als Armee im Einsatz, S. 171 (174); siehe aber auch *W. Speth*, Rechtsfragen des Einsatzes der Bundeswehr, S. 112 ff.; *D. Wiefelspütz*, Abwehr terroristischer Anschläge, S. 37; *H.-J. Hofer*, NZWehrr 1973, S. 2 (6); *H. Klückmann*, DVBl. 1977, S. 952 (955); *R. Jahn/N. K. Riedel*, DÖV 1988, S. 957 (958); *A. Dietz*, DÖV 2012, S. 952 (953); *U. Lucks*, NVwZ 2015, S. 1648.

526 *P. Reimer*, in: W. Kahl/C. Waldhoff/C. Walter, Bonner Kommentar zum Grundgesetz, Art. 35 (2017) Rn. 141.

527 *P. Reimer*, in: W. Kahl/C. Waldhoff/C. Walter, Bonner Kommentar zum Grundgesetz, Art. 35 (2017) Rn. 147.

528 *P. Reimer*, in: W. Kahl/C. Waldhoff/C. Walter, Bonner Kommentar zum Grundgesetz, Art. 35 (2017) Rn. 72, 155 ff.

Amtshilfe vermag insoweit keine Kompetenzen zu erweitern.[529] Daraus folgt, dass beidseitig die Kompetenz zur Wahrnehmung der ersuchten Hilfeleistung bestehen muss.[530]

Würde die Polizei beispielsweise ein Ersuchen an die Streitkräfte richten, dass diese ihnen beim Streifendienst hinsichtlich eines unter Quarantäne gestellten Gebäudes helfen mögen, so mag die Polizei als ersuchende Behörde die Kompetenz für eine solche Gefahrenabwehrmaßnahme haben. Für die Streitkräfte hingegen greift der Verfassungsvorbehalt des Art. 87a Abs. 2 GG, weil diese Maßnahme im Kontext finaler Grundrechtseingriffe steht und daher als Einsatz zu bewerten wäre. Sie wäre, wenn nicht die Voraussetzungen einer Sekundäreinsatznorm vorlägen, verfassungsrechtlich gehindert, die ersuchte Handlung durchzuführen. Art. 35 Abs. 1 GG eröffnet allerdings den Zugang zu bestimmten Ressourcen der Streitkräfte für andere Behörden, das umfasst gerade die Zurverfügungstellung von Fahrzeugen und ggf. (sanitätsdienstlichem) Personal oder auch die Überlassung von Liegenschaften.[531] Auch der Sachverstand, etwa die Beratung in ABC-Abwehr-Fragen oder die Ermittlungshilfe, etwa durch Aufklärungsflüge ist hierfür von Relevanz.[532] Amtshilfe berechtigt allerdings zu keiner kontinuierlich durchgeführten Hilfeleistung, sie unterstützt vielmehr im Einzelfall.[533] Sie ermöglicht daher nur ein „punktuelles Zusammenwirken“ und soll die Ausnahme darstellen.[534] Ist ein Amtshilfeersuchen außerhalb eines Einsatzes nach den dargestellten Grundsätzen zulässig, so ist kein Grund ersichtlich,

---

529 *U. Lucks*, NVwZ 2015, S. 1648 (1649); *H. A. Wolff*, Verwendungen der Bundeswehr im Rahmen der Amtshilfe, in: D. Weingärtner, Die Bundeswehr als Armee im Einsatz, S. 171 (173 f.); *M. Gubelt/M. Goldhammer*, in: I. v. Münch/P. Kunig, GG Kommentar, Art. 35 Rn. 30, 42.

530 Siehe in einer Zusammenschau auch *P. Reimer*, in: W. Kahl/C. Waldhoff/C. Walter, Bonner Kommentar zum Grundgesetz, Art. 35 (2017) Rn. 141, 147, 155, 158.

531 Zur Ressourcenhilfe siehe *P. Reimer*, in: W. Kahl/C. Waldhoff/C. Walter, Bonner Kommentar zum Grundgesetz, Art. 35 (2017) Rn. 156.

532 Zur Sachverstandshilfe und Ermittlungshilfe siehe *P. Reimer*, in: W. Kahl/C. Waldhoff/C. Walter, Bonner Kommentar zum Grundgesetz, Art. 35 (2017) Rn. 156; zu Aufklärungsflügen vgl. auch *D. Wiefelspütz*, Abwehr terroristischer Anschläge, S. 38; *J. Martínez Soria*, DVBl. 2004, S. 597 (600); zur Amtshilfe allgemein *T. Hebeler*, JA 2019, S. 881 (882).

533 *H.-J. Hofer*, NZWehrr 1973, S. 2 (3).

534 *U. Lucks*, NVwZ 2015, S. 1648; *M. Ladiges*, NZWehrr 2017, S. 221 (236); *M. Gubelt/M. Goldhammer*, in: I. v. Münch/P. Kunig, GG Kommentar, Art. 35 Rn. 23.

weshalb nicht auch militärische Mittel im Wege der Amtshilfe verwendet werden könnten. Diese dürfen lediglich nicht einschüchternd bzw. abschreckend wirken.

Für die Amtshilfe ist ein Antrag konstitutiv.[535] Das Kommando Streitkräftebasis entscheidet regelmäßig über Amtshilfeanträge der Polizei.[536]

a) Spontanhilfe

Neben der Amtshilfe können die Streitkräfte im Wege der Spontanhilfe[537] auch ohne Ersuchen zugunsten eines Privaten oder einer Behörde tätig werden.[538] Hierbei handelt es sich mangels Amtshilfeersuchens allerdings um keinen Fall der originären Amtshilfe.[539] Die Streitkräfte werden in diesem Fall also selbstständig tätig. Die rechtliche Grundlage dieser Hilfeleistung dürfte daher eher in dem Institut der öffentlich-rechtlichen Geschäftsführung ohne Auftrag zu suchen sein.[540]

---

535 *H.-G. Dederer*, in: T. Maunz/G. Dürig, GG Kommentar, Art. 35 (2018) Rn. 45; *M. Schubert*, in: M. Sachs, GG Kommentar, Art. 35 Rn. 15; *L. Münkler*, in: B. Schmidt-Bleibtreu/H. Hofmann/H.-G. Henneke, GG Kommentar, Art. 35 Rn. 10; *M. Gubelt/ M. Goldhammer*, in: I. v. Münch/P. Kunig, GG Kommentar, Art. 35 Rn. 25; *T. Hebeler*, JA 2019, S. 881 (882).

536 *R. Schmidt-Radefeldt*, Inlandseinsätze der Armee und Militarisierung der Polizei, in: U. Kischel/S. Grf. v. Kielmansegg, Rechtsdurchsetzung mit militärischen Mitteln, S. 1 (21).

537 Vgl. dazu insgesamt *J. Isensee*, Idee und Gestalt des Föderalismus im Grundgesetz, in: ders./P. Kirchhof, HStR VI, § 126 Rn. 230; *B. Schlink*, Die Amtshilfe, S. 218 ff.; *P. Reimer*, in: W. Kahl/C. Waldhoff/C. Walter, Bonner Kommentar zum Grundgesetz, Art. 35 (2017) Rn. 136; *H.-G. Dederer*, in: T. Maunz/G. Dürig, GG Kommentar, Art. 35 (2018) Rn. 46; *T. v. Danwitz*, in: H. v. Mangoldt/F. Klein/C. Starck, GG Kommentar, Bd. 2, Art. 35 Rn. 17.

538 Vgl. Zentrale Dienstvorschrift A-2110/10 (GMBl. 2018, S. 670), Nr. 108 in Bezug auf Private und Nr. 423 in Bezug auf Behörden.

539 So etwa *M. Schubert*, in: M. Sachs, GG Kommentar, Art. 35 Rn. 15; dem folgend *L. Münkler*, in: B. Schmidt-Bleibtreu/H. Hofmann/H.-G. Henneke, GG Kommentar, Art. 35 Rn. 10; dagegen aber *B. Schlink*, Die Amtshilfe, S. 220; *P. Reimer*, in: W. Kahl/C. Waldhoff/C. Walter, Bonner Kommentar zum Grundgesetz, Art. 35 (2017) Rn. 136 sieht die Spontanhilfe von Art. 35 Abs. 1 GG zumindest „nicht verboten oder beschränkt".

540 Vgl. dazu *J. Isensee*, Idee und Gestalt des Föderalismus im Grundgesetz, in: ders./ P. Kirchhof, HStR VI, § 126 Rn. 230; *T. v. Danwitz*, in: H. v. Mangoldt/F. Klein/C. Starck, GG Kommentar, Bd. 2, Art. 35 Rn. 17; dem folgend *M. Schubert*, in: M. Sachs, GG Kommentar, Art. 35 Rn. 16; *L. Münkler*, in: B. Schmidt-Bleibtreu/H.

b) *Organisationsrechtliche Abgrenzung der Amtshilfe zu der Hilfeleistung im Katastrophennotstand nach Art. 35 Abs. 2 S. 2, Abs. 3 S. 1 GG*

Fragen wirft das Organisationsrecht hinsichtlich des Verhältnisses der Amtshilfe gem. Art. 35 Abs. 1 GG gegenüber der Hilfeleistung in Katastrophenfällen nach Art. 35 Abs. 2 S. 2 GG und Art. 35 Abs. 3 S. 1 GG auf. So wird zum Teil die Auffassung vertreten, dass Art. 35 Abs. 2 S. 2 und Abs. 3 S. 1 GG spezielle Formen der Amtshilfe seien.[541] Daneben wird auch vertreten, dass zumindest Art. 35 Abs. 2 S. 2 GG der „Amtshilfeverfassung" angehöre, wohingegen Art. 35 Abs. 3 S. 1 GG eine eigenständige Kompetenz begründe.[542] Selbst dann wird jedoch anerkannt, dass es sich bei Art. 35 Abs. 2 S. 2 und Abs. 3 S. 1 GG um keine einfache *lex specialis* handeln könne, denn jedenfalls besteht zutreffend keine verdrängende Wirkung gegenüber einfacher Amtshilfe.[543] Sicherlich ließe sich für eine Einordnung als Amtshilfe die systematische Stellung der Art. 35 Abs. 2 und Abs. 3 GG im Anschluss an Art. 35 Abs. 1 GG anführen, der die Rechts- und Amtshilfe regelt; die Stellung der Art. 35 Abs. 2 S. 2 und Abs. 3 S. 1 GG gilt jedoch als fehlgeleitet: Die Regelung der Katastrophenhilfe in Art. 35 Abs. 2 und Abs. 3 GG sollte ursprünglich zur „Entpolitisierung" des Entwurfs beitragen.[544] Zu beachten ist auch, dass mit Art. 35 Abs. 2 S. 2 GG und Art. 35 Abs. 3 S. 1 GG in erster Linie *Sekundäreinsatznormen* zur Ausfüllung des Verfassungsvorbehalts des Art. 87a Abs. 2 GG in das Grundgesetz aufgenommen wurden, die jeweils eine ausdrückliche Kompetenzgrundlage für den Streitkräfteeinsatz geschaffen haben. Für beide Normen gilt daher: Die Länderaufgabe der (polizeilichen) Gefahrenabwehr wird in Fällen besonders schwerer Unglücksfälle um die Möglichkeit der (militärischen) Gefahrenabwehr durch den Bund in Form einer Einsatzkompetenz erweitert.[545]

Hofmann/H.-G. Henneke, GG Kommentar, Art. 35 Rn. 10; *R. Schmidt-Radefeldt*, Inlandseinsätze der Armee und Militarisierung der Polizei, in: U. Kischel/S. Grf. v. Kielmansegg, Rechtsdurchsetzung mit militärischen Mitteln, S. 1 (21 f.); siehe auch *H.-G. Dederer*, in: T. Maunz/G. Dürig, GG Kommentar, Art. 35 (2018) Rn. 46.

541 In diese Richtung *K. Fehn/M. Brauns*, Bundeswehr und innere Sicherheit, S. 43.

542 *P. Reimer*, in: W. Kahl/C. Waldhoff/C. Walter, Bonner Kommentar zum Grundgesetz, Art. 35 (2017) Rn. 184 f, 277.

543 *P. Reimer*, in: W. Kahl/C. Waldhoff/C. Walter, Bonner Kommentar zum Grundgesetz, Art. 35 (2017) Rn. 184.

544 *K. Stern*, Staatsrecht, Bd. II, S. 1461 f.; *C. Hümmer*, Die Bundeswehr im Innern, S. 86.

545 Siehe oben, Teil 1, B. II; in diese Richtung auch *H.-G. Dederer*, in: T. Maunz/G. Dürig, GG Kommentar, Art. 35 (2018) Rn. 107.

Dieser Befund gilt unabhängig davon, dass im Rahmen des Art. 35 Abs. 2 S. 2 GG eine Anforderung seitens des Landes vorausgesetzt wird und Art. 35 Abs. 3 S. 1 GG sogar eine Anordnung des Einsatzes seitens der Bundesregierung ermöglicht. Eine solche Kompetenzerweiterung ist im klassischen Amtshilferecht regelmäßig nicht vorgesehen.[546] Hiermit unterscheiden sie sich grundlegend von dem eben dargestellten einfachen Amtshilferecht.[547] Es spricht daher vieles dafür, dass sich die Hilfeleistung in Katastrophenfällen wie einem Terroranschlag auf Grundlage der Art. 35 Abs. 2 S. 2 GG und Art. 35 Abs. 3 S. 1 GG jedenfalls nicht dem Amtshilferecht zuordnen lässt.[548] Die Einordnung seitens *Thomas von Danwitz* als „Sonderform der Verwaltungskooperation", die sich „mit den überkommenen Kategorien des Organisationsrechts nicht vollständig" erfassen lässt, erscheint dabei zutreffender.[549] Durch die Möglichkeit des Streitkräfteeinsatzes zur effektiven Katastrophenbewältigung fehlt es insoweit an der Vergleichbarkeit mit sonstiger Zusammenarbeit auf Verwaltungsebene.[550]

5. *Einordnung von gegenwärtig relevanten präventiven Verwendungen*

Im Folgenden wird die Einsatzqualität einiger Verwendungen der Streitkräfte anhand des gefundenen Einsatzbegriffes eingeordnet. In den Blick genommen werden dabei insbesondere solche, die im Hinblick auf die Bekämpfung des Terrorismus aktuell eine gesteigerte Relevanz aufweisen.

a) *Luftraumüberwachung und Luftlagebilder*

Der deutsche Luftraum wird fortwährend vom Nationalen Lage- und Führungszentrum für Sicherheit im Luftraum aus überwacht; das Ziel besteht in

546 Ähnlich argumentiert *H. Sattler*, NVwZ 2004, S. 1286 (1288).

547 Ähnlich *C. Hümmer*, Die Bundeswehr im Innern, S. 85.

548 Ebenso gegen einen Spezialfall der Amtshilfe *K. Stern*, Staatsrecht, Bd. II, S. 1459; *H. Sattler*, NVwZ 2004, S. 1286 (1288); *H.-G. Dederer*, in: T. Maunz/G. Dürig, GG Kommentar, Art. 35 (2018) Rn. 107.

549 *T. v. Danwitz*, in: H. v. Mangoldt/F. Klein/C. Starck, GG Kommentar, Bd. 2, Art. 35 Rn. 59; ähnlich *C. Hümmer*, Die Bundeswehr im Innern, S. 85, der von einem „Kooperationsmodell sui generis" spricht; *H.-G. Dederer*, in: T. Maunz/G. Dürig, GG Kommentar, Art. 35 (2018) Rn. 107; *H. Sattler*, NVwZ 2004, S. 1286 (1288) geht dagegen von einem „verwaltungsrechtlichen Mandat" aus.

550 *C. Hümmer*, Die Bundeswehr im Innern, S. 85; siehe auch *H.-G. Dederer*, in: T. Maunz/G. Dürig, GG Kommentar, Art. 35 (2018) Rn. 107.

der Früherkennung etwaiger Gefahren aus dem Luftraum, die auch aus terroristischen Anschlägen wie Flugzeugentführungen resultieren können.[551] Gelegentlich werden auch, insbesondere anlässlich von Großveranstaltungen, die Erstellung von Luftlagebildern seitens der Polizei im Wege der Amtshilfe beantragt, um dessen Luftraumschutz zu unterstützen.[552] Bei einer solchen Verwendung erfolgen keine Grundrechtseingriffe. Es dürfte vor allem kein Eingriff in das Grundrecht auf informationelle Selbstbestimmung aus Art. 2 Abs. 1 GG in Verbindung mit Art. 1 Abs. 1 GG dadurch erfolgen, dass der Aufenthaltsort eines Flugzeuges bestimmt bzw. beobachtet wird, also lediglich technische Daten erfasst und verarbeitet werden. Von dieser Tätigkeit geht ferner keinerlei Einschüchterungswirkung aus, damit liegt nach dem hier zugrunde gelegten Eingriffsbegriff zunächst kein „Einsatz" der Streitkräfte seitens der im NLFZ SiLuRa verwendeten Soldaten vor. Hieran ändert auch der Umstand nichts, dass denkbarer Weise eigene Einsätze der Streitkräfte vorbereitet werden, sofern das Handeln noch keinen eigenständigen Eingriffszusammenhang aufweist.[553] Teilweise wird als Argument für die Einsatzqualität der Luftraumüberwachung ein Vergleich zum Objektschutz durch die Streitkräfte herangezogen.[554] Beim Objektschutz sind jedoch in der Regel bewaffnete Soldaten zur Sicherung ziviler oder militärischer Objekte eingeteilt und haben dieser Zwecksetzung nach gerade die Befugnis, um gegebenenfalls eingreifend Störern entgegenzutreten. Daraus folgt bereits ein finaler Eingriffszusammenhang, zudem ist auch an eine Einschüchterungswirkung zu denken. Die Luftraumüberwachung hingegen erfolgt im Vergleich hierzu unsichtbar und ohne eigenständige Eingriffsmöglichkeiten; solche schließen sich allenfalls bei der Feststellung eines erheblichen Luftzwischenfalls an, wenn im Folgenden Alarmrotten den Zwischenfall überprüfen müssen und hierbei eingreifende Befugnisse beanspruchen.[555] Die Luftraumüberwachung als vorbereitende Maßnahme erlangt hingegen nicht die Qualität eines Einsatzes.

---

551 Siehe oben, Teil 1, B. III. 2. b).

552 Vgl. BT-Drs. 18/5176, Anlage 1 Nr. 57; 18/11379, S. 24; 18/10323, S. 6.

553 So aber *M. Ladiges*, Die Bekämpfung nicht-staatlicher Angreifer im Luftraum, S. 48, der die Vorbereitung eigener Einsätze als Argument für die Einsatzqualität der Maßnahmen anführt.

554 *M. Ladiges*, Die Bekämpfung nicht-staatlicher Angreifer im Luftraum, S. 51; *ders.*, NVwZ 2010, S. 1075 (1077).

555 Ebenso *J. Senger*, Streitkräfte und Materielles Polizeirecht, S. 85 Fn. 407.

b) *Gefahrenabwehr im Luftraum und insbesondere Eingriffsbefugnisse nach dem § 14 Abs. 1 LuftSiG*

Lässt sich ein Flugzeug nicht identifizieren, etwa weil der Funkkontakt abgebrochen ist oder andere technische Probleme bestehen, so steigen die Alarmrotten der Streitkräfte zur Überprüfung des Zwischenfalls auf.[556] Im Mittelpunkt steht hierbei zunächst die Kontaktaufnahme, die Überprüfung eines Orientierungsbedarfs gem. § 15 Abs. 1 S. 2 LuftSiG[557] bzw. die Einholung weiterer Informationen. In dieser Funktion werden die Abfangjäger weder mit Eingriffsbefugnissen tätig, noch geht aus objektiver Perspektive von ihnen eine bedrohliche Wirkung aus.[558] Objektiv droht hier also keine nachteilige Verwendung, vielmehr soll eine Hilfeleistung erbracht werden.

Anders hingegen sieht es bei den „Einsatzmaßnahmen" nach § 14 Abs. 1 LuftSiG aus. So können die Kampfflugzeuge der Streitkräfte im Luftraum gem. § 14 Abs. 1 LuftSiG „Luftfahrzeuge abdrängen, zur Landung zwingen, den Einsatz von Waffengewalt androhen oder Warnschüsse abgeben". Diese Eingriffsbefugnisse sind als „materielle Eingriffsnormen" gefasst.[559] Rechtlich handelt es sich der Art nach um Maßnahmen des Verwaltungszwangs die naturgemäß mit erheblichen Grundrechtseingriffen verbunden sind. Bereits aufgrund des grundrechtsrelevanten Eingriffscharakters dieser Verwendungen stellt jede von ihnen einen „Einsatz" der Streitkräfte dar.

---

556 Siehe oben, Teil 1, A. I. 3. a) und B. III. 2. b).

557 Siehe hierzu und zu der entsprechenden Auslegung der Norm seitens des Bundesverfassungsgerichts, dass diese nur „Maßnahmen im Vorfeld eines Einsatzes" erfasst BVerfGE 133, 241 (270, Rn. 81); dies erscheint mit Blick auf den Umstand fragwürdig, dass § 15 Abs. 1 S. 2 LuftSiG ausdrücklich eine Warnung oder Umleitung ermöglicht. Diese Maßnahmen sind grundrechtsrelevant, siehe dazu *M. Ladiges*, Die Bekämpfung nicht-staatlicher Angreifer im Luftraum, S. 502; daher zweifelnd, ob solche Maßnahmen eine rein technische Unterstützung ohne Drohwirkung sein können *ders.*, NZWehrr 2013, S. 166 (168); vgl. auch *J. Senger*, Streitkräfte und Materielles Polizeirecht, S. 85 („konkrete Angriffsprävention"). Das spricht insgesamt dafür, dass nur die Überprüfung im Sinne des § 15 Abs. 1 S. 2 LuftSiG im Wege der Amtshilfe möglich ist. Jedenfalls im Rahmen einer expliziten Warnung, aber auch einer Umleitung gem. § 15 Abs. 1 S. 2 LuftSiG ist mit Blick auf die Ermöglichung der Maßnahmen nach § 14 Abs. 1 LuftSiG (vgl. § 15 Abs. 1 S. 1 LuftSiG) zumindest eine Bedrohungswirkung annehmbar. Im Ergebnis müsste für das weitere Vorgehen also eine Einsatzermächtigung vorliegen, sobald ein etwaiger Renegade-Fall durch die Überprüfung festgestellt wird.

558 BVerfGE 133, 241 (270, Rn. 81); vgl. auch BVerwGE 160, 169 (190 f., Rn. 45).

559 BVerfGE 132, 1 (7 f., Rn. 20).

c) *Aufklärungsflüge als Gefahrerforschungsmaßnahmen*

Die Qualität von Aufklärungsflügen lässt sich nicht einheitlich beurteilen, es kommt auf die konkrete Verwendung im Einzelfall an. Grundsätzlich gilt, dass selbst dann, wenn Aufklärungsflüge als Hilfeleistung für die Polizei zur Gefahrerforschung durchgeführt werden, dies allein nicht zu der Bestimmung der Einsatzqualität der Maßnahme ausreichend ist. Auch diese können also rein technisch-logistische Hilfsleistungen darstellen. Die reine Zweckrichtung „Gefahrerforschung" ist hierfür zu pauschal und im Hinblick auf einen Eingriffszusammenhang allenfalls indiziell.[560] Vielmehr muss der Einzelfall anhand der gefundenen Kriterien differenziert betrachtet werden. Dabei ist zu hinterfragen, ob die konkrete Verwendung zu Grundrechtseingriffen führt, die Befugnis hierzu besteht oder die Verwendung faktisch abschreckend wirkt. Nur dann ist der von Art. 87a Abs. 2 GG erforderliche Eingriffszusammenhang gegeben. Sonst bedarf es keiner Ermächtigungsgrundlage und die Maßnahme ist über den reinen Untersuchungsgrundsatz gem. § 24 VwVfG im Wege der Amtshilfe (Art. 35 Abs. 1 GG, §§ 4 ff. VwVfG) zulässig.[561] Das gilt auch dann, wenn diese zur Gefahrerforschung im Vorfeld etwaiger polizeilicher Eingriffsoptionen erfolgen. Die Qualität der ersuchten Maßnahme im Wege der Amtshilfe bemisst sich schließlich gerade nicht anhand der nachfolgenden Handlungen seitens der Polizei.[562]

---

560 Dagegen *C. Enders*, JZ 2018, S. 464 (468) der Gefahrerforschungsmaßnahmen, die dazu dienen polizeiliche Eingriffsoptionen zu klären, in einem klaren „Eingriffszusammenhang" sieht; in diese Richtung auch *M. Ladiges*, NZWehrr 2018, S. 177 (184) mit dem Argument, dass eine andere Sichtweise wohl nur dann vertretbar wäre, wenn Gefahrerforschungsmaßnahmen keiner Ermächtigungsgrundlage bedürften.

561 So ausdrücklich *W.-R. Schenke*, POR, Rn. 88. Zwar kann eine solche Maßnahme im Zusammenhang mit der Eingriffsverwaltung stehen, eine spezialgesetzliche Ermächtigungsgrundlage bedarf es aber aufgrund des allgemeinen Vorbehalts des Gesetzes gem. Art. 20 Abs. 3 GG sowie der grundrechtlichen Gesetzesvorbehalte nur, wenn die Gefahrerforschungsmaßnahme auch in Grundrechte eingreift, siehe in dem Kontext auch *ders.*, JuS 2018, S. 505 (511 f.). Im Übrigen reicht eine querschnittsgesetzliche Grundlage, wie sie auch die §§ 4 ff. VwVfG darstellen, siehe auch *M. Droege*, JuS 2008, S. 135 (138). Die Polizei kann zur Ermittlung des Sachverhalts auch Amtshilfe zur Durchführung von Gefahrerforschungsmaßnahmen in Anspruch nehmen, siehe BVerwGE 160, 169 (175 f., Rn. 17); vgl. *M. Heßhaus*, in: J. Bader/M. Ronellenfitsch, BeckOK VwVfG, § 24 Rn. 6. Daraus ergibt sich die grundsätzliche Zulässigkeit solcher Maßnahmen der Ermittlungshilfe, die sich auf den Untersuchungsgrundsatz stützen, sofern keine Grundrechtseingriffe drohen.

562 Siehe bereits oben, Teil 2, A. I. 3. b).

Liegt der Aufklärungszweck aber in der Identifikation von Personen, deren Gesichtszügen oder Autokennzeichen, wird final in das Grundrecht auf informationelle Selbstbestimmung etwaiger Betroffener gem. Art. 2 Abs. 1 GG in Verbindung mit Art. 1 Abs. 1 GG eingegriffen.[563] Daraus ergibt sich, dass in solchen Fällen bereits eine Verwendung in einem finalen Eingriffszusammenhang vorläge. Ebenfalls läge eine solche Verwendung in einem Eingriffszusammenhang vor, wenn der Aufklärungsflug auf eine Weise durchgeführt wird, dass er eine abschreckende Wirkung entfaltet. Dabei reicht die bloße Sichtbarkeit eines Tornados als spezifisch militärisches Gerät nicht aus. Bewirkt der Aufklärungsflug allerdings wie im Fall Reddelich eine abschreckende Wirkung bzw. verursacht mittelbar-faktische Grundrechtseingriffe, so steht die Verwendung ex-post betrachtet in einem Eingriffszusammenhang.[564] Daher müssen solche Aufklärungsflüge so durchgeführt werden, dass die Militärflugzeuge nicht in ihrem Droh- oder Einschüchterungspotenzial genutzt werden. Erfüllt der Aufklärungsflug diese Kriterien des Einsatzbegriffes nicht, so er ist grundsätzlich als schlichte Verwendung im Wege der Amtshilfe zulässig. Bei Aufklärungsflügen kommt es damit immer auf die konkrete Art und den Zweck (finaler Eingriffszusammenhang) der Verwendung an.

d) Raum- und Objektschutz

Objektschutz meint die in der Regel bewaffnete Sicherung von gefährdeten militärischen oder zivilen Objekten.[565] Der Objektschutz zeichnet sich durch originäre Eingriffsbefugnisse gegenüber möglichen Störern aus.[566] Maßnahmen des Objektschutzes stehen damit immer in einem finalen Eingriffszusammenhang und stellen daher einen Einsatz der Streitkräfte dar. Nichts anderes kann für den

563 So bereits *C. Gramm*, NZWehrr 2007, S. 221 (228); *R. Schmidt-Radefeldt*, NZWehrr 2008, S. 221 (224).

564 Das Bundesverwaltungsgericht kommt in seinem Urteil zu einer anderen Einschätzung, vgl. BVerwGE 160, 169 (190 f., Rn. 45 f.). Das liegt daran, dass es zwar zunächst den Prüfungsmaßstab des Droh- und Einschüchterungspotentials aufwirft, danach jedoch nur noch darauf abstellt, dass die Streitkräfte lediglich zur Gefahrerforschung tätig wurden und noch keine konkrete Gefahr vorlag. Aus diesem Grund kritisch dazu: *M. Ladiges*, NZWehrr 2018, S. 177 (183 f.); *M. Kutscha*, GSZ 2018, S. 112 (113) kritisiert zudem, dass praktisch nur auf die Absicht der Exekutive abgestellt wurde, hier eine technische Amtshilfeleistung zu erbringen.

565 Vgl. zum Objektschutz durch die Polizei *M. H. W. Möllers*, Wörterbuch der Polizei, 3. Aufl. 2018, S. 1583 (Objektschutz).

566 Siehe auch *J. Senger*, Streitkräfte und Materielles Polizeirecht, S. 62 f., 87.

Raumschutz gelten. Raumschutz in diesem Sinne meint dabei die Sicherung eines – etwa durch Terroranschläge – besonders bedrohten Gebietes; bezweckt wird dabei die Gewährleistung der öffentlichen Sicherheit sowie explizit der Schutz der Bevölkerung und besonders gefährdeter Objekte wie kritischer Infrastruktur.[567] Der Raumschutz geht damit prinzipiell weiter als der Objektschutz, kann jedoch zugleich Objektschutz bezwecken. Eine denkbare Maßnahme des Raumschutzes wäre die weiträumige Absperrung kritischer Infrastruktur mit der Einrichtung von Kontrollstellen und Wachposten bzw. Streifen, die gegen Störer vorgehen können. In diesem Fall würde zugleich Objektschutz in einiger Entfernung zu dem zu schützenden Objekt betrieben werden.

e) Verwendungen im Rahmen von Terrorismusabwehr-Übungen

Im Rahmen der Übung GETEX 2017 wurden *fiktiv* zahlreiche einfache und rein unterstützende Tätigkeiten angefordert, so etwa: Transportkapazitäten, sanitätsdienstliche Verwendungen zur Versorgung von Verletzten, die Aufklärung und Abwehr von Kampfmitteln, Unterbringung und Versorgungsleistungen, Beratung und Bewertung zu chemischen und biologischen Substanzen sowie deren Dekontaminierung und sonstige allgemeine und technische Hilfe.[568] Bei solchen Tätigkeiten würden keine Grundrechtseingriffe drohen, sie stellen damit Verwendungen unterhalb der Einsatzschwelle dar. Auch innerhalb der BAYTEX Übung wurden geschützte Transporte für Verletzte angefragt, am Boden wie auch in der Luft mittels Hubschrauber.[569] Des Weiteren sollten chemische Stoffe dekontaminiert werden und Sprengsätze durch die Streitkräfte entschärft werden.[570] Auch bei diesen fiktiven Verwendungen handelt es sich jeweils um solche, bei denen weder finale Eingriffe drohen noch ein Droh- oder Einschüchterungspotenzial zum Tragen kommt. Damit würde es sich auch bei diesen um Verwendungen ohne Einsatzqualität handeln. Problematischer können – je nach Ausgestaltung – die einzelnen beantragten Luftaufklärungen sowie im Einzelfall die Sicherungs- und Überwachungsaufgaben sein, welche im Rahmen der GETEX Übung fiktiv beantragt wurden.[571] Im Einzelfall könnten dort Eingriffsbefugnisse bestehen oder Grundrechtseingriffe erfolgen bzw. beabsichtigt sein.

---

567 Vgl. zum Raumschutz durch die Polizei *M. H. W. Möllers*, Wörterbuch der Polizei, 3. Aufl. 2018, S. 1810 (Raumschutz).

568 Vgl. BT-Drs. 19/3650, S. 6 f.

569 BT-Drs. 19/3650, S. 5.

570 BT-Drs. 19/3650, S. 5.

571 BT-Drs. 19/3650, S. 6 f.

Das wäre etwa der Fall, wenn gezielt Personen aufgefunden und identifiziert werden sollen oder im Sicherungsfall etwa Betretungsverbote ausgesprochen werden können. In einem solchen Fall würde es sich in der Realität um einen Einsatz im oben genannten Sinne handeln.

Eindeutig einen Einsatz würden die innerhalb der BAYTEX Übung beantragten und durchgeführten Objektschutzaufgaben unter Führung der Polizei darstellen, das gleiche gilt jedenfalls für den Betrieb einer Kontrollstelle, auch wenn diese mit der Polizei gemeinsam errichtet und von dieser geführt wird.[572] Hiermit vergleichbar ist der Schutz der Sammelstelle für Verletzte und Rettungskräfte im Rahmen der BWTEX-Übung. Hierbei bestehen jeweils originäre Zwangs- und Eingriffsbefugnisse seitens der Streitkräfte.

f) Tätigkeiten im Bereich des Cyber- und Informationsraumes

Im Bereich des Cyber- und Informationsraumes sind die denkbaren Tätigkeiten der Streitkräfte vielfältig. So ist der gleichnamige militärische Organisationsbereich der Streitkräfte mit gegenwärtig ca. 14.500 Angehörigen doch die größte Institution dieser Art seitens der Bunderepublik. Dabei soll dieser auch im Sinne einer gesamtstaatlichen Sicherheitsvorsorge den Schutz kritischer Cyber- und IT-Infrastrukturen gewährleisten.[573]

Soweit lediglich die eigenen Systeme der Bundeswehr gesichert werden,[574] kommt diesem Handeln keine Eingriffsqualität zu, sodass diese nicht als Einsatz einzuordnen sind. Entsprechend der Beratungstätigkeiten in anderen Bereichen wäre es anzudenken, dass die Streitkräfte auch im Cyberbereich anderen Behörden beratend zur Seite stehen und ihnen hierfür gegebenenfalls auch Soft- und Hardware zur Sicherung bestimmter Systeme zur Verfügung stellen.[575] Solche Tätigkeiten weisen keinen Eingriffscharakter auf und erreichen damit keine Einsatzqualität.

Ebenfalls soll ein übergreifendes Cyberlagebild[576] erstellt werden. Bei der Erstellung ist darauf zu achten, dass keine Eingriffe in Grundrechte, namentlich

572 BT-Drs. 19/3650, S. 5.

573 *BMVg*, Abschlussbericht Aufbaustab Cyber- und Informationsraum, S. 13; *M. Ladiges*, NZWehrr 2017, S. 221 (222).

574 *BMVg*, Abschlussbericht Aufbaustab Cyber- und Informationsraum, S. 13.

575 *C. Marxsen*, JZ 2017, S. 543 (546).

576 Siehe dazu *BMVg*, Abschlussbericht Aufbaustab Cyber- und Informationsraum, S. 13, 30. In dem Gemeinsamen Lagezentrum CIR führt das Cyberlagebild demnach alle gegenwärtig relevanten und bekannten Informationen, insbesondere „die militärische Nachrichtenlage, die Lage im Informationsumfeld, die Weltraumlage, die zivile Lage, die Lage C-IED, die Betriebslage IT SysBw und die Cyber-Sicherheitslage“ zusammen

Art. 10 GG und das allgemeine Persönlichkeitsrecht in seiner Ausprägung als Grundrecht auf Vertraulichkeit und Integrität informationstechnischer Systeme[577], erfolgen.[578] Ist ein Eingriffszusammenhang so ausgeschlossen, handelt es sich auch bei dieser Verwendung um keinen Einsatz.

Wesentlich problematischer stellen sich Computernetzwerkoperationen im Innern dar. Diese können zwar defensiv ausgestaltet sein und schlicht den Schutz eigener Systeme umfassen, es können allerdings auch offensive Maßnahmen im Cyberraum hierunter fallen.[579] In Betracht kommt dabei die Infiltration fremder Computersysteme zur Gewinnung von Informationen.[580] Darunter ist auch das Ausspähen von Datensätzen, das Abhören des Mobilfunks sowie das Auslesen anderweitiger privater Daten wie Chatverläufe zu fassen. Eine offensive CNO könnte auch auf die Ausschaltung inländischer Computersysteme gerichtet sein, von deren Seite Angriffe auf kritische Infrastruktur (etwa das Stromnetz) oder bestimmte Behörden durchgeführt werden.[581] Gleichermaßen könnten Informations- und Kommunikationssysteme sowie lokale oder regionale Kommunikationswege durch CNO gestört bzw. ausgeschaltet werden.[582] Solche offensiven Computernetzwerkoperationen sind mit ganz erheblichen Grundrechtseingriffen verbunden und weisen damit immer die Qualität eines Einsatzes auf.

Grundrechtsrelevante Eingriffsmaßnahmen des CIR müssen sich allerdings nicht allein im Cyberraum abspielen. So könnte etwa mittels eines Störpanzers der Mobilfunk innerhalb eines bestimmten Territoriums unterbunden werden. Auf diese Weise könnte die Kommunikation erschwert oder die Fernzündung

---

und verknüpft diese „zu einem höheren Erkenntnisgrad". Die verschiedenen Informationen für den Cyberraum werden also zusammengeführt und analysiert.

577 BVerfGE 120, 274 (302, Rn. 166).

578 So auch *C. Marxsen*, JZ 2017, S. 543 (547); in diesem Kontext vgl. auch zum Grundrechtsschutz im Cyberraum *S. C. Spies-Otto*, NZWehrr 2016, S. 133 (134 ff.); vgl. auch *R. Schmidt-Radefeldt*, Inlandseinsätze der Armee und Militarisierung der Polizei, in: U. Kischel/S. Grf. v. Kielmansegg, Rechtsdurchsetzung mit militärischen Mitteln, S. 1 (25).

579 *C. Marxsen*, JZ 2017, S. 543 (544); vgl. auch *H. Krieger*, in: B. Schmidt-Bleibtreu/H. Hofmann/H.-G. Henneke, GG Kommentar, Art. 87a Rn. 15.

580 *M. Ladiges*, NZWehrr 2017, S. 221 (229); *C. Marxsen*, JZ 2017, S. 543 (549).

581 So *C. Marxsen*, JZ 2017, S. 543 (547).

582 In diese Richtung wohl auch *C. M. Scheuren*, BWV 2017, S. 124 (127), der die Elektronische Kampfführung bei der Störung von Kommunikationswegen in Erwägung zieht.

einer Bombe verhindert werden. Auch solche Störmaßnahmen stehen unzweifelhaft in einem Eingriffszusammenhang.

II. Der Begriff der „Verteidigung" im Sinne des Art. 87a Abs. 2 GG

Soweit eine Verwendung der Streitkräfte Einsatzqualität erreicht, ist zu hinterfragen, ob diese zur „Verteidigung" erfolgt. Über Inhalt und Reichweite des Begriffs der Verteidigung herrscht seit Jahrzehnten Streit im Schrifttum. Das Bundesverfassungsgericht ließ diese Frage in seinem Grundsatzurteil zum Auslandseinsatz („out of Area"-Entscheidung) ausdrücklich offen.[583] Seither bezog das Bundesverfassungsgericht keine Stellung mehr zu der Bedeutung des Begriffs. Lediglich das Bundesverwaltungsgericht befasste sich bereits hiermit.[584] Im Folgenden wird daher einerseits zwischen allgemein anerkannten Aspekten als auch streitigen Aspekten unterschieden, die relevant für die Frage sind, ob und inwieweit auch die Abwehr terroristischer Angriffe bzw. Bedrohungen unter den Begriff der Verteidigung fallen.

1. Anerkannte Aspekte im Rahmen des Verteidigungsbegriffs

In dem Streit um den Inhalt des Verteidigungsbegriffs zeichnen sich Aspekte ab, die mittlerweile praktisch unstreitig geworden sind.

So steht außer Zweifel, dass Art. 87a Abs. 1 S. 1, Abs. 2 GG überhaupt eine Ermächtigungsgrundlage für den Einsatz der Streitkräfte zur Verteidigung aufstellt.[585] Diese deckt dabei auch einen Einsatz im Inland ab.[586] Vorzugswürdig erscheint heute die Heranziehung des Art. 87a Abs. 2 GG, der insoweit zumindest Tatbestand und Rechtsfolge enthält und daher die typischen Merkmale einer Ermächtigungsgrundlage aufweist. Für eine solche Sichtweise spricht auch der Auslegungsgrundsatz *lex posterior derogat legi priori*, sodass jedenfalls seit

---

583 BVerfGE 90, 286 (355 f.).

584 BVerwGE 127, 1 (11, Rn. 51); 127, 302 (311 f.).

585 Vgl. *J.-P. Fiebig*, Der Einsatz der Bundeswehr im Innern, S. 210; *M. Ladiges*, Die Bekämpfung nicht-staatlicher Angreifer im Luftraum, S. 54; *J. Senger*, Streitkräfte und Materielles Polizeirecht, S. 68 ff; bezogen auf Art. 87a Abs. 2 GG *V. Epping*, in: ders./ C. Hillgruber, BeckOK GG, Art. 87a Rn. 4.1.

586 *M. Ladiges*, Die Bekämpfung nicht-staatlicher Angreifer im Luftraum, S. 117, 506; *ders.*, JuS 2015, S. 598 (600); *ders./R. Glawe*, DÖV 2011, S. 621 (623); *M. Baldus/ S. Müller-Franken*, in: H. v. Mangoldt/F. Klein/C. Starck, GG Kommentar, Bd. 3, Art. 87a Rn. 53.

1968 der jüngere und speziellere Art. 87a Abs. 2 GG die richtige Ermächtigungsgrundlage für den Verteidigungseinsatz darstellt.[587] Wegen der einheitlichen Definition des Begriffs der Verteidigung in beiden Absätzen kommt diesem Streit keine gesteigerte Bedeutung zu.[588]

In der Vergangenheit wurde weiterhin teils die Auffassung vertreten, dass der Begriff der Verteidigung im Sinne des Art. 87a Abs. 2 GG identisch mit dem des Verteidigungsfalles aus Art. 115a Abs. 1 GG sei.[589] Heute besteht Einigkeit darüber, dass keine Identität zwischen „Verteidigung" und „Verteidigungsfall" besteht.[590] Aus der Rechtsprechung des Bundesverfassungsgerichts ergibt sich letztlich nichts anderes.[591] Hierfür lassen sich überzeugende Argumente ins

---

587 *M. Baldus*, in: H. v. Mangoldt/F. Klein/C. Starck, GG Kommentar, Bd. 3, 6. Aufl. 2010, Art. 87a Rn. 14; *C. Lutze*, NZWehrr 2003, S. 101 (107); *J.-P. Fiebig*, Der Einsatz der Bundeswehr im Innern, S. 210 Fn. 2; *J. Senger*, Streitkräfte und Materielles Polizeirecht, S. 69; für die andere Auffassung siehe etwa *P. Kirchhof*, FS R. Bernhardt, 1995, S. 797 (805); *K. Dau*, NZWehrr 1998, S. 89 (92).

588 *J.-P. Fiebig*, Der Einsatz der Bundeswehr im Innern, S. 210; *M. Ladiges*, Die Bekämpfung nicht-staatlicher Angreifer im Luftraum, S. 55.

589 *C. Arndt*, DÖV 1992, S. 618 (619); *B. K. W. Bähr*, ZRP 1994, S. 97 (99); *M. Kutscha*, NVwZ 2004, S. 801 (803 f.); *T. Heinicke*, KJ 2009, S. 178 (186 f.); *A. Coridaß*, Der Auslandseinsatz, S. 42 ff.; vgl. auch *M. Bartke*, Verteidigungsauftrag der Bundeswehr, S. 67 ff. und 77 ff.

590 *K. Ipsen*, in: K.-D. Schwarz, Sicherheitspolitik, S. 615 (617 ff.); *E. Busch*, NZWehrr 1981, S. 52 (56); *C. Lutze*, NZWehrr 2003, S. 101 (108); *T. Breitwieser*, NZWehrr 2009, S. 150 (160); *S. Schiedermair*, AöR 135 (2010), S. 185 (213); *P. Reimer/S. Kempny*, VR 2011, S. 253 (254); *M. Ladiges/R. Glawe*, DÖV 2011, S. 621 (622); *F. Schoch*, Jura 2013, S. 255 (262); *M. Payandeh/H. Sauer*, ZRP 2016, S. 34 (37); *J. D. Riemenschneider*, NZWehrr 2019, S. 191 (192 f.); *F. Kirchhof*, Verteidigung und Bundeswehr, in: J. Isensee/P. Kirchhof, HStR IV, § 84 Rn. 49; *O. Depenheuer*, in: T. Maunz/G. Dürig, GG Kommentar, Art. 87a (2008) Rn. 100; *M. Baldus/S. Müller-Franken*, in: H. v. Mangoldt/F. Klein/C. Starck, GG Kommentar, Bd. 3, Art. 87a Rn. 44; *J. Kokott/D. Hummel*, in: M. Sachs, GG Kommentar, Art. 87a Rn. 23; *W. Heun*, in: H. Dreier, GG Kommentar, Bd. III, Art. 87a Rn. 11; *M. Kment*, in: H. D. Jarass/B. Pieroth, GG Kommentar, Art. 87a Rn. 10; *H. A. Wolff*, in: D. Hömig/ders., GG Kommentar, Art. 87a Rn. 3; *S. Schmahl*, in: H. Sodan, GG Kommentar, Art. 87a Rn. 7; *H. Sauer*, Staatsrecht III, § 5 Rn. 8; *F. Schorkopf*, Staatsrecht der internationalen Beziehungen, § 6 Rn. 26; *W. Grubert*, Verteidigungsfremde Verwendungen der Streitkräfte, S. 220; *J.-P. Fiebig*, Der Einsatz der Bundeswehr im Innern, S. 233 f.; *M. Ladiges*, Die Bekämpfung nicht-staatlicher Angreifer im Luftraum, S. 59 f.; *J. Senger*, Streitkräfte und Materielles Polizeirecht, S. 94 ff.; *H. Rehage*, Der Einsatz deutscher Streitkräfte, S. 48.

591 Siehe BVerfGE 90, 286 (385 f.), so urteilte das Bundesverfassungsgericht, dass die Feststellung des Verteidigungsfalles nicht konstitutiv für den Einsatz zur Verteidigung

Feld führen: So unterscheidet sich schon der Wortlaut des Art. 87a Abs. 2 GG „Verteidigung" gegenüber dem „Verteidigungsfall" aus Art. 115a Abs. 1 GG.[592] Systematisch ist Art. 87a Abs. 2 GG im VIII. Abschnitt des Grundgesetzes „Die Ausführung der Bundesgesetze und die Bundesverwaltung" niedergelegt, wohingegen Art. 115a eigenständig im Abschnitt Xa. „Verteidigungsfall" geregelt wurde.[593] Art. 87a GG unterscheidet zudem selbst zwischen der „Verteidigung" in Absatz 2 sowie dem „Verteidigungsfall" im Rahmen des Absatz 3.[594] Des Weiteren bezweckt Art. 115a GG die Umstellung von dem Normalzustand der Verfassung zu der Notstandsverfassung mit weitreichenden Auswirkungen auf die Verfassungsordnung.[595] Im Ergebnis kann aber davon ausgegangen werden, dass ein Fall der Verteidigung im Sinne des Art. 87a Abs. 2 GG auch im Verteidigungsfall gem. Art. 115a GG regelmäßig vorliegt, die Verteidigung aber weiter auszulegen ist als der Verteidigungsfall.[596]

---

ist. In seinem Lissabon-Urteil stellte es diese Aussage mit der Formulierung, der Auslandseinsatz sei „außer im Verteidigungsfall nur in Systemen gegenseitiger kollektiver Sicherheit erlaubt (Art. 24 Abs. 2 GG)" in Frage, vgl. BVerfGE 123, 267 (360). Die Literatur fasste diese Aussage als unüberlegtes Versehen auf, vgl. zu der Diskussion *M. Ladiges,* Die Bekämpfung nicht-staatlicher Angreifer im Luftraum, S. 505 f. m.w.N.; *ders.*, JuS 2015, S. 598 (600); *ders./R. Glawe*, DÖV 2011, S. 621 (622) mit Argumenten. Teils wird vertreten, dass das Bundesverfassungsgericht in seinem Urteil zur Evakuierung aus Libyen diese Aussage selbst korrigiert habe, vgl. BVerfGE 140, 160 (188 f., Rn. 69); *R. Glawe*, NVwZ 2015, S. 1602 (1603); *H. Sauer*, in: W. Kahl/C. Waldhoff/C. Walter, Bonner Kommentar zum Grundgesetz, Art. 24 (2019) Rn. 320; kritisch *M. Sachs*, Jus 2016, S. 94 (95).

592 So auch *J.-P. Fiebig,* Der Einsatz der Bundeswehr im Innern, S. 233; *J. Senger,* Streitkräfte und Materielles Polizeirecht, S. 94; *H. Rehage*, Der Einsatz deutscher Streitkräfte, S. 48; *M. Kment*, in: H. D. Jarass/B. Pieroth, GG Kommentar, Art. 87a Rn. 10.

593 *J. Senger,* Streitkräfte und Materielles Polizeirecht, S. 95.

594 *J.-P. Fiebig,* Der Einsatz der Bundeswehr im Innern, S. 234; *H. Rehage*, Der Einsatz deutscher Streitkräfte, S. 48; *J. Kokott/D. Hummel*, in: M. Sachs, GG Kommentar, Art. 87a Rn. 23; *S. Schmahl*, in: H. Sodan, GG Kommentar, Art. 87a Rn 7.

595 Vgl. BVerfGE 90, 286 (386); siehe auch *M. Ladiges,* Die Bekämpfung nicht-staatlicher Angreifer im Luftraum, S. 60; *J. Senger,* Streitkräfte und Materielles Polizeirecht, S. 95 f.; *H. Rehage*, Der Einsatz deutscher Streitkräfte, S. 49; *M. Baldus/S. Müller-Franken*, in: H. v. Mangoldt/F. Klein/C. Starck, GG Kommentar, Bd. 3, Art. 87a Rn. 44.

596 *E. Busch*, NZWehrr 1981, S. 52 (56); *J. D. Riemenschneider*, NZWehrr 2019, S. 191 (193); *M. Schultz*, Auslandsentsendung, S. 201; *O. Depenheuer*, in: T. Maunz/G. Dürig, GG Kommentar, Art. 87a (2008) Rn. 100; *J. Senger,* Streitkräfte und Materielles Polizeirecht, S. 96; *M. Ladiges,* Die Bekämpfung nicht-staatlicher Angreifer im Luftraum, S. 59 f.

Einigkeit besteht auch dahingehend, dass unter der „Verteidigung" *jedenfalls* „die Abwehr eines von außen kommenden militärischen Angriffs durch Angreifer mit Kombattantenstatus" verstanden wird.[597] Teilweise wird anstelle des Angriffs durch Kombattanten der Angriff durch einen souveränen Staat vorausgesetzt.[598] In zwischenstaatlichen Konflikten ergibt das keinen Unterschied, da Kombattanten regelmäßig Angehörige von Streitkräften eines souveränen Staates sind.[599] Ein Unterschied kann sich jedoch dahingehend ergeben, dass ein Angriff durch einen Staat in diesem Sinne auch bei staatlicher Zurechenbarkeit bzw. Verantwortlichkeit für Angriffe von Seiten Privater bestehen könnte. Auch die „Eigensicherung der Streitkräfte" wird zu der Verteidigung gezählt.[600] Das Verteidigungsobjekt stellt hierbei zumindest die Bundesrepublik Deutschland dar.[601] Dies erfasst entsprechend der Drei-Elemente-Lehre von *Georg Jellinek*[602] sowohl das Staatsgebiet als auch die Staatsgewalt und das Staatsvolk.[603] Daneben

---

597 *W. Schreiber*, DÖV 1969, S. 729 (730); *D. Wiefelspütz*, NZWehrr 2003, S. 45 (55); *D. Wiefelspütz*, Die Polizei 2003, S. 301 (302); *K. Odendahl*, Die Verwaltung 38 (2005), S. 425 (438 f.); *F. Kirchhof*, Verteidigung und Bundeswehr, in: J. Isensee/P. Kirchhof, HStR IV, § 84 Rn. 49; *F. Schorkopf*, Staatsrecht der internationalen Beziehungen, § 6 Rn. 26; ohne ausdrücklich den Kombattantenstatus vorauszusetzen: *C. Lutze*, NZWehrr 2003, S. 101 (109); *F. Hase*, DÖV 2006, S. 213 (214); *J. Martínez Soria*, DVBl. 2004, S. 597 (605); in diese Richtung auch *E. B. Franz*, Der Staat 45 (2006), S. 501 (543); *H. Sattler*, NVwZ 2004, S. 1286; anders dagegen etwa *O. Depenheuer*, ZG 2008, S. 1 (8 f.), der die Verteidigung eröffnet sieht gegen „militärische Angriffe auf den Bestand und die Sicherheit des Staates".

598 *M. Baldus*, NVwZ 2004, S. 1278 (1280 f.); *F. Schoch*, Jura 2013, S. 255 (262); *D. Wiefelspütz*, Abwehr terroristischer Anschläge, S. 17; *J.-P. Fiebig*, Der Einsatz der Bundeswehr im Innern, S. 275; in diese Richtung auch *M. Bäumerich/M. Schneider*, NVwZ 2017, S. 189 (190); *M. Baldus/S. Müller-Franken*, in: H. v. Mangoldt/F. Klein/C. Starck, GG Kommentar, Bd. 3, Art. 87a Rn. 48.

599 *K. Odendahl*, Die Verwaltung 38 (2005), S. 425 (439).

600 *M. Ladiges*, Die Bekämpfung nicht-staatlicher Angreifer im Luftraum, S. 60.

601 *C. Arndt*, DÖV 1992, S. 618; *D. Wiefelspütz*, NZWehrr 2003, S. 45 (55); *P. Dreist*, NZWehrr 2004, S. 89 (95); *C. Gramm*, Die Verwaltung 41 (2008), S. 375 (383); *D. Wiefelspütz*, Abwehr terroristischer Anschläge, S. 14; *W. Grubert*, Verteidigungsfremde Verwendungen der Streitkräfte, S. 229; *M. Baldus/S. Müller-Franken*, in: H. v. Mangoldt/F. Klein/C. Starck, GG Kommentar, Bd. 3, Art. 87a Rn. 43.

602 Vgl. *G. Jellinek*, Allgemeine Staatslehre, S. 394 ff.

603 *F. Kirchhof*, Verteidigung und Bundeswehr, in: J. Isensee/P. Kirchhof, HStR IV, § 84 Rn. 52; *O. Depenheuer*, in: T. Maunz/G. Dürig, GG Kommentar, Art. 87a (2008) Rn. 37.

wird auch der Bündnisfall bzw. die Bündnisverteidigung[604] zu der Verteidigung gezählt.

Nach diesem eher engen Begriffsverständnis werden (nichtstaatliche) terroristische Bedrohungen im hier untersuchten Sinne nicht von dem Begriff der Verteidigung umfasst. Es ist allerdings anerkannt, dass der Verfassungsbegriff der Verteidigung offen und Entwicklungen zugänglich ist.[605] So bestimmt dieser wortwörtlich weder das Verteidigungsobjekt noch die Verteidigungshandlung oder den Angreifer.[606] Ob diesem heute eine weitere Auslegung zugrunde zu legen ist und inwieweit diese terroristische Anschläge erfasst, ist im Folgenden nachzugehen.

2. *Anwendbarkeit auf terroristische Angriffe – zu der „Neuausrichtung" des Begriffs der Verteidigung*

Für die Gewährleistung eines effektiven Verteidigungseinsatzes im Sinne dieser Untersuchung müssten auch (nichtstaatliche) terroristische Angriffe unter den Begriff der Verteidigung zu subsumieren sein. Diese Problematik wird bereits seit einigen Jahren diskutiert. Mehrfach wird diese Entwicklung im Schrifttum namentlich als „Neuausrichtung"[607] des Begriffs der Verteidigung bezeichnet. Zu hinterfragen ist insoweit vor allem, inwieweit der Angriff „von außen" erfolgen muss oder eine Abkehr von diesem Kriterium möglich erscheint und inwieweit das Angriffssubjekt Kombattantenstatus aufweisen muss bzw. die Verteidigung einen Angriff von Seiten eines souveränen Staates voraussetzt. Darüber hinaus ist

---

604 *G. Krings/C. Burkiczak*, DÖV 2002, S. 501 (504 f.); siehe auch *J. D. Riemenschneider*, NZWehrr 2019, S. 191 (197); *D. Wiefelspütz*, Abwehr terroristischer Anschläge, S. 14; *Schorkopf*, Staatsrecht der internationalen Beziehungen, § 6 Rn. 26; *H. Sauer*, Staatsrecht III, § 5 Rn. 8; *M. Baldus/S. Müller-Franken*, in: H. v. Mangoldt/F. Klein/C. Starck, GG Kommentar, Bd. 3, Art. 87a Rn. 43.

605 *C. Lutze*, NZWehrr 2003, S. 101 (112 f.); *M. Baldus*, NVwZ 2004, S. 1278 (1280); *S. Schiedermair*, AöR 135 (2010), S. 185 (213); *J. Senger*, Streitkräfte und Materielles Polizeirecht, S. 97, 103; *H. Rehage*, Der Einsatz deutscher Streitkräfte, S. 48; *O. Depenheuer*, in: T. Maunz/G. Dürig, GG Kommentar, Art. 87a (2008) Rn. 58; *V. Epping*, in: ders./C. Hillgruber, BeckOK GG, Art. 87a Rn. 4; *M. Baldus/S. Müller-Franken*, in: H. v. Mangoldt/F. Klein/C. Starck, GG Kommentar, Bd. 3, Art. 87a Rn. 39; *J. Kokott/D. Hummel*, in: M. Sachs, GG Kommentar, Art. 87a Rn. 37.

606 *M. Baldus*, NVwZ 2004, S. 1278 (1280).

607 *C. Lutze*, NZWehrr 2003, S. 101 (111); *M. Droege*, NZWehrr 2005, S. 199 (206); *M. Ladiges*, Die Bekämpfung nicht-staatlicher Angreifer im Luftraum, S. 61, 96 ff.; *H. Rehage*, Der Einsatz deutscher Streitkräfte, S. 72, 78.

zu hinterfragen, wann ein militärischer Angriff vorliegt und welche Auswirkung die Entwicklung in der Diskussion des Selbstverteidigungsrechts gem. Art. 51 UN-Ch auf die Auslegung des Verteidigungsbegriffs im Grundgesetz entfaltet.

a) Angriff „von außen“

Von gehobener Bedeutung ist zunächst, ob der potenzielle Angriff tatsächlich „von außen“ erfolgen muss und wann dieser Außenbezug – insbesondere im Falle eines terroristischen Angriffs – erfüllt wird.

aa) Entbehrlichkeit des Merkmals?

Otto Depenheuer warf die Frage in den Diskurs ein, inwieweit das Merkmal des Angriffs „von außen“ überhaupt bestimmend für den Einsatz zur Verteidigung sein könne.[608] Dieses stelle eher einen reinen Sekundärindikator dar, der auch entfallen könne.[609] Gerade im Falle eines terroristischen Angriffs solle „die Unterscheidung nach der Angriffsherkunft“ versagen und dem Auftrag zur Verteidigung entgegenwirken.[610] Dieser Auftrag richte sich nach *Otto Depenheuer* „gegen militärische Angriffe auf den Bestand und die Sicherheit des Staates“[611]. Die effektive Wahrnehmung dieser Aufgabe sei entscheidend.[612] Maßgeblich sei daher als Primärindikator die Auswirkung des Angriffs bzw. die Gefahrintensität für das Gemeinwesen.[613] Dass diese Kriterien entscheidend seien, zeige sich systematisch auch durch die Regelung des Art. 87a Abs. 4 S. 1 GG: Nach dieser Regelung dürften die Streitkräfte unter den dort beschriebenen Voraussetzungen aus eigenem Recht eine drohende Gefahr im inneren Notstand abwehren. [614] Damit sei die Auffassung widerlegt, dass ein Einsatz der Streitkräfte zur Verteidigung lediglich bei Außenbezug des Angriffs gerechtfertigt sei.[615] Darüber hinaus bestätige Art. 87a Abs. 4 S. 1 auch die Intensität der Gefahr als maßgebliches Kriterium, da die Norm den Streitkräfteeinsatz ermögliche, wenn „Polizeikräfte

608 Vgl. *O. Depenheuer*, in: T. Maunz/G. Dürig, GG Kommentar, Art. 87a (2008) Rn. 92 ff.; *ders.*, ZG 2008, S. 1 (8 f.); in diese Richtung auch *M. Baldus/S. Müller-Franken*, in: H. v. Mangoldt/F. Klein/C. Starck, GG Kommentar, Bd. 3, Art. 87a Rn. 53.

609 *O. Depenheuer*, in: T. Maunz/G. Dürig, GG Kommentar, Art. 87a (2008) Rn. 92.

610 *O. Depenheuer*, in: T. Maunz/G. Dürig, GG Kommentar, Art. 87a (2008) Rn. 92.

611 *O. Depenheuer*, ZG 2008, S. 1 (8 f.).

612 *O. Depenheuer*, ZG 2008, S. 1 (8).

613 *O. Depenheuer*, in: T. Maunz/G. Dürig, GG Kommentar, Art. 87a (2008) Rn. 91, 94.

614 *O. Depenheuer*, in: T. Maunz/G. Dürig, GG Kommentar, Art. 87a (2008) Rn. 94.

615 *O. Depenheuer*, in: T. Maunz/G. Dürig, GG Kommentar, Art. 87a (2008) Rn. 94.

sowie der Bundesgrenzschutz nicht ausreichen".[616] *Otto Depenheuer* verfolgt generell den Ansatz, den gesamten Verteidigungsbegriff orientiert am „effet utile" Grundsatz als praktisch einzige Interpretationsmaxime auszulegen.[617] Das Gebot effektiver Gefahrenabwehr leite demnach jede Interpretation allein an, es verbiete auch negative Kompetenzkonflikte.[618]

bb) Erforderlichkeit des Merkmals

Dass der Außenbezug eines Angriffs eine wesentliche Bedingung für einen Verteidigungseinsatz der Streitkräfte ist, lässt sich allerdings verlässlich anhand der Systematik und Entstehungsgeschichte der Norm herleiten. Gerade die Systematik des Art. 87a GG legt eine solche Sichtweise nahe: So ergibt sich bereits aus der Gegenüberstellung der Art. 87a Abs. 1 S. 1, Abs. 2 GG und Art. 87a Abs. 4 GG, dass der Angriff außerhalb von der eigenen Staatsgrenze entstammen muss.[619] Die Einsatzkompetenz des Art. 87a Abs. 4 GG ist systematisch hinter dem Abs. 2 verortet, was grundlegend dafür spricht, dass dieser eine „ausdrückliche Zulassung" im Sinne des Abs. 2 darstellt und keinen Anwendungsfall des Verteidigungseinsatzes regelt.[620] Art. 87a Abs. 4 GG normiert den Streitkräfteeinsatz im inneren Notstand und damit eine der vier speziellen Ausnahmevorschriften für den Inneneinsatz. Die Norm ist auf die Abwehr rein innerer Gefahren ausgelegt.[621] Systematisch lässt dies einen Rückschluss auf den Außenbezug der Verteidigung zu.[622] Weiterhin kann aus dem Tatbestand des Art. 87a Abs. 4 S. 1 GG, der einen Einsatz unter anderem erst dann vorsieht, wenn „Polizeikräfte sowie der Bundesgrenzschutz nicht ausreichen" kein Rückschluss gebildet werden, dass die Gefahrintensität allein ausschlaggebend wäre. Dies ließe unbeachtet, dass es sich hierbei lediglich um eine der Tatbestandsvoraussetzungen der Norm handelt, die zum Zwecke der effektiven Gefahrenabwehr zu der Durchbrechung des Trennungsprinzips führt.[623] Daraus ergibt sich systematisch, dass

---

616 *O. Depenheuer*, in: T. Maunz/G. Dürig, GG Kommentar, Art. 87a (2008) Rn. 94.

617 *O. Depenheuer*, in: T. Maunz/G. Dürig, GG Kommentar, Art. 87a (2008) Rn. 14, 52.

618 Unter Bezug auf das gesamte Sicherheitsverfassungsrecht *O. Depenheuer*, in: T. Maunz/G. Dürig, GG Kommentar, Art. 87a (2008) Rn. 9.

619 *E. Schmidt-Jortzig*, DÖV 2002, S. 773 (775); *G. Krings/C. Burkiczak*, NWVBl. 2004, S. 249 (251); *D. Winkler*, DÖV 2006, S. 149 (153); *F. Schoch*, Jura 2013, S. 255 (262); *M. Kment*, in: H. D. Jarass/B. Pieroth, GG Kommentar, Art. 87a Rn. 10.

620 *D. Winkler*, DÖV 2006, S. 149 (153).

621 Siehe unten, Teil 2, B. II. 1. a) cc).

622 So auch *V. Epping*, in: ders./C. Hillgruber, BeckOK GG, Art. 87a Rn. 5.

623 Siehe oben, Teil 1, B. II. und unten Teil 2, C. VI. 3. c) bb).

diese Voraussetzung nicht isoliert von der Norm betrachtet werden kann, die eine äußerst restriktive Einsatzmöglichkeit vorsieht. Dazu besteht bei einem auf Grundlage des Art. 87a Abs. 4 S. 1 GG initiierten Streitkräfteeinsatz – anders als bei einem Verteidigungseinsatz im Innern – das Recht eines Einstellungsverlangens seitens des Bundestages und Bundesrates gem. Art. 87a Abs. 4 S. 2 GG.[624] Auch dies setzt eine Abgrenzung zwischen einem Angriff von außen bzw. von innen voraus.[625]

Ein wichtiges systematisches Argument ergibt sich aus einer Gesamtschau derjenigen Normen, die den Streitkräfteeinsatz im Innern ausnahmsweise zulassen. Dies sind die Art. 35 Abs. 2 S. 2, Abs. 3 S. 1 GG sowie die Art. 87a Abs. 3 und Abs. 4 GG. Alle diese Normen beziehen sich auf die Abwehr innerer Gefahren.[626] Wäre die Abwehr dieser Gefahren aus dem Innern bereits auf Grundlage des Art. 87a Abs. 2 GG zulässig, so käme es an dieser Stelle zu einer verfassungsgesetzgeberischen Redundanz.[627] Gerade die speziellen Regelungen für Inlandseinsätze der Streitkräfte sprechen damit systematisch für die Außengerichtetheit der Verteidigung.[628] Auch die Aufrechterhaltung der prinzipiellen Trennung von Polizei und Militär bzw. innerer und äußerer Sicherheit und der damit einhergehenden Trennung der polizeilichen Gefahrenabwehr nach innen sowie der militärischen Gefahrenabwehr nach außen (Trennungsprinzip) spricht dafür, dass die Verteidigung gerade die Abwehr eines von außen kommenden Angreifers umfasst.[629]

Entstehungsgeschichtlich zeichnet sich nur ein Indiz für den Außenbezug der Verteidigung ab.[630] Dieses folgt aus dem Bericht des Rechtsausschusses der 2. Wahlperiode in Bezug auf die Schaffung des Art. 143 GG a.F., der klarstellen sollte, dass „bei der gegenwärtigen Verfassungslage keine Befugnis besteht,

---

624 *M. Ladiges*, Die Bekämpfung nicht-staatlicher Angreifer im Luftraum, S. 504 f.

625 So *M. Ladiges*, Die Bekämpfung nicht-staatlicher Angreifer im Luftraum, S. 504 f.

626 Vgl. *J.-P. Fiebig*, Der Einsatz der Bundeswehr im Innern, S. 236 ff., der diesen Befund auch für Art. 87a Abs. 3 GG feststellt.

627 *J.-P. Fiebig*, Der Einsatz der Bundeswehr im Innern, S. 236.

628 In diese Richtung bereits *E. Schmidt-Jortzig*, DÖV 2002, S. 773 (775); so auch *J.-P. Fiebig*, Der Einsatz der Bundeswehr im Innern, S. 243; *H. Krieger*, in: B. Schmidt-Bleibtreu/H. Hofmann/H.-G. Henneke, GG Kommentar, Art. 87a Rn. 11, 13b.

629 Siehe dazu insgesamt oben, Teil 1 B. II. und III., auch zu einer ebenso zu beachtenden sich ereignenden Einebnung der Grenzen zwischen innerer und äußerer Sicherheit; siehe auch *J.-P. Fiebig*, Der Einsatz der Bundeswehr im Innern, S. 219, 264 f.

630 Für eine detaillierte Auswertung der historischen und entstehungsgeschichtlichen Aspekte siehe *J.-P. Fiebig*, Der Einsatz der Bundeswehr im Innern, S. 220 ff.

die Bundeswehr bei einem inneren Notstand einzusetzen“[631]. Der „innere Notstand“ kann dabei als besonders schwere innere Gefahrenlage verstanden werden.[632] Daraus lässt sich ableiten, dass „Verteidigung“ die Abwehr äußerer Gefahren umfasst, nicht jedoch innerer Gefahren.[633] Dieser Eindruck verstärkt sich durch den Regierungsentwurf der 4. Wahlperiode, der eine klare Trennung zwischen äußeren und inneren Gefahren in dessen Abschnitt Xa. und Xb. vorsah.[634] Die Schaffung der Wehrverfassung von 1956 ist auch vor dem Kontext des Warschauer Paktes und des Kalten Krieges zu sehen, was ebenfalls für die Außengerichtetheit der Verteidigung auf kriegerische Handlungen anderer Staaten spricht.[635] Dies schließt allerdings noch nicht aus, dass auch sonstige äußere Gefahren durch nichtstaatliche Angreifer erfasst werden.[636] Die wirksame Abwehr von äußeren Gefahren ist weiterhin ein tragender Zweck der Norm.[637] Insgesamt ist daher an dem Erfordernis eines Angriffs „von außen“ festzuhalten.

cc) Erfüllung des Merkmals durch terroristische Anschläge

Ist ein solcher Angriff „von außen“ also unumgänglich, so stellt sich die Frage, ob und unter welchen Voraussetzungen ein terroristischer Anschlag einen solchen Außenbezug zu erfüllen vermag.

Teilweise wird in diesem Zusammenhang formal auf einen Grenzübertritt abgestellt, der eine einfache Abgrenzung gewährleiste.[638] Auf diese Weise sei ein im Ausland gestartetes und entführtes Flugzeug bei Passieren der Grenze als äußerer Angriff zu werten.[639] Dagegen spricht, dass mit einem gezielten Angriff erst innerhalb der Bundesrepublik, also bei Angriffsbeginn nach Grenzübertritt, die Kompetenz zur Verteidigung entzogen werden könnte.[640] So wäre eine

---

631 BT-Drs. II/2150, S. 5.

632 *J.-P. Fiebig,* Der Einsatz der Bundeswehr im Innern, S. 224.

633 Näher zu diesem Argument *J.-P. Fiebig,* Der Einsatz der Bundeswehr im Innern, S. 224 f.; *M. Ladiges,* Die Bekämpfung nicht-staatlicher Angreifer im Luftraum, S. 112.

634 BT-Drs. IV/891, S. 2f.; näher dazu *J.-P. Fiebig,* Der Einsatz der Bundeswehr im Innern, S. 225 f., der diese Trennung im Benda Entwurf (BT-Drs. IV/3494) gemindert, aber nicht aufgehoben sieht, vgl. dazu S. 226.

635 *J.-P. Fiebig,* Der Einsatz der Bundeswehr im Innern, S. 229 mit Verweis auf *M. Schultz,* Auslandsentsendung, S. 108, der die Außengerichtetheit der Verteidigung betont.

636 *M. Ladiges,* Die Bekämpfung nicht-staatlicher Angreifer im Luftraum, S. 113.

637 Vgl. *J.-P. Fiebig,* Der Einsatz der Bundeswehr im Innern, S. 256 ff., 272 f.

638 *M. G. Fischer,* JZ 2004, S. 376 (380); ablehnend *C. Lutze,* NZWehrr 2003, S. 101 (114); *M. Ladiges,* Die Bekämpfung nicht-staatlicher Angreifer im Luftraum, S. 122 f.

639 *M. Ladiges,* Die Bekämpfung nicht-staatlicher Angreifer im Luftraum, S. 120 ff.

640 *M. Ladiges,* Die Bekämpfung nicht-staatlicher Angreifer im Luftraum, S. 124.

Verteidigung gegen mittelbare Angriffe von außen, bei denen sich die Angreifer zunächst friedlich in die Bundesrepublik begeben, ausgeschlossen, obwohl diese gegebenenfalls von außerhalb geplant, gelenkt oder gefördert werden.[641]

Als wohl herrschende Meinung hat sich deshalb mittlerweile die Auffassung etabliert, dass für die Erfüllung des Merkmals „von außen" eine Steuerung bzw. Beherrschung des Angriffs aus dem Ausland, insbesondere durch eine internationale Terrororganisation hinreichend ist.[642] Dabei finden sich häufig Anleihen an die strafrechtliche Tatherrschaftslehre, sodass eine Tatherrschaft bzw. Gestaltungsherrschaft von Hintermännern aus dem Ausland hinreichend ist.[643] Die Bundesrepublik Deutschland werde so nicht schutzlos gegenüber äußeren Angriffen nichtstaatlicher Seite gestellt.[644] Maßgeblich für die Abgrenzung, ob ein Außenbezug des Angriffs vorliege, sei der Unterschied zwischen innerem und äußerem Notstand, welcher in der Verfassung angelegt ist.[645] Auch werde mittels der Abgrenzung über die Steuerung eines Angriffs aus dem Ausland das Trennungsprinzip gewahrt, da gegen innere Gefahren nach wie vor die Polizei zuständig bleibe.[646] Tatsächlich erscheint die Steuerung bzw. (qualifizierte) Förderung des Angriffs aus dem Ausland als ein Kriterium, mit dem eine sachgerechte Abgrenzung des Außenbezugs eines Angriffs mit Blick auf den Schutzzweck des Art. 87a Abs. 2 GG möglich ist. Bei einem von einer Terrororganisation entsendeten Hit-Team wäre nach diesem Maßstab ein Außenbezug anzunehmen. Problematisch kann die Einordnung nicht von der Organisation entsandter Zellen sein, die sich im Inland gebildet haben, sich selbst aber zu

---

641 *M. Ladiges*, Die Bekämpfung nicht-staatlicher Angreifer im Luftraum, S. 124.

642 *C. Lutze*, NZWehrr 2003, S. 101 (114); *H. Sattler*, NVwZ 2004, S. 1286; *E. B. Franz*, Der Staat 45 (2006), S. 501 (544); *M. Ladiges*, JuS 2015, S. 598 (600); *D. Wiefelspütz*, NWVBl. 2006, S. 41 (42); *ders.*, AöR 2007, S. 44 (65); *V. Epping*, in: ders./C. Hillgruber, BeckOK GG, Art. 87a Rn. 11; *M. Ladiges*, Die Bekämpfung nicht-staatlicher Angreifer im Luftraum, S. 130 ff.; *S. Middel*, Terrorismusbekämpfung, S. 76; offen gelassen von *H. Rehage*, Der Einsatz deutscher Streitkräfte, S. 72 f.

643 Vgl. *J. Kokott/D. Hummel*, in: M. Sachs, GG Kommentar, Art. 87a Rn. 38 zu Cyberangriffen; *M. Ladiges*, Die Bekämpfung nicht-staatlicher Angreifer im Luftraum, S. 130 f., 134; *C. Burkiczak*, VR 2004, S. 379 (383), der davon ausgeht, dass diese Voraussetzung vorliegt, wenn die Handlung aus dem Ausland initiiert, geplant oder angeordnet wird.

644 Vgl. *D. Wiefelspütz*, NZWehrr 2007, S. 12 (18).

645 Näher zu diesem Argument *C. Lutze*, NZWehrr 2003, S. 101 (114).

646 *C. Lutze*, NZWehrr 2003, S. 101 (114).

einer Organisation bekennen.[647] Diese müssten im Einklang mit der Führung dieser Organisation handeln und müssten aus dem Ausland zumindest mit Geldmitteln, Logistik, mit Wissen oder Personal unterstützt werden.[648] Fehlt es gar an einem Bekenntnis, so ist völlig unklar, welche Maßstäbe bei dem konkreten Anschlag anzulegen sind. In diesem Fall wird die Klärung, ob der Anschlag von außen gesteuert wird oder eben nicht, beinahe unmöglich sein. An dieser Stelle zeichnet sich bereits das entscheidende Problem ab: Die Einschätzungen der Lage im Falle eines denkbaren Verteidigungseinsatzes unterliegen damit erheblichen Unsicherheiten hinsichtlich der Prognose, ob die *Voraussetzungen der Verteidigung vorliegen*.[649] Dies würde die Bundesregierung, die über einen solchen Verteidigungseinsatz zu entscheiden hätte, vor kaum lösbare Schwierigkeiten stellen.[650] Das Kriterium mag daher in der Theorie sachgerecht sein, es ist allerdings kaum praxistauglich. Dieser Kritik sieht sich diese Ansicht daher zu Recht ausgesetzt.[651]

---

647 Siehe zu „autonomen Zellen" auch *M. Ladiges,* Die Bekämpfung nicht-staatlicher Angreifer im Luftraum, S. 130.

648 So *M. Ladiges,* Die Bekämpfung nicht-staatlicher Angreifer im Luftraum, S. 130 f.

649 Näher zu dem Problem siehe unten, Teil 2, A. II. 4. b).

650 Zu der umstrittenen Entscheidungsbefugnis bzw. Organkompetenz der Bundesregierung im Wege eines Kabinettsbeschlusses siehe etwa *K. Ipsen*, in: K.-D. Schwarz, Sicherheitspolitik, S. 615 (626); *ders.*, DÖV 1971, S. 583 (587); *R. Schmidt-Radefeldt*, in: V. Epping/C. Hillgruber, BeckOK GG, Art. 65a Rn. 15; *ders.*, Inlandseinsätze der Armee und Militarisierung der Polizei, in: U. Kischel/S. Grf. v. Kielmansegg, Rechtsdurchsetzung mit militärischen Mitteln, S. 1 (4); *K. Kersting*, Bündnisfall und Verteidigungsfall, S. 204; *R. Geiger*, Staatsrecht III, S. 342; dagegen mit gewichtigen Argumenten für eine Entscheidung des Bundesverteidigungsministers, zumindest wenn noch keine Entscheidung der Bundesregierung vorliegt *M. Ladiges,* Die Bekämpfung nicht-staatlicher Angreifer im Luftraum, S. 144 f.; in diese Richtung auch *R. Brinktrine*, in: M. Sachs, GG Kommentar, Art. 65a Rn. 19a, demnach erfasse die Befehls- und Kommandogewalt auch die „operative Führung", zu der „auch die Entscheidung über den Streitkräfteeinsatz selbst" zähle; *V. Epping,* in: T. Maunz/G. Dürig, GG Kommentar, Art. 65a (2008) Rn. 31; ähnlich wohl auch jeweils *O. Depenheuer*, in: T. Maunz/G. Dürig, GG Kommentar, Art. 87a (2008) Rn. 91; *F. Kirchhof*, Verteidigung und Bundeswehr, in: J. Isensee/P. Kirchhof, HStR IV, § 84 Rn. 24, 29.

651 Vgl. *M. G. Fischer*, JZ 2004, S. 376 (380); *C. Gramm,* NZWehrr 2003, S. 89 (91); *H. Sattler*, NVwZ 2004, S. 1286; *M. Droege*, NZWehrr 2005, S. 199 (206); *J. Senger*, Streitkräfte und Materielles Polizeirecht, S. 6.

b) „Militärischer Angriff" auch durch nichtstaatliche Angreifer?

Der Angriff muss qualitativ militärischer Art sein.[652] Hierfür wird angeführt, dass der gewaltige Ressourcenaufwand zur Einrichtung und Aufrechterhaltung von Streitkräften sich nicht für die Abwehr von Angriffen rechtfertigen lässt, welche die Polizei alleine bewältigen kann.[653] Dafür spricht auch, dass die Norm historisch kriegerische Konflikte zwischen Staaten erfassen sollte.[654] Eine solche Sichtweise findet zudem Rückhalt im Völkerrecht, dessen Begrifflichkeiten stets Staaten im Blick hatte.[655] Das Primärkriterium für das Überschreiten der Intensitätsschwelle zum militärischen Angriff kann hierbei vorrangig in dem *Schadensausmaß* des Angriffs gesehen werden.[656] Daneben kann auch dem Ausmaß der Koordination und die Struktur des Angriffs eine Bedeutung zukommen.[657] Die Intensität des Angriffs müsse bedingen, dass eine erfolgreiche Abwehr nur durch die Streitkräfte zu gewährleisten ist.[658] Dies kann allerdings nur als Auslegungskriterium für die Intensität des Angriffs herangezogen werden. Die Angriffsintensität allein kann keine Kompetenz für die Abwehr des Angriffs seitens der Streitkräfte entfalten.[659] Ein solcher Rückschluss von der Fähigkeit auf die Kompetenz bzw. von faktischem Können auf rechtliches Dürfen ist nicht

652 *H. Sattler*, NVwZ 2004, S. 1286; *M. Baldus/S. Müller-Franken*, in: H. v. Mangoldt/F. Klein/C. Starck, GG Kommentar, Bd. 3, Art. 87a Rn. 48; *V. Epping*, in: ders./C. Hillgruber, BeckOK GG, Art. 87a Rn. 5; *H. Krieger*, in: B. Schmidt-Bleibtreu/H. Hofmann/H.-G. Henneke, GG Kommentar, Art. 87a Rn. 11; *E. B. Franz*, Der Staat 45 (2006), S. 501 (544).

653 *H. Krieger*, in: B. Schmidt-Bleibtreu/H. Hofmann/H.-G. Henneke, GG Kommentar, Art. 87a Rn. 11; *M. Baldus/S. Müller-Franken*, in: H. v. Mangoldt/F. Klein/C. Starck, GG Kommentar, Bd. 3, Art. 87a Rn. 48; *V. Epping*, in: ders./C. Hillgruber, BeckOK GG, Art. 87a Rn. 5.

654 Siehe oben, Teil 2, A. II. 2. a) bb).

655 *M. Baldus/S. Müller-Franken*, in: H. v. Mangoldt/F. Klein/C. Starck, GG Kommentar, Bd. 3, Art. 87a Rn. 48.

656 Vgl. *J. Martínez Soria*, DVBl. 2004, S. 597 (605 f.) unter Bezugnahme auf die Intensität; siehe auch für das Schadensausmaß als eines der Kriterien bei *M. Bäumerich/M. Schneider*, NVwZ 2017, S. 189 (190).

657 *M. Bäumerich/M. Schneider*, NVwZ 2017, S. 189 (190); vgl. in diese Richtung bereits *J. Martínez Soria*, DVBl. 2004, S. 597 (605).

658 Vgl. in diese Richtung bereits *J. Martínez Soria*, DVBl. 2004, S. 597 (605 f.); *E. B. Franz*, Der Staat 45 (2006), S. 501 (544); *M. Baldus/S. Müller-Franken*, in: H. v. Mangoldt/F. Klein/C. Starck, GG Kommentar, Bd. 3, Art. 87a Rn. 52.

659 Vgl. *M. Ladiges*, Die Bekämpfung nicht-staatlicher Angreifer im Luftraum, S. 105.

zulässig.[660] Auch vermögen grundrechtliche Schutzpflichten keine solche Kompetenz zu begründen, diese können vielmehr nur im Rahmen der bestehenden Kompetenzen ausgeübt werden.[661] Weder der Wortlaut noch die Genese der Norm beschränken die Verteidigung exklusiv auf militärische Angriffe von einer staatlichen Armee.[662] So spricht auch der Bericht des Rechtsausschusses aus der 5. Wahlperiode lediglich von „militärischer Verteidigung"[663]. Es findet sich kein Hinweis darauf, dass der Angreifer staatliche Qualität haben müsste.[664] Das spricht dafür, dass auch terroristische Angriffe als militärische Angriffe eingeordnet werden können, soweit sie ein Ausmaß und Bedrohungspotenzial erreichen, welches militärischen Angriffen von staatlicher Seite gleichkommt.[665] Das Zerstörungspotential der Organisation muss dann „kriegsähnliches Ausmaß" erreichen.[666] Des Weiteren wird gefordert, dass die angreifende Terrororganisation über militärähnliche Organisation verfügt und international agieren kann.[667]

---

660 *T. Linke*, NZWehrr 2004, S. 115 (118); vgl. auch *C. Gramm*, NZWehrr 2003, S. 89 (95); *J. Wieland*, Verfassungsrechtliche Grundlagen polizeiähnlicher Einsätze der Bundeswehr, in: D. Fleck, Terrorismusbekämpfung, S. 167 (175); *J. Senger*, Streitkräfte und Materielles Polizeirecht, S. 101 f.; *S. Middel*, Terrorismusbekämpfung, S. 77.

661 *C. Gramm*, NZWehrr 2005, S. 133 (140); *M. Baldus/S. Müller-Franken*, in: H. v. Mangoldt/F. Klein/C. Starck, GG Kommentar, Bd. 3, Art. 87a Rn. 47; *M. Ladiges*, Die Bekämpfung nicht-staatlicher Angreifer im Luftraum, S. 105; ähnlich *M. Kutscha*, in: F. Roggan/ders., Handbuch Innere Sicherheit, S. 32 f.

662 *M. Baldus*, NVwZ 2004, S. 1278 (1281); *M. Baldus/S. Müller-Franken*, in: H. v. Mangoldt/F. Klein/C. Starck, GG Kommentar, Bd. 3, Art. 87a Rn. 49.

663 BT-Drs. V/2873, S. 13.

664 *M. Baldus/S. Müller-Franken*, in: H. v. Mangoldt/F. Klein/C. Starck, GG Kommentar, Bd. 3, Art. 87a Rn. 49.

665 *J. Senger*, Streitkräfte und Materielles Polizeirecht, S. 98.

666 *M. Baldus*, NVwZ 2004, S. 1278 (1281); *H. Jochum*, JuS 2006, S. 511 (513); *V. Epping*, in: ders./C. Hillgruber, BeckOK GG, Art. 87a Rn. 11; in diese Richtung auch *J. Kokott/D. Hummel*, in: M. Sachs, GG Kommentar, Art. 87a Rn. 19, 37; *M. Baldus/S. Müller-Franken*, in: H. v. Mangoldt/F. Klein/C. Starck, GG Kommentar, Bd. 3, Art. 87a Rn. 51; *C. Rödel*, Inlandseinsatz, S. 91.

667 *M. Baldus*, NVwZ 2004, S. 1278 (1281); *H. Jochum*, JuS 2006, S. 511 (513); *F. Schoch*, Jura 2013, S. 255 (262); *C. Marxsen*, JZ 2017, S. 543 (548); *M. Baldus/S. Müller-Franken*, in: H. v. Mangoldt/F. Klein/C. Starck, GG Kommentar, Bd. 3, Art. 87a Rn. 51; *J. Kokott/D. Hummel*, in: M. Sachs, GG Kommentar, Art. 87a Rn. 19, 37; *V. Epping*, in: ders./C. Hillgruber, BeckOK GG, Art. 87a Rn. 11.

Mit Blick auf diese qualifizierten Voraussetzungen wird schnell klar, dass die allermeisten terroristischen Anschläge diese Voraussetzungen nicht erfüllen. Das gilt selbst dann, wenn sie komplexer sind und zu einer Mehrzahl von Opfern führen. Dies ist auch angezeigt, da andernfalls droht, dass die „Grenzlinie zwischen Krieg und Frieden verwischt würde" und die Streitkräfte auch in der Friedenszeit, insbesondere im Bereich der inneren Sicherheit stets hinzugezogen werden könnten.[668] Die vereinzelte Forderung an den „militärischen Angriff" keine zu hohen Anforderungen zu stellen,[669] überzeugt daher nicht. Von dem Schadensausmaß her mögen die verheerenden Anschläge vom 11.09.2001 in den USA diese Voraussetzungen erfüllen. Mit Blick auf die Koordination und Angriffsstruktur könnte eine solche Einschätzung auch zum Anschlag in Paris vom 13.11.2015 erwogen werden. Andere Anschläge dürften hinter diesen Anforderungen zurückbleiben. Das trifft vor allem auch auf die Szenarien zu, welche gegenwärtig im Rahmen von Terrorismusabwehrübungen erprobt werden. Diese haben zwar augenscheinlich den Anschlag von Paris zum Vorbild, zeigen meist aber noch eine geringere Intensität auf.

c) Kombattantenstatus bzw. Angriff von souveränen Staaten

Darüber hinaus muss hinterfragt werden, inwieweit der Kombattantenstatus des Angreifers eine zwingende Voraussetzung für die Verteidigung ist.[670] Parallel hierzu wird die Frage diskutiert, ob der Angriff von Seiten eines souveränen Staates ausgehen muss.[671] Die Argumentation verläuft ebenso parallel, sodass zwischen diesen Ansichten im Folgenden nicht differenziert wird. Auf die

---

668 *E. B. Franz*, Der Staat 45 (2006), S. 501 (544); vgl. auch *F. Hase*, DÖV 2006, S. 213 (215).

669 So *D. Wiefelspütz*, Die Polizei 2003, S. 301 (302).

670 Dieses Problem wird im Hinblick auf Terroristen sehr gut dargestellt von *C. Lutze*, NZWehrr 2003, S. 101 (109 ff.).

671 *F. Hase*, DÖV 2006, S. 213 (215); *C. Enders*, DÖV 2007, S. 1039 (1044); *B. Fassbender*, Militärische Einsätze der Bundeswehr, in: J. Isensee/P. Kirchhof, HStR XI, § 244 Rn. 53; *J. Wieland*, Verfassungsrechtliche Grundlagen polizeiähnlicher Einsätze der Bundeswehr, in: D. Fleck, Terrorismusbekämpfung, S. 167 (174 f.); *S. Schmahl*, in: H. Sodan, GG Kommentar, Art. 87a Rn. 7; ablehnend: *G. Krings/C. Burkiczak*, DÖV 2002, S. 501 (505); *D. Wiefelspütz*, NZWehrr 2003, S. 45 (56 f.); *M. Baldus*, NVwZ 2004, S. 1278 (1281); *J. Martínez Soria*, DVBl. 2004, S. 597 (605); *F. Schoch*, Jura 2013, S. 255 (262); *M. Bäumerich/M. Schneider*, NVwZ 2017, S. 189 (190 f.); *F. Kirchhof*, Verteidigung und Bundeswehr, in: J. Isensee/P. Kirchhof, HStR IV, § 84 Rn. 49; *M. Baldus/S. Müller-Franken*, in: H. v. Mangoldt/F. Klein/C. Starck, GG Kommentar, Bd. 3, Art. 87a Rn. 51.

völkerrechtliche Zurechenbarkeit eines solchen Angriffs zu einem Staat kommt es vor dem Hintergrund dieser Untersuchung hingegen nicht an.[672] Hier geht es nur um Verteidigungseinsätze zur Abwehr von terroristischen Gefahren im Innern. Die Frage des Zurechnungserfordernis stellt sich nur, wenn die Verteidigungshandlung extraterritorialen und im Sinne von Art. 2 Nr. 4 UN-Ch rechtfertigungsbedürftigen Niederschlag auf fremdes Staatsgebiet findet.[673] Dies ist bei Inneneinsätzen von vornherein nicht möglich, eine Verletzung des Gewaltverbots droht daher bei Verteidigungshandlungen im Inland nicht.[674] Kombattanten sind gem. Art. 43 Abs. 2, Art. 1 Abs. 3 ZPK I[675] in Verbindung mit dem gemeinsamen Art. 2 der Genfer Abkommen[676] die Angehörigen der Streitkräfte einer an einem (internationalen) bewaffneten Konflikt beteiligten Partei. Streitkräfte in diesem Sinne haben regelmäßig nur Parteien eines Konflikts, die ihrerseits Völkerrechtssubjekte sind (insb. Staaten).[677] *Christian Lutze* stellt treffend fest, dass Terroristen gerade keiner staatlichen Streitkraft angehören und den Kombattantenstatus daher nicht erfüllen können.[678] Sie missachten (insbesondere entgegen Art. 43 Abs. 1 S. 2 ZPK I) gezielt die Regeln des humanitären Völkerrechts.[679]

So fragt sich, ob ein Festhalten an diesem Status für das Angriffssubjekt tatsächlich geboten ist. Entstehungsgeschichtlich ergibt sich aus dem schriftlichen Bericht des Rechtsausschusses aus der 5. Wahlperiode, dass es sich bei

---

672 Vgl. zu der Voraussetzung *F. Hase*, DÖV 2006, S. 213 (215); *C. Enders*, DÖV 2007, S. 1039 (1044); *M. Payandeh/H. Sauer*, ZRP 2016, S. 34 (35 f., 37); *A. Dietz*, Das Primat der Politik, S. 635 f.; *H. Krieger*, in: B. Schmidt-Bleibtreu/H. Hofmann/H.-G. Henneke, GG Kommentar, Art. 87a Rn. 13; *S. Schmahl*, in: H. Sodan, GG Kommentar, Art. 87a Rn. 7; *H. A. Wolff*, in: D. Hömig/ders., GG Kommentar, Art. 87a Rn. 3.

673 Siehe dazu etwa *H. Krieger*, in: B. Schmidt-Bleibtreu/H. Hofmann/H.-G. Henneke, GG Kommentar, Art. 87a Rn. 13; vgl. auch *C. Enders*, DÖV 2007, S. 1039 (1044).

674 So auch *M. Ladiges*, Die Bekämpfung nicht-staatlicher Angreifer im Luftraum, S. 118.

675 Zusatzprotokoll zu den Genfer Abkommen vom 12. August 1949 über den Schutz der Opfer internationaler bewaffneter Konflikte (Protokoll I), siehe Gesetz zu den Zusatzprotokollen I und II zu den Genfer Rotkreuz-Abkommen von 1949 vom 11.12.1990 (BGBl. II, S. 1550, 1551).

676 Siehe Gesetz über den Beitritt der Bundesrepublik Deutschland zu den vier Genfer Rotkreuz-Abkommen vom 12. August 1949 vom 21.08.1954 (BGBl. II, S. 781).

677 Näher dazu *C. Lutze*, NZWehrr 2003, S. 101 (109).

678 *C. Lutze*, NZWehrr 2003, S. 101 (110 f.); *H. Rehage*, Der Einsatz deutscher Streitkräfte, S. 74.

679 *C. Lutze*, NZWehrr 2003, S. 101 (110); *M. Ladiges*, Die Bekämpfung nicht-staatlicher Angreifer im Luftraum, S. 107; *H. Rehage*, Der Einsatz deutscher Streitkräfte, S. 74.

der Verteidigung vorwiegend um den Schutz vor Angriffen staatlicher Streitkräfte ging.[680] Der Wortlaut des Art. 87a Abs. 2 GG benennt allerdings nicht die Qualität, die der Angreifer aufweisen muss und ist insoweit entwicklungsoffen gefasst.[681] *Manuel Ladiges* merkte zudem an, dass die Voraussetzungen eines Kombattantenstatus in Verbindung mit Art. 87a Abs. 4 S. 1 GG zu merkwürdigen Ergebnissen führt.[682] So könnten aus dem Ausland stammende Angreifer nicht-staatlicher Natur weder mittels eines auf Art. 87a Abs. 4 S. 1 GG gestützten Einsatzes, der eine innere Gefahr voraussetzt, noch auf Grundlage der Verteidigung gem. Art. 87a Abs. 2 GG bekämpft werden.[683] Eigentlich sollte Art. 87a Abs. 2 GG den Streitkräfteeinsatz gegen die eigene Bevölkerung begrenzen, dieser Vorbehalt werde so „ad absurdum" geführt.[684] Weiterhin könnte ein Angriff auch etwa durch Söldner oder eben Terroristen geführt werden, gegen die dann keine militärische Verteidigung eröffnet wäre, sodass ein Angriff als Nichtkombattant vorteilhaft wäre, obwohl gerade der Kombattantenstatus privilegieren sollte.[685] Der Zweck der Norm liegt neben der Begrenzungsfunktion gerade auch in der Gewährleistung einer wirksamen Verteidigung des Landes gegen äußere Gefahren.[686] Dabei ist zu beachten, dass auch staatliche Armeen unterschiedliche Schlagkraft besitzen.[687] Mit Blick auf die Anschläge vom 11. September 2001 wurde daher bereits in der Vergangenheit vertreten, dass Terrororganisationen die Schlagkraft kleiner Armeen erreichen können.[688] Im Ergebnis lässt sich festhalten, dass der sogenannte „Islamische Staat" in der Vergangenheit komplexe

---

680 BT-Drs. V/2873, S. 13 „2. Der Schutz gegen Angriffe der Angehörigen fremder Streitkräfte ist die Aufgabe der Bundeswehr, gleichgültig, ob das Ziel eines solchen Angriffes ein militärisches oder ziviles Objekt ist. Die Abwehr gegnerischer Streitkräfte ist niemals die Aufgabe der Polizei."; *C. Lutze*, NZWehrr 2003, S. 101 (111); *E. B. Franz*, Der Staat 45 (2006), S. 501 (544).

681 *C. Lutze*, NZWehrr 2003, S. 101 (112); ähnlich *V. Epping*, in: ders./C. Hillgruber, BeckOK GG, Art. 87a Rn. 11; *M. Baldus/S. Müller-Franken*, in: H. v. Mangoldt/F. Klein/C. Starck, GG Kommentar, Bd. 3, Art. 87a Rn. 49.

682 *M. Ladiges*, Die Bekämpfung nicht-staatlicher Angreifer im Luftraum, S. 113 f.

683 *M. Ladiges*, Die Bekämpfung nicht-staatlicher Angreifer im Luftraum, S. 113 f.

684 *M. Ladiges*, Die Bekämpfung nicht-staatlicher Angreifer im Luftraum, S. 114.

685 *M. Ladiges*, Die Bekämpfung nicht-staatlicher Angreifer im Luftraum, S. 114.

686 *C. Lutze*, NZWehrr 2003, S. 101 (112).

687 *C. Lutze*, NZWehrr 2003, S. 101 (112).

688 *C. Lutze*, NZWehrr 2003, S. 101 (112); dazu, dass eine effektive Landesverteidigung auch die Abwehr nichtstaatlicher Angriffe erfordere, wenn Art und Ausmaß des Angriffs erhebliche Dimensionen erreichen *G. Krings/C. Burkiczak*, DÖV 2002, S. 501 (505); in diese Richtung auch *D. Wiefelspütz*, NZWehrr 2003, S. 45 (56 f.).

Anschläge durchgeführt hat, sodass aktuelle Bedrohungen eine Sichtweise mit Blick auf den Normzweck verstärkt anzeigen, die einen Angriff auch von nichtstaatlicher Seite zulässt.[689] Dies spricht dafür, dass ein Kombattantenstatus bzw. ein staatlicher Angriff keine zwingende Voraussetzung für den Verteidigungseinsatz aufstellt.

3. *Völkerrechtskonforme Auslegung des Begriffs der „Verteidigung"*

Diese Sichtweise deckt sich mit der weitläufig vertretenen Auffassung, dass der Begriff der Verteidigung gem. Art. 87a Abs. 2 GG völkerrechtsfreundlich bzw. völkerrechtskonform, angelehnt an Art. 51 UN-Ch, auszulegen sei.[690] Dafür spreche die Entstehungsgeschichte des Art. 87a Abs. 2 GG, denn zum Zeitpunkt der Reformation dieser Norm war Deutschland schon längst Bündnispartner der NATO.[691] Art. 5 des NATO-Vertrags[692] verweist insoweit auf Art. 51 UN-Ch. Darüber hinaus bestätige dieser Ansatz den Willen zu internationaler Kooperation, was politisch positiv hervorgehoben wird.[693] In Bezug auf diesen Artikel existiert eine parallel verlaufende Diskussion, inwieweit das Selbstverteidigungsrecht des Art. 51 UN-Ch auch gegen nicht-staatliche Angreifer zur Anwendung gelangen kann: Vor allem seit den Anschlägen vom 11. September 2001 wird verstärkt die Auffassung vertreten, dass ein von Art. 51 UN-Ch vorausgesetzter

689 Vgl. *O. Depenheuer*, in: T. Maunz/G. Dürig, GG Kommentar, Art. 87a (2008) Rn. 95.

690 Vgl. extensiv bereits BVerwGE 127, 1 (11, Rn. 51); 127, 302 (311 f.); *M. Baldus*, NVwZ 2004, S. 1278 (1281); *E. B. Franz*, Der Staat 45 (2006), S. 501 (544); *U. Palm*, AöR 132 (2007), S. 95 (105); *R. Brinkmann/D. Peters*, S+F 2008, S. 19 (25); *J.-P. Fiebig*, Der Einsatz der Bundeswehr im Innern, S. 243 ff.; *D. Beck*, Auslandseinsätze deutscher Streitkräfte, S. 300; *M. Ladiges*, Die Bekämpfung nicht-staatlicher Angreifer im Luftraum, S. 60 f., 119; *V. Epping*, in: ders./C. Hillgruber, BeckOK GG, Art. 87a Rn. 6; *W. Heun*, in: H. Dreier, GG Kommentar, Bd. III, Art. 87a Rn. 11; in diese Richtung auch *M. Baldus/S. Müller-Franken*, in: H. v. Mangoldt/F. Klein/C. Starck, GG Kommentar, Bd. 3, Art. 87a Rn. 50 f.; zurückhaltender *B. Fassbender*, Militärische Einsätze der Bundeswehr, in: J. Isensee/P. Kirchhof, HStR XI, § 244 Rn. 52; kritisch dazu *J. Senger*, Streitkräfte und Materielles Polizeirecht, S. 97 ff., 104 f., 120 f.; *M. Schultz*, Auslandsentsendung, S. 232 ff.

691 *M. Baldus/S. Müller-Franken*, in: H. v. Mangoldt/F. Klein/C. Starck, GG Kommentar, Bd. 3, Art. 87a Rn. 41, 44; *H. Rehage*, Der Einsatz deutscher Streitkräfte, S. 49 f.; *F. Schorkopf*, Staatsrecht der internationalen Beziehungen, § 6 Rn. 31.

692 Nordatlantikvertrag vom 04.04.1949, siehe Gesetz betreffend den Beitritt der Bundesrepublik Deutschland zum Brüsseler Vertrag und zum Nordatlantikvertrag vom 24.03.1955 (BGBl. II, S. 256, 289).

693 So *F. Schorkopf*, Staatsrecht der internationalen Beziehungen, § 6 Rn. 31.

„bewaffneter Angriff" („*armed attack*") auch von nicht-staatlicher Seite aus erfolgen kann.[694] Häufig wird dennoch an der Zurechenbarkeit eines Angriffs zu einem Staat festgehalten.[695] Umstritten bleibt dabei auch, welche Qualität der Zurechnungszusammenhang aufweisen muss (*Safe Haven-Doktrin/Harboring-Doktrin* bzw. *unable or unwilling-Test*).[696]

Unabhängig von den Einzelheiten dieses Streits beruht die Idee der völkerrechtskonformen bzw. völkerrechtsfreundlichen Auslegung vorrangig auf der Völkerrechtsfreundlichkeit des Grundgesetzes, die ihre Wurzeln in Art. 25 GG findet.[697] Dabei besteht keineswegs eine stetige Verpflichtung zu einer an das Völkerrecht angelehnten Auslegung.[698] Vielmehr bedarf es also der Prüfung, wann eine solche völkerrechtskonforme Auslegung tatsächlich geboten ist. Dafür ist der dahinterstehende Sinn zu betrachten: Verfassungsrecht bzw. innerstaatliches Recht soll möglichst von vornherein nicht in Widerspruch zu Völkerrecht stehen und im Zweifel auch nicht völkerrechtswidrig geschaffen werden bzw. worden sein.[699] Die völkerrechtsfreundliche

694 *C. Verlage*, VR 2008, S. 6 (8); *K. Ipsen*, S+F 2009, S. 266 (270 f., 274); *K. Oellers-Frahm*, ZaöRV 77 (2017), S. 49 (49 ff.), demnach sei der Wortlaut des Art. 51 UN-Ch offen gefasst und unterlasse einen Bezug zum Angreifer, es ginge lediglich um einen bewaffneten Angriff („armed attack"). Der Fokus läge daher auf dem Angegriffenen („victim"), nicht auf dem Angreifer („author of the attack"); in diese Richtung auch *M. Wood*, ZaöRV 77 (2017), S. 75; siehe zu dem Problem insgesamt auch *C. Richter*, Preemptive Self-Defense, S. 115 ff., 120 ff., insbesondere S. 116, Fn. 218 mit zahlreichen weiteren Nachweisen; *L. Mammen*, Völkerrechtliche Stellung von internationalen Terrororganisationen, S. 124 ff., 138; *H. F. Schmitz-Elvenich*, Targeted Killing, S. 54 ff., 68 f.; *M. Ladiges*, Die Bekämpfung nicht-staatlicher Angreifer im Luftraum, S. 503; *M. Baldus/S. Müller-Franken*, in: H. v. Mangoldt/F. Klein/C. Starck, GG Kommentar, Bd. 3, Art. 87a Rn. 50; für Kriterien siehe auch *C. Dau*, Selbstverteidigung, S. 103 ff.

695 Vor allem dann, wenn die Verteidigungshandlung Auswirkungen auf fremdes Staatsgebiet hat, vgl. *M. Payandeh/H. Sauer*, ZRP 2016, S. 34 (35 f., 37); siehe auch *C. Enders*, DÖV 2007, S. 1039 (1044); *A. Dietz*, Das Primat der Politik, S. 636; *J. Föh*, Die Bekämpfung des internationalen Terrorismus, S. 162 ff.

696 Vgl. dazu *P. Starski*, ZaöRV 75 (2015), S. 455 (471 ff.); zu dem Unable or Unwilling-Test, vgl. *I. Couzigou*, ZaöRV 77 (2017), S. 53 (53 ff.); kritisch zum Unable or Unwilling-Test *M. Payandeh/H. Sauer*, ZRP 2016, S. 34 (35 f.); zum „Harboring" siehe auch *C. Richter*, Preemptive Self-Defense, S. 123 ff.

697 *M. Herdegen*, in: T. Maunz/G. Dürig, GG Kommentar, Art. 25 (2016) Rn. 6 ff.; *C. Koenig/D. König*, in: H. v. Mangoldt/F. Klein/C. Starck, GG Kommentar, Bd. 2, Art. 25 Rn. 12.

698 *J.-P. Fiebig*, Der Einsatz der Bundeswehr im Innern, S. 244.

699 *J.-P. Fiebig*, Der Einsatz der Bundeswehr im Innern, S. 244.

Auslegung dient damit der Vermeidung von Konflikten mit dem Völkerrecht.[700] Bestehen daher mehrere Deutungsmöglichkeiten einer Rechtsnorm bzw. eines unbestimmten Rechtsbegriffes, so ist im Konfliktfall diejenige zu wählen, die vereinbar mit dem Völkerrecht ist.[701] Hierbei handelt es sich eigentlich nur noch dann um die reguläre Interpretation von Normen, wenn eine entsprechende Deutungsmöglichkeit nach dem Verfassungsrecht besteht, andernfalls liegt Rechtsfortbildung vor.[702] Gehen verschiedene mögliche Interpretationen mit dem Völkerrecht konform, so kann die völkerrechtsfreundlichere gewählt werden.[703]

Mit Blick darauf könnte eine völkerrechtskonforme Auslegung des Verteidigungsbegriffs durchaus erforderlich sein, wenn etwa der Bündnisfall des Art. 5 NATO-Vertrags eintritt, weil ein Angriff von außen auf das Bündnisgebiet erfolgt ist.[704] Dieser verweist auf Art. 51 UN-Ch. Ähnliches dürfte für den Art. 42 Abs. 7 UAbs. 1 S. 1 EUV gelten, welcher dem WEU-Vertrag prinzipiell bzw. funktionell nachfolgt.[705] Dies setzt allerdings auch voraus, dass sich aus den Beistandspflichten eine Pflicht zur (kollektiven) Selbstverteidigung herleiten ließe. Nach dem Wortlaut des Art. 42 Abs. 7 UAbs. 1 S. 1 EUV „alle in ihrer Macht stehende Hilfe und Unterstützung" können die einzelnen Regierung dabei die Art und den Umfang des Beistands selbst bestimmen.[706] Nach dem Bundesverfassungsgericht folgen aus diesen Normen jeweils zumindest keine rechtlichen Verpflichtungen zum Beistand mit militärischer

700 *H. Sauer*, Staatsrecht III, § 6 Rn. 40b.

701 *H. Sauer*, Staatsrecht III, § 6 Rn. 39; *ders.*, Juristische Methodenlehre, in: J. Krüper, Grundlagen des Rechts, § 9 Rn. 33.

702 *H. Sauer*, Staatsrecht III, § 6 Rn. 39a; *ders.*, Juristische Methodenlehre, in: J. Krüper, Grundlagen des Rechts, § 9 Rn. 33.

703 *H. Sauer*, Staatsrecht III, § 6 Rn. 39.

704 *Baldus/S. Müller-Franken*, in: H. v. Mangoldt/F. Klein/C. Starck, GG Kommentar, Bd. 3, Art. 87a Rn. 50.

705 Die Westeuropäische Union (WEU) war ursprünglich ein Militärbündnis, welches im Jahr 2011 aufgelöst wurde in der Europäischen Union aufgegangen ist, siehe dazu *W. Heun*, in: H. Dreier, GG Kommentar, Bd. III, Art. 87a Rn. 18; siehe auch *W. Kaufmann-Bühler*, in: E. Grabitz/M. Hilf/M. Nettesheim, Das Recht der Europäischen Union, Art. 42 EUV (2011) Rn. 57, 67; *F. Sax*, Soldaten gegen Piraten, S. 183, 185; näher zu der Beistandspflicht *H.-J. Cremer*, ZG 2016, S. 97 (100 ff.).

706 *E. Regelsberger/D. Kugelmann*, in: R. Streinz, EUV/AEUV Kommentar, Art. 42 EUV Rn. 11.

Hilfe, sondern eher eine politische Schuld.[707] Zumindest mit Blick auf militärische Maßnahmen lässt sich eine Absicht der Mitgliedstaaten zu einer so weitläufigen Verpflichtung auch nicht feststellen.[708] Bei einer völkerrechtskonformen Auslegung des Verteidigungsbegriffs ist darauf zu achten, dass die Begrenzungsfunktion des Art. 87a Abs. 2 GG nicht konterkariert wird.[709] Soweit man der weitverbreiteten Auffassung folgt, dass auch ein „bewaffneter Angriff" im Sinne des Art. 51 UN-Ch von nichtstaatlichen Akteuren ausgehen kann und hiergegen das Recht zur Selbstverteidigung besteht, so könnte das als Indiz dafür dienen, dass auch die verfassungsrechtliche Verteidigung gegen nichtstaatliche Angreifer eröffnet sein kann.

Allerdings stellen sich diese Probleme mit ihren etwaigen Konflikten zum Völkerrecht nur im *Auslandseinsatz der Streitkräfte*. Bei einem *Verteidigungseinsatz im Inland* stellt sich die Frage eines Konflikts mit dem Völkerrecht (etwa Art. 5 NATO-Vertrag, Art. 42 Abs. 7 EUV) von vornherein praktisch nicht. Daraus folgt, dass es bereits in Ermangelung eines Konflikts mit dem Völkerrecht in dem Bereich des Inlandseinsatzes keiner an das Völkerrecht ausgelehnten Auslegung bedarf, um diesen (nicht existenten) Konflikt zu vermeiden. Dem lässt sich entgegnen, dass es sinnvoll erscheint, unabhängig vom Kontext des Auslands- bzw. Inlandseinsatz die Begrifflichkeiten nicht gespalten auszulegen. Mit Blick auf den Umstand, dass militärischer Beistand eher eine politische Schuld darstellt, vermag aber auch dann der Gedanke einer völkerrechtsorientierten Auslegung argumentativ nicht entscheidend weiterzuhelfen. Dies schadet allerdings nicht,

---

707 BVerfGE 123, 267 (424); dem tendenziell zustimmend *S. Marquardt/J.-C. Gaedtke*, in: H. v. d. Groeben/J. Schwarze/A. Hatje, Europäisches Unionsrecht, Bd. 1, Art. 42 EUV Rn. 16; *W. Kaufmann-Bühler*, in: E. Grabitz/M. Hilf/M. Nettesheim, Das Recht der Europäischen Union, Art. 42 EUV (2011) Rn. 69; *S. Müller-Franken/A. Uhle*, in: B. Schmidt-Bleibtreu/H. Hofmann/H.-G. Henneke, GG Kommentar, Art. 65a Rn. 21; kritisch dazu *H.-J. Cremer*, in: C. Calliess/M. Ruffert, EUV/AEUV Kommentar, Art. 42 EUV Rn. 16 nachdem, anders als im Rahmen des Nordatlantikvertrags, auch militärische Hilfe durch die Streitkräfte ohne Ermessensspielraum geschuldet sein könnte; *ders.*, ZG 2016, S. 97 (109, 113 ff.) auch dazu, dass die Norm eine echte Rechtspflicht statuieren könnte; ebenfalls für eine echte Rechtspflicht *H. Sauer*, in: W. Kahl/C. Waldhoff/C. Walter, Bonner Kommentar zum Grundgesetz, Art. 24 (2019) Rn. 277.

708 Näher dazu *S. Marquardt/J.-C. Gaedtke*, in: H. v. d. Groeben/J. Schwarze/A. Hatje, Europäisches Unionsrecht, Bd. 1, Art. 42 EUV Rn. 16.

709 *M. Ladiges*, Die Bekämpfung nicht-staatlicher Angreifer im Luftraum, S. 97.

da bereits die herkömmliche Auslegung ergibt, dass ein Angriff von Kombattanten nicht erforderlich ist.

4. *Der Präventiveinsatz auf Grundlage des Art. 87a Abs. 2 GG*

Kann ein Verteidigungseinsatz also gegen terroristische Angriffe gerichtet sein, so bleibt zu klären inwieweit präventive Verteidigungshandlungen zulässig und auf welcher Tatsachengrundlage diese durchführbar sind. Die Abwehr eines denkbaren Angriffs müsste jedenfalls vor Eintritt des Schadens möglich sein (a). Weiter stellt sich die Frage, wie hoch im Ernstfall die Wahrscheinlichkeit eines militärischen Angriffs von außen sein muss (b). Dies kann eine Prognoseentscheidung von tiefgreifender Auswirkung sein.

a) Präventive Verteidigungsmaßnahmen

Das Grundgesetz trifft zu der Fragestellung präventiver Verteidigungshandlungen im Rahmen des Art. 87a Abs. 1 S. 1, Abs. 2 GG keine nähere Aussage. Eine Antwort lässt sich daher auch hier nur mittels juristischer Methodenlehre ermitteln.

Im Vordergrund steht hierbei zunächst der Wortlaut „Verteidigung". Dieses Substantiv steht in Verbindung mit dem Verb „verteidigen". Im hiesigen Kontext trägt dieses Wort die Bedeutung „gegen Angriffe schützen; Angriffe von jemandem, etwas abzuwehren versuchen"[710]. Der so verstandene Wortlaut ist im Hinblick auf die Frage, ob nur *erfolgte* oder auch *bevorstehende* Angriffe abzuwehren sind, noch nicht zweifelsfrei. Doch spricht vieles dafür, dass sich die Verteidigung jedenfalls nicht bloß auf abschließend durchgeführte Angriffe beziehen kann. Der Wortlaut ist daher offen gegenüber zukünftigen bzw. bevorstehenden Angriffen.

Dieser Eindruck verstärkt sich durch die systematischen Bezüge der Verteidigung im Sinne des Art. 87a Abs. 2 GG zu dem Verteidigungsfall des Art. 115a Abs. 1 GG.[711] Es wurde bereits aufgezeigt, dass keine Identität zwischen diesen beiden Begriffen besteht.[712] Dennoch existieren interpretatorische Anleihen an den Verteidigungsfall. So wird systematisch davon ausgegangen, dass im Verteidigungsfall immer auch eine Situation vorliegt, welche die Anforderungen der Verteidigung erfüllt.[713] In Art. 115a Abs. 1

---

710 *Duden*, Deutsches Universalwörterbuch, S. 1924 (verteidigen).
711 So auch *J. D. Riemenschneider*, NZWehrr 2019, S. 191 (202).
712 Siehe oben, Teil 2, A. II. 1.
713 Siehe oben, Teil 2, A. II. 1.

S. 1 GG ist der Verteidigungsfall legaldefiniert. Dieser erfordert, dass „das Bundesgebiet mit Waffengewalt angegriffen wird oder ein solcher Angriff unmittelbar droht". Indem der Verteidigungsfall auch einen *unmittelbar drohenden Angriff* umfasst, weist dieser unverkennbar präventive Elemente auf. Dies spricht dafür, dass auch die Verteidigung drohende, also zukünftige bzw. bevorstehende Angriffe prinzipiell umfasst.[714] Das gilt umso mehr, als dass der Verteidigungsfall sogar restriktiver gefasst ist, sodass die Verteidigung gegen eine drohende Gefahr erst-recht erfasst sein muss.[715] Aus einem Rechtsvergleich mit dem Völkerrecht kann sich dabei bestenfalls ein Indiz ergeben.[716] Allerdings ist auch dort der Selbstverteidigung das präventive Element inhärent.[717] Ein drohender Angriff muss, wenn er unmittelbar bevorsteht, gerade nicht abgewartet werden.[718] Teilweise wird sogar eine zeitlich noch vorverlagerte präemptive Selbstverteidigung diskutiert.[719]

Entstehungsgeschichtlich bezog sich der Abgeordnete *Czermak* in der zweiten und dritten Beratung über die Ergänzung des Grundgesetzes um die Wehrverfassung 1954 auf die Verteidigung. Er verstand diese als eine gemeinsame „Verteidigung unseres Lebens, unserer Sicherheit, unserer Freiheit, unserer Familien, unserer geistigen und materiellen Güter vor jeder drohenden Gefahr, die immer noch nur allzu deutlich vor uns steht."[720] Insoweit bezieht sich zumindest auch das Verständnis von *Czermak* auf eine Gefährdung. Der schriftliche Bericht des Rechtsausschusses aus der 5. Wahlperiode, der die Verteidigung lediglich als „militärische Verteidigung"[721] bezeichnet,

---

714 So auch *J. D. Riemenschneider*, NZWehrr 2019, S. 191 (202); ähnlich *M. Ladiges*, Die Bekämpfung nicht-staatlicher Angreifer im Luftraum, S. 60, insbesondere S. 150.

715 So *M. Ladiges*, Die Bekämpfung nicht-staatlicher Angreifer im Luftraum, S. 150 mit dem Argument, dass eine andere Ansicht lebensfremd wäre.

716 Siehe oben, Teil 2, A. II. 3. zum fehlenden Konflikt mit dem Völkerrecht.

717 *M. Herdegen*, Völkerrecht, § 34 Rn. 29, diese sei mittlerweile „weithin anerkannt".

718 So kann einem Staat nicht zugemutet werden einen Erstschlag abzuwarten. Dahinter stehen daher praktisch völkerrechtliche Legitimitätserwägungen, siehe *M. Herdegen*, Völkerrecht, § 34 Rn. 29.

719 Ausführlich dazu *C. Richter*, Preemptive Self-Defense, S. 81 ff., 136 f., 139 ff., der im Ergebnis zu der Vereinbarkeit der präemptiven Selbstverteidigung mit dem Völkerrecht kommt; im Überblick dazu *M. Herdegen*, Völkerrecht, § 34 Rn. 29, hier bezeichnet als „Recht auf ‚vorbeugende' Abwehrmaßnahmen".

720 *F. Czermak*, BT-Prot. 2/17 vom 26.02.1954, S. 568C.

721 BT-Drs. V/2873, S. 13.

gibt keinen Aufschluss über die Fragestellung. Aus der Entstehungsgeschichte ergibt sich daher kein eindeutiges Bild.

Aufschlussreich ist hingegen die teleologische Auslegung der Norm. Der Telos des Art. 87a Abs. 2 GG liegt einerseits darin, den Einsatz der Streitkräfte im Inland zu begrenzen.[722] Diese Begrenzungsfunktion richtet sich allerdings nicht gegen die Annahme präventiver Verteidigungshandlungen im Regelungsbereich der Norm selbst.[723] Gesteigerte Bedeutung kann dieser Funktion allerdings zukommen, wenn die Frage der Reichweite der Einschätzungsprärogative der Exekutive zum Einsatz zu beurteilen ist. Andererseits beinhaltet die Schaffung des Art. 87a Abs. 1 und Abs. 2 auch den Entschluss zu einer wirksamen militärischen Landesverteidigung.[724] Würde die Verteidigung ein reines Reaktionsrecht des Staates darstellen, dann könnte eine effektive Landesverteidigung grundsätzlich nicht gewährleistet werden. Verteidigung kann daher nicht lediglich *reaktiv*, sondern muss auch *präventiv* ausgerichtet sein. Hieraus folgt, dass ein Recht zur Reaktion bestehen muss, wenn sich die Gefahr schon abzeichnet. Das ist jedenfalls der Fall, wenn ein Angriffsereignis bereits begonnen hat und lediglich der Schaden noch nicht eingetreten ist (Schadensprävention). Oft wird dies jedoch für eine effektive Verteidigung nicht ausreichen. Da der Wortlaut insoweit offen ist, reicht es deshalb auch schon aus, wenn sich die Gefahr eines Angriffs ernsthaft abzeichnet.[725] Eine systematische Grenze dürfte für Verteidigungshandlungen darin zu sehen sein, wenn diese so weit in das Vorfeld eines etwaigen Angriffs verlagert werden und ohne Verhältnis zu dem denkbaren Angriff stehen, dass sie bei der Umsetzung selbst den Charakter eines (aggressiven) Angriffs erhalten (vgl. Art. 26 Abs. 1 GG).[726] Damit steht fest, dass zur Umsetzung des Konzepts einer effektiven militärischen Landesverteidigung auch präventive Maßnahmen von dem Auftrag zur Verteidigung umfasst

---

722 Siehe unten, Teil 2, C. VI. 3. b) aa) zur Begrenzungsfunktion des Art. 87a Abs. 2 GG.

723 Siehe auch unten, Teil 2, C. VI. 3. b) aa).

724 Siehe bereits oben, Teil 1, B. II. 2.; vgl. auch *O. Depenheuer*, in: T. Maunz/G. Dürig, GG Kommentar, Art. 87a (2008) Rn. 107 zu der Landesvereidigung als „Urbild des grundgesetzlichen Verteidigungsauftrags".

725 Ebenfalls für einen „präventiven Gehalt" der Verteidigung und daher auch für Vorbereitungen bzw. Abwehrmaßnahmen bei drohenden Angriffen *C. Lutze*, NZWehrr 2003, S. 101 (114 f.).

726 Vgl. *M. Herdegen*, in: T. Maunz/G. Dürig, GG Kommentar, Art. 26 (2017) Rn. 38; vgl. auch *O. Depenheuer*, in: T. Maunz/G. Dürig, GG Kommentar, Art. 87a (2008) Rn. 97 f.

sind. Der Verteidigung ist von Natur aus insoweit das Prinzip der Prävention immanent.

b) Einschätzungsprärogative der Exekutive zum Verteidigungseinsatz

Soweit es um den Einsatz zur Verteidigung geht, wird der Exekutive ein Einschätzungsspielraum für das Vorliegen der Voraussetzungen zuzubilligen sein. Die Frage ist allerdings, welche Anforderungen an diesen zu stellen sind und auf welcher Tatsachengrundlage eine etwaige Prognoseentscheidung insbesondere für präventive Einsätze zu fällen ist. Welche Qualität muss eine etwaige Gefahr also aufweisen bzw. welche Wahrscheinlichkeit bestehen? Auf welcher Informationsgrundlage kann eine Entscheidung gefällt werden? Diese Fragen sind von entscheidender Bedeutung. So muss absehbar sein, inwieweit der Angriff militärische Qualität hat. Das Kernproblem liegt aber darin, dass in den meisten denkbaren Terrorlagen unter Zugrundlegung der oben benannten Merkmale unsicher sein wird, ob insbesondere ein Angriff tatsächlich „von außen" erfolgt.[727]

aa) Meinungsstand im Schrifttum

Manche Autoren verfolgen auch hier einen extensiven Lösungsansatz: So soll die Einschätzungsprärogative nach *Dieter Wiefelspütz* denkbar weit sein, sodass die Polizei sich nicht möglicherweise unerwartet einem überlegenen Angreifer gegenüberstehen sieht.[728] Sobald Anhaltspunkte für eine Verteidigungslage vorliegen, gelte die Prämisse „im Zweifel für den Einsatz".[729] Der Verfassungsgesetzgeber habe sich mit Art. 87a GG für einen „militärisch wehrhaften Staat" entschieden, deshalb soll „die tatsächliche Fähigkeit der Streitkräfte, eine Attacke wirksam abwehren zu können, einen Gesichtspunkt für das Vorliegen eines Angriffs darstellen" können.[730]

---

727 So auch *M. G. Fischer*, JZ 2004, S. 376 (380); *H. Sattler*, NVwZ 2004, S. 1286; *H. Rehage*, Der Einsatz deutscher Streitkräfte, S. 80 f.; unter Bezug auf den Cyberraum, bei dem diese Problematik in besonderem Ausmaß besteht *C. Marxsen*, JZ 2017, S. 543 (548).

728 *D. Wiefelspütz*, Die Polizei 2003, S. 301 (302).

729 *E. B. Franz*, Der Staat 45 (2006), S. 501 (545); *J. Wieland*, Verfassungsrechtliche Grundlagen polizeiähnlicher Einsätze der Bundeswehr, in: D. Fleck, Terrorismusbekämpfung, S. 167 (175).

730 *M. Baldus/S. Müller-Franken*, in: H. v. Mangoldt/F. Klein/C. Starck, GG Kommentar, Bd. 3, Art. 87a Rn. 52.

Eine im Ergebnis etwas restriktivere Ansicht geht davon aus, dass für die grundsätzlich präventiv ausgerichtete Verteidigung zumindest konkrete Anhaltspunkte für einen Angriff vorliegen müssen, eine reine abstrakte Gefahr reiche hingegen nicht aus.[731] Gebe es jedoch solche Anhaltspunkte für einen baldigen Angriff, dann seien auch Vorbereitungshandlungen zur Abwehr bis hin zum Objektschutz auf die Verteidigung zu stützen.[732]

Wiederum andere gehen davon aus, dass im Zweifel kein Einsatz zur Verteidigung erfolgen könne, wenn dessen Voraussetzungen nicht feststellbar sind.[733] So müsse es zumindest wahrscheinlich sein, dass tatsächlich ein Angriff von außen vorliegt.[734] Vereinzelt wird sogar ein gesicherter Angriff von außen verlangt, ohne dass Restzweifel bestehen.[735]

bb) Verteidigungshandeln als Gefahrenabwehrhandlung

Die Frage, ob ein Einsatz zur Verteidigung erfolgen kann, ist zunächst eine Frage der Gefahrenabwehr, wenn auch äußerer Gefahren. Soeben wurde aufgezeigt, dass das Präventionsprinzip der „Verteidigung" innewohnt. Die Abwehr von Gefahren ist aber oft mit prognostischen Schwierigkeiten verbunden.[736] Damit ist es einzig sinnvoll, eine *ex-ante Perspektive* zugrunde zu legen.[737] Indiziell wird auch in der völkerrechtlichen Parallele des Selbstverteidigungsrechts des Art. 51 UN-Ch ebenfalls das Vorliegen eines bewaffneten Angriffs aus einer *ex-ante* Sicht bestimmt.[738] Gegen eine zu extensive Sichtweise spricht aber bereits das Argument, dass eine bestehende tatsächliche Fähigkeit keinen Rückschluss auf eine rechtliche Befugnis gibt.[739] Es existiert allerdings ein wesentlich gewichtigeres Argument gegen solch eine

---

731 *C. Lutze*, NZWehrr 2003, S. 101 (114).

732 *C. Lutze*, NZWehrr 2003, S. 101 (114 f.).

733 *H. Sattler*, NVwZ 2004, S. 1286.

734 *M. Droege*, NZWehrr 2005, S. 199 (206).

735 *H. Stein*, Verteidigungsfunktion, S. 163 f.

736 In diese Richtung auch *M. Ladiges,* Die Bekämpfung nicht-staatlicher Angreifer im Luftraum, S. 150.

737 So auch *D. Wiefelspütz,* Abwehr terroristischer Anschläge, S. 17; *M. Ladiges,* Die Bekämpfung nicht-staatlicher Angreifer im Luftraum, S. 148 ff.

738 *M. Ladiges,* Die Bekämpfung nicht-staatlicher Angreifer im Luftraum, S. 148.

739 Vgl. *T. Linke*, NZWehrr 2004, S. 115 (118); vgl. auch *C. Gramm,* NZWehrr 2003, S. 89 (95); *J. Wieland*, Verfassungsrechtliche Grundlagen polizeiähnlicher Einsätze der Bundeswehr, in: D. Fleck, Terrorismusbekämpfung, S. 167 (175); *J. Senger,* Streitkräfte und Materielles Polizeirecht, S. 101 f.; *S. Middel,* Terrorismusbekämpfung, S. 77.

extensive Sichtweise, die sich aus der Systematik der Notstandsverfassung ergibt: Bezieht man den Tatbestand im oben beschriebenen Sinne richtigerweise auch auf terroristische Angriffe, billigt der Exekutive aber zugleich bei einem reinen Verdacht oder geringer Wahrscheinlichkeit einer äußeren Gefahr die Entscheidung für einen Verteidigungseinsatz zu, so wäre das Feld möglicher Streitkräfteeinsätze im Innern stark erweitert; denn diese müssten dann schließlich auch als zulässig erachtet werden, wenn sich die Gefahr *ex-post* als rein innere Gefahr erwiesen hat.[740] Eine solche Sichtweise verwischt die Grenzen zwischen Verteidigungseinsätzen und ausnahmsweise zulässigen Sekundäreinsätzen zur Abwehr schwerer innerer Gefahren nach den Art. 35 Abs. 2 S. 2, Abs. 3 S. 1 und 87a Abs. 3, Abs. 4 S. 1 GG. Es käme weithin zu Überschneidungen mit den dort geregelten Situationen, ohne dass ein Exklusivitätsverhältnis vorläge. Der Einsatz zur Verteidigung würde interpretatorisch zu einer Art polizeilichen Generalklausel im Verdachtsmoment erweitert. Schon entstehungsgeschichtlich sollte Art. 87a Abs. 2 GG aufgrund der Erfahrungen mit der Vergangenheit nicht die Qualität einer umfassenden Generalklausel erhalten.[741] Sein Zweck lag neben der Gewährleistung einer effektiven militärischen Verteidigung gerade in der Begrenzung des Streitkräfteeinsatzes im Innern.[742] Dieser Zweck würde so konterkariert werden. Systematisch läge die Folge einer solchen Sichtweise dann darin, dass die Art. 35 Abs. 2 S. 2, Abs. 3 S. 1 sowie Art. 87a Abs. 3, Abs. 4 S. 1 GG innerhalb ihres Anwendungsbereichs zumindest teilweise gegenstandslos werden und damit in Teilen ihre eigenständige Bedeutung verlieren würden. Zugleich könnten so die teilweise sehr hohen Voraussetzungen der Sekundäreinsatznormen umgangen werden. Systematisch verbietet sich eine solche

---

740 *M. Ladiges*, Die Bekämpfung nicht-staatlicher Angreifer im Luftraum, S. 151.

741 *P. Lücke*, BT-Prot. 5/117 vom 29.06.1967, S. 5857D; *Even*, BT-Prot. 5/117 vom 29.06.1967, S. 5874D; siehe auch BT-Drs. V/1879, S. 15; so auch *A.-B. Kaiser*, Ad Legendum 2017, S. 200 (203).

742 Teilweise wird sogar argumentiert, dass das Prognoseproblem einer „Neuausrichtung" entgegenstünde, weil das Gebot strikter Texttreue verletzt würde, siehe *M. Droege*, NZWehrr 2005, S. 199 (206); dazu, dass die Ausweitung generell das Gebot strikter Texttreue verletzen würde *E. B. Franz*, Der Staat 45 (2006), S. 501 (544); dieses Argument trägt aber nicht. Das Gebot strikter Texttreue bezieht sich nur auf die Sekundäreinsatznormen, siehe *D. Wiefelspütz*, NZWehrr 2007, S. 12 (19); dem folgend *H. Rehage*, Der Einsatz deutscher Streitkräfte, S. 78. Hier ist daher unmittelbar auf die Begrenzungsfunktion des Art. 87a Abs. 2 GG abzustellen, aus der auch das Gebot strikter Texttreue fließt.

Sichtweise daher. Ein solches Ergebnis kann nicht interpretatorisch bezweckt werden. Eine rein abstrakte Gefahr ist daher auch unzureichend.

Vorzugswürdig erscheint es vielmehr, das Vorliegen einer (qualifizierten) konkreten Gefahr zu fordern. Im Polizeirecht wird eine konkrete Gefahr bei einem Sachverhalt angenommen, der „bei ungehindertem Ablauf in absehbarer Zeit mit hinreichender Wahrscheinlichkeit" zu einem Schadenseintritt führt.[743] Zur näheren Bestimmung der hinreichenden Wahrscheinlichkeit im Einzelfall wird das Modell der abgestuften Gefahrenschwelle angewendet: Je größer der drohende Schaden ist, desto geringere Anforderungen sind an die Wahrscheinlichkeit des Schadenseintritts und dessen zeitliche Nähe zu stellen.[744] Dieses Modell kann bei drohenden terroristischen Angriffen allerdings nicht so einfach herangezogen werden. Denn liegen die Tatbestandsvoraussetzungen des Art. 87a Abs. 2 GG erst einmal vor, droht regelmäßig ein ganz erhebliches Schadenpotenzial.[745] In Anbetracht des Trennungsprinzips und der Begrenzungsfunktion dürfte daher eine hinreichende Wahrscheinlichkeit[746] und eine gesteigerte zeitliche Nähe zu verlangen sein. Maßgeblich muss jedoch der Einzelfall bleiben. Die Entscheidung bemisst sich nach objektiven und subjektiven Kriterien.[747] Die Einschätzung, ob die Tatbestandsvoraussetzungen vorliegen, muss auf Grundlage fundierter Tatsachen erfolgen.[748] Hierfür bieten sich vor allem gesicherte Informationen von Geheimdiensten an.[749] Bei Unsicherheiten verbietet sich jedoch aus den bereits benannten Gründen ein Zweifelsschluss für die Zulässigkeit des Verteidigungseinsatzes.[750] Nach einer differenzierten Gesamtwürdigung aller Umstände muss es wahrscheinlich sein, dass ein Fall der Verteidigung vorliegt.[751] Eine solche Sichtweise verletzt weder das Trennungsprinzip noch die Begrenzungsfunktion des Art. 87a Abs. 2 GG. Sie scheint damit eine sachgerechte Lösung darzustellen.

---

743 *J. Dietlein*, in: ders./J. Hellermann, Öffentliches Recht in Nordrhein-Westfalen, § 3 Rn. 61.

744 *J. Dietlein*, in: ders./J. Hellermann, Öffentliches Recht in Nordrhein-Westfalen, § 3 Rn. 61; *C. Gusy*, POR, Rn. 119.

745 Siehe oben, Teil 2, A. II. 2. b).

746 So auch *M. Ladiges*, Die Bekämpfung nicht-staatlicher Angreifer im Luftraum, S. 151.

747 *M. Ladiges*, Die Bekämpfung nicht-staatlicher Angreifer im Luftraum, S. 151; Vgl. dazu auch *C. Gusy*, POR, Rn. 118 ff.

748 *M. Ladiges*, Die Bekämpfung nicht-staatlicher Angreifer im Luftraum, S. 156.

749 *M. Ladiges*, Die Bekämpfung nicht-staatlicher Angreifer im Luftraum, S. 152.

750 So auch *M. Ladiges*, Die Bekämpfung nicht-staatlicher Angreifer im Luftraum, S. 156 f.

751 So *M. Ladiges*, Die Bekämpfung nicht-staatlicher Angreifer im Luftraum, S. 151, 156.

Mit Blick darauf scheinen reine Indizien für diese Prognose keinen großen Wert aufzuweisen. Benannt werden könnten hierfür einschlägige öffentliche Drohungen einer Terrororganisation oder Aufrufe zu Anschlägen. Diese stellen keinen Hinweis darauf dar, dass der Anschlag tatsächlich „von außen" gesteuert wird. Auch ein Bekenntnis zu einer internationalen Terrororganisation während der Tat wird keine Steuerung von außen nachweisen. Es könnte sich um Trittbrettfahrer aus dem Innern oder eigenständige Zellen handeln.[752] Eine „Inspiration" zum Anschlag reicht für eine Außensteuerung nicht aus.[753] Bei einem Bekenntnis und gesichertem Angriff „Militärischer Art" könnte die Organisationsqualität ein weiteres Indiz für einen von außen gesteuerten bzw. unterstützten Angriff sein. Da das alles reine Indizien sind, wird es sehr schwierig werden, mit diesen eine hinreichende Wahrscheinlichkeit begründen zu können. Daraus ergibt sich, dass aufgrund des Erfordernisses eines Angriffs „von außen" ein Verteidigungseinsatz im Falle terroristischer Anschläge regelmäßig nicht möglich ist, weil eine entsprechende Gefahrenprognose kaum mit hinreichender Wahrscheinlichkeit möglich ist.

c) Ergebnis

Wie sich zeigte, lassen sich gewichtige Argumente dafür anführen, dass Art. 87a Abs. 2 GG auch einen präventiven Einsatz der Streitkräfte im Landesinnern zulässt. Dafür muss jedoch mit hinreichender Wahrscheinlichkeit feststehen, dass die tatbestandsmäßigen Voraussetzungen der Norm erfüllt sind. Erforderlich ist insbesondere ein Angriff „von außen". Diese Anforderung wird sich im Rahmen einer Prognoseentscheidung der Feststellung einer hinreichenden Wahrscheinlichkeit im Falle terroristischer Anschläge in aller Regel entziehen. Daraus resultiert, dass die Norm im Rahmen ihrer Anwendung in Bezug auf Terrorismus mit zu vielen Unsicherheiten behaftet ist. Im Ergebnis wird Art. 87a Abs. 2 GG daher regelmäßig nicht für einen Präventiveinsatz der Streitkräfte im Innern zur Abwehr terroristischer Bedrohungen herangezogen werden können.

5. Eingriffsmaßnahmen im Einsatz unter dem Vorbehalt des Gesetzes

Selbst wenn ausnahmsweise eine Situation eintreten würde, die einen Verteidigungseinsatz im Innern zulassen würde, so stellt sich ein weiteres Problem auf verfassungsrechtlicher Ebene, das nicht unerwähnt bleiben kann: Es

---

752 Siehe oben, Teil 2, A. II. 2. a) cc).

753 Siehe oben, Teil 2, A. II. 2. a) cc).

bliebe zu klären, auf welche Rechtsgrundlage sich einzelne Eingriffsakte der Streitkräfte stützen könnten. Nehmen die Streitkräfte Grundrechtseingriffe im Rahmen eines Einsatzes vor, so handeln sie als Teil der *Eingriffsverwaltung*. In diesem Bereich gilt unstreitig der *rechtsstaatliche Vorbehalt des Gesetzes*.[754] Ebenso erzwingen die grundrechtlichen Gesetzesvorbehalte grundsätzlich ein Gesetz als verfassungsgemäße Schranke für den Grundrechtseingriff.[755] Das bedeutet, dass ohne entsprechende einfachgesetzliche Ermächtigungsgrundlagen für Eingriffshandlungen die Durchführung eines Verteidigungseinsatzes im Innern unmöglich wäre, weil jede *Einzelmaßnahme* bei der *Durchführung des Einsatzes* verfassungswidrig wäre. Die Ermächtigungsgrundlagen müssen hinreichend bestimmt sein, der Einzelne muss die Rechtslage erkennen und sein Verhalten danach ausrichten können.[756] Dabei gilt, dass die gesetzliche Regelung umso präziser und differenzierter auszugestalten ist, je stärker der Grundrechtseingriff ausfällt.[757] Im Bereich der Sekundäreinsatznormen wird diese Problematik im Schrifttum breit diskutiert. In Bezug auf den Verteidigungseinsatz hingegen ist sie wenig beachtet worden.[758] Für den Streitkräfteeinsatz im Ausland wird teilweise eine abgemilderte extraterritoriale Geltung der Grundrechte befürwortet.[759]

---

754 *S. Detterbeck*, Allgemeines Verwaltungsrecht, Rn. 259, 590; vgl. zum Vorbehalt des Gesetzes auch *C.-W. Neubert*, Einsatz tödlicher Waffengewalt, S. 236 ff.

755 Eine anerkannte Ausnahme besteht im Bereich des informatorischen Handelns der Bundesregierung, selbst wenn dieses zu mittelbar-faktischen Grundrechtseingriffen führt. Hier genügt nach dem Bundesverfassungsgericht die verfassungsunmittelbare Aufgabe der Staatsleitung anstelle einer einfachgesetzlichen Ermächtigungsgrundlage, siehe BVerfGE 105, 279 (301 ff.).

756 BVerfGE 21, 73 (79); 64, 261 (286); 103, 332 (384); 108, 186 (235); 113, 348 (375 f.); 131, 88 (123); 149, 293 (323 f., Rn. 77).

757 BVerfGE 56, 1 (13); 93, 213 (238); 131, 88 (123); BVerfG, Beschluss der Dritten Kammer des Ersten Senats vom 30.05.2018, 1 BvR 45/15, Rn. 15 = BVerfG, NVwZ 2019, S. 57 (58, Rn. 15); *T. Kingreen/R. Poscher*, Grundrechte, Rn. 319, 365.

758 Siehe ausführlich dazu nur *C. Schulte-Bunert*, Grundrechtsschutz und Verteidigungsauftrag, S. 175 ff.; für einzelne Auffassungen dazu auch *O. Depenheuer*, ZG 2008, S. 1 (11); *B. Grzeszick*, in: K. H. Friauf/W. Höfling, Berliner Kommentar zum Grundgesetz, Art. 87a (2006) Rn. 4.

759 *A. Werner*, Die Grundrechtsbindung der Bundeswehr bei Auslandseinsätzen, S. 234 ff.; *C.-W. Neubert*, Einsatz tödlicher Waffengewalt, S. 137 ff., 167 ff.; sehr ausführlich und im Ergebnis ablehnend dazu *F. Sax*, Soldaten gegen Piraten, S. 201 ff., 388 f.; allgemein dazu auch *A. Siemsen*, Auslandsaufklärung durch Bundeswehrsoldaten, S. 70 ff.; zu möglichen Modifikationen der Grundrechtsbindung auch *C. Walter*, FS E. Klein, 2013, S. 351 (356 ff.); insgesamt dazu auch *H. Sauer*, DÖV 2019, S. 714

Im Bereich des Inlandseinsatzes ist eine beschränkte Grundrechtsgeltung dagegen (auch entstehungsgeschichtlich[760]) indiskutabel. Im Innern gilt die Prämisse der uneingeschränkten Bindung der Streitkräfte als Teil der Exekutive an die Grundrechte gem. Art. 1 Abs. 3 GG. Das gilt umfassend auch für den Bereich der Verteidigung, denn selbst der Verfassungsauftrag zur Verteidigung vermag die Geltung der Grundrechte innerhalb der Bundesrepublik nicht einzuschränken oder gar zu suspendieren.[761] Im Ergebnis ist daher für jede Eingriffshandlung eine einfachgesetzliche Ermächtigungsgrundlage erforderlich. Fraglich ist nur, welche hierfür in Betracht kommen.

a) Verfassungsunmittelbare Legitimation zum Eingriff

Zu klären ist, inwieweit ein solcher Grundrechtseingriff verfassungsunmittelbar legitimiert werden könnte. Denkbar wäre eine verfassungsunmittelbare Legitimation zum Eingriff, sodass entweder Art. 87a Abs. 2 GG als Eingriffsermächtigung angewendet wird oder Eingriffe durch grundrechtliche Schutzaufträge legitimiert werden.

Vereinzelt wird die Auffassung vertreten, dass sich etwaige Einzelmaßnahmen unmittelbar auf Art. 87a Abs. 2 GG stützen ließen bzw. es keiner speziellen Ermächtigungsgrundlage bedürfe.[762] Eine solche Sichtweise versperrt sich nicht bereits wegen des Verfassungsranges der Norm.[763] Art. 87a Abs. 1 S. 1, Abs. 2 GG stellt aber eine staatsorganisationsrechtliche Kompetenznorm dar, welche das Verhältnis zwischen Bund und Ländern betrifft, nicht hingegen das Staat-Bürger-Verhältnis.[764] Eine unmittelbare Beschränkung der Grundrechte

---

(716 f., 718 ff.); nunmehr zutreffend für eine Bindung auch im Ausland BVerfG, Urteil des Ersten Senats vom 19.05.2020, 1 BvR 2835/17, Rn. 88 ff. = BVerfG, NJW 2020, S. 2235 (2240 ff., Rn. 88 ff.); bestätigt durch BVerfG, Beschluss des Ersten Senats vom 24.03.2021, 1 BvR 2656/18, Rn. 174 ff.

760 Siehe oben, Teil 2, A. I. 3., so diente die Änderung des Art. 1 Abs. 3 GG von 1956 auch dem Zweck, die Streitkräfte rechtssicher und umfassend an die Grundrechte zu binden; siehe auch *C.-W. Neubert*, Einsatz tödlicher Waffengewalt, S. 136.

761 *M. Baldus/S. Müller-Franken*, in: H. v. Mangoldt/F. Klein/C. Starck, GG Kommentar, Bd. 3, Art. 87a Rn. 27; dagegen jedoch *C. Schulte-Bunert*, Grundrechtsschutz und Verteidigungsauftrag, S. 153 ff., 185 ff.

762 Siehe dazu etwa *O. Depenheuer*, ZG 2008, S. 1 (11).

763 *C. Schulte-Bunert*, Grundrechtsschutz und Verteidigungsauftrag, S. 185 f.

764 *M. Baldus/S. Müller-Franken*, in: H. v. Mangoldt/F. Klein/C. Starck, GG Kommentar, Bd. 3, Art. 87a Rn. 27; *J. Isensee*, FS W. Leisner, 1999, S. 359 (387).

auf Grundlage des Art. 87a Abs. 2 GG lässt sich daher dogmatisch schwer konstruieren.[765] Der Auftrag zur Verteidigung kann lediglich im Rahmen der Abwägung für die Rechtfertigung eines Grundrechtseingriffs angeführt werden.[766] Hinzu tritt, dass Art. 87a Abs. 2 GG als Verfassungsnorm in Bezug auf Einzelmaßnahmen keinen hinreichenden Tatbestand mit entsprechender Rechtsfolge enthält. Die Norm kann so nicht einmal als Generalklausel für Einzelmaßnahmen gelesen werden. Sie wäre jedenfalls deutlich zu unbestimmt, um die Anforderungen an eine Ermächtigungsgrundlage zu erfüllen, die für tiefgreifende Grundrechtseingriffe erforderlich sind.[767] Als staatsorganisationsrechtliche Kompetenznorm regelt sie nur die Zulässigkeit des Streitkräfteeinsatzes, also „ob" ein Einsatz erfolgen kann oder nicht.[768] Zu der Frage „wie" dieser hingegen durchgeführt werden kann und welche Befugnisse in Anspruch genommen werden können, trifft die Norm keine Aussage.[769]

Auch eine Legitimierung einzelner Maßnahmen durch eine Schutzpflicht für das Leben gem. Art. 2 Abs. 2 S. 1 GG scheidet aus. Grundrechtliche Schutzpflichten können nur im Rahmen der *bestehenden Kompetenzen* umgesetzt werden und diese *nicht erweitern*.[770] Von Natur aus stellen Grundrechte vielmehr negative Kompetenznormen dar, welche dem Staat in der Wahrnehmung seiner Kompetenzen Grenzen setzen.[771] Diese Funktion kann jedenfalls im Bereich der

---

765 Vgl. *M. Baldus/S. Müller-Franken*, in: H. v. Mangoldt/F. Klein/C. Starck, GG Kommentar, Bd. 3, Art. 87a Rn. 27.

766 *C. Schulte-Bunert*, Grundrechtsschutz und Verteidigungsauftrag, S. 153 ff., 174 f., 187 ff., 191 spricht sich hingegen für eine Schutzbereichsbegrenzung aus. Dahinter steht die Zweckerwägung, dass ansonsten gegenwärtig in Ermangelung gesetzlicher Ermächtigungsgrundlagen jede in Grundrechte eingreifende Maßnahme der Streitkräfte zur Verteidigung rechtswidrig wäre; distanziert zu dieser Idee *P. Reimer*, Das Staatsrecht des Notstands in Deutschland, in: A. Scherzberg/O. Can/İ. Doğan, Der Rechtsstaat in Zeiten von Notstand und Terrorabwehr, S. 83 (107 f.), der auch davon ausgeht, dass sich im Notstand alle Maßnahmen des Staates an den Grundrechten messen müssen.

767 Zu den Maßstäben siehe oben, Teil 2, A. II. 5.

768 Vgl. unter Bezug auf Art. 87a Abs. 3 GG *M. Baldus/S. Müller-Franken*, in: H. v. Mangoldt/F. Klein/C. Starck, GG Kommentar, Bd. 3, Art. 87a Rn. 131; generell ablehnend in Bezug auf Einzelakte *W. Höfling/S. Augsberg*, JZ 2005, S. 1080 (1087).

769 Vgl. *M. Baldus/S. Müller-Franken*, in: H. v. Mangoldt/F. Klein/C. Starck, GG Kommentar, Bd. 3, Art. 87a Rn. 131.

770 *C. Gramm*, NZWehrr 2005, S. 133 (140); *M. Baldus/S. Müller-Franken*, in: H. v. Mangoldt/F. Klein/C. Starck, GG Kommentar, Bd. 3, Art. 87a Rn. 47.

771 Siehe BVerfGE 4, 7 (15); 55, 274 (302); *F. Müller*, Die Einheit der Verfassung, S. 142 f.; *T. Kingreen/R. Poscher*, Grundrechte, Rn. 108 ff., 133 ff.; *M. Kloepfer*, Verfassungsrecht,

Eingriffsverwaltung nicht in sein Gegenteil verkehrt werden, um Kompetenzen für einen Eingriff herzuleiten.[772] So kann niemals die *„einfachgesetzliche Legalität“* durch vermeintliche *„verfassungsrechtliche Legitimität“* ersetzt werden, weil eine ggf. bestehende staatliche und grundrechtlich verankerte Schutzpflicht für das Leben gem. Art. 2 Abs. 2 S. 1 GG besteht.[773] Schutzpflichten begründen also keine eigenständigen Eingriffskompetenzen. Soll zum Schutze des Lebens agiert werden, bedarf es auch hier einer Ermächtigungsgrundlage für die Vornahme des (schützenden) Eingriffshandelns.

b) Anwendung von Kriegs- und Kriegsvölkerrecht auch im Innern

Zum Teil wird davon ausgegangen, dass die Schaffung einer einfachgesetzlichen Einsatzgrundlage für Verteidigungseinsätze im Inland nur zu einer Generalklausel führen könne und daher schon nicht erforderlich sei, vielmehr überlagere das „Kriegsführungsrecht“ das Friedensrecht im Innern.[774] Deshalb könnten weder der grundrechtliche Gesetzesvorbehalt noch das Verhältnismäßigkeitsprinzip vollumfängliche Geltung beanspruchen.[775] Der Staat werde von dem Erfordernis einfachgesetzlicher Eingriffsermächtigungen befreit.[776] Gegen diese Zweckerwägung spricht bereits entschieden die in Art. 1 Abs. 3 GG verankerte verfassungsgesetzgeberische Grundentscheidung. Eine solche Ausschaltung der umfassenden und unbedingten Grundrechtsbindung im Inland würde Sonderrecht Tür und Tor eröffnen.

Darüber hinaus wird die Auffassung vertreten, dass das Kriegsvölkerrecht die erforderlichen Ermächtigungsgrundlagen stellen soll.[777] Diese Normen eignen sich prinzipiell als Ermächtigungsgrundlagen, weil sie Bestandteile völkerrechtlicher Verträge sind, welchen der Bundestag gem. Art. 59 Abs. 2 S. 1 GG in der Form eines Gesetzes zustimmt. Dieses Zustimmungsgesetz

---

Bd. II, § 48 Rn. 37; kritisch dazu: *K. F. Gärditz*, Grundrechte im Rahmen der Kompetenzordnung, in: J. Isensee/P. Kirchhof, HStR IX, § 189 Rn. 23 ff.

772 Vgl. auch *M. Kutscha*, in: F. Roggan/ders., Handbuch Innere Sicherheit, S. 32 f.

773 *J. Dietlein*, in: ders. /J. Hellermann, Öffentliches Recht in Nordrhein-Westfalen, § 3 Rn. 3.

774 *W. Heun*, in: H. Dreier, GG Kommentar, Bd. III, Art. 87a Rn. 21; siehe auch *T. Gas*, Die Polizei 2007, S. 33 (37).

775 *W. Heun*, in: H. Dreier, GG Kommentar, Bd. III, Art. 87a Rn. 21.

776 *T. Gas*, Die Polizei 2007, S. 33 (37).

777 *D. Wiefelspütz*, NZWehrr 2008, S. 89 (102); *T. Gas*, Die Polizei 2007, S. 33 (37); vgl. dagegen unter Bezug auf Art. 87a Abs. 3 GG *M. Baldus/S. Müller-Franken*, in: H. v. Mangoldt/F. Klein/C. Starck, GG Kommentar, Bd. 3, Art. 87a Rn. 133.

erteilt dann den Rechtsanwendungsbefehl in der innerstaatlichen Rechtsordnung.[778] Innerhalb der deutschen Rechtsordnung teilt der völkerrechtliche Vertrag dann den Rang seines Anwendungsbefehls.[779] Daraus folgt, dass die Abkommen bzw. völkerrechtlichen Verträge innerhalb der deutschen Rechtsordnung also auf der Rangstufe eines einfachen Bundesgesetzes gelten. So kann eine Festnahme auf Hoher See beispielsweise auf die Befugnisnorm des Art. 105 SRÜ gestützt werden.[780] Kriegsvölkerrecht beinhaltet aber fast nur begrenzende Normen, kaum Ermächtigungsgrundlagen.[781] Außerdem sind diese auf Rechtsfolgenseite oft zu unbestimmt für umfassende Verteidigungshandlungen.[782]

c) Ermächtigungsgrundlage aus dem Soldatengesetz

Denkbar wäre es, eine Grundlage für die Vornahme von Einzelmaßnahmen zur Verteidigung im Soldatengesetz zu suchen. In Betracht kommt hierfür das Befehlsrecht und die allgemeine Treuepflicht als Grundpflicht der Soldaten gem. §§7, 10 SG. Bedenklich erscheint allerdings bereits, inwieweit ein Befehl eine Einzelmaßnahme legitimieren kann. Der Befehl wird legaldefiniert in § 2 Nr. 2 WStG[783]. Befehle stellen der Rechtsnatur nach eine öffentlich-rechtliche Handlungsform innerhalb der Streitkräfte dar.[784] Ein Befehl ist keine gesetzliche Grundlage im Sinne des Vorbehalts des Gesetzes und vermag eine solche nicht zu ersetzen. Der Befehl muss gem. § 10 Abs. 4 SG vielmehr im Einklang mit den Gesetzen stehen. Die den Befehl verwirklichende Handlung muss selbst auf einer gesetzlichen Ermächtigungsgrundlage beruhen, sonst ist sie rechtswidrig.[785]

---

778 *H. Sauer*, Staatsrecht III, § 6 Rn. 13.

779 *H. Sauer*, Staatsrecht III, § 6 Rn. 14.

780 *H. Sauer*, Staatsrecht III, § 5 Rn. 16d; anders *F. Sax*, Soldaten gegen Piraten, S. 284 ff.

781 *C. Schulte-Bunert*, Grundrechtsschutz und Verteidigungsauftrag, S. 182 f.; siehe auch *H. Sauer*, DÖV 2019, S. 714 (718).

782 *C. Schulte-Bunert*, Grundrechtsschutz und Verteidigungsauftrag, S. 183.

783 Wehrstrafgesetz in der Fassung der Bekanntmachung vom 24.05.1974 (BGBl. I, S. 1213), zuletzt geändert durch Gesetz vom 30.10.2017 (BGBl. I, S. 3618). § 2 Nr. 2 WStG lautet: „Ein Befehl [ist] eine Anweisung zu einem bestimmten Verhalten, die ein militärischer Vorgesetzter (§ 1 Abs. 3 des Soldatengesetzes) einem Untergebenen schriftlich, mündlich oder in anderer Weise, allgemein oder für den Einzelfall mit dem Anspruch auf Gehorsam erteilt".

784 *S. Sohm*, in: D. Walz/K. Eichen/ders., Soldatengesetz, § 10 Rn. 42.

785 *A. Poretschkin*, in: W. Schere/R. Alff/ders./U. Lucks, Soldatengesetz, § 10 Rn. 49.

Ebenso wenig kann die Grundpflicht des Soldaten gem. § 7 SG[786] für Eingriffshandlungen herangezogen werden,[787] diese ist zu unbestimmt[788] und weist nicht den Charakter einer Befugnisnorm[789] auf.

d) Anwendung von Befugnisnormen aus den Polizeigesetzen

Auch eine Anwendung der in den Landespolizeigesetzen niedergelegten Befugnisse scheidet aus. Diese Idee basiert darauf, dass nach Art. 35 Abs. 2 S. 2 die Streitkräfte zur Unterstützung der Polizei tätig werden und dieser nach derselben Auffassung auch untergeordnet sind.[790] Für den Katastrophennotstand mag diese Frage diskutabel[791] sein. Dabei handelt es sich um einen Unterstützungseinsatz der Streitkräfte im originären Kompetenzbereich der Landespolizei. Auf solche Lagen der inneren Sicherheit sind die Landespolizeigesetze ausgerichtet, sie befassen sich aber nicht mit Verteidigungshandlungen.[792] Selbst wenn man dies anders sehen wollte, müssten entsprechende Anwendungsverweisungen festgelegt werden, wie es regelmäßig für die Bundespolizei geschieht.[793] Die Streitkräfte werden von den Polizeigesetzen der Länder aber nicht adressiert.[794] Das Prinzip der Gesetzmäßigkeit der Verwaltung, welches in Art. 20 Abs. 3 GG

786 § 7 SG lautet: „Der Soldat hat die Pflicht, der Bundesrepublik Deutschland treu zu dienen und das Recht und die Freiheit des deutschen Volkes tapfer zu verteidigen."

787 Siehe aber *M. Baldus/S. Müller-Franken*, in: H. v. Mangoldt/F. Klein/C. Starck, GG Kommentar, Bd. 3, Art. 87a Rn. 117; dagegen *H. Sauer*, DÖV 2019, S. 714 (717) m.w.N.

788 *M. Kutscha*, NVwZ 2004, S. 801 (803); *C. Schulte-Bunert*, Grundrechtsschutz und Verteidigungsauftrag, S. 180; *C.-W. Neubert*, Einsatz tödlicher Waffengewalt, S. 302 f.

789 *C. Schulte-Bunert*, Grundrechtsschutz und Verteidigungsauftrag, S. 180; *C.-W. Neubert*, Einsatz tödlicher Waffengewalt, S. 302.

790 Zu dieser Ansicht siehe *C. Arndt*, DVBl. 1968, S. 729 (729 f.); *F. Kirchhof*, Verteidigung und Bundeswehr, in: J. Isensee/P. Kirchhof, HStR IV, § 84 Rn. 61; *D. Keidel*, Polizei und Polizeigewalt im Notstandsfall, S. 133; *H.-G. Dederer*, in: T. Maunz/G. Dürig, GG Kommentar, Art. 35 (2018) Rn. 154; *H. Bauer*, in: H. Dreier, GG Kommentar, Bd. II, Art. 35 Rn. 31.

791 Siehe unten, Teil 2, C. VII. 1. a).

792 Ähnlich auch *C. Schulte-Bunert*, Grundrechtsschutz und Verteidigungsauftrag, S. 182.

793 So beispielsweise in Nordrhein-Westfalen gem. § 9 Abs.1, Abs. 3 POG NRW – Gesetz über die Organisation und die Zuständigkeit der Polizei im Lande Nordrhein-Westfalen – Polizeiorganisationsgesetz (POG NRW) – in der Fassung der Bekanntmachung vom 05.07.2002 (GV. NRW., S. 308, ber. S. 629), zuletzt geändert durch Gesetz vom 17.05.2018 (GV. NRW. S. 270).

794 *C. Schulte-Bunert*, Grundrechtsschutz und Verteidigungsauftrag, S. 182.

niedergelegt ist, sperrt die Anwendbarkeit dieser Vorschrift daher für die Streitkräfte.[795] Dieselbe Erwägung gilt auch für das Bundespolizeigesetz.[796]

e) Anwendung des UZwGBw

Denkbar wäre es, dass Verteidigungsmaßnahmen auf das UZwGBw gestützt werden. Dieses Gesetz adressiert zumindest die „Soldaten der Bundeswehr" gem. § 1 Abs. 1 UZwGBw als berechtigte Personen andere „Personen anzuhalten, zu überprüfen, vorläufig festzuhalten und zu durchsuchen, Sachen sicherzustellen und zu beschlagnahmen und unmittelbaren Zwang gegen Personen und Sachen anzuwenden". Damit liegt eine Befugnisnorm vor. Die §§ 9 ff. UZwGBw gestalten die Anwendbarkeit unmittelbaren Zwangs näher aus.[797] Das UZwGBw gilt allerdings gem. § 1 Abs. 1 UZwGBw lediglich für „Soldaten der Bundeswehr, denen militärische Wach- oder Sicherheitsaufgaben übertragen sind". Sein Anwendungsbereich ist damit stark beschränkt und bezieht sich kaum auf die Verteidigung.[798] Selbst innerhalb des Anwendungsbereichs deckt die Norm keine umfassenden Verteidigungsmaßnahmen als Ermächtigungsgrundlage ab. Sie ist daher ungeeignet.

f) Strafrechtliche Rechtfertigungsgründe

Vereinzelt wurde in Erwägung gezogen, strafrechtliche Erlaubnisnormen im öffentlichen Recht als Befugnisnormen heranzuziehen.[799] Diese Idee basiert auf dem Grundsatz der Einheit der Rechtsordnung, der es im Strafrecht erlaubt, auch Normen der öffentlichen Rechts und des Zivilrechts als Rechtfertigungsgründe heranzuziehen.[800] So solle die Rechtsordnung ein bestimmtes Verhalten nicht gleichzeitig erlauben und verbieten können.[801] Systematisch lässt sich dieses Ergebnis aber nicht umkehren: Das öffentliche Recht befasst sich speziell mit der Regelung der hoheitlichen Eingriffsermächtigungen und normiert diese.[802]

795 *C. Schulte-Bunert*, Grundrechtsschutz und Verteidigungsauftrag, S. 182.

796 *C. Schulte-Bunert*, Grundrechtsschutz und Verteidigungsauftrag, S. 182.

797 Zu den Befugnissen nach dem UZwGBw *A. Bajumi*, GSZ 2019, S. 238 (241 ff.).

798 *M. Kutscha*, NVwZ 2004, S. 801 (803); hierzu und mit weiteren Argumenten dagegen siehe auch *R. Mußgnung*, DÖV 1989, S. 917 (919 f.); *C. Schulte-Bunert*, Grundrechtsschutz und Verteidigungsauftrag, S. 181 f.; *B. Walter*, NZWehrr 2010, S. 101 (110).

799 *T. Kingreen/R. Poscher*, POR, § 11 Rn. 27; *C. Arndt*, DVBl. 1968, S. 729 (731); kritisch dazu *K. Ipsen*, DVBl. 1969, S. 396 (397).

800 *U. Kindhäuser/T. Zimmermann*, Strafrecht AT, § 15 Rn. 10.

801 *C. Gusy*, POR, Rn. 176.

802 *C. Gusy*, POR, Rn. 177.

Solche Befugnisnormen unterliegen dem Zitiergebot, dem Verhältnismäßigkeitsprinzip und dem Bestimmtheitsgrundsatz.[803] Das Strafrecht und dessen Erlaubnisnormen hingegen befassen sich nur mit der persönlichen Verantwortlichkeit für ein bestimmtes Verhalten.[804] Strafrecht und öffentliches Recht sind in dieser Hinsicht wesentlich verschieden und voneinander getrennt zu betrachten.[805] So ist der Tatbestand der Notwehr gem. § 32 StGB beispielsweise äußerst unbestimmt gefasst und das Prinzip der Verhältnismäßigkeit ist ihm fremd. Strafrechtliche Erlaubnisnormen können daher qualitativ keine Befugnisnormen im öffentlichen Recht darstellen, sodass es sich verbietet auf sie zu rekurrieren.[806]

g) Ergebnis

Keiner der Ansätze führt zu einem fruchtbaren Ergebnis. Gegenwärtig bestehen praktisch keine Ermächtigungsgrundlagen, auf die Maßnahmen der Streitkräfte zur Verteidigung gestützt werden können. Damit ist im Ergebnis jede in Grundrechte eingreifende Verteidigungshandlung der Streitkräfte innerhalb der Bundesrepublik verfassungswidrig. Es ist allerdings nicht Aufgabe der Rechtswissenschaft zwecks Rechtsfertigung solcher Eingriffe ohne gesetzlicher Grundlage Konstruktionen zur Umgehung der umfassenden Grundrechtsbindung gem. Art. 1 Abs. 3 GG oder gar Schutzbereichsbegrenzungen zu entwickeln und hierfür grundlegende Dogmatik teilweise aufzugeben. Insoweit ist vielmehr der Gesetzgeber gefordert, eine einfachgesetzliche Ermächtigungsgrundlage zu schaffen.

6. *Zusammenfassung und Schlussfolgerungen für den Verteidigungseinsatz zur Terrorismusabwehr*

Die Verteidigung im Sinne des Art. 87a Abs. 2 GG kann die Abwehr eines terroristischen Anschlags bzw. einer terroristischen Bedrohung umfassen. Damit kann zur Abwehr eines solchen Anschlags unter den gegebenen Umständen ein Verteidigungseinsatz erfolgen. Der Anschlag muss dafür aber die Qualität eines militärischen Angriffs erreichen. Dies bemisst sich primär nach dem Schadensausmaß und sekundär nach der Koordination sowie der Struktur des Angriffs.

---

803 *C. Gusy*, POR, Rn. 177.

804 *T. Kingreen/R. Poscher*, POR, § 11 Rn. 27.

805 *V. Götz/M.-E. Geis*, POR, § 13 Rn. 53 f.; *C. Gusy*, POR, Rn. 177 f.; *T. Kingreen/R. Poscher*, POR, § 11 Rn. 27.

806 *T. Kingreen/R. Poscher*, POR, § 11 Rn. 27.

Es muss eine international agierende und militärisch organisierte Terrororganisation involviert sein, die Zerstörung in einem „kriegsähnlichem Ausmaß" herbeiführen kann. Bereits diese Voraussetzung des „militärischen Angriffs" wird von der deutlichen Mehrzahl etwaiger Anschläge nicht erreicht werden. Insbesondere mit Blick auf die Terroranschläge der letzten Jahre in Europa erreicht nahezu keiner diese Qualität. Gemessen am Schadensausmaß und nach der Koordination des Angriffs könnte der Anschlag in Paris vom 13.11.2015 diese Qualität erfüllen. Auch stellt beispielsweise der Islamische Staat eine Terrororganisation dar, welche die eben benannten Kriterien erfüllt. Ein strukturiert geplanter Angriff mit Flugzeugen, vergleichbar den Anschlägen vom 11.09.2001 in den USA, dürfte diese Voraussetzungen ebenfalls erfüllen. Anschläge wie jene in Nizza oder Berlin, die von Einzeltätern etwa mit einem LKW ausgeführt werden, können ein kriegsähnliches Zerstörungspotenzial in dem Sinne kaum erreichen. Auch die gegenwärtig in gemeinsamen Antiterrorübungen erprobten Szenarien können diesen Voraussetzungen nicht entsprechen.[807]

Daneben ist stets zu klären, ob tatsächlich ein Angriff „von außen" vorliegt. Diese Voraussetzung wird in den meisten Anschlagsfällen nicht mit hinreichender Wahrscheinlichkeit feststellbar sein; ein Streitkräfteeinsatz kann aber nicht auf eine reine Vermutung gestützt werden.[808] Das würde die Begrenzungsfunktion des Art. 87a Abs. 2 GG geradezu in ihr Gegenteil verkehren, wie sich im Rahmen der Problematik des Präventiveinsatzes zeigte.[809] Die Möglichkeit Verteidigungseinsätze zur Abwehr von terroristischen Bedrohungen durchzuführen ist damit in besonderen Situationen theoretisch möglich, in der Praxis wird es hierzu infolge unsicherer Prognosen aber kaum kommen können.

Lägen die Voraussetzungen tatsächlich allesamt vor, so wäre ein Verteidigungseinsatz zur Abwehr eines terroristischen Angriffs zulässig. Dann bleibt jedoch anzumerken, dass aufgrund der grundrechtlichen Gesetzesvorbehalte bzw. des rechtsstaatlichen Vorbehalts des Gesetzes Probleme bei der Durchführung des Einsatzes entstünden. In Ermangelung einfachgesetzlicher Ermächtigungsgrundlagen wäre gegenwärtig beinahe jede Einzelmaßnahme der Streitkräfte verfassungswidrig.

---

807 Vgl. oben, Einleitung zu einzelnen echten bzw. fiktiven Szenarien.
808 Siehe oben, Teil 2, A. II. 4. b) bb).
809 Dazu siehe oben, Teil 2, A. II. 4. b) bb).

III. Die Sekundäreinsatznormen

Die Verfassungsnorm des Art. 87a Abs. 2 GG stellt also kein zuverlässiges Instrument für die Abwehr einer terroristischen Bedrohung durch die Streitkräfte dar. Damit sind diejenigen Normen in den Blick zu nehmen und zu untersuchen, die ausnahmsweise einen Einsatz der Streitkräfte im Innern erlauben. Allgemein anerkannt ist, dass es sich hierbei um die Art. 87a Abs. 3 GG (äußerer Notstand), Art. 87a Abs. 4 S. 1 GG (innerer Notstand), Art. 35 Abs. 2 S. 2 GG (regionaler Katastrophennotstand) und Art. 35 Abs. 3 S. 1 GG (überregionaler Katastrophennotstand) handelt.[810] Diese Verfassungsnormen benennen ausdrücklich die Möglichkeit des Streitkräfteeinsatzes. Der Art. 35 Abs. 1 GG hingegen regelt lediglich die verfassungsunmittelbare und gegenseitige Pflicht zur Rechts- und Amtshilfe. Die Möglichkeit eines Streitkräfteeinsatzes sieht die Norm nicht ausdrücklich vor. Damit steht fest, dass sie keine ausdrückliche Zulassung im Sinne des Art. 87a Abs. 2 GG enthält, auf dessen Grundlage ein „Einsatz" im oben beschriebenen Sinne durchgeführt werden kann. Auf diese Norm lassen sich nur Hilfeleistungen stützen, die unterhalb der Einsatzschwelle verbleiben.[811]

Inwieweit ein Streitkräfteeinsatz zur Abwehr einer terroristischen Bedrohung auf die vier Sekundäreinsatznormen gestützt werden kann, ist Gegenstand der nächsten Kapitel.

B. Art. 87a Abs. 3 und Abs. 4 S. 1 GG als verfassungsrechtliche Grundlagen für präventive Einsätze im Innern zur Abwehr terroristischer Bedrohungen

Ein Präventiveinsatz kann nur auf der Grundlage jener Normen erfolgen, die einen Einsatz im Innern überhaupt zulassen. Nach der vorstehenden Untersuchung des Art. 87a Abs. 2 GG ist ein Einsatz der Streitkräfte zur Verteidigung nicht dazu geeignet, Terroranschlägen im Innern effektiv zu begegnen. Damit ist zu klären, inwieweit ein solcher Einsatz auf die Sekundäreinsatznormen gestützt werden kann. Im Fokus dieses Kapitels steht dabei die nähere Untersuchung der Art. 87a Abs. 3, Art. 87a Abs. 4 S. 1 GG. Diese Normen müssten ihrem Tatbestand nach überhaupt auf terroristische Anschläge Anwendung finden können.

---

810 *J. Kokott/D. Hummel*, in: M. Sachs, GG Kommentar, Art. 87a Rn. 13; *H. Krieger*, in: B. Schmidt-Bleibtreu/H. Hofmann/H.-G. Henneke, GG Kommentar, Art. 87a Rn. 38.

811 Siehe oben, Teil 2, A. I. 4. und 5.

Dabei wird ihre jeweilige Eignung in theoretischer und praktischer Hinsicht hinterfragt.

I. Art. 87a Abs. 3 S. 1 und S. 2 in Verbindung mit Art. 80a, 115a GG (äußerer Notstand)

Nach Art. 87a Abs. 3 S. 1 GG haben die Streitkräfte im Verteidigungsfall und im Spannungsfall die Befugnis, zivile Objekte zu schützen und Aufgaben der Verkehrsregelung wahrzunehmen, „soweit dies zur Erfüllung ihres Verteidigungsauftrags erforderlich ist". Geschützt werden können dem Wortlaut nach nur verteidigungsrelevante[812] zivile Objekte. Der Ausfall des jeweiligen zivilen Objekts müsste also den Verteidigungsauftrag erschweren.[813] Auch die Aufgaben der Verkehrsregelung müssen durch den Verteidigungsauftrag angezeigt sein.[814] Daneben kann den Streitkräften gem. Art. 87a Abs. 3 S. 2 Hs. 1 GG auch der Schutz (nicht verteidigungsbezogener) ziviler Objekte zur Unterstützung polizeilicher Maßnahmen gesondert übertragen werden.[815] Die Voraussetzung für einen Streitkräfteeinsatz liegt damit in jedem Fall zunächst in der Feststellung des Verteidigungs- oder Spannungsfalles. Zu hinterfragen ist damit zuerst, unter welchen Umständen dieser jeweils festgestellt werden kann und ob dies im Falle eines terroristischen Angriffs überhaupt möglich ist.

1. *Der Verteidigungsfall im Sinne des Art. 115a GG*

In den Blick genommen wird hierfür zunächst der Verteidigungsfall. Dieser findet im Grundgesetz seine Regelung in dem Abschnitt „Xa. Verteidigungsfall (Art. 115a – Art. 115l GG)".

a) Voraussetzungen des Verteidigungsfalls gem. Art. 115a GG

Der Verteidigungsfall wird in Art. 115a Abs. 1 GG legaldefiniert. Demnach setzt er die Feststellung voraus, dass „das Bundesgebiet mit Waffengewalt angegriffen wird

---

812 *W. März*, Äußerer Staatsnotstand, in: J. Isensee/P. Kirchhof, HStR XII, § 281 Rn. 21; *M. Baldus/S. Müller-Franken*, in: H. v. Mangoldt/F. Klein/C. Starck, GG Kommentar, Bd. 3, Art. 87a Rn. 123, 129; *J. Kokott/D. Hummel*, in: M. Sachs, GG Kommentar, Art. 87a Rn. 56 f.; *H. Krieger*, in: B. Schmidt-Bleibtreu/H. Hofmann/H.-G. Henneke, GG Kommentar, Art. 87a Rn. 41.

813 *V. Epping*, in: ders./C. Hillgruber, BeckOK GG, Art. 87a Rn. 42.

814 Vgl. BT-Drs. V/2873, S. 13 f.

815 *M. Baldus/S. Müller-Franken*, in: H. v. Mangoldt/F. Klein/C. Starck, GG Kommentar, Bd. 3, Art. 87a Rn. 123, 137 f.

oder ein solcher Angriff unmittelbar droht (Verteidigungsfall)". Angriffe auf Bündnispartner reichen nach allgemeiner Meinung dagegen nicht aus.[816] Es bedarf eines Angriffs mit Waffengewalt: Der Waffenbegriff ist hierbei allerdings dynamisch bzw. flexibel zu verstehen, sodass er auch neuartige Entwicklungen in sich aufnimmt.[817] Damit unterfallen selbstverständlich ABC-Waffen[818], aber auch Cyber-Angriffe[819] der Norm. Relevant ist die direkte physische Zerstörungswirkung.[820] Der Angriff muss von außen erfolgen.[821] Die Norm erstreckt sich systematisch nicht auf Situationen des inneren Notstandes (Art. 87a Abs. 4 S. 1, Art. 91 GG bzw. Art. 35 Abs. 2 und Abs. 3 GG).[822] Nach dem Wortlaut ist es hinreichend, wenn der Angriff „unmittelbar droht". Damit eröffnet die Norm bereits ihrem Wortlaut nach präventive Einsatzoptionen. Eine solche unmittelbare Bedrohung wird immer dann angenommen, wenn der Angriff mit an Sicherheit grenzender Wahrscheinlichkeit bevorsteht.[823] Es bedarf daher einer vergleichsweise höheren Wahrscheinlichkeit des drohenden Angriffs als im Spannungsfall.[824] Art. 115a Abs. 4 S. 1 GG regelt die Fiktion des

---

816 *G. Krings/C. Burkiczak*, DÖV 2002, S. 501 (502); *C. Gramm/M. Wittenberg*, in: B. Schmidt-Bleibtreu/H. Hofmann/H.-G. Henneke, GG Kommentar, Art. 115a Rn. 11; *R. Grote*, in: H. v. Mangoldt/F. Klein/C. Starck, GG Kommentar, Bd. 3, Art. 115a Rn. 8 ff.

817 *G. Krings/C. Burkiczak*, DÖV 2002, S. 501 (502); *R. Grote*, in: H. v. Mangoldt/F. Klein/C. Starck, GG Kommentar, Bd. 3, Art. 115a Rn. 12.

818 *R. Grote*, in: H. v. Mangoldt/F. Klein/C. Starck, GG Kommentar, Bd. 3, Art. 115a Rn. 12; *C. Gramm/M. Wittenberg*, in: B. Schmidt-Bleibtreu/H. Hofmann/H.-G. Henneke, GG Kommentar, Art. 115a Rn. 13.

819 *M. Ladiges*, NZWehrr 2017, S. 221 (237 f.); *R. Grote*, in: H. v. Mangoldt/F. Klein/C. Starck, GG Kommentar, Bd. 3, Art. 115a Rn. 17; *C. Gramm/M. Wittenberg*, in: B. Schmidt-Bleibtreu/H. Hofmann/H.-G. Henneke, GG Kommentar, Art. 115a Rn. 13a; *H. D. Jarass*, in: ders./B. Pieroth, GG Kommentar, Art. 115a Rn. 3.

820 *G. Krings/C. Burkiczak*, DÖV 2002, S. 501 (502); *R. Grote*, in: H. v. Mangoldt/F. Klein/C. Starck, GG Kommentar, Bd. 3, Art. 115a Rn. 17; *V. Epping*, in: T. Maunz/G. Dürig, GG Kommentar, Art. 115a (2012) Rn. 43; *C. Gramm/M. Wittenberg*, in: B. Schmidt-Bleibtreu/H. Hofmann/H.-G. Henneke, GG Kommentar, Art. 115a Rn. 13a.

821 *V. Epping*, in: T. Maunz/G. Dürig, GG Kommentar, Art. 115a (2012) Rn. 37; *G. Robbers*, in: M. Sachs, GG Kommentar, Art. 115a Rn. 4; *C. Gramm/M. Wittenberg*, in: B. Schmidt-Bleibtreu/H. Hofmann/H.-G. Henneke, GG Kommentar, Art. 115a Rn. 12.

822 *G. Robbers*, in: M. Sachs, GG Kommentar, Art. 115a Rn. 4; *R. Schmidt-Radefeldt*, in: V. Epping/C. Hillgruber, BeckOK GG, Art. 115a Rn. 3.

823 *G. Krings/C. Burkiczak*, DÖV 2002, S. 501 (503); *V. Epping*, in: T. Maunz/G. Dürig, GG Kommentar, Art. 115a (2012) Rn. 56; *H. D. Jarass*, in: ders./B. Pieroth, GG Kommentar, Art. 115a Rn. 3.

824 *R. Grote*, in: H. v. Mangoldt/F. Klein/C. Starck, GG Kommentar, Bd. 3, Art. 115a Rn. 20.

Verteidigungsfalles bei objektiver Funktionsunfähigkeit der zuständigen Organe.[825] Anerkannt ist, dass diese Fiktion nur in äußersten Ausnahmefällen eintreten kann, dies könnte z.B. ein unerwarteter massiver nuklearer Angriff sein.[826]

Zu beachten ist, dass die Feststellung des Verteidigungsfalls als Rechtsfolge in Abweichung von der Normalverfassung die Notstandsverfassung gem. Art. 115b ff. GG in Kraft setzt.[827] Die Staatsorganisation und Zuständigkeiten werden infolge der Feststellung umgestaltet und vereinfacht: Hieraus ist abzuleiten, dass der drohende Angriff eine solche Vereinfachung erforderlich machen muss.[828] So wird qualitativ eine „existenzgefährdende Destabilisierung des Staatswesens" verlangt.[829] Dieses Kriterium bzw. der Zweck der Feststellung des Verteidigungsfalls determiniert in Verbindung mit dem Verhältnismäßigkeitsgrundsatz daher unmittelbar den Grad an Erheblichkeit des (ggf. noch drohenden) Angriffs.[830] Unter Beachtung dieses Umstandes ist die Frage zu beantworten, inwieweit terroristische Akte einen Verteidigungsfall begründen können.

b) Anwendbarkeit auf terroristische Bedrohungen

Nach dem Wortlaut des Art. 115a Abs. 1 S. 1 GG muss der Angreifer nicht zwangsläufig ein Staat sein.[831] Die Norm ist dieser Möglichkeit gegenüber damit

---

825 Zum Beispiel durch physische Vernichtung, *K. Stern*, Staatsrecht, Bd. II, S. 1407; *R. Schmidt-Radefeldt*, in: V. Epping/C. Hillgruber, BeckOK GG, Art. 115a Rn. 26; *R. Grote*, in: H. v. Mangoldt/F. Klein/C. Starck, GG Kommentar, Bd. 3, Art. 115a Rn. 43 f.

826 *R. Grote*, in: H. v. Mangoldt/F. Klein/C. Starck, GG Kommentar, Bd. 3, Art. 115a Rn. 42; *C. Gramm/M. Wittenberg*, in: B. Schmidt-Bleibtreu/H. Hofmann/H.-G. Henneke, GG Kommentar, Art. 115a Rn. 30; *R. Schmidt-Radefeldt*, in: V. Epping/C. Hillgruber, BeckOK GG, Art. 115a Rn. 25.

827 Vgl. *C. Gramm/M. Wittenberg*, in: B. Schmidt-Bleibtreu/H. Hofmann/H.-G. Henneke, GG Kommentar, Art. 115a Rn. 3.

828 *R. Grote*, in: H. v. Mangoldt/F. Klein/C. Starck, GG Kommentar, Bd. 3, Art. 115a Rn. 16; *V. Epping*, in: T. Maunz/G. Dürig, GG Kommentar, Art. 115a (2012) Rn. 51; *K. Paulke*, Terrorgefahren im Luftraum, S. 115.

829 So wörtlich *R. Schmidt-Radefeldt*, in: V. Epping/C. Hillgruber, BeckOK GG, Art. 115a Rn. 9, siehe aber auch Rn. 6; vgl. auch *V. Epping*, in: T. Maunz/G. Dürig, GG Kommentar, Art. 115a (2012) Rn. 43, 51, der ebenfalls eine Angriffsqualität verlangt, die das öffentliche Leben der Bundesrepublik lahmlegen kann bzw. eine existenzielle Destabilisierung nach sich zieht; *W. Höfling/S. Augsberg*, JZ 2005, S. 1080 (1086); in Bezug auf Cyber-Angriffe *M. Ladiges*, NZWehrr 2017, S. 221 (238).

830 *R. Schmidt-Radefeldt*, in: V. Epping/C. Hillgruber, BeckOK GG, Art. 115a Rn. 6, der die erforderliche „Qualität und Intensität" des Angriffs mit der Situation des Art. 87a Abs. 4 GG vergleicht; ähnlich *H. Rehage*, Der Einsatz deutscher Streitkräfte, S. 85.

831 *V. Epping*, in: T. Maunz/G. Dürig, GG Kommentar, Art. 115a (2012) Rn. 49.

zunächst ebenso offen wie der Begriff der Verteidigung aus Art. 87a Abs. 2 GG. Allerdings stand dem verfassungsändernden Gesetzgeber bei der Regelung des Verteidigungsfalls die angespannte Situation des Kalten Krieges (Ost und West) vor Augen.[832] Damit ging es ursprünglich um zwischenstaatliche Konflikte bzw. den Angriff eines fremden Staates.[833] Angesichts neuartiger Bedrohungslagen fasst die wohl herrschende Meinung auch terroristische Anschläge unter die Norm.[834] Eine solche Sichtweise zieht allerdings Folgeprobleme nach sich. So kann nicht jeder Terroranschlag eine Feststellung des Verteidigungsfalls begründen. Erforderlich ist vielmehr, dass dieser hinreichend qualifiziert ist. Der Verteidigungsfall ist ein sehr restriktives Institut des Verfassungsrechts, welches die eben beschriebene Erheblichkeit des Angriffs voraussetzt. Ein in Rede stehender Terroranschlag müsste also die Zuständigkeitskonzentration und Umgestaltung der Verfassung im Sinne der Rechtsfolgen der Art. 115b ff. GG erforderlich machen, um die Verteidigungsfähigkeit der Bundesrepublik weiterhin gewährleisten zu können.[835] Eine solche Umgestaltung der Verfassung ist bei terroristischen Angriffen allerdings in Ermangelung der Angriffsqualität regelmäßig nicht erforderlich.[836] Terroranschläge zeichnen sich dadurch aus, dass sie in einem eng umfassten Zeitraum erfolgen.[837] Die hinter ihnen stehenden Organisationen weisen auch gegenwärtig nicht die Kampfkraft auf, die Bundesrepublik Deutschland längerfristig in Kämpfe zu verstricken bzw. sie existenzgefährdend

---

832 *G. Robbers*, in: M. Sachs, GG Kommentar, Vorb. zu Abschnitt Xa Rn. 5; *S. Horn*, Terrorismusbekämpfungsmaßnahmen, S. 61.

833 *S. Horn*, Terrorismusbekämpfungsmaßnahmen, S. 61; *H. Rehage*, Der Einsatz deutscher Streitkräfte, S. 85.

834 *E. Schmidt-Jortzig*, DÖV 2002, S. 773 (777); *G. Krings/C. Burkiczak*, DÖV 2002, S. 501 (502 f.); dagegen aber *C. Gramm/M. Wittenberg*, in: B. Schmidt-Bleibtreu/H. Hofmann/H.-G. Henneke, GG Kommentar, Art. 115a Rn. 12.

835 *R. Grote*, in: H. v. Mangoldt/F. Klein/C. Starck, GG Kommentar, Bd. 3, Art. 115a Rn. 16.

836 *C. Lutze*, NZWehrr 2003, S. 101 (103); *G. Krings/C. Burkiczak*, DÖV 2002, S. 501 (503); *H. Rehage*, Der Einsatz deutscher Streitkräfte, S. 85; *M. Baldus/S. Müller-Franken*, in: H. v. Mangoldt/F. Klein/C. Starck, GG Kommentar, Bd. 3, Art. 87a Rn. 126.

837 *W. März*, Äußerer Staatsnotstand, in: J. Isensee/P. Kirchhof, HStR XII, § 281 Rn. 49; *S. Middel*, Terrorismusbekämpfung, S. 80; *S. Horn*, Terrorismusbekämpfungsmaßnahmen, S. 61; *H. Rehage*, Der Einsatz deutscher Streitkräfte, S. 85; *V. Epping*, in: T. Maunz/G. Dürig, GG Kommentar, Art. 115a (2012) Rn. 51; *R. Grote*, in: H. v. Mangoldt/F. Klein/C. Starck, GG Kommentar, Bd. 3, Art. 115a Rn. 16; *C. Lutze*, NZWehrr 2003, S. 101 (103).

zu destabilisieren.[838] Lediglich Anschläge, welche mit Massenvernichtungswaffen[839] ausgeführt werden, oder „wiederholte Anschläge größerer Dimension auf Infrastruktureinrichtungen"[840] werden im Schrifttum die nötige Erheblichkeit zugesprochen. Solche Anschläge können das Staatswesen bzw. die Gesellschaft destabilisieren. Mit Blick auf den Normzweck ist es daher zutreffend anzunehmen, dass ein Minus an temporaler Verstrickung durch ein Plus an Intensität und Wirkung ausgeglichen werden kann. Allerdings bleibt auch dies eine Wertung des Einzelfalls mit Blick auf den Normzweck. Damit unterfallen dem Verteidigungsfall jedenfalls keine konventionellen Terroranschläge.[841] Ausgeschlossen sind damit auch solche, welche die Qualität des Anschlags vom 11.09.2001 in den USA aufweisen.[842] Daneben stellen sich weitere praktische Probleme. Auch im Verteidigungsfall muss der Angriff „von außen" erfolgen: Hier bietet sich ein Rückgriff auf die bereits aus der Verteidigung bekannten Maßstäbe äußerer Steuerung an.[843] Diesbezüglich besteht aber ebenfalls ein Prognoserisiko.[844] Eine weitere Hürde stellt das Feststellungsverfahren dar: Nach Art. 115a Abs. 1 GG muss auf Antrag der Bundesregierung eine Zweidrittelmehrheit des Bundestages unter Zustimmung des Bundesrates den Verteidigungsfall feststellen. Aus der

---

838 *R. Grote*, in: H. v. Mangoldt/F. Klein/C. Starck, GG Kommentar, Bd. 3, Art. 115a Rn. 16; *V. Epping*, in: T. Maunz/G. Dürig, GG Kommentar, Art. 115a (2012) Rn. 51; *W. Höfling/S. Augsberg*, JZ 2005, S. 1080 (1086).

839 *G. Krings/C. Burkiczak*, DÖV 2002, S. 501 (503); *E. Schmidt-Jortzig*, DÖV 2002, S. 773 (777); *C. Lutze*, NZWehrr 2003, S. 101 (104); *V. Epping*, in: T. Maunz/G. Dürig, GG Kommentar, Art. 115a (2012) Rn. 51; *R. Grote*, in: H. v. Mangoldt/F. Klein/C. Starck, GG Kommentar, Bd. 3, Art. 115a Rn. 16; *K. Paulke*, Terrorgefahren im Luftraum, S. 116; *S. Horn*, Terrorismusbekämpfungsmaßnahmen, S. 61 f.; *T. Mertins*, Der Spannungsfall, S. 78; *H. Rehage*, Der Einsatz deutscher Streitkräfte, S. 85.

840 *V. Epping*, in: T. Maunz/G. Dürig, GG Kommentar, Art. 115a (2012) Rn. 51.

841 *C. Lutze*, NZWehrr 2003, S. 101 (104); *W. März*, Äußerer Staatsnotstand, in: J. Isensee/P. Kirchhof, HStR XII, § 281 Rn. 49; *R. Schmidt-Radefeldt*, in: V. Epping/C. Hillgruber, BeckOK GG, Art. 115a Rn. 9; *H. D. Jarass*, in: ders./B. Pieroth, GG Kommentar, Art. 115a Rn. 3.

842 *W. März*, Äußerer Staatsnotstand, in: J. Isensee/P. Kirchhof, HStR XII, § 281 Rn. 49; *W. Höfling/S. Augsberg*, JZ 2005, S. 1080 (1086); *V. Epping*, in: T. Maunz/G. Dürig, GG Kommentar, Art. 115a (2012) Rn. 51; *C. Gramm/M. Wittenberg*, in: B. Schmidt-Bleibtreu/H. Hofmann/H.-G. Henneke, GG Kommentar, Art. 115a Rn. 12.

843 So auch *G. Krings/C. Burkiczak*, DÖV 2002, S. 501 (502); *V. Epping*, in: T. Maunz/G. Dürig, GG Kommentar, Art. 115a (2012) Rn. 52; *R. Schmidt-Radefeldt*, in: V. Epping/C. Hillgruber, BeckOK GG, Art. 115a Rn. 8.

844 *V. Epping*, in: T. Maunz/G. Dürig, GG Kommentar, Art. 115a (2012) Rn. 59.

gegenwärtigen Perspektive erscheint dies (auch politisch) ausgeschlossen. Der Verteidigungsfall bleibt damit ein allenfalls theoretisches Instrument für die Abwehr terroristischer Anschläge und Gefahren.

2. Der Spannungsfall im Sinne des Art. 80a GG

Neben der Feststellung des Verteidigungsfalls kommt auch die Feststellung des Spannungsfalls in Betracht. Dieser findet mit Art. 80a GG seine Regelung in dem Abschnitt „VII. Die Gesetzgebung des Bundes (Art. 70 – Art. 82 GG)" des Grundgesetzes.

a) Voraussetzungen des Spannungsfalls gem. Art. 80a GG

Anders als der Verteidigungsfall ist der Spannungsfall nicht im Grundgesetz legaldefiniert. Es ist allerdings allgemein anerkannt, dass der Spannungsfall die Vorstufe des Verteidigungsfalls darstellt.[845] Als solche wird der Spannungsfall definiert als eine erhöhte zwischenstaatliche Konfliktsituation, die mit „großer Wahrscheinlichkeit zu einem bewaffneten Angriff auf das Bundesgebiet […]" bzw. zu einem Verteidigungsfall führen wird.[846] Bei dem Spannungsfall handelt es sich damit prinzipiell um eine noch abstraktere Gefahrenlage als bei dem Verteidigungsfall. Anders als der Verteidigungsfall, löst der Spannungsfall auch nicht die Rechtsfolgen der Art. 115b ff. GG aus. Sein Zweck liegt dennoch in der bereits frühzeitigen Herstellung erhöhter Verteidigungsbereitschaft.[847] Im

---

845 *K. Stern*, Staatsrecht, Bd. II, S. 1440; *F. Ebert*, LKV 2017, S. 10 (13); *M. Ladiges/R. Glawe*, DÖV 2011, S. 621 (624); *J.-P. Fiebig*, Der Einsatz der Bundeswehr im Innern, S. 319; *S. Horn*, Terrorismusbekämpfungsmaßnahmen, S. 61; *S. Middel*, Terrorismusbekämpfung, S. 80; *M. Brenner*, in: H. v. Mangoldt/F. Klein/C. Starck, GG Kommentar, Bd. 2, Art. 80a Rn. 18; *T. Mann*, in: M. Sachs, GG Kommentar, Art. 80a Rn. 2.

846 *W. März*, Äußerer Staatsnotstand, in: J. Isensee/P. Kirchhof, HStR XII, § 281 Rn. 10; *M. Ladiges*, JuS 2015, S. 598 (601); *E. Schmidt-Jortzig*, DÖV 2002, S. 773 (777); *C. Lutze*, NZWehrr 2003, S. 101 (102 f.); *S. Middel*, Terrorismusbekämpfung, S. 80; *S. Horn*, Terrorismusbekämpfungsmaßnahmen, S. 61; *H. Rehage*, Der Einsatz deutscher Streitkräfte, S. 86; *M. Brenner*, in: H. v. Mangoldt/F. Klein/C. Starck, GG Kommentar, Bd. 2, Art. 80a Rn. 18; *R. Sannwald*, in: B. Schmidt-Bleibtreu/H. Hofmann/H.-G. Henneke, GG Kommentar, Art. 80a Rn. 14; *O. Depenheuer*, in: T. Maunz/G. Dürig, GG Kommentar, Art. 80a (2011) Rn. 17; *T. Mann*, in: M. Sachs, GG Kommentar, Art. 80a Rn. 2.

847 BT-Drs. V/2873, S. 11; *G. Krings/C. Burkiczak*, DÖV 2002, S. 501 (503); *W. März*, Äußerer Staatsnotstand, in: J. Isensee/P. Kirchhof, HStR XII, § 281 Rn. 10; *T. Mertins*, Der Spannungsfall, S. 67; *S. Middel*, Terrorismusbekämpfung, S. 80; *R. Sannwald*, in: B. Schmidt-Bleibtreu/H. Hofmann/H.-G. Henneke, GG Kommentar, Art. 80a Rn. 14.

Hinblick auf den möglichen Verteidigungsfall sollen die erforderlichen (auch vorbeugenden) Maßnahmen getroffen werden können.[848] Damit besteht über die Situation eine Anbindung an jene Erheblichkeit, die der Verteidigungsfall voraussetzt.

b) Anwendbarkeit auf terroristische Bedrohungen

Ähnlich wie bei dem Verteidigungsfall lässt sich festhalten, dass dessen Wortlaut offen gehalten ist.[849] Deshalb wird im Rahmen des Art. 80a GG teilweise vertreten, dass diese Norm interpretatorisch anzupassen und zu erweitern ist, wie es gegenwärtige Bedrohungspotenziale erfordern.[850] Dies verläuft in einer Parallele zum Verteidigungsfall, sodass auch terroristische Angriffe prinzipiell die Feststellung des Spannungsfalls begründen können.[851] Auch werden andere „moderne" Spannungslagen wie ein Cyberangriff umfasst.[852] Mit Blick auf den Normzweck und den Grundsatz der Verhältnismäßigkeit muss die Feststellung des Spannungsfalls aber erforderlich sein, um die Verteidigungsfähigkeit des Staates zu gewährleisten bzw. zu erhalten.[853] Hierdurch bedarf es auch für die Feststellung des Spannungsfalls einer besonderen Erheblichkeit des Anschlags. Daher gilt das bereits oben zum Verteidigungsfall gesagte: Gegenwärtige „konventionelle" Terrorangriffe können den Spannungsfall nicht begründen.[854] Insoweit sind die beim Verteidigungsfall benannten Maßstäbe anzulegen (etwa Massenvernichtungswaffen)[855]. Der Spannungsfall wird durch eine relative

---

848 *R. Schmidt-Radefeldt*, in: V. Epping/C. Hillgruber, BeckOK GG, Art. 80a Rn. 2.

849 *T. Mertins*, Der Spannungsfall, S. 54 f., 65 ff.

850 *W. März*, Äußerer Staatsnotstand, in: J. Isensee/P. Kirchhof, HStR XII, § 281 Rn. 11; *M. Brenner*, in: H. v. Mangoldt/F. Klein/C. Starck, GG Kommentar, Bd. 2, Art. 80a Rn. 18.

851 *T. Mertins*, Der Spannungsfall, S. 77, 81; *H. Rehage*, Der Einsatz deutscher Streitkräfte, S. 86; *T. Mann*, in: M. Sachs, GG Kommentar, Art. 80a Rn. 2; *R. Schmidt-Radefeldt*, in: V. Epping/C. Hillgruber, BeckOK GG, Art. 80a Rn. 3; *H. D. Jarass*, in: ders./B. Pieroth, GG Kommentar, Art. 80a Rn. 1.

852 *M. Ladiges*, NZWehrr 2017, S. 221 (238 f.).

853 *G. Krings/C. Burkiczak*, DÖV 2002, S. 501 (503); *M. Brenner*, in: H. v. Mangoldt/F. Klein/C. Starck, GG Kommentar, Bd. 2, Art. 80a Rn. 18; *H. D. Jarass*, in: ders./B. Pieroth, GG Kommentar, Art. 80a Rn. 1.

854 *S. Middel*, Terrorismusbekämpfung, S. 80; *S. Horn*, Terrorismusbekämpfungsmaßnahmen, S. 62; *H. Rehage*, Der Einsatz deutscher Streitkräfte, S. 86; *G. Krings/C. Burkiczak*, DÖV 2002, S. 501 (511); *C. Lutze*, NZWehrr 2003, S. 101 (104); zurückhaltender aber *M. Ladiges*, JuS 2015, S. 598 (601).

855 *T. Mertins*, Der Spannungsfall, S. 79, 185.

Zweidrittelmehrheit des Bundestages festgestellt, was praktische Probleme in Verbindung mit etwaigen Prognosen aufwirft. Auch der Spannungsfall eignet sich damit kaum für die Abwehr terroristischer Bedrohungen.

3. *Ergebnis*

Sowohl der Spannungs- als auch der Verteidigungsfall können in der Theorie bei einem terroristischen Anschlag festgestellt werden. Dies ist mit Blick auf den jeweiligen Normzweck aber nur bei besonders qualifizierten Anschlägen denkbar. Daher ist festzuhalten, dass im Falle eines (drohenden) Terroranschlags die Feststellung des Verteidigungs- oder Spannungsfalls „keine angemessene Reaktion“ ist.[856] Auch bei komplexen Terrorlagen wie jener am 13.11.2015 in Paris wäre die Feststellung des Spannungs- bzw. Verteidigungsfalls jedenfalls nicht möglich. Bereits aus diesem Grund kommt der Norm keine praktische Relevanz zu. Würde das Vorliegen der Tatbestandsvoraussetzungen unterstellt werden, so folgt ein Feststellungsverfahren mit besonders strengen Voraussetzungen. Eine solche Feststellung ist gegenwärtig und auf die Schnelle kaum vorstellbar. Im Falle dessen, dass der Spannungs- oder Verteidigungsfall dennoch festgestellt würde, läge eine der Rechtsfolgen in der Möglichkeit, die Streitkräfte im Sinne des Art. 87a Abs. 3 GG einzusetzen. Der Schutz würde sich dann nur auf verteidigungsrelevante zivile Objekte oder die Verkehrsregelung beschränken. Auf Art. 87a Abs. 3 S. 1 GG ließe sich etwa die Sicherung bestimmter kritischer Verkehrsinfrastruktur stützen. Im Hinblick auf Art. 87a Abs. 3 S. 2 GG könnte bei gesondertem Übertragungsakt darüber hinausgehend Objektschutz betrieben und so mittelbar die Polizei entlastet werden. Eine umfassendere Abwehr terroristischer Bedrohung lässt sich aber in keinem Fall auf die Norm stützen. Aus all diesen Gründen ist die Norm nicht zielführend für die Abwehr terroristischer Angriffe oder Bedrohungen.

II. Art. 87a Abs. 4 S. 1 GG (innerer Notstand)

Art. 87a Abs. 4 S. 1 GG ermöglicht den Einsatz der Streitkräfte im inneren Notstand. Zu hinterfragen ist, wann im Einzelnen ein solcher Einsatz zulässig ist und ob die Norm überhaupt zugänglich für die Anwendung auf terroristische Gefahren ist. Dies wird im Folgenden untersucht.

---

856 So *R. Schmidt-Radefeldt*, in: V. Epping/C. Hillgruber, BeckOK GG, Art. 115a Rn. 9 unter Bezug auf den Verteidigungsfall; ablehnend auch *G. Krings/C. Burkiczak*, DÖV 2002, S. 501 (511).

1. *Tatbestandsvoraussetzungen des Art. 87a Abs. 4 S. 1 GG*

Ein Streitkräfteeinsatz kann in Falle des inneren Notstandes zur Unterstützung der Polizei durch die Bundesregierung initiiert werden. Dieser muss zur Abwehr einer drohenden Gefahr für den Bestand oder die freiheitliche demokratische Grundordnung des Bundes oder eines Landes erfolgen. Kumulativ hierzu erfordert Art. 87a Abs. 4 S. 1 GG, dass die Voraussetzungen des Art. 91 Abs. 2 GG vorliegen sowie die Kräfte der Landes- und Bundespolizei nicht ausreichen, um die drohende Gefahr abzuwehren. Der Streitkräfteeinsatz kann dann zur Unterstützung der Polizei bei dem Schutz ziviler Objekte und bei der Bekämpfung organisierter und militärisch bewaffneter Aufständischer erfolgen.

a) *Drohende Gefahr für den Bestand oder die freiheitliche demokratische Grundordnung des Bundes oder eines Landes*

Bereits die erste Voraussetzung der Norm stellt hohe Anforderungen an den Einsatz der Streitkräfte, indem der Bestand des Bundes, eines Landes oder die freiheitliche demokratische Grundordnung selbst bedroht sein muss.

aa) *Bestand des Bundes oder eines Landes*

Dem Wortlaut nach muss der gesamte „Bestand“ des Staates gefährdet sein. Gerade im Vergleich zu Art. 48 Abs. 2 WRV wird eine deutlich qualifiziertere Gefahrensituation vorausgesetzt.[857] Der Bestand des Bundes oder eines Landes umfasst nach gängiger Auffassung im Schrifttum jedenfalls die drei Elemente der Staatlichkeit: das Staatsgebiet, das Staatsvolk und die Staatsgewalt.[858] Die Staatsgewalt untergliedert sich dabei in die drei Teilgewalten der Exekutive,

---

857 *J.-P. Fiebig,* Der Einsatz der Bundeswehr im Innern, S. 350, 359; dem folgend *M. Ladiges,* Die Bekämpfung nicht-staatlicher Angreifer im Luftraum, S. 268.

858 *M. Baldus/S. Müller-Franken*, in: H. v. Mangoldt/F. Klein/C. Starck, GG Kommentar, Bd. III, Art. 87a Rn. 149, 151; *J. Kokott/D. Hummel*, in: M. Sachs, GG Kommentar, Art. 87a Rn. 66; *J. Froese*, DVBl. 2017, S. 546 (548); *M. Bäumerich/M. Schneider*, NVwZ 2017, S. 189 (192); *J.-P. Fiebig,* Der Einsatz der Bundeswehr im Innern, S. 339; *K. Paulke*, Terrorgefahren im Luftraum, S. 125; *M. Ladiges,* Die Bekämpfung nicht-staatlicher Angreifer im Luftraum, S. 266 f.; dieses Verständnis findet sich auch zu anderen verfassungsrechtlichen Bestimmungen, welche dieses Schutzgut benennen. Namentlich etwa Art. 10 Abs. 2 S. 2 oder Art. 11 Abs. 2 GG, siehe dazu *W. Durner*, in: T. Maunz/G. Dürig, GG Kommentar, Art. 11 (2012) Rn. 139; *H. P. Kunig/S. Grf. v. Kielmansegg*, in: I. v. Münch/P. Kunig, GG Kommentar, Art. 11 Rn. 56; *M. Ogorek*, in: V. Epping./C. Hillgruber, BeckOK GG, Art. 11 Rn. 33.

Judikative und Legislative.[859] Divergente Auffassungen bestehen bezüglich der Gefahr für das Staatsvolk: So wird teilweise darüber gestritten, ob eine Gefährdung des Staatsvolks im Ganzen[860] erforderlich ist oder die Gefährdung einer großen Anzahl von Menschen[861] ausreicht.

bb) Freiheitliche demokratische Grundordnung

Der Begriff der freiheitlich demokratischen Grundordnung findet sich auch an anderen Stellen im Grundgesetz wieder. So benennt etwa Art. 21 Abs. 2 GG dieses Tatbestandsmerkmal für ein Parteiverbot. Für die Bestimmung dieses Tatbestandsmerkmals wird daher wiederholt die Rechtsprechung des Bundesverfassungsgerichts zu den vergangenen Parteiverbotsverfahren herangezogen.[862] Dies war einerseits das SRP-Verbot[863] wie auch das KPD-Verbotsverfahren[864]. Die freiheitliche demokratische Grundordnung wurde danach im Laufe der Zeit um weitere Werte angereichert.[865] Alle dazugerechneten Werte können hier nicht abschließend aufgezählt werden.[866] Durch diese Ausweitungen setzte sich die Begriffsbestimmung in der Vergangenheit der Kritik aus, sie sei zu dehnbar und ermögliche beliebige Ergebnisse.[867]

Im Rahmen des zweiten NPD-Verbotsverfahrens vertritt das Bundesverfassungsgericht nun die Auffassung, dass sich die freiheitliche demokratische Grundordnung durch eine begrenzte Anzahl unentbehrlicher Grundprinzipien definiert.[868] Eine einfache Begriffsbestimmung unter Rückgriff auf die Werte des Art. 79 Abs. 3 GG verbiete sich.[869] Das Parteiverbot habe insoweit einen

---

859 *M. Baldus/S. Müller-Franken*, in: H. v. Mangoldt/F. Klein/C. Starck, GG Kommentar, Bd. III, Art. 87a Rn. 149.

860 Siehe *J.-P. Fiebig*, Der Einsatz der Bundeswehr im Innern, S. 339, 386, 293 f.

861 *M. Ladiges*, Die Bekämpfung nicht-staatlicher Angreifer im Luftraum, S. 266 f.

862 *J.-P. Fiebig*, Der Einsatz der Bundeswehr im Innern, S. 337; dem folgend *M. Ladiges*, Die Bekämpfung nicht-staatlicher Angreifer im Luftraum, S. 266; *M. Baldus/S. Müller-Franken*, in: H. v. Mangoldt/F. Klein/C. Starck, GG Kommentar, Bd. III, Art. 87a Rn. 152.

863 Zu den dort aufgestellten acht Werten siehe BVerfGE 2, 1 (13).

864 BVerfGE 5, 85 (199, 230, 236).

865 Insbesondere um Grundrechte wie die Meinungsfreiheit, siehe BVerfGE 7, 198 (208); für die Religionsfreiheit, vgl. BVerfGE 137, 273 (303, Rn. 83).

866 Siehe aber BVerfGE 144, 20 (204, Rn. 533) mit entsprechenden Verweisen.

867 *C. Kalla/A. Zillmann*, BRJ 2012, S. 176.

868 BVerfGE 144, 20 (202 f., 205, Rn. 529, 535).

869 BVerfGE 144, 20 (205 f., Rn. 536 f.); anders zuvor noch etwa *J.-P. Fiebig*, Der Einsatz der Bundeswehr im Innern, S. 365.

Ausnahmecharakter, der eine solche enge Begrenzung erforderlich mache.[870] Dieser Gedanke dürfte sich auf den Streitkräfteeinsatz im inneren Notstand, der anerkanntermaßen als *ultima ratio*[871] gilt, übertragen lassen. Zu der freiheitlichen demokratischen Grundordnung wird allen Werten voran das Prinzip der Menschenwürde gerechnet, welches nähere Ausgestaltung durch die Demokratie und Rechtsstaatlichkeit erfährt.[872] Sie stellt das oberste Konstitutionsprinzip dar und ist ihrem Wert nach unverfügbar.[873] Das Demokratieprinzip gestaltet die Menschenwürde als Form der Herrschaft von Freiheit, Gleichheit und Selbstbestimmung näher aus und verlangt die Anbindung der Staatsgewalt an das Volk (Art. 20 Abs. 1 und Abs. 2 GG).[874] Die Rechtsstaatlichkeit ist ebenso untrennbarer Bestandteil der freiheitlichen demokratischen Grundordnung und bindet bzw. begrenzt die staatliche Gewalt zum Schutze der Freiheit.[875] Dazuzurechnen ist auch das Gewaltmonopol des Staates, so ist die Anwendung physischer Gewalt doch allein der „gebundenen und gerichtlicher Kontrolle unterliegenden staatlichen Ordnung vorbehalten".[876] Die freiheitliche demokratische Grundordnung erfasst so nur die zentralsten Prinzipien des Staates.[877]

cc) Drohende (innere) Gefahr

Die Voraussetzung der drohenden Gefahr impliziert bereits seinem Wortlaut nach, dass auch präventive Maßnahmen auf die Norm gestützt werden können. Eine Verletzung der Schutzgüter muss daher noch nicht eingetreten sein. An den Grad der Wahrscheinlichkeit des Schadenseintritts werden dabei verschiedentliche Anforderungen gestellt. Zum Teil wird eine „hohe Wahrscheinlichkeit"[878] verlangt, teilweise nur eine „hinreichende Wahrscheinlichkeit"[879]. Dies

---

870 BVerfGE 144, 20 (205, Rn. 535).
871 Siehe unten, Teil 2, B. II. 2. b) aa).
872 BVerfGE 144, 20 (202 f., Rn. 529).
873 BVerfGE 144, 20 (206 ff., Rn. 538 ff.).
874 BVerfGE 144, 20 (208 f., Rn. 543).
875 BVerfGE 144, 20 (210, Rn. 547).
876 BVerfGE 144, 20 (210, Rn. 547).
877 Nicht umfasst wird etwa das Prinzip der Republik und der Bundesstaatlichkeit, siehe BVerfGE 144, 20 (206, Rn. 537); *M. Baldus/S. Müller-Franken*, in: H. v. Mangoldt/F. Klein/C. Starck, GG Kommentar, Bd. III, Art. 87a Rn. 152.
878 *M. Baldus/S. Müller-Franken*, in: H. v. Mangoldt/F. Klein/C. Starck, GG Kommentar, Bd. III, Art. 87a Rn. 154.
879 *M. Bäumerich/M. Schneider*, NVwZ 2017, S. 189 (192).

wird mit dem hohen Rang der Rechtsgüter begründet.[880] In welchem Umfang die Norm in seiner Rechtsfolge präventive Einsätze zu rechtfertigen vermag, ist nur dann relevant, wenn sie überhaupt auf terroristische Gefahren angewendet werden kann.

Aus dem systematischen Zusammenhang mit Art. 87a Abs. 2 und Art. 91 GG ergibt sich weiterhin, dass unter den Tatbestand des Art. 87a Abs. 4 S. 1 GG nur verteidigungsfremde Gefahren aus dem Inneren fallen.[881] Dass Art. 87a Abs. 4 S. 1 GG keine äußeren, sondern lediglich rein innere Gefahren voraussetzt, ist weithin anerkannt.[882] Diese Sichtweise findet auch Rückhalt in der Entstehungsgeschichte der Norm, denn die Norm zielte auf die Situation von „schweren Erscheinungsformen innerer Unruhen“[883] ab.

b) Voraussetzungen des Art. 91 Abs. 2 GG

Neben einer drohenden Gefahr für den Bestand oder die freiheitlich demokratische Grundordnung des Bundes oder eines Landes müssen auch die Merkmale des Art. 91 Abs. 2 GG vorliegen. Hierbei kommt es nur auf das in Art. 91 Abs. 2 S. 1 GG benannte Kriterium an, dass das Land nicht *fähig* oder *willens* ist, die Gefahr selbst zu bekämpfen. Art. 91 Abs. 2 S. 1 GG formuliert insoweit: „Ist das Land, in dem die Gefahr droht, nicht selbst zur Bekämpfung der Gefahr bereit oder in der Lage […]“. Das Land ist nicht willens in diesem Sinne, wenn ihm die Bereitschaft zur Bekämpfung der Gefahr fehlt, etwa weil ihm zwar objektiv geeignete Maßnahmen (wie die Anforderung der Bundespolizei) zur Bekämpfung der Gefahr zur Verfügung stehen, es diese aber nicht ergreift.[884] Nicht fähig

---

880 *H. Krieger*, in: B. Schmidt-Bleibtreu/H. Hofmann/H.-G. Henneke, GG Kommentar, Art. 87a Rn. 45.

881 *J.-P. Fiebig*, Der Einsatz der Bundeswehr im Innern, S. 362; *M. Baldus/S. Müller-Franken*, in: H. v. Mangoldt/F. Klein/C. Starck, GG Kommentar, Bd. III, Art. 87a Rn. 146.

882 *J.-P. Fiebig*, Der Einsatz der Bundeswehr im Innern, S. 362; *K. Paulke*, Terrorgefahren im Luftraum, S. 124; *M. Ladiges*, JuS 2015, S. 598 (601); *G. Krings/C. Burkiczak*, DÖV 2002, S. 501 (511); *C. Lutze*, NZWehrr 2003, S. 101 (104); *T. M. Spranger*, Einsatz der Streitkräfte zur Abwehr terroristischer Bedrohungen im Luftraum, in: D. Fleck, Terrorismusbekämpfung, S. 183 (192); vgl. auch *W.-R. Schenke*, FG B. Hirsch, 2006, S. 75 (79); *M. Baldus/S. Müller-Franken*, in: H. v. Mangoldt/F. Klein/C. Starck, GG Kommentar, Bd. III, Art. 87a Rn. 146; *H. Krieger*, in: B. Schmidt-Bleibtreu/H. Hofmann/H.-G. Henneke, GG Kommentar, Art. 87a Rn. 44.

883 BT-Drs. V/2873, S. 14.

884 *M. Baldus/S. Müller-Franken*, in: H. v. Mangoldt/F. Klein/C. Starck, GG Kommentar, Bd. III, Art. 87a Rn. 156.

zur Bekämpfung der Gefahr ist es hingegen, wenn es unter Ausschöpfung aller ihm zur Verfügung stehenden Möglichkeiten, inklusive der im Rahmen von Art. 91 Abs. 1 GG bereitgestellten Kräfte der Gefahr nicht Herr werden kann.[885] Bereits aus dieser Voraussetzung lässt sich die Subsidiarität des Streitkräfteeinsatzes ableiten; primär ist das Land für die Gefahrenabwehr zuständig, erst wenn dieses nicht fähig dazu ist oder ihm die Bereitschaft fehlt, kann der Bund die Streitkräfte einsetzen.[886]

c) Polizeikräfte der Länder und des Bundes sind unzureichend

Drittens setzt Art. 87a Abs. 4 S. 1 GG voraus, dass die Polizeikräfte der Länder sowie die Bundespolizei die Gefahrenlage nicht bewältigen können. Diese Voraussetzung stellt die grundgesetzliche Verteilung der Kompetenzen zur Gefahrenabwehr sicher.[887] Sie impliziert auch, dass die Bundesregierung von ihrer Einsatzmöglichkeit der Bundespolizei gem. Art. 91 Abs. 2 S. 1 GG tatsächlich Gebrauch gemacht haben muss.[888] Ein Einsatz der Streitkräfte kann nicht rein vorsorglich auf die Norm gestützt werden.[889] Der Streitkräfteeinsatz ist vielmehr subsidiär gegenüber dem Einsatz der Polizeikräfte.[890] Ausreichend ist aber die Absehbarkeit, dass die Polizeikräfte mit der Bewältigung der Gefahr überfordert sein werden.[891] Zusammen mit dem Erfordernis, dass das Land nicht fähig oder willens sein darf, die Gefahr selbst zu bekämpfen, wird von einer „doppelten

---

885 *M. Baldus/S. Müller-Franken*, in: H. v. Mangoldt/F. Klein/C. Starck, GG Kommentar, Bd. III, Art. 87a Rn. 156.

886 *K. Stern*, Staatsrecht, Bd. II, S. 1483.

887 *H. Krieger*, in: B. Schmidt-Bleibtreu/H. Hofmann/H.-G. Henneke, GG Kommentar, Art. 87a Rn. 45.

888 *J. Kokott/D. Hummel*, in: M. Sachs, GG Kommentar, Art. 87a Rn. 66; *V. Epping*, in: ders./C. Hillgruber, BeckOK GG, Art. 87a Rn. 48; *M. Baldus/S. Müller-Franken*, in: H. v. Mangoldt/F. Klein/C. Starck, GG Kommentar, Bd. III, Art. 87a Rn. 157 f.

889 *C. Arndt*, DVBl. 1968, S. 729 (731); *K. Stern*, Staatsrecht, Bd. II, S. 1484; *S. Middel*, Terrorismusbekämpfung, S. 79; *M. Baldus/S. Müller-Franken*, in: H. v. Mangoldt/F. Klein/C. Starck, GG Kommentar, Bd. III, Art. 87a Rn. 158; *V. Epping*, in: ders./C. Hillgruber, BeckOK GG, Art. 87a Rn. 48.1.

890 Zu der aus dieser Voraussetzung folgenden Subsidiarität: *V. Epping*, in: ders./C. Hillgruber, BeckOK GG, Art. 87a Rn. 48; *O. Depenheuer*, in: T. Maunz/G. Dürig, GG Kommentar, Art. 87a (2008) Rn. 176.

891 *O. Depenheuer*, in: T. Maunz/G. Dürig, GG Kommentar, Art. 87a (2008) Rn. 176; *M. Baldus/S. Müller-Franken*, in: H. v. Mangoldt/F. Klein/C. Starck, GG Kommentar, Bd. III, Art. 87a Rn. 158.

Subsidiarität"[892] des Streitkräfteeinsatzes auf Grundlage des Art. 87a Abs. 4 S. 1 GG gesprochen.

2. *Anwendbarkeit auf terroristische Bedrohungen*

Zu klären ist die Frage, inwieweit Terroranschläge diese Voraussetzungen erfüllen können. Teilweise wird im Schrifttum davon ausgegangen, dass auch terroristische Anschläge unter die Norm fallen können.[893] Argumentativ wird hierfür angeführt, dass auch der Bestand des Bundes durch einen terroristischen Anschlag bedroht werden könne.[894] Das sei vor allem dann denkbar, wenn eine große Anzahl von Menschen durch die Anschläge betroffen ist, da auch das Recht auf Leben zu der freiheitlichen demokratischen Grundordnung gerechnet werde.[895] Nach *Jan-Peter Fiebig* komme auch eine Gefährdung vom Bestand des Staates in Betracht, wenn über 50% der Gesamtbevölkerung des Bundes oder eines Landes vernichtet zu werden drohen.[896] Eine solche extensive Sichtweise sei auch mit Blick auf den Hauptzweck der Abwehr besonders schwerer innerer Gefahren erforderlich, jedenfalls dann, wenn die Situation keiner anderen Norm unterfiele.[897] Manche Terroristen verfolgen auch das Ziel, die freiheitliche demokratische Grundordnung abzuschaffen und eine andere Staatsform einzusetzen.[898] Der Bestand des Staates könne auch dadurch gefährdet werden, dass die Exekutiv- oder Legislativorgane im Ganzen angegriffen und infolge des Angriffs funktionsunfähig werden.[899] Die Norm ermöglicht bei Vorliegen der Tatbestandsvoraussetzung die Bekämpfung militärisch bewaffneter und organisierter

---

892 *K. Stern*, Staatsrecht, Bd. II, S. 1483; *H. Rehage*, Der Einsatz deutscher Streitkräfte, S. 84; *W. Heun*, in: H. Dreier, GG Kommentar, Bd. III, Art. 87a Rn. 29; *M. Baldus/ S. Müller-Franken*, in: H. v. Mangoldt/F. Klein/C. Starck, GG Kommentar, Bd. III, Art. 87a Rn. 147.

893 *M. Ladiges*, Die Bekämpfung nicht-staatlicher Angreifer im Luftraum, S. 268; *ders./ R. Glawe*, DÖV 2011, S. 621 (625); *J.-P. Fiebig*, Der Einsatz der Bundeswehr im Innern, S. 350 ff., 379 ff.; *M. Baldus/S. Müller-Franken*, in: H. v. Mangoldt/F. Klein/C. Starck, GG Kommentar, Bd. III, Art. 87a Rn. 150.

894 *H. Sattler*, NVwZ 2004, S. 1286 (1291); *M. Baldus/S. Müller-Franken*, in: H. v. Mangoldt/F. Klein/C. Starck, GG Kommentar, Bd. III, Art. 87a Rn. 150.

895 *M. Ladiges*, Die Bekämpfung nicht-staatlicher Angreifer im Luftraum, S. 268.

896 *J.-P. Fiebig*, Der Einsatz der Bundeswehr im Innern, S. 386, 393 f.

897 *J.-P. Fiebig*, Der Einsatz der Bundeswehr im Innern, S. 371.

898 *J. Froese*, DVBl. 2017, S. 546 (548).

899 *M. Ladiges*, Die Bekämpfung nicht-staatlicher Angreifer im Luftraum, S. 268.

Aufständischer; solche Aufständischen seien vor allem nichtstaatliche Gruppierungen und könnten damit auch Terroristen sein.[900]

Es spricht mehr dafür, dass die Norm nicht (umfänglich) auf Angriffe terroristischer Natur angewendet werden kann.[901] Der Wortlaut der Norm enthält zwar zunächst keine Restriktionen und stellt lediglich das Erfordernis einer „drohenden Gefahr für den Bestand oder die freiheitliche demokratische Grundordnung des Bundes oder eines Landes" auf. Hierbei zeigt sich der Wortlaut des Art. 87a Abs. 4 S. 1 GG der Aufnahme neuer Bedrohungspotenziale ähnlich offen gegenüber wie jener der „Verteidigung" oder des „Spannungsfalls". Dies spricht dagegen, dass terroristische Angriffe pauschal aus dem Tatbestand herausfallen. Die Norm stellt aber bereits ihrem Wortlaut nach außergewöhnlich hohe Anforderungen an die Situation auf, welche durch terroristische Angriffe kaum zu erfüllen sind.[902] Sie sind einer extensiveren Auslegung nicht zugänglich. Systematisch ergibt sich das vor allem aus der Begrenzungsfunktion des Art. 87a Abs. 2 GG und dem hieraus abgeleiteten *Gebot strikter Texttreue* als Auslegungsgrundsatz.[903] Hinzu tritt der Umstand, dass der Streitkräfteeinsatz im inneren Notstand, etwa nach dem Einsatz der Bundespolizei (vgl. Art. 91 Abs. 2 S. 1 GG), das letzte Mittel des Staates zur Bewältigung der Lage sein

900 *M. Baldus/S. Müller-Franken*, in: H. v. Mangoldt/F. Klein/C. Starck, GG Kommentar, Bd. III, Art. 87a Rn. 150; *M. Ladiges*, JuS 2015, S. 598 (601).

901 *E. Klein*, Innerer Staatsnotstand, in: J. Isensee/P. Kirchhof, HStR XII, § 280 Rn. 60; *S. Horn*, Terrorismusbekämpfungsmaßnahmen, S. 60; *S. Middel*, Terrorismusbekämpfung, S. 79; *K. Paulke*, Terrorgefahren im Luftraum, S. 124 f.; *H. Rehage*, Der Einsatz deutscher Streitkräfte, S. 84; *T. M. Spranger*, Einsatz der Streitkräfte zur Abwehr terroristischer Bedrohungen im Luftraum, in: D. Fleck, Terrorismusbekämpfung, S. 183 (192); *W. Heun*, in: H. Dreier, GG Kommentar, Bd. III, Art. 87a Rn. 32; *G. Krings/C. Burkiczak*, DÖV 2002, S. 501 (511); *C. Lutze*, NZWehrr 2003, S. 101 (104); *P. Dreist*, NZWehrr 2004, S. 89 (101); *M. Bäumerich/M. Schneider*, NVwZ 2017, S. 189 (193); *J. Froese*, DVBl. 2017, S. 546 (548); *S. Grf. v. Kielmansegg*, GSZ 2019, S. 45 (48).

902 Dies wird im Schrifttum zutreffend festgestellt, siehe hierzu etwa *E. Klein*, Innerer Staatsnotstand, in: J. Isensee/P. Kirchhof, HStR XII, § 280 Rn. 60; *H. Rehage*, Der Einsatz deutscher Streitkräfte, S. 84; *T. M. Spranger*, Einsatz der Streitkräfte zur Abwehr terroristischer Bedrohungen im Luftraum, in: D. Fleck, Terrorismusbekämpfung, S. 183 (192); *P. Dreist*, NZWehrr 2004, S. 89 (101); *Bäumerich/M. Schneider*, NVwZ 2017, S. 189 (193); *S. Grf. v. Kielmansegg*, GSZ 2019, S. 45 (48); *W. Heun*, in: H. Dreier, GG Kommentar, Bd. III, Art. 87a Rn. 32; *H. P. Aust*, in: I. v. Münch/P. Kunig, GG Kommentar, Art. 87a Rn. 82.

903 BVerfGE 90, 286 (356 f.); 115, 118 (142); 132, 1 (23, Rn. 59).

soll („*ultima ratio*“[904]). Dies ist im Rahmen der Interpretation systematisch zu berücksichtigen und spricht für eine restriktive Auslegung des Tatbestandes.[905] Darüber hinaus wird ein terroristischer Anschlag oft keine innere Gefahr darstellen, welche die Norm allerdings voraussetzt, sondern vielmehr einen Angriff „von außen“.[906] Auch sollen „Aufständische“ im Sinne der Norm nur Bürger des eigenen Landes als Angreifer umfassen, nicht etwa (äußere) Terroristen.[907] Bei näherer Betrachtung sind „Aufständische“ dem Wortsinn nach tendenziell „Aufrührer, […] Meuterer, […] Partisan, […] Putschist, […] Revolutionär, […] Verschwörer, […] Rebell“.[908] Sie unterscheiden sich damit wesensmäßig von „klassischen“ Terroristen.[909] So dürfte sich die Norm lediglich auf bestimmte Erscheinungsformen des Terrorismus beschränken: Lediglich politischer Terrorismus, der sich beispielsweise in Sezessionsbestrebungen niederschlägt, wie dies für ethnisch-nationalistischen Terrorismus typisch ist, unterfällt überhaupt dem Anwendungsbereich.[910]

---

904 *K. Stern*, Staatsrecht, Bd. II, S. 1482; *W. Speth*, Rechtsfragen des Einsatzes der Bundeswehr, S. 43; *H. Rehage*, Der Einsatz deutscher Streitkräfte, S. 84; *J. Froese*, DVBl. 2017, S. 546 (547); *M. Bäumerich/M. Schneider*, NVwZ 2017, S. 189 (192); *J. Kersten*, JuS 2016, S. 193 (198); *J. Kokott/D. Hummel*, in: M. Sachs, GG Kommentar, Art. 87a Rn. 66; *V. Epping*, in: ders./C. Hillgruber, BeckOK GG, Art. 87a Rn. 47; *W. Heun*, in: H. Dreier, GG Kommentar, Bd. III, Art. 87a Rn. 28.

905 So spricht *K. Stern*, Staatsrecht, Bd. II, S. 1482 vom ultima ratio Prinzip als der „Leitlinie der Interpretation“.

906 So etwa *C. Lutze*, NZWehrr 2003, S. 101 (104), der dies allerdings auf Anschläge von internationalen Terrororganisationen bezieht; in diese Richtung auch *G. Krings/C. Burkiczak*, DÖV 2002, S. 501 (511); *K. Paulke*, Terrorgefahren im Luftraum, S. 124 f.; *S. Horn*, Terrorismusbekämpfungsmaßnahmen, S. 60; *S. Middel*, Terrorismusbekämpfung, S. 79.

907 *P. Dreist*, UBWV 2006, S. 93 (97); dem folgend *H. Rehage*, Der Einsatz deutscher Streitkräfte, S. 84, die allerdings zutreffend ergänzend anmerkt, dass auch inländische Terroristen daher der Norm unterfallen können.

908 Vgl. *Duden*, Das Synonymwörterbuch, S. 126 (Aufständischer, Aufständische).

909 Ähnlich auch *J. Froese*, DVBl. 2017, S. 546 (548).

910 Zu den Sezessionsbestrebungen siehe etwa *W. Speth*, Rechtsfragen des Einsatzes der Bundeswehr, S. 43; *J. Pannkoke*, Der Einsatz des Militärs im Landesinnern, S. 218; vgl. auch *J. Ennuschat*, NWVBl. 2018, S. 309 (312); zu dieser Erscheinungsform des Terrorismus vgl. *S. Middel*, Terrorismusbekämpfung, S. 45; *J. Urban*, Internationaler Islamistischer Terrorismus, in: U. Backes/E. Jesse, Gefährdungen der Freiheit, S. 441 (444).

Angeführt wird zuletzt auch der Telos des Art. 87a Abs. 4 S. 1 GG: Die Norm erfasst primär Angriffe der eigenen Bevölkerung wie bürgerkriegsähnliche Szenarien, terroristische Angriffe seien diesen gegenüber „wesensverschieden".[911] Das lässt sich entstehungsgeschichtlich präzisieren, denn nach dem Bericht des Rechtsausschusses des Bundestages der 5. Wahlperiode bezieht sich die Norm nur auf die „schweren Erscheinungsformen innerer Unruhen".[912] Bei diesen wurde befürchtet, dass die Polizei mit dem Schutz von Objekten überfordert sein könnte, da in solchen Fällen oft „Versorgungsanlagen" oder jene Ziele angegriffen werden, die heute als kritische Infrastruktur bezeichnet werden.[913] Die Norm zielt damit primär auf zwei Szenarien ab: Die Bewältigung *bürgerkriegsähnlicher Situationen* und von *Umsturzversuchen des Militärs*.[914] Sie erinnert damit historisch an Lagen wie sie zurzeit der Roten (Ruhr-)Armee und des Kapp-Lüttwitz-Putsches während der Weimarer Republik bestanden.[915]

Es ist festzuhalten, dass sich bei der Anwendung der Norm auf terroristische Anschläge zahlreiche Probleme stellen. Der Tatbestand erfordert eine „systemische Bedrohung" des gesamten Staates bzw. der Verfassungsordnung durch den Anschlag.[916] Terroranschläge vermögen im Regelfall und sogar auch im

---

911 *J. Froese*, DVBl. 2017, S. 546 (548).

912 BT-Drs. V/2873, S. 14.

913 Vgl. BT-Drs. V/2873, S. 14.

914 *E. Klein*, Innerer Staatsnotstand, in: J. Isensee/P. Kirchhof, HStR XII, § 281 Rn. 50; *H. Rehage*, Der Einsatz deutscher Streitkräfte, S. 84; *S. Middel*, Terrorismusbekämpfung, S. 79; *S. Horn*, Terrorismusbekämpfungsmaßnahmen, S. 59; *J. Pannkoke*, Der Einsatz des Militärs im Landesinnern, S. 218; *W. Speth*, Rechtsfragen des Einsatzes der Bundeswehr, S. 43; *K.-H. Hall*, JZ 1970, S. 353 (355); *C. Lutze*, NZWehrr 2003, S. 101 (104); *M. Ladiges*, JuS 2015, S. 598 (601); *M. Bäumerich/M. Schneider*, NVwZ 2017, S. 189 (192); *A.-B. Kaiser*, Ad Legendum 2017, S. 200 (204); *J. Froese*, DVBl. 2017, S. 546 (548); *W. Heun*, in: H. Dreier, GG Kommentar, Bd. III, Art. 87a Rn. 32; *H. Krieger*, in: B. Schmidt-Bleibtreu/H. Hofmann/H.-G. Henneke, GG Kommentar, Art. 87a Rn. 44; *H. A. Wolff*, in: D. Hömig/ders., GG Kommentar, Art. 87a Rn. 16.

915 Siehe oben, Teil 1, C. I. 3. a) bb); vgl. auch die Anhörung von *C. H. Ule* bei den Beratungen des Rechtsausschusses, Kurzprotokoll der 59. Sitzung vom 30.11.1967, S. 77, der ausdrücklich fragt, „was denn eigentlich mit den bewaffneten Aufständen im Sinne des Art. 91 in der Fassung des Notstandsentwurfs gemeint ist […] etwa auch ein Staatstreich, wie er beispielsweise beim Kapp-Putsch praktiziert worden ist, unter den Begriff des bewaffneten Aufstandes […] fallen würde. Ich meine, dass man diese Frage zu bejahen hätte, dass nicht nur der Aufstand, also der Aufruhr von unten, aus der Bevölkerung her, sondern auch der Aufstand von oben, von gewissen Machtträgern her, unter den Begriff des bewaffneten Aufstandes zu bringen ist."

916 *S. Grf. v. Kielmansegg*, GSZ 2019, S. 45 (48).

Ausnahmefall diese Voraussetzungen nicht zu erfüllen. Konventionelle Terroranschläge der Gegenwart unterfallen der Norm daher von vornherein nicht. Solche Geschehnisse sind auch keine schweren inneren Unruhen und damit nicht der von Art. 87a Abs. 4 S. 1 GG geregelten Art. Komplexe terroristische Anschläge, die von einer internationalen Terrororganisation durchgeführt, unterstützt oder gesteuert werden, stellen bereits keine inneren Gefahren dar, welche die Norm alleine erfasst.[917] Ein besonders hoher Organisationsgrad, Gleichzeitigkeitsfaktor oder ein außergewöhnliches Schadensausmaß ändern hieran nichts. Das bedeutet, dass intensivere Anschläge der Gegenwart, wie sie mit zweckentfremdeten Verkehrsmitteln (LKW, Flugzeug) durchgeführt werden oder durch komplexe Lagen entstehen – wie etwa am 13.11.2015 in Paris –, auf keinen Fall einen inneren Notstand begründen können. Gleiches gilt für Cyberangriffe, vermögen diese doch auch nicht den Bestand des Staates oder die freiheitliche demokratische Grundordnung im oben genannten Sinne zu gefährden.[918]

Die Intensität eines umfassten Anschlags müsste angesichts des Tatbestandes eine besondere Qualifikation aufweisen. Größere Demonstrationen, vergleichbar mit jenen des G20-Gipfels in Hamburg, vermögen diese Voraussetzungen bei weitem nicht zu erfüllen. Dies gilt auch dann, wenn sie mit sogenannten „Spontanwaffen" wie Molotow-Cocktails bewaffnet wären.[919] Selbst wenn diese über Schusswaffen verfügen würden und die Tötung zahlreicher Unbeteiligter droht, würde dies den Bestand des Landes oder des Bundes nicht gefährden. Auch hilft ein Rückgriff auf die freiheitliche demokratische Grundordnung nicht weiter. Schützte diese früher noch das Recht auf Leben[920], so entfällt dieser Wert nach den heutigen Auslegungsprämissen aus der freiheitlich demokratischen Grundordnung.[921] Lediglich die Menschenwürde bleibt von ihr umfasst, ist aber nicht in dem hier relevanten Sinne kongruent mit dem Recht auf Leben. Daneben ermöglichen auch die Rechtsfolgen keinen umfassenden Einsatz: Der Schutz

917 So auch *C. Lutze*, NZWehrr 2003, S. 101 (104).

918 *M. Ladiges*, NZWehrr 2017, S. 221 (239) hält einen Cybereinsatz auf Grundlage des Art. 87a Abs. 4 S. 1 GG ebenfalls für eher von „theoretischer Natur", einen Einsatz im Cyberraum unter den tatbestandsmäßigen Umständen aber für möglich.

919 *K. Stern*, Staatsrecht, Bd. II, S. 1485; *M. Baldus/S. Müller-Franken*, in: H. v. Mangoldt/ F. Klein/C. Starck, GG Kommentar, Bd. III, Art. 87a Rn. 168.

920 Vgl. BVerfGE 2, 1 (13); sich dieses Argument zunutze machend *M. Ladiges*, Die Bekämpfung nicht-staatlicher Angreifer im Luftraum, S. 268.

921 Vgl. BVerfGE 144, 20 (202 f., Rn. 529).

ziviler Objekte mag die Polizei entlasten, ermöglicht aber kein effizientes Vorgehen gegen die Gruppierung selbst.[922]

3. *Ergebnis*

Terrorismus unterfällt zwar in der Theorie dem Tatbestand, allerdings lediglich im äußersten Randbereich. Hier zeichnet sich der Scheideweg von Theorie und Praxis. Gegenwärtig sind keine terroristischen Szenarien vorstellbar, welche die Anforderungen des Art. 87a Abs. 4 S. 1 GG erfüllen können. Einschlägige Situationen ließen sich nur auf Grundlage realitätsfremder Annahmen künstlich konstruieren.[923] Erforderlich wäre eine bürgerkriegsähnliche Situation mit ethnisch-national terroristischem Hintergrund. Da diese Untersuchung vor allem denkbare und praxisrelevante Szenarien im Blick hat,[924] wird Art. 87a Abs. 4 S. 1 GG nicht weitergehend untersucht und im Bezug auf konventionellen Terrorismus für unanwendbar erachtet. Die Rechtsgrundlage des Art. 87a Abs. 4 S. 1 GG ist insoweit nicht zielführend. Für die Abwehr terroristischer Angriffe bleibt damit vor allem ein Rückgriff auf Art. 35 Abs. 2 S. 2, Abs. 3 S. 1 GG zu klären.[925]

C. Art. 35 Abs. 2 S. 2 und Art. 35 Abs. 3 S. 1 GG als verfassungsrechtliche Grundlagen für präventive Einsätze im Innern zur Abwehr terroristischer Bedrohungen

Ausdrücklich zugelassen wird der Einsatz der Streitkräfte auch im Katastrophennotstand durch die Art. 35 Abs. 2 S. 2 GG, Art. 35 Abs. 3 S. 1 GG.[926] Zu klären ist, inwieweit diese beiden Normen zur Abwehr einer terroristischen Gefahr in Form eines Präventiveinsatzes durch die Streitkräfte herangezogen werden können. Dabei darf dessen Anwendbarkeit auch nicht durch Art. 87a Abs. 4 S. 1 GG

---

922 So auch S. *Grf. v. Kielmansegg*, GSZ 2019, S. 45 (48).

923 Siehe etwa die Bedrohung des Lebens von mehr als 50% des Staatsvolkes eines Landes bei *J.-P. Fiebig*, Der Einsatz der Bundeswehr im Innern, S. 386, 393 f.

924 Siehe dazu oben, Einleitung und Teil 2, A. I. 5.

925 So auch *E. Klein*, Innerer Staatsnotstand, in: J. Isensee/P. Kirchhof, HStR XII, § 280 Rn. 61.

926 Dies ist anerkannt, so etwa *J. Kokott/D. Hummel*, in: M. Sachs, GG Kommentar, Art. 87a Rn. 13; *H. Krieger*, in: B. Schmidt-Bleibtreu/H. Hofmann/H.-G. Henneke, GG Kommentar, Art. 87a Rn. 38.

gesperrt sein. Die Untersuchung der Art. 35 Abs. 2 S. 2 GG, Art. 35 Abs. 3 S. 1 GG wird dabei im Folgenden – soweit möglich – gemeinsam vorgenommen, weil sie einen nahezu untrennbaren systematischen Zusammenhang aufweisen. Sind im Folgenden Divergenzen zu bewerten, werden diese im Einzelnen analysiert.

I. Anwendbarkeit – Keine Sperrwirkung durch Art. 87a Abs. 4 S. 1 GG

Art. 87a Abs. 4 S. 1 GG kommt eine über die Bedeutung als eigenstände Einsatznorm reichende Relevanz zu. Im Rahmen dieser Norm wird die Abwehr innerer Unruhen geregelt, welche (vorwiegend) von nichtstaatlichen Angreifern ausgehen.[927] Art. 87a Abs. 4 S. 1 GG entfaltet insoweit daher „grundsätzlich eine Sperrwirkung für den Einsatz der Streitkräfte nach anderen Bestimmungen“[928]. Damit ist namentlich ein Einsatz auf Grundlage des Art. 35 Abs. 2 S. 2 oder Art. 35 Abs. 3 S. 1 GG vor allem dann nicht möglich, wenn „Gefahren für Menschen und Sachen […] aus oder von einer demonstrierenden Menschenmenge drohen“[929].

Die Sperrwirkung des Art. 87a Abs. 4 S. 1 GG wird vom Schrifttum anerkannt.[930] Allerdings gilt dessen Reichweite, welche Szenarien also von der Sperrwirkung erfasst werden und welche nicht, als noch nicht geklärt.[931]

Diese Frage dürfte einer genauen Beantwortung nur im Einzelfall zugänglich sein. Nach dem Bundesverfassungsgericht beschränkt sich die Sperrwirkung jedoch zumindest nicht nur auf den *Tatbestandsbereich* der Norm. Der Tatbestandsbereich der Norm wäre tangiert, wenn innere Unruhen die Voraussetzungen des Art. 87a Abs. 4 S. 1 GG tatsächlich erfüllen würden. Angesichts der eingeschränkten Rechtsfolgen der Norm (Objektschutz, Bekämpfung Aufständischer) würde dies durchaus einen eigenständigen Sinn ergeben. So könnte

927 BVerfGE 132, 1 (17 f., Rn. 45).

928 BVerfGE 132, 1 (17 f., Rn. 45); so bereits zuvor *J.-P. Fiebig*, Der Einsatz der Bundeswehr im Innern, S. 326 ff., der die Problematik auch systematisch herleitet; *H. Sattler*, NVwZ 2004, S. 1286 (1291); vgl. auch *M. G. Fischer*, JZ 2004, S. 376 (381).

929 BVerfGE 132, 1 (18, Rn. 46).

930 *J. Froese*, DVBl. 2017, S. 546 (548, 550); *S. Grf. v. Kielmansegg*, GSZ 2019, S. 45 (49); *V. Epping*, in: ders./C. Hillgruber, BeckOK GG, Art. 87a Rn. 47; *M. Baldus/S. Müller-Franken*, in: H. v. Mangoldt/F. Klein/C. Starck, GG Kommentar, Bd. III, Art. 87a Rn. 146; *H. Krieger*, in: B. Schmidt-Bleibtreu/H. Hofmann/H.-G. Henneke, GG Kommentar, Art. 87a Rn. 44.

931 *S. Grf. v. Kielmansegg*, GSZ 2019, S. 45 (49).

bei Vorliegen einer im Sinne des Tatbestandes qualifizierten inneren Unruhe kein Rückgriff auf weitergehende Rechtsfolgen des Art. 35 Abs. 2 S. 2 oder aber Art. 35 Abs. 3 S. 1 GG erfolgen. Die Sperrwirkung erstreckt sich aber vielmehr auf den gesamten *Regelungsbereich* der Norm (innere Unruhen). Mit dem Regelungsbereich wird hier der gesamte Lebensbereich der Norm gemeint, von dem der Tatbestand nur eine Ausprägung darstellt.[932] Der Regelungsbereich erstreckt sich damit auf sämtliche Aspekte, die im weiteren Sinne inneren Unruhen zugeordnet werden könnten, auch wenn sie gerade nicht tatbestandsmäßig sind. Das Bundesverfassungsgericht stellt dies sogar beispielshaft klar, als es einen Rückgriff auf Art. 35 Abs. 2 S. 2 und Art. 35 Abs. 3 S. 1 GG im Falle einer größeren Demonstration ausschließt.[933] Angesichts dessen, dass bei inneren Unruhen der Einsatz der Streitkräfte das letzte Mittel darstellen sollte, um der Lage Herr zu werden, erscheint diese Sichtweise richtig.[934] Erfolgt ein Einsatz der Streitkräfte also auf Grundlage der Art. 35 Abs. 2 S. 2 und Abs. 3 S. 1 GG, darf die Situation nicht der von Art. 87a Abs. 4 S. 1 GG „geregelten Art" sein.[935] Hieraus ergibt sich, dass die Frage für diese Untersuchung auch keiner näheren Klärung bedarf, als es hier geschehen ist. Klassische terroristische Angriffe unterscheiden sich grundsätzlich ganz erheblich von den in Art. 87a Abs. 4 S. 1 GG geregelten Situationen innerer Unruhen. Die Schnittmenge terroristischer Angriffe mit inneren Unruhen im Sinne des Regelungsbereichs des Art. 87a Abs. 4 S. 1 GG ist verschwindend gering. Es bedürfte gar einer künstlichen Konstruktion. Damit vermag Art. 87a Abs. 4 S. 1 GG regelmäßig keine Sperrwirkung gegenüber anderen Normen im Falle konventioneller terroristischer Bedrohungen zu entfalten. Keineswegs überraschend ist daher die neueste Entscheidung des Bundesverfassungsgerichts zum Luftsicherheitsgesetz: Dort hat es im Falle eines hypothetischen Renegade-Falles keine Sperrwirkung für einen Einsatz auf Grundlage des Art. 35 Abs. 2 und Abs. 3 GG gesehen.[936]

---

932 Vgl. unter Bezug auf grundrechtliche Schutz- und Regelungsbereiche *T. Kingreen/R. Poscher*, Grundrechte, Rn. 255 f.

933 Zu diesem Beispiel BVerfGE 132, 1 (18, Rn. 46).

934 Zum Einsatz als „ultima ratio" siehe oben Teil 2, B. II. 2. b) aa).

935 BVerfGE 132, 1 (18, Rn. 46).

936 BVerfGE 133, 241 (262 f., Rn. 62).

II. Voraussetzungen des Art. 35 Abs. 2 S. 2 GG (regionaler Katastrophennotstand)

Art. 35 Abs. 2 S. 2 GG betrifft den Fall des regionalen Katastrophennotstandes und lautet: „*Zur Hilfe bei einer Naturkatastrophe oder bei einem besonders schweren Unglücksfall kann ein Land* [...] *Kräfte und Einrichtungen* [...] *der Streitkräfte anfordern*". Im Hinblick auf den Untersuchungsgegenstand wird eine Naturkatastrophe keinen terroristischen Anschlag darstellen können.[937] Naturkatastrophen hängen insoweit schon begrifflich eindeutig mit höherer Gewalt bzw. naturbezogenen Ereignissen zusammen.[938] Der Tatbestand der Norm erfordert damit einerseits einen „besonders schweren Unglücksfall" als Alternative zur Naturkatastrophe und andererseits eine Anforderung der Streitkräfte durch das Land.

1. Der „besonders schwere Unglücksfall" in der Staatspraxis

Bei dem Begriff des besonders schweren Unglücksfalls handelt es sich um einen unbestimmten Rechtsbegriff.[939] In den letzten Jahren war der besonders schwere Unglücksfall – meist in Zusammenhang mit dem Luftsicherheitsgesetz – mehrfach Gegenstand höchstrichterlicher Entscheidungen.[940] Dabei hat sich im Spiegel der Rechtsprechung ein Bild davon abgezeichnet, was die Staatspraxis unter einem besonders schweren Unglücksfall versteht.

In seiner ersten Entscheidung zum Luftsicherheitsgesetz stellt das Bundesverfassungsgericht überwiegend auf die Richtlinie des Bundesministers der Verteidigung über Hilfeleistungen der Bundeswehr bei Naturkatastrophen oder besonders schweren Unglücksfällen vom 08.11.1988 ab.[941] Nach dem Ersten

---

937 So auch *M. G. Fischer*, JZ 2004, S. 376 (381).

938 Vgl. Zentrale Dienstvorschrift A-2110/10 (GMBl. 2018, S. 670), Nr. 7.1, dort wird definiert: „Naturkatastrophen [Hervorhebung im Original] sind unmittelbar drohende Gefahrenzustände oder Schädigungen von erheblichem Ausmaß, die durch Naturereignisse wie Erdbeben, Hochwasser, Eisgang, Unwetter, Wald- und Großbrände durch Selbstentzündung oder Blitze, Dürre oder durch Massenerkrankungen ausgelöst werden."

939 BVerfGE 133, 241 (266, Rn. 72).

940 BVerfGE 115, 118 (143); 132, 1 (16 f., Rn. 43); 133, 241 (265, Rn. 70); jenseits des Luftsicherheitsgesetzes siehe BVerwGE 162, 296 (300, Rn. 13).

941 Siehe BVerfGE 115, 118 (143) unter Verweis auf VMBl. 1988, S. 279; so auch *C. Hümmer*, Die Bundeswehr im Innern, S. 91 f.; *M. Gubelt/M. Goldhammer*, in: I. v. Münch/ P. Kunig, GG Kommentar, Art. 35 Rn. 57.

Senat wurde unter einem besonders schweren Unglücksfall daher ein „Schadensereignis von großem Ausmaß verstanden, das – wie ein schweres Flugzeug- oder Eisenbahnunglück, ein Stromausfall mit Auswirkungen auf lebenswichtige Bereiche der Daseinsvorsorge oder der Unfall in einem Kernkraftwerk – wegen seiner Bedeutung in besonderer Weise die Öffentlichkeit berührt und auf menschliches Fehlverhalten oder technische Unzulänglichkeiten zurückgeht."[942] In seinem Plenarbeschluss bestätigt das Bundesverfassungsgericht diese Sichtweise im Wesentlichen, verdeutlicht aber in einem Vergleich zu der Naturkatastrophe, dass nur „Ereignisse von katastrophischen Dimensionen" erfasst werden.[943] Insoweit müsse berücksichtigt werden, dass es sich bei besonders schweren Unglücksfällen um „ungewöhnliche Ausnahmesituationen" handele.[944] Daher kann nach dem Plenum ein besonders schwerer Unglücksfall nicht bereits deshalb angenommen werden, weil ein Land eine bestimmte Gefährdungslage nicht mehr allein mit den eigenen Polizeikräften bewältigen kann.[945] Auch in seiner dritten Entscheidung zum Luftsicherheitsgesetz begrenzt das Bundesverfassungsgericht den besonders schweren Unglücksfall auf die „äußersten Ausnahmefälle" und „Ereignisse von katastrophischen Dimensionen".[946] Nach dem Bundesverwaltungsgericht muss das in Rede stehende Ereignis daher „nach Ursachen, Ausmaß und Schadensfolgen weit über einen gewöhnlichen Unglücksfall hinausgehen; es muss sich um großräumige, regional bedeutsame Ausnahmesituationen von katastrophischer Dimension handeln".[947]

Die für die Definition wesentlichen Elemente des besonders schweren Unglücksfalles werden in der Zentralen Dienstvorschrift A-2110/10 über die Hilfeleistungen der Bundeswehr im Rahmen des Artikels 35 des Grundgesetzes vom 04.07.2018 zusammengeführt:

> „**Besonders schwere Unglücksfälle** [Hervorhebung im Original] sind Schadensereignisse von katastrophischem Ausmaß, die wegen ihrer Bedeutung in besonderer Weise die Öffentlichkeit berühren und auf menschliches Fehlverhalten oder technische Unzulänglichkeiten zurückgehen oder von Dritten absichtlich herbeigeführt werden. Dies können beispielsweise ein schweres Flugzeug- oder Eisenbahnunglück, ein Stromausfall oder sonstige Störungen mit Auswirkung auf lebenswichtige Bereiche der Daseinsvorsorge (u. a. Gas-, Wasser- und Elektrizitätsversorgung, Krankenhäuser, sonstige

942 BVerfGE 115, 118 (143).
943 BVerfGE 132, 1 (16 f., Rn. 43).
944 BVerfGE 132, 1 (16 f., Rn. 43).
945 BVerfGE 132, 1 (16 f., Rn. 43).
946 BVerfGE 133, 241 (265, Rn. 70).
947 So ablehnend für einen kleinflächigen Brand BVerwGE 162, 296 (300 f., Rn. 13 f.).

> Infrastruktur), ein Unfall in einem Kernkraftwerk oder terroristische Großlagen sein. Ein Unglücksfall liegt auch dann vor, wenn zwar die zu erwartenden Schäden noch nicht eingetreten sind, der Unglücksverlauf aber bereits begonnen hat und der Eintritt katastrophaler Schäden unmittelbar droht.
> Jedoch stellt nicht jede Gefahrensituation, die ein Bundesland mittels seiner Polizei nicht zu beherrschen imstande ist, allein schon aus diesem Grund einen besonders schweren Unglücksfall im Sinne des Art. 35 Abs. 2 Satz 2 GG dar. Besonders schwere Unglücksfälle sind vielmehr ungewöhnliche Ausnahmesituationen."[948]

Die Literatur hat sich weitestgehend dem Verständnis des Bundesverfassungsgerichts angeschlossen.[949] Dennoch werden die neu eingeführten Definitionselemente „Ereignisse von katastrophischen Dimensionen" und „ungewöhnliche Ausnahmesituation" selbst aus den eigenen Reihen des Bundesverfassungsgerichts auch kritisch betrachtet.[950] Die Begriffe seien von fehlender Rechtssicherheit und Transparenz geprägt und in ihrer wesentlichen Bedeutung vielmehr unklar.[951]

a) Hinreichende Konturierung der Begrifflichkeiten

Auf den ersten Blick mag die Kritik zutreffen, so erscheinen die Begrifflichkeiten sehr abstrakt gehalten zu sein, ohne dass sie eine konkrete Vorstellung zulassen. Das Bundesverfassungsgericht stellt sie allerdings in einer „normativen Parallelisierung" zu dem alternativen Tatbestandsmerkmal der Naturkatastrophe auf.[952]

---

948 Zentrale Dienstvorschrift A-2110/10 (GMBl. 2018, S. 670), Nr. 7.1.

949 Vgl. *E. Klein*, Innerer Staatsnotstand, in: J. Isensee/P. Kirchhof, HStR XII, § 280 Rn. 34; *S. Horn*, Terrorismusbekämpfungsmaßnahmen, S. 62; *U. Lucks*, NVwZ 2015, S. 1648 (1650); vgl. auch *J. Finke*, AöR 140 (2015), S. 514 (537); *J. Froese*, DVBl. 2017, S. 546 (548 f.); *S. Grf. v. Kielmansegg*, GSZ 2019, S. 45 (48); *T. v. Danwitz*, in: H. v. Mangoldt/F. Klein/C. Starck, GG Kommentar, Bd. 2, Art. 35 Rn. 70; *L. Münkler*, in: B. Schmidt-Bleibtreu/H. Hofmann/H.-G. Henneke, GG Kommentar, Art. 35 Rn. 37; *V. Epping*, in: ders./C. Hillgruber, BeckOK GG, Art. 35 Rn. 22; *H. D. Jarass*, in: ders./B. Pieroth, GG Kommentar, Art. 35 Rn. 9; *H.-G. Dederer*, in: T. Maunz/G. Dürig, GG Kommentar, Art. 35 (2018) Rn. 128; differenzierter *P. Reimer*, in: W. Kahl/C. Waldhoff/C. Walter, Bonner Kommentar zum Grundgesetz, Art. 35 (2017) Rn. 263 ff.

950 Sondervotum *R. Gaier*, BVerfGE 132, 24 (36 f., Rn. 85); *M. Ladiges*, NVwZ 2012, S. 1225 (1227); *S. Grf. v. Kielmansegg*, GSZ 2019, S. 45 (48).

951 Sondervotum *R. Gaier*, BVerfGE 132, 24 (36 f., Rn. 85); *M. Ladiges*, NVwZ 2012, S. 1225 (1227); *W. Wette*, Betrifft JUSTIZ 2012, S. 400 (402); *J. Froese*, DVBl. 2017, S. 546 (550); *S. Grf. v. Kielmansegg*, GSZ 2019, S. 45 (48); *F. Schoch*, Jura 2013, S. 255 (264 f.) versteht darüber hinaus unter der geforderten „katastrophischen Dimension" sogar eine Qualifizierung gegenüber dem Tatbestand.

952 BVerfGE 132, 1 (16 f., Rn. 43).

Hieraus ergibt sich mittelbar der erste Anhaltspunkt, welches Ausmaß also „ungewöhnlich" in diesem Sinne sein könnte. Als Naturkatastrophen werden gegenwärtig nicht nur Erdbeben, sondern auch Hochwasser, Dürre, Unwetter oder Waldbrände eingeordnet, die durch einen Blitzschlag entstanden sind.[953] Dabei betont das Bundesverfassungsgericht, dass es auf die (katastrophische) Situation an sich ankommt und nicht auf die bloße Überforderung der Einsatzkräfte des Landes.[954]

In einem systematischen Vergleich zu Art. 35 Abs. 2 S. 1 GG zeigt sich zudem, dass keine einfach nur „quantitativ gesteigerte Gefahr" von Art. 35 Abs. 2 S. 2 GG gemeint sein kann.[955] Sie muss vielmehr eine qualitativ gesteigerte Gefahr gegenüber Situationen im Sinne des Art. 35 Abs. 2 S. 1 GG darstellen.[956] Die Katastrophensituation geht sowohl im Rahmen der Naturkatastrophe als auch des besonders schweren Unglücksfalls über das Maß der Normallage hinaus.[957] Das dürfte dann anzunehmen sein, wenn durch das Ereignis eine besondere Bedeutung für die Öffentlichkeit vorliegt.[958] In einem Vergleich zu den benannten Naturkatastrophen und mit Blick auf das hohe Rechtsgut des Lebens ist ein Indiz hierfür, dass eine Mehrzahl von Menschen ernsthaft gefährdet wird.[959] Dies steht im Einklang mit schweren Verkehrsunfällen (Flugzeugabstürze, Entgleisungen von Zügen), die nach gängigem Verständnis der Norm unterfallen.[960] Auch das Bundesverwaltungsgericht stellte zuletzt auf die Gefährdung von Leib und Leben von Menschen oder erheblichen Sachwerten ab.[961] Ein Gegenindiz läge in der Betroffenheit privater Belange oder einer geringen

---

953 Vgl. Zentrale Dienstvorschrift A-2110/10 (GMBl. 2018, S. 670), Nr. 7.1.

954 BVerfGE 132, 1 (16 f., Rn. 43); vgl. anders zuvor noch *C. Hümmer*, Die Bundeswehr im Innern, S. 121.

955 *J.-P. Fiebig*, Der Einsatz der Bundeswehr im Innern, S. 363.

956 *H.-G. Dederer*, in: T. Maunz/G. Dürig, GG Kommentar, Art. 35 (2018) Rn. 127; vgl. *J.-P. Fiebig*, Der Einsatz der Bundeswehr im Innern, S. 363; vgl. dazu auch *J. Finke*, AöR 140 (2015), S. 514 (537).

957 So bereits *K. Stern*, Staatsrecht, Bd. II, S. 1463; *J. Finke*, AöR 140 (2015), S. 514 (537).

958 So schon *J. Froese*, DVBl. 2017, S. 546 (548 f.); *S. Horn*, Terrorismusbekämpfungsmaßnahmen, S. 62; *T. v. Danwitz*, in: H. v. Mangoldt/F. Klein/C. Starck, GG Kommentar, Bd. 2, Art. 35 Rn. 70; *H. Bauer*, in: H. Dreier, GG Kommentar, Bd. II, Art. 35 Rn. 29.

959 Vgl. in diese Richtung *P. Reimer*, in: W. Kahl/C. Waldhoff/C. Walter, Bonner Kommentar zum Grundgesetz, Art. 35 (2017) Rn. 264; *U. Lucks*, NVwZ 2015, S. 1648 (1650).

960 Vgl. BVerfGE 115, 118 (143); siehe auch *P. Reimer*, in: W. Kahl/C. Waldhoff/C. Walter, Bonner Kommentar zum Grundgesetz, Art. 35 (2017) Rn. 266.

961 BVerwGE 162, 296 (301, Rn. 16).

Anzahl von Personen ohne ernsthafte Lebensgefahr.[962] Mit diesen Kriterien lässt sich durchaus ein hinreichend scharfes Bild von Situationen zeichnen, die das Ausmaß eines besonders schweren Unglücksfalles erreichen. Am Ende verbleibt die Einordnung allerdings eine Einzelfallentscheidung, die unter Zubilligung eines Beurteilungsspielraumes zu treffen ist.[963] Zu berücksichtigen ist dann aber, dass der Streitkräfteeinsatz im Innern ein „äußerster Ausnahmefall" ist.[964]

b) Anwendbarkeit auf terroristische Bedrohungen

Es ist mittlerweile anerkannt, dass ein besonders schwerer Unglücksfall auch durch vorsätzliches Handeln herbeigeführt werden kann.[965] Der Wortlaut des Art. 35 Abs. 2 S. 2 GG zeigt sich für eine solche Betrachtung offen.[966] Die Norm bezweckt einen „wirksamen Katastrophenschutz", sodass sie eher weit auszulegen ist und auch vorsätzlich herbeigeführte Katastrophen umfasst sein müssen.[967] Auch wird der Katastrophennotstand begrifflich durch das Strafrecht geprägt, was ebenfalls dafür angeführt wird, dass in krimineller Absicht verursachte Unglücksfälle erfasst werden.[968] Damit unterfallen auch terroristische Anschläge dem Katastrophennotstand.[969]

---

962 Vgl. *M. Ladiges*, Die Bekämpfung nicht-staatlicher Angreifer im Luftraum, S. 207.

963 Vgl. *M. Ladiges*, Die Bekämpfung nicht-staatlicher Angreifer im Luftraum, S. 207; *W. G. Leisner*, in: H. Sodan, GG Kommentar, Art. 35 Rn. 6; vgl. bereits zuvor unter Bezug auf die Bundespolizei *H. Klückmann*, DÖV 1976, S. 333 (338); zu weitgehend *C. Hümmer*, Die Bundeswehr im Innern, S. 121.

964 BVerfGE 132, 1 (9 f., Rn. 26); 133, 241 (265, Rn. 70); *M. Ladiges*, Die Bekämpfung nicht-staatlicher Angreifer im Luftraum, S. 207.

965 BVerfGE 115, 118 (143 f.); 132, 1 (18, Rn. 46); 133, 241 (263, Rn. 64); *T. M. Spranger*, Wehrverfassung, S. 87; *K. Fehn/M. Brauns*, Bundeswehr und innere Sicherheit, S. 44; *K. Paulke*, Terrorgefahren im Luftraum, S. 148; *C. Lutze*, NZWehrr 2003, S. 101 (105); *M. Baldus*, NVwZ 2004, S. 1278 (1282); *H. Sattler*, NVwZ 2004, S. 1286 (1287); *F. Schoch*, Jura 2013, S. 255 (264); *J. Froese*, DVBl. 2017, S. 546 (549); *T. v. Danwitz*, in: H. v. Mangoldt/F. Klein/C. Starck, GG Kommentar, Bd. 2, Art. 35 Rn. 70; *V. Epping*, in: ders./C. Hillgruber, BeckOK GG, Art. 35 Rn. 23; *P. Reimer*, in: W. Kahl/C. Waldhoff/C. Walter, Bonner Kommentar zum Grundgesetz, Art. 35 (2017) Rn. 266.

966 BVerfGE 115, 118 (143 f.).

967 BVerfGE 115, 118 (144); *V. Epping*, in: ders./C. Hillgruber, BeckOK GG, Art. 35 Rn. 23; *C. Hümmer*, Die Bundeswehr im Innern, S. 92.

968 *M. Baldus*, NVwZ 2004, S. 1278 (1282); *C. Hümmer*, Die Bundeswehr im Innern, S. 93.

969 *H. Rehage*, Der Einsatz deutscher Streitkräfte, S. 87; *C. Hümmer*, Die Bundeswehr im Innern, S. 132; *K. Fehn/M. Brauns*, Bundeswehr und innere Sicherheit, S. 44; *C. Lutze*, NZWehrr 2003, S. 101 (105); *M. G. Fischer*, JZ 2004, S. 376 (381); *M. Baldus*, NVwZ 2004, S. 1278 (1282); *H. Sattler*, NVwZ 2004, S. 1286 (1287); *J. Froese*, DVBl.

Zu konkretisieren ist allerdings, wann ein terroristischer Anschlag ein Ereignis katastrophischer Dimensionen, also eine „ungewöhnliche Ausnahmesituation" darstellt. Gerade dieser Begriff zeigt, dass der „gewöhnliche" terroristische Anschlag nicht ausreichend ist, um ihn als besonders schweren Unglücksfall qualifizieren zu können.[970] Dieser muss eine Qualität jenseits der Normallage annehmen. Als Indizien für die Einschätzung, ob eine „ungewöhnliche Ausnahmesituation" vorliegt, könnte auf verschiedene Modalitäten des (potentiellen) Anschlags für eine Konkretisierung der qualitativen Gefährdung abgestellt werden.

So könnte erstens die *Art der Bewaffnung* Aufschluss verleihen. Während Nahkampfwaffen wie Messer regelmäßig ungefährlicher erscheinen, würden automatische Waffen, Sprengsätze oder gar Sprengwaffen mit Blick auf deren Wirkungspotenzial leichter die „besondere schwere" eines Anschlages begründen. Leib und Leben einer Vielzahl von Menschen wäre durch diese stärker gefährdet. Zweitens dürfte der *Grad an Organisation* eine wichtige Rolle spielen. Die schwere Straftat nur eines Einzeltäters, der gegebenenfalls eine Geiselnahme vornimmt, wird regelmäßig keine Ausnahmewirkung aufweisen. Auch ein Amoklauf dürfte in der Regel keine katastrophische Dimension erreichen.[971] Eine außergewöhnliche Ausnahmesituation hingegen könnte umso eher vorliegen, je mehr Täter (namentlich Hit-Teams) an der Ausführung der Tat beteiligt sind. Je komplexer die Lage hierdurch wird und je höher der Gleichzeitigkeitsfaktor[972] ist, desto stärker sind Leib und Leben einer Vielzahl von Menschen gefährdet. Damit wird auch umso eher eine in Rede stehende „ungewöhnliche Ausnahmesituation" vorliegen, welcher für die Öffentlichkeit eine besondere Bedeutung hat. Der leitende Aspekt ist jedoch immer der (drohende) Schaden, also die tatsächlichen Auswirkungen auf (hochrangige) Rechtsgüter durch das Ereignis. Deshalb muss drittens dem *Angriffsziel* eine große Bedeutung zukommen. Ein besonders schwerer Unglücksfall dürfte sogar regelmäßig anzunehmen

---

2017, S. 546 (549); *S. Grf. v. Kielmansegg*, GSZ 2019, S. 45 (48); *H.-G. Dederer*, in: T. Maunz/G. Dürig, GG Kommentar, Art. 35 (2018) Rn. 131; *T. v. Danwitz*, in: H. v. Mangoldt/F. Klein/C. Starck, GG Kommentar, Bd. 2, Art. 35 Rn. 70; *M. Schubert*, in: M. Sachs, GG Kommentar, Art. 35 Rn. 38; *P. Reimer*, in: W. Kahl/C. Waldhoff/C. Walter, Bonner Kommentar zum Grundgesetz, Art. 35 (2017) Rn. 266.

970 Vgl. *J. Finke*, AöR 140 (2015), S. 514 (537).

971 So auch *J. Froese*, DVBl. 2017, S. 546 (549).

972 Vgl. *U. v. Krause*, Einsatz der Bundeswehr im Innern, S. 18. „Gleichzeitigkeitsfaktor" meint dabei eine terroristische Lage, bei der mehrere Täter zur gleichen Zeit an verschiedenen Orten Anschläge ausführen.

sein, wenn kritische Infrastruktur zerstört oder ernsthaft beschädigt zu werden droht.[973] Das kann vor allem die Daseinsvorsorge im Bereich der „Energie- und Wasserversorgung“ betreffen.[974]

Diese Überlegungen zugrunde gelegt, könnte ein dem Anschlag von Paris vom 13.11.2015 vergleichbarer Angriff unproblematisch als besonders schwerer Unglücksfall eingeordnet werden.[975] Mehrere Hit-Teams haben damals zeitgleich an verschiedenen Orten Anschläge mit automatischen Waffen verübt und so eine weit über das Ausmaß eines regulären Anschlags hinausgehende Opferzahl erreicht. Mit Blick auf die Parallele zu sehr schweren Verkehrsunglücken[976] können auch Angriffe mittels zweckentfremdeten Verkehrsmitteln die katastrophischen Dimensionen eines besonders schweren Unglücksfalls aufweisen. Dies wird etwa für den Anschlag von Nizza angenommen.[977] Gerade terroristische Großlagen mit qualifizierter Organisationsstruktur des Angriffs, wie sie auch mittlerweile in den Terrorismusabwehr Übungen erprobt werden, können damit einen besonders schweren Unglücksfall darstellen.

2. *Anforderung durch ein Land*

Konstitutive Voraussetzung des Art. 35 Abs. 2 S. 2 GG ist eine Anforderung der Streitkräfte durch „ein Land“.[978] Welches Organ für die Anforderung zuständig ist, wird insoweit von dem Grundgesetz offengelassen und prinzipiell den Landesverfassungen überlassen, die etwa die Landesregierungen oder den Ministerpräsidenten zum verfassungsrechtlichen Vertreter bestimmen.[979] Art. 35 Abs. 2 S. 2 GG ist als Ermessensnorm ausgestaltet („kann“). Liegen die Voraussetzungen also vor, steht die Entscheidung über die Anforderung auf Rechtsfolgenseite

973 Vgl. die Folgenabschätzung in Bezug auf einen großräumigen Stromausfall, für die kausal ausdrücklich terroristische Anschläge in Betracht gezogen werden, BT-Drs. 17/5672, S. 4 f., 11 f., 15 ff.

974 Siehe auch *P. Reimer*, in: W. Kahl/C. Waldhoff/C. Walter, Bonner Kommentar zum Grundgesetz, Art. 35 (2017) Rn. 266.

975 Zu dieser Einschätzung gelangt auch *J. Froese*, DVBl. 2017, S. 546 (549).

976 Vgl. *P. Reimer*, in: W. Kahl/C. Waldhoff/C. Walter, Bonner Kommentar zum Grundgesetz, Art. 35 (2017) Rn. 266.

977 So *J. Froese*, DVBl. 2017, S. 546 (549).

978 Vgl. *P. Reimer*, in: W. Kahl/C. Waldhoff/C. Walter, Bonner Kommentar zum Grundgesetz, Art. 35 (2017) Rn. 199 ff., 255; *V. Epping*, in: ders./C. Hillgruber, BeckOK GG, Art. 35 Rn. 22 ff.

979 *P. Reimer*, in: W. Kahl/C. Waldhoff/C. Walter, Bonner Kommentar zum Grundgesetz, Art. 35 (2017) Rn. 200, 255.

im Ermessen des betroffenen Landes.[980] Nach dem Bundesverwaltungsgericht zeige der Wortlaut des Art. 35 Abs. 2 S. 2 GG allerdings auf, dass Kommunen (Selbstverwaltungskörperschaften) das Recht der Anforderung nicht zusteht.[981] Dieser spreche im Gegensatz zu der Regelung des Art. 35 Abs. 1 GG gerade nicht von „Behörden [...] der Länder", sondern davon, dass „ein Land" unter anderem die Streitkräfte anfordern könne.[982] Ihrem Sinn und Zweck nach normieren Art. 35 Abs. 2 S. 2 und Abs. 3 S. 1 GG die Kooperation von Bund und Ländern im Falle von Katastrophen, welche die betreffenden Länder überfordern, sodass aus dem Telos der Norm auch nur ein Anforderungsrecht seitens der Bundesländer selbst folge.[983] Dem Recht zur Anforderung korrespondiert eine Pflicht zur Hilfeleistung, soweit nicht wichtige eigene Aufgaben vorrangig zu erfüllen sind (z.B. Verteidigung).[984] Aus dem Wortlaut des Art. 35 Abs. 2 S. 2 GG „sowie" als auch „und" ergibt sich zudem, dass das Land frei wählen kann, ob es unmittelbar die Streitkräfte zur Hilfe ruft oder (zunächst) die Bundespolizei bzw. Polizeikräfte anderer Länder.[985] Wäre das Land gehalten zunächst die Bundespolizei um Hilfe zu ersuchen, würde eine solche norminterne Subsidiarität auch der Effektivität der Gefahrenabwehr im Katastrophenfall im Wege stehen.[986] Wird ein entsprechendes Ersuchen an die Streitkräfte gerichtet, kann jedenfalls der Bundesminister der Verteidigung (Art. 65a GG, 65 S. 2 GG) verfassungsrechtlich als oberste Behörde eine Entscheidung hierüber treffen.[987] Auch die Staatspraxis sieht für Katastropheneinsätze bei denen die Anwendung von Zwang droht – wie

---

980 *C. Hümmer*, Die Bundeswehr im Innern, S. 119; *T. v. Danwitz*, in: H. v. Mangoldt/F. Klein/C. Starck, GG Kommentar, Bd. 2, Art. 35 Rn. 75; *H.-G. Dederer*, in: T. Maunz/G. Dürig, GG Kommentar, Art. 35 (2018) Rn. 151.

981 BVerwGE 162, 296 (301 f., Rn. 17); a.A. zuvor *C. Hümmer*, Die Bundeswehr im Innern, S. 123.

982 BVerwGE 162, 296 (301 f., Rn. 17).

983 BVerwGE 162, 296 (301 f., Rn. 17).

984 *K. Stern*, Staatsrecht, Bd. II, S. 1464; *M. Ladiges*, Die Bekämpfung nicht-staatlicher Angreifer im Luftraum, S. 205 unter Bezug auf das Prinzip der Bundestreue; von *P. Reimer*, in: W. Kahl/C. Waldhoff/C. Walter, Bonner Kommentar zum Grundgesetz, Art. 35 (2017) Rn. 272 als „immanente Ausschlussgründe" bezeichnet.

985 *K. Stern*, Staatsrecht, Bd. II, S. 1464; *K. Fehn/M. Brauns*, Bundeswehr und innere Sicherheit, S. 48; *P. Reimer*, in: W. Kahl/C. Waldhoff/C. Walter, Bonner Kommentar zum Grundgesetz, Art. 35 (2017) Rn. 270.

986 *P. Reimer*, in: W. Kahl/C. Waldhoff/C. Walter, Bonner Kommentar zum Grundgesetz, Art. 35 (2017) Rn. 270.

987 So auch *J. Froese*, DVBl. 2017, S. 546 (548); *P. Reimer*, in: W. Kahl/C. Waldhoff/C. Walter, Bonner Kommentar zum Grundgesetz, Art. 35 (2017) Rn. 256.

im Antiterroreinsatz – die Vorlage des Hilfeersuchens seitens des Nationalen Territorialen Befehlshabers an das Bundesministerium der Verteidigung vor.[988]

III. Voraussetzungen des Art. 35 Abs. 3 S. 1 GG (überregionaler Katastrophennotstand)

Der überregionale Katastrophennotstand findet sein normatives Fundament in Art. 35 Abs. 3 S. 1 GG. Der Tatbestand der Norm erfordert dabei einen „Unglücksfall", eine überregionale Gefährdungslage sowie die Erforderlichkeit des Einsatzes. Formell muss die Bundesregierung zudem den Einsatz anordnen.

1. „Unglücksfall" als „besonders schwerer Unglücksfall"

Im vermeintlichen Unterschied zu Art. 35 Abs. 2 S. 2 GG verlangt Art. 35 Abs. 3 S. 1 GG dem Anschein nach keinen „besonders schweren", sondern lediglich einen „Unglücksfall". Durch die Verwendung des bestimmten Artikels „die" Naturkatastrophe bzw. „der" Unglücksfall bezieht sich die Norm allerdings auf die tatbestandlichen Voraussetzungen des Art. 35 Abs. 2 S. 2 GG.[989] Dafür spricht auch die Entstehungsgeschichte der Norm, welche an die Begrifflichkeiten des Art. 35 Abs. 2 S. 2 GG anknüpft.[990] Daneben widerspräche es dem Sinn und Zweck des Art. 35 Abs. 3 S. 1 GG, wenn dieser gegenüber Art. 35 Abs. 2 S. 2 GG geringere Anforderungen an den Einsatz stellen würde.[991] Hinzu tritt, dass Art. 35 Abs. 3 S. 1 GG eine Bundesintervention[992] normiert. Die Norm ermöglicht so einen tiefgreifenden Eingriff in föderale Kompetenzen.[993] Gelockerte Anforderungen

---

988 Vgl. Zentrale Dienstvorschrift A-2110/10 (GMBl. 2018, S. 670), Nr. 404, 406, 407.

989 *K. Stern*, Staatsrecht, Bd. II, S. 1462; *K. Paulke*, Terrorgefahren im Luftraum, S. 147; *C. Hümmer*, Die Bundeswehr im Innern, S. 107; *T. v. Danwitz*, in: H. v. Mangoldt/F. Klein/C. Starck, GG Kommentar, Bd. 2, Art. 35 Rn. 78; *P. Reimer*, in: W. Kahl/C. Waldhoff/C. Walter, Bonner Kommentar zum Grundgesetz, Art. 35 (2017) Rn. 282.

990 BT-Drs. V/2873, S. 10; *P. Reimer*, in: W. Kahl/C. Waldhoff/C. Walter, Bonner Kommentar zum Grundgesetz, Art. 35 (2017) Rn. 282.

991 *K. Paulke*, Terrorgefahren im Luftraum, S. 147.

992 *K. Stern*, Staatsrecht, Bd. II, S. 1465; *K. Fehn/M. Brauns*, Bundeswehr und innere Sicherheit, S. 45 f.; *K. Paulke*, Terrorgefahren im Luftraum, S. 175 ff.; *M. Gubelt/M. Goldhammer*, in: I. v. Münch/P. Kunig, GG Kommentar, Art. 35 Rn. 69; *T. v. Danwitz*, in: H. v. Mangoldt/F. Klein/C. Starck, GG Kommentar, Bd. 2, Art. 35 Rn. 77; vgl. *P. Reimer*, in: W. Kahl/C. Waldhoff/C. Walter, Bonner Kommentar zum Grundgesetz, Art. 35 (2017) Rn. 277, 279.

993 Vgl. *P. Reimer*, in: W. Kahl/C. Waldhoff/C. Walter, Bonner Kommentar zum Grundgesetz, Art. 35 (2017) Rn. 277.

widersprechen diesem Aspekt. Damit muss im Ergebnis ein „besonders schwerer Unglücksfall" im Sinne des Art. 35 Abs. 2 S. 2 GG vorliegen.

2. *Gefährdung des Gebietes mehr als eines Landes*

Ein überregionaler Katastrophennotstand besteht nur dann, wenn „der Unglücksfall das Gebiet mehr als eines Landes" gefährdet. Die dahinterstehende und zu beantwortende Frage liegt darin, ob der Tatbestand eine *alternative* oder eine *kumulative*[994] Gefährdung mehrerer Länder voraussetzt. Die Sichtweise der kumulativen Gefährdung findet allerdings schon keinen Rückhalt im Wortlaut der Norm.[995] Vorausgesetzt wird nur, dass das Gebiet mindestens zweier Länder durch den Unglücksfall „gefährdet" wird. Dies setzt begrifflich nicht voraus, dass der Schaden sich in mindestens zwei Ländern bereits realisiert hat; es ist für den überregionalen Katastrophenfall daher ausreichend, dass die Möglichkeit besteht, dass zumindest zwei Länder von dem Unglücksfall betroffen sein werden.[996] Wirkt sich der Unglücksfall im Nachhinein dann tatsächlich nur auf ein Land aus, liegt im Ergebnis nur noch ein regionaler Katastrophennotstand vor.[997]

3. *Erforderlichkeit der Intervention zur wirksamen Bekämpfung des Unglücksfalls*

Der Einsatz der Streitkräfte durch die Bundesregierung muss gem. Art. 35 Abs. 3 S. 1 GG *zur wirksamen Bekämpfung* des Unglücksfalls *erforderlich* sein. Aus dieser Voraussetzung ergibt sich die Subsidiarität der Bundesintervention.[998] Die

994 *H. Sattler*, NVwZ 2004, S. 1286 (1289); *E. B. Franz*, Der Staat 45 (2006), S. 501 (543); unter Bezug auf einen Renegade-Fall vgl. *J. Wieland*, Verfassungsrechtliche Grundlagen polizeiähnlicher Einsätze der Bundeswehr, in: D. Fleck, Terrorismusbekämpfung, S. 167 (179).

995 *M. Ladiges,* Die Bekämpfung nicht-staatlicher Angreifer im Luftraum, S. 241; *P. Reimer*, in: W. Kahl/C. Waldhoff/C. Walter, Bonner Kommentar zum Grundgesetz, Art. 35 (2017) Rn. 284.

996 So auch *P. Reimer*, in: W. Kahl/C. Waldhoff/C. Walter, Bonner Kommentar zum Grundgesetz, Art. 35 (2017) Rn. 284; *M. Ladiges,* Die Bekämpfung nicht-staatlicher Angreifer im Luftraum, S. 241; vgl. auch *T. M. Spranger*, Einsatz der Streitkräfte zur Abwehr terroristischer Bedrohungen im Luftraum, in: D. Fleck, Terrorismusbekämpfung, S. 183 (194).

997 *M. Ladiges,* Die Bekämpfung nicht-staatlicher Angreifer im Luftraum, S. 241.

998 Zur Subsidiarität siehe *K. Stern*, Staatsrecht, Bd. II, S. 1465; *T. v. Danwitz*, in: H. v. Mangoldt/F. Klein/C. Starck, GG Kommentar, Bd. 2, Art. 35 Rn. 79; *L. Münkler*, in: B.

Gefahrenabwehr ist schließlich auch im Katastrophenfall eine originäre Aufgabe des Landes, sodass deren Kompetenzen beeinträchtigt werden.[999] Damit kann der Bund nur dann zur Bekämpfung der Gefahr berufen sein, wenn ohne eine Bundesintervention Schäden drohen, die mit einer solchen hätten vermieden werden können.[1000] Dies dürfte im Wege eines Erst-Recht-Schlusses zu Art. 91 Abs. 2 S. 1 GG vor allem dann anzunehmen sein, wenn das Land zu der Abwehr des Unglücksfalls selbst nicht im Stande ist, weil ihm die Fähigkeit oder der Wille dazu fehlt.[1001]

Teilweise wird auch gefordert, dass aufgrund des Prinzips der Bundestreue ein Einvernehmen mit den betroffenen Ländern im Sinne eines „kooperativen Föderalismus" herzustellen sei.[1002] Dies könne etwa durch ein vorheriges Angebot zur Hilfe erfolgen.[1003] Dem Land sei also die Möglichkeit zur Stellungnahme einzuräumen und die Gefahrenabwehr möglichst einvernehmlich vorzunehmen.[1004] Dagegen spricht jedoch bereits, dass Art. 35 Abs. 3 S. 1 GG dem Bund gerade die Möglichkeit eigenständiger Handlungen einräumen soll, wenn die Länder hierzu gegebenenfalls nicht mehr fähig oder willens sind.[1005] Auch wenn diese Gedanken zunächst von der Idee eines fruchtbaren Föderalismus getragen werden, können diese Überlegungen jedenfalls dann nicht greifen, wenn eine akute Lage ein sofortiges Einschreiten erfordert, wie dies für Terroranschläge typisch ist. Ein solches ungeschriebenes Einvernehmen wird von der Norm ihrem Wortlaut nach nicht vorausgesetzt. Solche Konstruktionen, die ein

---

Schmidt-Bleibtreu/H. Hofmann/H.-G. Henneke, GG Kommentar, Art. 35 Rn. 56; *H.-G. Dederer*, in: T. Maunz/G. Dürig, GG Kommentar, Art. 35 (2018) Rn. 136.

999 *K. Stern*, Staatsrecht, Bd. II, S. 1465; *M. Gubelt/M. Goldhammer*, in: I. v. Münch/P. Kunig, GG Kommentar, Art. 35 Rn. 76; *L. Münkler*, in: B. Schmidt-Bleibtreu/H. Hofmann/H.-G. Henneke, GG Kommentar, Art. 35 Rn. 56.

1000 *L. Münkler*, in: B. Schmidt-Bleibtreu/H. Hofmann/H.-G. Henneke, GG Kommentar, Art. 35 Rn. 56.

1001 *P. Reimer*, in: W. Kahl/C. Waldhoff/C. Walter, Bonner Kommentar zum Grundgesetz, Art. 35 (2017) Rn. 285; ähnlich *K. Stern*, Staatsrecht, Bd. II, S. 1465; *G. Laschewski*, Streitkräfte im Inland, S. 96.

1002 *C. Hümmer*, Die Bundeswehr im Innern, S. 88.

1003 *A. Dietz*, DÖV 2012, S. 952 (955, Fn. 17).

1004 *T. v. Danwitz*, in: H. v. Mangoldt/F. Klein/C. Starck, GG Kommentar, Bd. 2, Art. 35 Rn. 80.

1005 *P. Reimer*, in: W. Kahl/C. Waldhoff/C. Walter, Bonner Kommentar zum Grundgesetz, Art. 35 (2017) Rn. 286.

vorheriges Einvernehmen herzustellen versuchen, stoßen daher zu Recht auf Ablehnung.[1006]

4. *Organkompetenz für den Einsatz*

Im Falle des regionalen Katastrophennotstandes bedurfte es einer Anforderung der Streitkräfte durch das Land. In einem überregionalen Katastrophennotstand ist das Pendant hierzu die (formelle) Anordnung der Bundesintervention durch „*die Bundesregierung*". Die Frage der Organkompetenz berührt nicht unmittelbar die Zulässigkeit eines solchen (präventiven) Einsatzes. Sie kann jedoch praktische Schutzlücken bedingen, wenn in zeitlich akuten Lagen wie einem Terroranschlag in Innenstädten oder aus dem Luftraum eine Entscheidung aufgrund schwerfälliger Entscheidungsprozesse nicht rechtzeitig ergehen kann.

a) Eilentscheidung durch den Bundesminister der Verteidigung

Dieses Problem wird im Schrifttum teilweise dahingehend gelöst, dass ausnahmsweise in dringlichen Fällen auch eine Entscheidung durch den Bundesminister der Verteidigung zulässig und die Entscheidung durch das Kollegium dann aber sofort nachzuholen sei.[1007] *W.-R. Schenke* argumentiert damit, dass die „Bundesregierung" nicht zwangsweise das Kollegialorgan meine.[1008] Die Bedeutung der Verweisung auf die Bundesregierung müsse vielmehr in jeder einzelnen Vorschrift im Wege der Auslegung ermittelt werden.[1009] Aus teleologischen Erwägungen sei daher zur Gewährleistung einer effektiven Bekämpfung der Katastrophe eine Eilentscheidung durch den Bundesminister möglich.[1010] Andere Autoren führen die aus Art. 2 Abs. 2 S. 1 GG fließende Schutzpflicht des Staates an, die Art. 62 GG dergestalt begrenze, dass die Organkompetenz aus

---

1006 *H. Sattler*, Gefahrenabwehr im Katastrophenfall, S. 103 f.; *P. Reimer*, in: W. Kahl/C. Waldhoff/C. Walter, Bonner Kommentar zum Grundgesetz, Art. 35 (2017) Rn. 286.

1007 So beispielsweise *B. Grzeszick*, in: K. H. Friauf/W. Höfling, Berliner Kommentar zum Grundgesetz, Art. 35 (2006) Rn. 50; *W.-R. Schenke*, NJW 2006, S. 736 (737); *C. Hümmer*, Die Bundeswehr im Innern, S. 115 f.; *U. Palm*, AöR 132 (2007), S. 95 (104); *E. B. Franz*, Der Staat 45 (2006); ähnlich auch *M. Ladiges*, Die Bekämpfung nicht-staatlicher Angreifer im Luftraum, S. 244 ff.; *ders.*, NVwZ 2012, S. 1225 (1227).

1008 *W.-R. Schenke*, NJW 2006, S. 736 (737).

1009 *E. B. Franz/T. Günther*, VBlBW 2006, S. 340 (343).

1010 *W.-R. Schenke*, NJW 2006, S. 736 (737); *U. Palm*, AöR 132 (2007), S. 95 (104); siehe auch *E. B. Franz*, Der Staat 45 (2006), S. 501 (530); *ders./T. Günther*, VBlBW 2006, S. 340 (343); *M. Ladiges*, Die Bekämpfung nicht-staatlicher Angreifer im Luftraum, S. 252.

Art. 35 Abs. 3 S. 1 GG nicht auf das Kollegium beschränkt werde.[1011] Werde in jedem Fall die Entscheidung durch das Kollegium vorausgesetzt, sei eine effektive Bekämpfung der Katastrophe in manchen Fällen unmöglich oder erheblich erschwert.[1012] Die Befehls- und Kommandogewalt aus Art. 65a GG könne zumindest in Eilfällen eine Entscheidung des Verteidigungsministers rechtfertigen.[1013] Für den Einsatz bewaffneter Streitkräfte im Ausland habe das Bundesverfassungsgericht zudem selbst eine Eilkompetenz der Bundesregierung für einen vorläufigen „Einsatz bewaffneter Streitkräfte" anerkannt.[1014]

b) Ausschließliche Entscheidung durch die Bundesregierung

Art. 35 Abs. 3 S. 1 GG sieht die Anordnung grundsätzlich durch die „Bundesregierung" vor. Damit besteht eine Parallele zu der Einsatzbefugnis aus Art. 87a Abs. 4 S. 1 GG im inneren Notstand, die ebenfalls nur der Bundesregierung obliegt. Dass die Bundesintervention nur durch die Bundesregierung angeordnet werden kann, zeigt das außergewöhnliche „politische Gewicht" dieser Einsatzmöglichkeit auf.[1015] Die Bundesintervention greift schließlich in das föderale Gefüge ein und erweitert die Kompetenzen des Bundes materiell im Bereiche der Gefahrenabwehr.[1016] Das Grundgesetz legaldefiniert die Bundesregierung in

---

1011 *C. Hümmer*, Die Bundeswehr im Innern, S. 114 ff. Dafür spreche in einer abstrakten Abwägung zwischen Schutzpflicht des Staates (Art. 2 Abs. 2 S. 1 GG) und der Organkompetenz (Art. 35 Abs. 3 S. 1, 62 GG), dass der Grundsatz der Verhältnismäßigkeit nicht gewahrt werde, wenn die Schutzpflicht für das Leben aufgrund einer Kompetenzfrage nicht effektiv ausgeübt werden könne. Außerdem würde ein Übergehen der eigentlichen Organkompetenz in der Bevölkerung zu größerer Akzeptanz führen, als Untätigkeit; ebenfalls mit einer Schutzpflicht aus Art. 2 Abs. 2 S. 1 GG argumentiert in Kürze *V. Epping*, Schriftliche Stellungnahme im Rahmen der öffentlichen Sachverständigenanhörung des Innenausschusses des Deutschen Bundestages am 26.04.2004, S. 8.

1012 Vgl. *W.-R. Schenke*, NJW 2006, S. 736 (737).

1013 *M. Ladiges*, Die Bekämpfung nicht-staatlicher Angreifer im Luftraum, S. 247 f., 253.

1014 BVerfGE 90, 286 (381, 388); so argumentiert *M. Ladiges*, Die Bekämpfung nicht-staatlicher Angreifer im Luftraum, S. 251 f.

1015 *P. Reimer*, in: W. Kahl/C. Waldhoff/C. Walter, Bonner Kommentar zum Grundgesetz, Art. 35 (2017) Rn. 279.

1016 Vgl. zu dem erheblichen Eingriff in den Kompetenzbereich der Länder auch *M. Gubelt/M. Goldhammer*, in: I. v. Münch/P. Kunig, GG Kommentar, Art. 35 Rn. 73, 76.

Art. 62 GG als bestehend „aus dem Bundeskanzler und den Bundesministern".[1017] Eine Eilbedürftigkeit ändert nichts an dieser Festlegung des Art. 62 GG.[1018]

Auch das Bundesverfassungsgericht spricht sich dafür aus, dass eine Entscheidung über den gesamten Einsatz als solchen („Ob" des Einsatzes) durch die Bundesregierung als Kollegialorgan erforderlich ist.[1019] Anders dagegen können Maßnahmen zur konkreten Umsetzung des Einsatzes („Wie") durchaus auch von dem Bundesminister der Verteidigung allein entschieden werden.[1020] Durch eine Kollegialentscheidung wird auch den Interessen der Länder am ehesten entsprochen, in deren Kompetenzbereich durch den Streitkräfteeinsatz eingegriffen wird.[1021] Dass hier die Bundesregierung als Kollegialorgan gemeint wird, ergibt sich auch aus einem Umkehrschluss zu Art. 108 Abs. 3 S. 2 GG, der im Finanzverfassungsrecht ausnahmsweise dem Bundesfinanzminister Kompetenzen anstelle der Bundesregierung zuweist.[1022] Eine solche systematische Unterscheidung zwischen Kompetenzen der Bundesregierung auf der einen Seite (vgl. Art. 84 Abs. 2, Art. 87a Abs. 4 S. 1, Art. 91 Abs. 2 S. 3, Art. 108 Abs. 7 GG) und Kompetenzen von einzelnen Ministern auf der anderen Seite (vgl. Art. 65 S. 2, Art. 65a, Art. 95 Abs. 2, Art. 112 S. 1 GG) findet sich im gesamten Grundgesetz.[1023] Im überregionalen Katastrophennotstand wird damit gem. Art. 35 Abs. 3 S. 1 GG genauso wie im Falle des inneren Notstandes gem. Art. 87a Abs. 4 S. 1 GG ein Beschluss durch die Bundesregierung als Kollegialorgan vorausgesetzt.[1024] Art. 35 Abs. 3

1017 Siehe auch BVerfGE 115, 118 (149); *P. Reimer*, in: W. Kahl/C. Waldhoff/C. Walter, Bonner Kommentar zum Grundgesetz, Art. 35 (2017) Rn. 280.

1018 *H. Sattler*, NVwZ 2004, S. 1286 (1289).

1019 BVerfGE 115, 118 (149); 132, 1 (21 ff., Rn. 53 ff.); 133, 241 (260, 268, Rn. 49, 77); so auch *E. Klein*, Innerer Staatsnotstand, in: J. Isensee/P. Kirchhof, HStR XII, § 280 Rn. 38, 55; *K. Stern*, Staatsrecht, Bd. II, S. 1465; *H. Bauer*, in: H. Dreier, GG Kommentar, Bd. II, Art. 35 Rn. 33; kritisch dazu *M. Ladiges*, Die Bekämpfung nichtstaatlicher Angreifer im Luftraum, S. 244 ff.; *T. v. Danwitz*, in: H. v. Mangoldt/F. Klein/C. Starck, GG Kommentar, Bd. 2, Art. 35 Rn. 79.

1020 Vgl. BVerfGE 133, 241 (268, Rn. 77); *W. Speth*, Rechtsfragen des Einsatzes der Bundeswehr, S. 142; *M. Ladiges*, Die Bekämpfung nicht-staatlicher Angreifer im Luftraum, S. 244; *H. Sattler*, NVwZ 2004, S. 1286 (1289); *E. B. Franz/T. Günther*, VBlBW 2006, S. 340 (343); *M. Ladiges*, NZWehrr 2013, S. 166 (167).

1021 BVerfGE 115, 118 (149).

1022 *P. Reimer*, in: W. Kahl/C. Waldhoff/C. Walter, Bonner Kommentar zum Grundgesetz, Art. 35 (2017) Rn. 280.

1023 BVerfGE 132, 1 (21, Rn. 54). Die vom Bundesverfassungsgericht aufgezählten und hier wiedergegebenen Kompetenzzuweisungen sind nicht abschließend.

1024 BVerfGE 132, 1 (21, Rn. 54).

S. 1 GG benennt dabei im Unterschied zu anderen verfassungsrechtlichen Regelungen gerade keine Kompetenz für Eilfälle.[1025] Bei der Entscheidung über den Streitkräfteeinsatz handelt es sich um eine staatsorganisationsrechtliche Kompetenz, die im Unterschied zu subjektiven Rechten indisponibel ist und daher auch nicht delegiert werden kann.[1026] Art. 65a GG vermag selbst dann, wenn man der Befehls- und Kommandogewalt eine Befugnis zur Entscheidung über die Durchführung des Einsatzes unterstellt, eine solche Eilbefugnis hier ebenso wenig zu begründen; Art. 35 Abs. 3 S. 1 GG würde mit seiner ausdrücklichen Regelung bezüglich der Entscheidung dann *lex specialis* gegenüber Art. 65 S. 2, 65a GG darstellen.[1027]

Art. 35 Abs. 3 S. 1 GG mag eine Verkörperung des Prinzips effektiver Gefahrenabwehr sein, dennoch stoßen teleologische Erwägungen hier an die Grenzen des Wortlauts.[1028] Insoweit gilt das aus Art. 87a Abs. 2 GG abgeleitete „Gebot strikter Texttreue".[1029] Wegen des klaren Wortlauts und der Systematik der Verfassung kann also in diesem Falle eine abweichende Auslegung der Verfassung nicht auf Zweckerwägungen gestützt werden.[1030] Mittels des Sinn und Zwecks der Norm kann eine Eilkompetenz also nicht begründet werden.[1031] Des Weiteren ist es zwar zutreffend, dass das Bundesverfassungsgericht für den konstitutiven Parlamentsvorbehalt eine Ausnahmebefugnis der Bundesregierung bei Gefahr im Verzug anerkannt hat.[1032] Allerdings besteht ein wesentlicher Unterschied zu dem Falle des Art. 35 Abs. 3 S. 1 GG, der einer Übertragbarkeit des Arguments der Eilzuständigkeit auf das hiesige Problem im Wege steht.[1033]

1025 BVerfGE 132, 1 (22, Rn. 56) unter Verweis auf Art. 13 Abs. 2, Abs. 3 S. 4, Abs. 4 S. 2, Abs. 5 S. 2, 2. Hs, Art. 119 S. 3 GG, die jeweils eine Ausnahmeregelung für Gefahr im Verzug vorsehen.

1026 BVerfGE 132, 1 (21 f., Rn. 55).

1027 BVerfGE 132, 1 (22, Rn. 57).

1028 BVerfGE 132, 1 (23, Rn. 59).

1029 BVerfGE 132, 1 (23, Rn. 59); kritisch dazu zuvor *M. Ladiges,* Die Bekämpfung nichtstaatlicher Angreifer im Luftraum, S. 253, der betont, dass es hier um keine „materielle Ausweitung" der Einsatzmöglichkeiten der Streitkräfte geht, sondern lediglich um eine Frage auf Zuständigkeitsebene, sodass das Gebot strikter Texttreue hier keine Begrenzung aufstelle.

1030 BVerfGE 132, 1 (23, Rn. 59).

1031 BVerfGE 132, 1 (23, Rn. 59); so auch *P. Reimer*, in: W. Kahl/C. Waldhoff/C. Walter, Bonner Kommentar zum Grundgesetz, Art. 35 (2017) Rn. 280.

1032 BVerfGE 132, 1 (22 f., Rn. 58).

1033 Vgl. BVerfGE 132, 1 (22 f., Rn. 58).

Bei dem konstitutiven Parlamentsvorbehalt handelt es sich schließlich um eine *ungeschriebene* Voraussetzung, sodass in diesem Bereich gerade keine konkrete Organzuständigkeit durch das Grundgesetz wörtlich vorgeschrieben wird.[1034]

Ebenso wenig können auf Art. 2 Abs. 2 S. 1 GG gestützte staatliche Schutzpflichten dieses Ergebnis ändern.[1035] Es wurde bereits aufgezeigt, dass Grundrechten keine kompetenzbegründende oder kompetenzerweiternde Wirkung zugeschrieben werden kann.[1036] Dies muss auch in besonderem Maße für die Extension staatsorganisationsrechtlicher Kompetenzen in Form von Anordnungsbefugnissen gelten. Schutzpflichten sind im Rahmen der (staatsorganisationsrechtlichen) Kompetenzverteilung wahrzunehmen und umzusetzen. Andernfalls könnten über extensive Interpretation und Gewichtung der Freiheitsrechte in ihrer objektiv-rechtlichen Schutzpflichtendimension beliebige Erweiterungen von Kompetenznormen gar auf verfassungsrechtlicher Ebene vorgenommen werden. Dies missachtet die objektiv-rechtliche Funktion der Grundrechte als negative Kompetenznormen.[1037] Die grundsätzliche Entscheidung über den Streitkräfteeinsatz obliegt damit auch in dringlichen Fällen der Bundesregierung als Kollegialorgan.[1038] Dies wird durch das Bundesverfassungsgericht selbst als Schutzlücke in der Verfassung betrachtet.[1039] Als Lösungsmöglichkeit bietet sich die wiederholt geforderte Verfassungsänderung.[1040] Für diesen Weg spricht die Herstellung von Rechtssicherheit. Gegenwärtig lässt sich mit einer Mehrheit für die Änderung der Notstandsverfassung aber kaum rechnen.

Hans-Georg Dederer schlägt als zweite Lösungsmöglichkeit vor, dass ein „Vorrats-Kabinettsbeschluss" von der Bundesregierung erlassen wird.[1041] Dieser

---

1034 BVerfGE 132, 1 (22 f., Rn. 58).

1035 So auch BVerfGE 132, 1 (23, Rn. 59); *H.-G. Dederer*, in: T. Maunz/G. Dürig, GG Kommentar, Art. 35 (2018) Rn. 163.

1036 Siehe oben, Teil 1, B. I. 2. und Teil 2, A. II. 5. a).

1037 Siehe oben, Teil 1, B. I. 2. und Teil 2, A. II. 5. a).

1038 BVerfGE 115, 118 (149); 132, 1 (21 ff., Rn. 53 ff.); 133, 241 (260, 268, Rn. 49, 77).

1039 BVerfGE 133, 241 (260 f., Rn. 52); aus dem Schrifttum *M. Ladiges*, NZWehrr 2013, S. 166 (167); *ders.*, ZRP 2016, S. 185.

1040 *E. Klein*, Innerer Staatsnotstand, in: J. Isensee/P. Kirchhof, HStR XII, § 280 Rn. 65; *D. Wiefelspütz*, DVBl. 2012, S. 1233 (1236); *U. Fastenrath*, JZ 2012, S. 1128 (1131); *F. Schoch*, Jura 2013, S. 255 (266); *M. Ladiges*, ZRP 2016, S. 185; *A. Dietz*, ZG 2017, S. 325 (341); *H.-G. Dederer*, in: T. Maunz/G. Dürig, GG Kommentar, Art. 35 (2018) Rn. 163 Fn. 7; *M. Gubelt/M. Goldhammer*, in: I. v. Münch/P. Kunig, GG Kommentar, Art. 35 Rn. 73.

1041 *H.-G. Dederer*, in: T. Maunz/G. Dürig, GG Kommentar, Art. 35 (2018) Rn. 163.

müsse vorsehen, dass „die Anordnung der weiteren Einsatzmaßnahmen beim Eintritt des jeweiligen konkreten Eil- und Notfalls dem Verteidigungsminister und im Falle seiner Verhinderung bestimmten Befehlshabern [...] übertragen wird".[1042] Damit würde die grundsätzliche Entscheidung über den Einsatz der Streitkräfte für spezifische Notfälle im Vorhinein getroffen werden, die Stufe des „Ob" würde also vorweggenommen werden. Die Voraussetzungen der Beschlussfassung aus Art. 62 GG ließen sich jedenfalls einhalten.[1043] Das Grundgesetz benennt auch keinen Entscheidungszeitpunkt, sodass eine Beschlussfassung im Vorhinein zumindest dem Wortlaut nach nicht ausgeschlossen erscheint. Vermeintlich treten auch in der Staatspraxis immer wieder Fälle einer vorzeitigen Beschlussfassung auf: In der parlamentarischen Praxis zu Auslandseinsätzen findet sich ein solcher etwa in Bezug auf den IFOR-Einsatz in Bosnien-Herzegowina im Jahre 1995.[1044] Zum Zeitpunkt der Entscheidung durch den Bundestag lag die erforderliche Resolution des UN-Sicherheitsrates noch nicht vor.[1045] Die Bundesregierung hat bereits in der Vergangenheit einen Beschluss erlassen, der die Anrufung des Vermittlungsausschusses gem. Art. 77 Abs. 2 S. 4 GG bezweckte, falls der Bundesrat einem bestimmten Gesetz zu einem späteren Zeitpunkt nicht zustimmen wird.[1046]

Diese Beispiele passen allerdings nicht. So lag beiden ein *konkreter Fall* zugrunde und im Falle des Kabinettsbeschlusses war dieser lediglich aufschiebend bedingt. Hier zeichnet sich bereits der Kern des Problems ab: Es ermangelt schon an einem hinreichend bestimmten Beratungsgegenstand für einen echten

---

1042 *H.-G. Dederer*, in: T. Maunz/G. Dürig, GG Kommentar, Art. 35 (2018) Rn. 163.

1043 Näher zu den Voraussetzungen „Information", „Quorum" und „Majorität" siehe BVerfGE 91, 148 (166, 168 f.); *H. D. Jarass*, in: ders./B. Pieroth, GG Kommentar, Art. 62 Rn. 3.

1044 Vgl. BT-Drs. 13/3122; 13/3183; BT-Prot. 13/76 vom 06.12.1995, S. 6672B, 6673B. Die konstitutive Zustimmung stieß aufgrund des Vorratsbeschlusses bei zahlreichen Abgeordneten auf Wiederstand. Vgl. die ablehnenden Erklärungen, BT-Prot. 13/76 vom 06.12.1995, S. 6690A, 6694C mit der wesentlichen Begründung, dass sich die Bundesregierung das Recht zur Entsendung weitergehender Kräfte in Abhängigkeit der Lage vorbehielt (siehe BT-Drs. 13/3122, S. 2); vgl. auch BT-Prot. 13/76 vom 06.12.1995, S. 6691A, 6693C dazu, dass die Voraussetzungen in Form der Resolution des UN-Sicherheitsrates noch nicht vorlagen.

1045 S-Res. Nr. 1031 (1995) vom 15.12.1995, zu finden unter: https://undocs.org/S/RES/1031(1995) (Stand: 03.07.2021).

1046 Siehe https://archiv.bundesregierung.de/archiv-de/dokumente/damit-bildungspaket-und-regelsatz-aenderungen-schnell-kommen-467932 (Stand: 03.07.2021); BR-Drs. 837/10.

Vorratsbeschluss. Grundsätzlich setzt die Ausübung von Ermessen das Vorliegen der Tatbestandsvoraussetzungen im *konkreten Fall* voraus.[1047] Unter Bezug auf die ermessenmäßige Anordnung des Einsatzes im Rahmen des Art. 35 Abs. 3 S. 1 GG kann diese also erst erfolgen, wenn die Tatbestandsvoraussetzungen im Hinblick auf den *konkreten Einzelfall* als gegeben eingeordnet werden. Im Falle eines Vorratsbeschlusses würde die Bundesregierung ihren Ermessensspielraum auf Rechtsfolgenseite aber *abstrakt im Vorhinein* für einen unbestimmten Zukunftsfall ausüben. Ein hinreichend bestimmter Beratungsgegenstand für eine Ermessensausübung mag sich im unmittelbar zeitlichen Vorfeld unter Kenntnis des anstehenden Ereignisses ergeben können. Dann besteht allerdings auch wieder der Blick auf einen konkreten Fall. Im Falle abstrakterer Gestaltungen wurde einem denkbaren Vorratsbeschluss schon im Rahmen des Berichts der Rühe-Kommission kritisch begegnet und ein solcher als nicht „zielführend" bezeichnet.[1048] Die geäußerte Skepsis richtet sich vor allem darauf, dass eine „hinreichende Bewertung der Gefahren- und Verstrickungspotenziale" im Vorhinein kaum möglich sein dürfte und daher eine vorweggenommene „abstrakte Zustimmung" für einen Einsatz bewaffneter Streitkräfte, der eines Bundestagsmandats bedarf, kaum reichen wird, um den konstitutiven Parlamentsvorbehalt auszufüllen.[1049] In einer Zusammenschau spricht das dafür, dass eine solche Vorwegnahme der (Ermessens-)Entscheidung über einen ungewissen Einsatz im Falle unspezifischer zukünftiger Terrorlagen nicht möglich ist. Eine solche (Ermessens-)Entscheidung könnte nicht verfassungsgemäß vorweggenommen werden. Eine andere Situation, die dann auch anders zu beurteilen sein mag, besteht hingegen, wenn spezifische Hinweise auf ein konkretes Angriffsszenario vorliegen und so eine konkrete Beratung möglich ist.

Damit verbleibt es dabei, dass die Bundesregierung als Kollegialorgan auch im Eilfall über den Einsatz zu entscheiden hat. Zu Recht wird allerdings darauf verwiesen, dass in Zeiten moderner Telekommunikation und in Ermangelung entgegenstehender formeller Regelungen schnelle Telefonkonferenzen dieses Kompetenzproblem oft beheben können.[1050]

1047 Siehe *S. Detterbeck*, Allgemeines Verwaltungsrecht, Rn. 311.

1048 BT-Drs. 18/5000, S. 31.

1049 BT-Drs. 18/5000, S. 31.

1050 *A. Dietz*, DÖV 2012, S. 952 (956); *P. Reimer*, in: W. Kahl/C. Waldhoff/C. Walter, Bonner Kommentar zum Grundgesetz, Art. 35 (2017) Rn. 280.

c) Zeitliche Begrenzung des Einsatzes und Aufhebungsrecht des Bundesrates gem. Art. 35 Abs. 3 S. 2 GG

Das Initiativrecht für einen Streitkräfteeinsatz liegt allein bei der Bundesregierung. Sie hat den Einsatz nach Beseitigung der Gefahr jedoch gem. Art. 35 Abs. 3 S. 2 GG „unverzüglich“ einzustellen. Im Übrigen räumt Art. 35 Abs. 3 S. 2 GG dem Bundesrat das Recht ein, den Einsatz „jederzeit“ aufheben zu lassen. Dies bedeutet, dass die Aufhebung der Bundesintervention selbst dann verlangt werden kann, wenn die Gefahr noch andauert.[1051] Hier verdeutlicht sich, dass sich der Einsatz im Rahmen des Art. 35 Abs. 3 S. 1 GG auch als bundesstaatliches Problem darstellt.[1052] Der Bundesrat wird so in der Funktion eines „Sachwalters der Länderinteressen“ eingesetzt.[1053]

IV. Spontaner Katastropheneinsatz und das Gebot strikter Texttreue

Sowohl Art. 35 Abs. 2 S. 2 GG als auch Art. 35 Abs. 3 S. 1 GG sehen ausdrücklich den Einsatz der Streitkräfte unter den eben benannten Voraussetzungen vor. Anders als noch im Rahmen des Art. 35 Abs. 1 GG ist eine „Spontanhilfe“ im Sinne eines spontanen „*Einsatzes*“[1054] der Streitkräfte, wie ihn Art. 35 Abs. 2 und Abs. 3 GG vorsehen, nicht möglich.[1055] Ein solcher Spontaneinsatz läge vor, wenn die Streitkräfte selbstständig bzw. aus eigener Machtvollkommenheit zur Hilfe in einem Katastrophenfall in einem Eingriffszusammenhang tätig werden würden. Dann fehlt es aber jedenfalls an den formellen Voraussetzungen der konstitutiven Anforderung durch das Land (Art. 35 Abs. 2 S. 2 GG) oder der Anordnung durch die Bundesregierung (Art. 35 Abs. 3 S. 1 GG).[1056] Damit sind die Voraussetzungen dieser beiden verfassungsrechtlichen Ermächtigungsgrundlagen für den Einsatz der Streitkräfte im Innern nicht erfüllt. Eine Spontanhilfe im Sinne einer öffentlich-rechtlichen Geschäftsführung ohne Auftrag

---

1051 Siehe dazu auch *K. Stern*, Staatsrecht, Bd. II, S. 1466; *S. Magen*, in: D. C. Umbach/ T. Clemens, GG Kommentar, Art. 35 Rn. 40; *P. Reimer*, in: W. Kahl/C. Waldhoff/C. Walter, Bonner Kommentar zum Grundgesetz, Art. 35 (2017) Rn. 312.

1052 BVerfGE 90, 286 (386 f.); 126, 55 (70 f., Rn. 53).

1053 *P. Reimer*, in: W. Kahl/C. Waldhoff/C. Walter, Bonner Kommentar zum Grundgesetz, Art. 35 (2017) Rn. 312.

1054 Siehe ausführlich oben, Teil 2, A. I.

1055 Siehe etwa *M. Droege*, NZWehrr 2005, S. 199 (207).

1056 Siehe auch *H.-G. Dederer*, in: T. Maunz/G. Dürig, GG Kommentar, Art. 35 (2018) Rn. 152, 160.

ist nur dann denkbar, wenn in keiner Weise Grundrechtsverletzungen bzw. Eingriffe im Raume stehen, die Schwelle zum „Einsatz“ also nicht überschritten wird.[1057] Sobald die Einsatzschwelle überschritten ist, vermag die öffentlich-rechtliche Geschäftsführung ohne Auftrag keinen Einsatztitel zu begründen. Es bedarf vielmehr gem. Art. 87a Abs. 2 GG einer ausdrücklichen grundgesetzlichen Einsatzermächtigung für den Streitkräfteeinsatz. Insoweit ist die Begrenzungsfunktion des Art. 87a Abs. 2 GG und das aus dieser Verfassungsnorm fließende „Gebot strikter Texttreue“ zu beachten.[1058] Art. 87a Abs. 2 GG sollte als Verfassungsvorbehalt „eine Ableitung ungeschriebener Zuständigkeiten aus der Natur der Sache“ verhindern.[1059] Eine Spontanhilfe im Sinne eines spontanen Katastropheneinsatzes durch die Streitkräfte jenseits der Voraussetzung von Art. 35 Abs. 2 und Abs. 3 würde eine eigenständige Einsatzgrundlage eröffnen. Der Einsatz der Streitkräfte im Wege der Spontanhilfe ist damit ausgeschlossen.[1060]

V. Einsatzumfang

Ist der Einsatz der Streitkräfte zulässig, so ist fraglich, in welchem Umfang dieser erfolgen kann. Namentlich ist zu klären, welche Mittel der Streitkräfte im Einsatz verwendet werden können. Diese Frage stellt sich sowohl im Hinblick auf einfache personelle und sächliche Mittel als auch im Hinblick auf spezifisch militärische Mittel, deren Verwendung im Einsatz zur Terrorismusabwehr besondere Bedeutung haben kann.

1. „Kräfte und Einrichtungen“ sowie „Einheiten“ der Streitkräfte

Nach Art. 35 Abs. 2 S. 2 GG können die Länder „zur Hilfe“ bei einem besonders schweren Unglücksfall „Kräfte und Einrichtungen“ der Streitkräfte anfordern.

1057 So auch *H. Sattler*, Gefahrenabwehr im Katastrophenfall, S. 119 ff.

1058 Zu dem Gebot strikter Texttreue BVerfGE 90, 286 (356 f.); 115, 118 (142); 132, 1 (9, 23, Rn. 25, 59); BVerwGE 160, 169 (189, Rn. 43); vgl. dazu auch *C. Hümmer*, Die Bundeswehr im Innern, S. 67; *M. Baldus*, NVwZ 2004, S. 1278 (1281 f.); *T. M. Spranger*, Einsatz der Streitkräfte zur Abwehr terroristischer Bedrohungen im Luftraum, in: D. Fleck, Terrorismusbekämpfung, S. 183 (188).

1059 BT-Drs. V/2873, S. 13.

1060 So auch *H. Klückmann*, Amtshilfe, S. 154; *H. Sattler*, Gefahrenabwehr im Katastrophenfall, S. 121 f.; *M. Droege*, NZWehrr 2005, S. 199 (207); *H.-G. Dederer*, in: T. Maunz/G. Dürig, GG Kommentar, Art. 35 (2018) Rn. 152, 160; *P. Reimer*, in: W. Kahl/C. Waldhoff/C. Walter, Bonner Kommentar zum Grundgesetz, Art. 35 (2017) Rn. 257.

Die „Kräfte" meinen hierbei die Bediensteten der Streitkräfte.[1061] Dies sind alle Soldatinnen und Soldaten, die gegenwärtig in den Streitkräften aktiv sind.[1062] „Einrichtungen" im Gegenzug erfassen alle sachlichen Mittel, welche den Streitkräften zur Verfügung stehen.[1063] Das können Fahrzeuge, Verpflegung, Gebäude und sonstiges Material sein.[1064] Für einen Überblick über die personellen und sachlichen Mittel der Streitkräfte kann insoweit nach oben verwiesen werden.[1065] Gemäß Art. 35 Abs. 3 S. 1 GG kann die Bundesregierung „Einheiten" der Streitkräfte zur Unterstützung der Polizeikräfte einsetzen. Diese „Einheiten" sind gleichbedeutend zu den „Kräften und Einrichtungen" zu verstehen.[1066] Sie erfassen damit gleichermaßen die personellen und sachlichen Ressourcen der Streitkräfte.[1067]

2. *Einsatz spezifisch militärischer Mittel als ultima ratio*

Besonders umstritten ist seit langem, ob die Streitkräfte bei einem Einsatz im Katastrophennotstand auch spezifisch militärische Mittel verwenden dürfen. Militärische Mittel können als solche Gegenstände definiert werden, welche dazu geeignet und bestimmt sind, einen Gegner in einer militärischen Auseinandersetzung kampfunfähig zu machen.[1068] Hierbei ist der Zweck der Kampfführung

---

1061 *C. Arndt*, DVBl. 1968, S. 729; *K. Stern*, Staatsrecht, Bd. II, S. 1464; *H. Sattler*, Gefahrenabwehr im Katastrophenfall, S. 41; *T. Linke*, AöR 129 (2004), S. 489 (524); *H. A. Wolff*, in: D. Hömig/ders., GG Kommentar, Art. 35 Rn. 6.

1062 *P. Reimer*, in: W. Kahl/C. Waldhoff/C. Walter, Bonner Kommentar zum Grundgesetz, Art. 35 (2017) Rn. 232; vgl. *A. Poretschkin*, NZWehrr 2008, S. 103 (110 f.).

1063 *C. Arndt*, DVBl. 1968, S. 729; *K. Stern*, Staatsrecht, Bd. II, S. 1464; *T. Linke*, AöR 129 (2004), S. 489 (524); *V. Epping*, in: ders./C. Hillgruber, BeckOK GG, Art. 35 Rn. 27; *H. A. Wolff*, in: D. Hömig/ders., GG Kommentar, Art. 35 Rn. 6.

1064 *H. Sattler*, Gefahrenabwehr im Katastrophenfall, S. 41.

1065 Siehe oben, Teil 1, A. I. 3.

1066 Vgl. bereits *W. Ernst*, Verwendungsmöglichkeiten des Bundesgrenzschutzes, S. 341; so *P. Reimer*, in: W. Kahl/C. Waldhoff/C. Walter, Bonner Kommentar zum Grundgesetz, Art. 35 (2017) Rn. 298; *H.-G. Dederer*, in: T. Maunz/G. Dürig, GG Kommentar, Art. 35 (2018) Rn. 160.

1067 Vgl. *P. Reimer*, in: W. Kahl/C. Waldhoff/C. Walter, Bonner Kommentar zum Grundgesetz, Art. 35 (2017) Rn. 298.

1068 *K. Bünnigmann*, DVBl. 2013, S. 621 (625 f.), die besonders auf die Intention für den Einsatz und die konkrete Situation der Anwendung abstellt; vgl. auch *T. Linke*, NZWehrr 2006, S. 177 (178 ff.) mit Eingrenzungsversuchen; *B. Walter*, NZWehrr 2010, S. 101 (112), der davon ausgeht, dass keine verbindliche Definition zur Unterscheidung von polizeilichen und militärischen Waffen besteht; dem folgend *K. Dau*,

jedoch relevanter als das Mittel selbst.[1069] Ein solches militärisches Mittel würde zum Beispiel mit der Verwendung eines Eurofighters bei einem Renegade-Fall zum Einsatz kommen. Denkbar wäre allerdings auch jede andere Verwendung wie der Einsatz des Störpanzers Hummel zur Unterbrechung des elektronischen Datenverkehrs. Ein Einsatz solcher spezifisch militärischen Mittel dürfte nicht bereits verfassungsunmittelbar im Rahmen des Art. 35 Abs. 2, Abs. 3 GG ausgeschlossen sein.

a) Urteil des Ersten Senats des Bundesverfassungsgerichts

Der Erste Senat stellte sich in seinem Urteil zum Luftsicherheitsgesetz noch auf die Position, dass im Katastrophennotstand keine spezifisch militärischen Mittel angewendet werden können.[1070] Der Wortlaut sowie der Sinn und Zweck der Art. 35 Abs. 2 S. 2, Abs. 3 S. 1 sollen zu einer solchen Sichtweise „zwingen".[1071] Der Sinn und Zweck liege in der „Hilfe" und „Unterstützung" des Landes bei der Gefahrenabwehr, sodass nur dessen Recht zähle und die Anwendung militärischer Mittel begrenze.[1072] Damit verbiete sich ein Rückgriff auf Hilfsmittel, die sich qualitativ von jenen Unterscheiden, welche den Landesbehörden zur Verfügung stehen.[1073] Dafür spreche auch, dass der Katastrophennotstand ursprünglich einheitlich mit dem inneren Notstand in Art. 91 GG niedergelegt werden sollte und der Einsatz der Streitkräfte dort nur „als Polizeikräfte" vorgesehen werden sollte.[1074] Diese Formulierung sollte die Begrenzung der Streitkräfte auf polizeiliche Befugnisse, Mittel und Aufgaben sichern.[1075] Auch wenn in der heutigen Regelung auf diesen Wortlaut verzichtet wurde, solle dies

---

NZWehrr 2011, S. 1 (23); siehe auch *W. Wette*, Betrifft JUSTIZ 2012, S. 400 (402), der militärische Mittel versteht als „Kriegswaffen"; *B. Walter*, NZWehrr 2013, S. 221 (233); *T. Linke*, Inlandsverwendungen jenseits der schlichten Amtshilfe Status quo und Perspektiven, in: D. Weingärtner, Die Bundeswehr als Armee im Einsatz, S. 189 (194 f.); *M. Ladiges*, Die Bekämpfung nicht-staatlicher Angreifer im Luftraum, S. 237, der auf die Anwendung spezifisch militärischer Gewalt abstellt; *D. Keidel*, Polizei und Polizeigewalt im Notstandsfall, S. 194.

1069 *P. Reimer*, in: W. Kahl/C. Waldhoff/C. Walter, Bonner Kommentar zum Grundgesetz, Art. 35 (2017) Rn. 251.

1070 BVerfGE 115, 118 (146 ff.).

1071 BVerfGE 115, 118 (147).

1072 BVerfGE 115, 118 (146).

1073 BVerfGE 115, 118 (146 f.).

1074 BVerfGE 115, 118 (147) mit Verweis auf BT-Drs. V/1879, S. 3.

1075 BVerfGE 115, 118 (147) mit Verweis auf BT-Drs. V/1879, S. 23 zu Artikel 91 Abs. 2.

nicht die Anwendbarkeit militärischer Mittel im Streitkräfteeinsatz bezweckt haben.[1076] Der Einsatz der Streitkräfte als „bewaffnete Macht“ sollte vielmehr gegenüber dem ursprünglichen Vorschlag angehoben werden.[1077] In der nun getrennten Regelung (Art. 35 Abs. 2 und Abs. 3 GG sowie Art. 87a Abs. 4 GG) solle der bewaffnete Einsatz nur noch unter restriktivsten Bedingungen gegen militärisch bewaffnete Aufständische beabsichtigt gewesen sein.[1078] Dies zeige sich auch dadurch, dass die Regelungen zum Katastrophennotstand in den II. Abschnitt des Grundgesetzes aufgenommen worden seien und nicht in den VIII. Abschnitt, welcher auch „die militärische Verwendung der Streitkräfte“ regle.[1079] So sollte der Einsatz „zur Hilfe“ den Streitkräften lediglich die Wahrnehmung polizeilicher Aufgaben und Zwangsbefugnisse im regionalen Katastrophennotstand ermöglichen (z.B. Regelung des Verkehrs, Absperrungen).[1080] Für den überregionalen Katastrophennotstand nach Art. 35 Abs. 3 S. 1 GG, bei welchem der Einsatz „zur Unterstützung“ der Polizeikräfte erfolgt, gelte nach dem Ersten Senat entstehungsgeschichtlich nichts anderes.[1081] Die Einsatzzwecke („zur Hilfe“ und „zur Unterstützung“) wären insoweit identisch zu betrachten.[1082]

b) Beschluss des Plenums des Bundesverfassungsgerichts

Das Plenum des Bundesverfassungsgerichts hat sich von der Auffassung des Ersten Senats distanziert und geht davon aus, dass der Einsatz spezifisch militärischer Mittel als ultima ratio im Rahmen des Katastrophennotstandes zulässig ist.[1083]

1076 BVerfGE 115, 118 (147 f.).
1077 BVerfGE 115, 118 (148).
1078 BVerfGE 115, 118 (148) mit Verweis auf BT-Drs. V/2873, S. 2 unter B.
1079 BVerfGE 115, 118 (148).
1080 BVerfGE 115, 118 (148).
1081 BVerfGE 115, 118 (151).
1082 BVerfGE 115, 118 (151).
1083 BVerfGE 132, 1 (9, 19 Rn. 24, 48); dem folgend etwa *E. Klein*, Innerer Staatsnotstand, in: J. Isensee/P. Kirchhof, HStR XII, § 280 Rn. 37, 42, 56; *S. Horn*, Terrorismusbekämpfungsmaßnahmen, S. 65; *U. Fastenrath*, JZ 2012, S. 1128 (1130); *M. Bäumerich/ M. Schneider*, NVwZ 2017, S. 189 (194); *J. Froese*, DVBl. 2017, S. 546 (549); *T. v. Danwitz*, in: H. v. Mangoldt/F. Klein/C. Starck, GG Kommentar, Bd. 2, Art. 35 Rn. 76; *H.-G. Dederer*, in: T. Maunz/G. Dürig, GG Kommentar, Art. 35 (2018) Rn. 150; *P. Reimer*, in: W. Kahl/C. Waldhoff/C. Walter, Bonner Kommentar zum Grundgesetz, Art. 35 (2017) Rn. 246 ff., 308; *L. Münkler*, in: B. Schmidt-Bleibtreu/H. Hofmann/ H.-G. Henneke, GG Kommentar, Art. 35 Rn. 42; *V. Epping*, in: ders./C. Hillgruber, BeckOK GG, Art. 35 Rn. 28; bereits zuvor *M. Hochhuth*, NZWehrr 2002, S. 154

Der Wortlaut „Kräfte und Einrichtungen" (Art. 35 Abs. 2 S. 2 GG) sowie „Einheiten" (Art. 35 Abs. 3 S. 1 GG) der Streitkräfte enthalte gerade keine Restriktion bezüglich der einsetzbaren Mittel.[1084] Zwar erfolge der Einsatz „zur Hilfe" oder „zur Unterstützung" der Polizeikräfte, dies zwinge aber keineswegs zu einer interpretativen Beschränkung auf polizeiliche Mittel.[1085] Die Systematik spreche vielmehr für die Anwendbarkeit militärischer Mittel: So formuliert auch Art. 87a Abs. 4 S. 1 GG, dass der Einsatz im inneren Notstand „zur Unterstützung" der Polizeikräfte durchgeführt werde.[1086] Im Rahmen des inneren Notstandes ist die Anwendbarkeit militärischer Mittel unter den gegebenen Voraussetzungen anerkannt.[1087] Der identische Wortlaut und der Umstand, dass der Verfassungsändernde Gesetzgeber dies sehenden Auges normiert hat, sprechen für die Anwendbarkeit militärischer Mittel im Katastrophennotstand.[1088]

Der Hauptzweck der Norm liege zudem in einer „wirksamen Gefahrenabwehr" in Katastrophenfällen, was sich besonders an der Formulierung des Art. 35 Abs. 3 S. 1 GG „wirksame Bekämpfung" zeige.[1089] Ist der restriktiv gefasste Einsatz der Streitkräfte also zulässig, ist es nach dem Plenum vorzugswürdig eine Interpretation zugrunde zu legen, welche die Verwendung militärischer Mittel nicht ausschließt.[1090] „Angesichts heutiger Bedrohungslagen" sei eine zweckgerechte und zeitlich angemessene Auslegung angezeigt, wenn Wortlaut und Systematik dem nicht entgegenstehen.[1091]

Die Entstehungsgeschichte stehe einer solchen Auslegung nicht im Wege, da sie kein „klares Bild" zeichne.[1092] So sollten nach dem Bericht des Rechtsausschusses zwar die Voraussetzungen für einen bewaffneten Einsatz erhöht werden und dieser nur zulässig sein, wenn es „zur Bekämpfung militärisch bewaffneter Aufständischer erforderlich" wäre.[1093] Diese Äußerung könne sich allerdings nur

---

(161 f.); *D. Wiefelspütz*, NZWehrr 2003, S. 45 (61); dagegen *K. Paulke*, Terrorgefahren im Luftraum, S. 171; *C. Hümmer*, Die Bundeswehr im Innern, S. 107; *R. C. v. Ooyen*, RuP 2013, S. 26 (27 f.); *H. Bauer*, in: H. Dreier, GG Kommentar, Bd. II, Art. 35 Rn. 30, 32.

1084 BVerfGE 132, 1 (10 f., Rn. 29).

1085 BVerfGE 132, 1 (10 f., Rn. 29).

1086 BVerfGE 132, 1 (11, Rn. 30).

1087 BVerfGE 132, 1 (11, Rn. 30).

1088 BVerfGE 132, 1 (11, Rn. 30).

1089 BVerfGE 132, 1 (11 f., Rn. 31).

1090 BVerfGE 132, 1 (11 f., Rn. 31).

1091 BVerfGE 132, 1 (12, Rn. 32).

1092 BVerfGE 132, 1 (12 f., Rn. 32 f.).

1093 BVerfGE 132, 1 (13, Rn. 34) mit Verweis auf BT-Drs. V/2873, S. 2, 14.

auf die Situationen des inneren Notstandes beziehen und nicht auf die andersartigen Konstellationen eines Katastrophennotstandes.[1094] So könne nur innerhalb der Konstellationen des inneren Notstandes die bewaffnete Schwelle für den Streitkräfteeinsatz erhöht worden sein, nämlich auf Fälle, welche militärisch bewaffnete Aufständische betreffen.[1095] Dies lasse aber keinen Rückschluss auf die Verwendung militärischer Bewaffnung in Konstellationen des andersartigen Katastrophennotstandes zu.[1096] Um diese Restriktionen in Fällen des inneren Notstandes sicherzustellen, entfalte Art. 87a Abs. 4 S. 1 GG Sperrwirkung gegenüber Art. 35 Abs. 2, Abs. 3 GG.[1097] Der Bericht des Rechtsausschusses gehe nicht auf einsetzbare Mittel ein, lediglich wurde ausgeführt, dass das im jeweiligen Einsatzland geltende Polizeirecht anzuwenden sei.[1098] Im Rahmen der Normierung von Art. 87a Abs. 4 S. 1 GG habe man sich von der Formulierung „als Polizeikräfte“ abgewendet, weil diese Formulierung für zu restriktiv gehalten wurde und eine Beschränkung auf polizeiliche Mittel für nicht sachgerecht gehalten worden sei.[1099] Auch im Rahmen der Normierung von Art. 35 Abs. 2 und Abs. 3 GG hat man sich von dieser Formulierung abgewandt.[1100] Sei also eine verfassungsunmittelbare Beschränkung auf polizeiliche Mittel beabsichtigt gewesen, hätte dies in einem unterschiedlichen Wortlaut verdeutlicht werden können.[1101] Die in der Anhörung „Der innere Notstand und der Katastrophennotstand“ anwesenden Sachverständigen und Abgeordneten sollen aber bezüglich der Anwendbarkeit militärischer Waffen voneinander abweichende Meinungen vertreten haben.[1102] Ebenso wenig eindeutig seien vereinzelte Aussagen von Abgeordneten bei der zweiten Beratung des Gesetzesentwurfs, die Problematik wurde kaum angesprochen, etwaige Aussagen wiesen in verschiedene Richtungen.[1103] Im Ergebnis bestehe damit keine entstehungsgeschichtliche Eindeutigkeit im Hinblick auf die einsetzbaren Mittel und des anzuwendenden Rechts.[1104]

1094 BVerfGE 132, 1 (13, Rn. 34).
1095 Vgl. BVerfGE 132, 1 (13, Rn. 34).
1096 Vgl. BVerfGE 132, 1 (13, Rn. 34).
1097 BVerfGE 132, 1 (16 ff., Rn. 41, 45).
1098 BVerfGE 132, 1 (13 f., Rn. 35) mit Verweis auf BT-Drs. V/2873, S. 10.
1099 BVerfGE 132, 1 (13 f., Rn. 35).
1100 BVerfGE 132, 1 (13 f., Rn. 35).
1101 BVerfGE 132, 1 (13 f., Rn. 35).
1102 BVerfGE 132, 1 (14 f., Rn. 36 f.) m.w.N.
1103 BVerfGE 132, 1 (15, Rn. 38) mit Verweis auf BT-Prot. 5/174 vom 15.05.1968, S. 9313 f.; BT-Prot. 5/175 vom 16.05.1968, S. 9437, 9452.
1104 BVerfGE 132, 1 (15 f., Rn. 39).

Der Einsatz militärischer Mittel sei daher infolge „textlicher, systematischer und teleologischer Auslegung“ nicht ausgeschlossen, wobei unschädlich sei, dass das die Diskussion bestimmende Gefährdungsszenario dem verfassungsändernden Gesetzgeber seiner Zeit noch nicht bekannt war.[1105] Damit ist nach dem Bundesverfassungsgericht der Einsatz spezifisch militärischer Mittel als *ultima ratio* zulässig.[1106] Diese Entscheidung misst dem Prinzip effektiver Gefahrenabwehr als tragendem Normzweck eine besondere Stellung zu.[1107] Eine effektive Katastrophenbekämpfung wäre insbesondere in komplexen Anschlagsszenarien andernfalls zumindest gemindert. Besonders interessant ist dabei, dass das Bundesverfassungsgericht betont, dass die Vorschrift „zweckgerecht“ im Hinblick auf „heutige Bedrohungslagen“ auszulegen ist.[1108] Irrelevant ist dabei, dass dem verfassungsändernden Gesetzgeber seiner Zeit diese Gefahrenlagen noch nicht „gegenwärtig“ waren.[1109] Das BVerfG setzt damit seine Linie einer gegenwartsbezogenen Interpretation fort. Auf diesen Umstand wird später zurückzukommen sein.

VI. Der Präventiveinsatz im regionalen und überregionalen Katastrophennotstand

Nach der vorherigen Untersuchung stellen die Art. 35 Abs. 2 S. 2 GG und Art. 35 Abs. 3 S. 1 GG für einen Inneneinsatz der Streitkräfte zur Bekämpfung terroristischer Angriffe die geeignetsten Sekundäreinsatznormen auf. Um wirksamen Schutz zu gewährleisten, müssten die Normen allerdings auch hinreichend einen präventiven Einsatz ermöglichen. Dieser Problematik wurde bereits nach dem Anschlag vom 11. September 2001 in den USA und während der Schaffung des Luftsicherheitsgesetzes größere Aufmerksamkeit zuteil. Das Luftsicherheitsgesetz regelte den präventiven Einsatz („zur Verhinderung“) seitens der Luftwaffe in erheblichen Luftzwischenfällen (vgl. §§ 1, 13 Abs. 1, 14 Abs. 1 LuftSiG). Die Diskussion hat das Schrifttum gespalten. Eine erhebliche Menge von Autoren sprach sich für die verfassungsrechtliche Zulässigkeit präventiver Einsätze aus.[1110] Eine gewichtige Gegenauffassung hingegen verneinte diese

---

1105 BVerfGE 132, 1 (15 f., Rn. 39).

1106 BVerfGE 132, 1 (9, 19 Rn. 24, 48).

1107 So auch *L. Münkler*, in: B. Schmidt-Bleibtreu/H. Hofmann/H.-G. Henneke, GG Kommentar, Art. 35 Rn. 42.

1108 BVerfGE 132, 1 (12, Rn. 32).

1109 BVerfGE 132, 1 (15 f., Rn. 39).

1110 *G. Laschewski*, Streitkräfte im Inland, S. 84 ff., 90; *C. Hümmer*, Die Bundeswehr im Innern, S. 101; *M. Ladiges*, Die Bekämpfung nicht-staatlicher Angreifer im Luftraum,

Möglichkeit.[1111] Sogar das Bundesverfassungsgericht hat in der Zwischenzeit einen Präventiveinsatz aufgrund der Art. 35 Abs. 2 S. 2, Abs. 3 S. 1 GG prinzipiell für zulässig erklärt.[1112] Es unterwarf den präventiven Einsatz allerdings ganz erheblichen Restriktionen. So stellte das Bundesverfassungsgericht fest:

S. 227; *F. Kirchhof*, Verteidigung und Bundeswehr, in: J. Isensee/P. Kirchhof, HStR IV, § 84 Rn. 62; *T. M. Spranger*, Einsatz der Streitkräfte zur Abwehr terroristischer Bedrohungen im Luftraum, in: D. Fleck, Terrorismusbekämpfung, S. 183 (193); *M. Hochhuth*, NZWehrr 2002, S. 154 (157); *D. Wiefelspütz*, NZWehrr 2003, S. 45 (62); *C. Gramm*, NZWehrr 2003, S. 89 (93); *C. Hillgruber/J. Hoffmann*, NWVBl. 2004, S. 176 (177); *J. Martínez Soria*, DVBl. 2004, S. 597 (602); *M. Baldus*, NVwZ 2004, S. 1278 (1282 f.); *H. Sattler*, NVwZ 2004, S. 1286 (1287); *T. Linke*, AöR 129 (2004), S. 489 (520); *M. G. Fischer*, JZ 2004, S. 376 (382); *E. Klein*, FS R. Mußgnug, 2005, S. 71 (73); *W. Melzer/C. Haslach/O. Socher*, NVwZ 2005, S. 1361 (1364); *U. Sittard/M. Ulbrich*, JuS 2005, S. 432 (434); *J. Seifert/B. Bünker*, ThürVBl. 2006, S. 49 (54); *D. Winkler*, DÖV 2006, S. 149 (155); *W.-R. Schenke*, NJW 2006, S. 736 (737); *K. Baumann*, Jura 2006, S. 447 (451); *H. Jochum*, JuS 2006, S. 511 (514); *E. B. Franz/T. Günther*, VBlBW 2006, S. 340 (342); *C. Hillgruber*, JZ 2007, S. 209 (214); *U. Fastenrath*, JZ 2012, S. 1128 (1129); *M. Bäumerich/M. Schneider*, NVwZ 2017, S. 189 (193); *J. Froese*, DVBl. 2017, S. 546 (549); *T. v. Danwitz*, in: H. v. Mangoldt/F. Klein/C. Starck, GG Kommentar, Bd. 2, Art. 35 Rn. 71; *L. Münkler*, in: B. Schmidt-Bleibtreu/H. Hofmann/H.-G. Henneke, GG Kommentar, Art. 35 Rn. 38; *H.-G. Dederer*, in: T. Maunz/G. Dürig, GG Kommentar, Art. 35 (2018) Rn. 126; *M. Gubelt/M. Goldhammer*, in: I. v. Münch/P. Kunig, GG Kommentar, Art. 35 Rn. 59; *H. Bauer*, in: H. Dreier, GG Kommentar, Bd. II, Art. 35 Rn. 31; *W. G. Leisner*, in: H. Sodan, GG Kommentar, Art. 35 Rn. 5; *B. Grzeszick*, in: K. H. Friauf/W. Höfling, Berliner Kommentar zum Grundgesetz, Art. 35 (2006) Rn. 46; *P. Reimer*, in: W. Kahl/C. Waldhoff/C. Walter, Bonner Kommentar zum Grundgesetz, Art. 35 (2017) Rn. 267 f.; *H. P. Aust*, in: I. v. Münch/P. Kunig, GG Kommentar, Art. 87a Rn. 82.

1111 *K. Fehn/M. Brauns*, Bundeswehr und innere Sicherheit, S. 60; *J.-P. Fiebig*, Der Einsatz der Bundeswehr im Innern, S. 325 f.; *K. Paulke*, Terrorgefahren im Luftraum, S. 162; *S. Middel*, Terrorismusbekämpfung, S. 82; *G. Krings/C. Burkiczak*, DÖV 2002, S. 501 (512); *P. Wilkesmann*, NVwZ 2002, S. 1316 (1321); *C. Lutze*, NZWehrr 2003, S. 101 (105); *H. A. Wolff*, ThürVBl. 2003, S. 176 (177); *C. Burkiczak*, VR 2004, S. 379 (381); *T. Stein*, FS R. Mußgnug, 2005, S. 85 (92 ff.); *R. Stober/S. Eisenmenger*, NVwZ 2005, S. 121 (123); *M. Droege*, NZWehrr 2005, S. 199 (208); *P. Dreist*, UBWV 2006, S. 93 (99); *F. Hase*, DÖV 2006, S. 213 (216).

1112 BVerfGE 115, 118 (144 f.); 132, 1 (18 f., Rn. 47); 133, 241 (263, Rn. 65); dem im Wesentlichen folgend *E. B. Franz/T. Günther*, VBlBW 2006, S. 340 (342); *K. Baumann*, Jura 2006, S. 447 (451); *H. Jochum*, JuS 2006, S. 511 (514); *U. Fastenrath*, JZ 2012, S. 1128 (1129); *M. Bäumerich/M. Schneider*, NVwZ 2017, S. 189 (193); *J. Froese*, DVBl. 2017, S. 546 (549); *T. v. Danwitz*, in: H. v. Mangoldt/F. Klein/C. Starck, GG Kommentar, Bd. 2, Art. 35 Rn. 71; *L. Münkler*, in: B. Schmidt-Bleibtreu/

> „Von einem Unglücksfall kann auch dann gesprochen werden, wenn zwar die zu erwartenden Schäden noch nicht eingetreten sind, der Unglücksverlauf aber bereits begonnen hat und der Eintritt katastrophaler Schäden unmittelbar droht. Ist die Katastrophe bereits in Gang gesetzt und kann sie nur noch durch den Einsatz der Streitkräfte unterbrochen werden, muss nicht abgewartet werden, bis der Schaden sich realisiert hat. Der Schadenseintritt muss jedoch unmittelbar bevorstehen. Dies ist der Fall, wenn der katastrophale Schaden, sofern ihm nicht rechtzeitig entgegengewirkt wird, mit an Sicherheit grenzender Wahrscheinlichkeit in Kürze eintreten wird [...]. Ein ins Vorfeld des Katastrophengeschehens verlagerter Einsatz der Streitkräfte ist unzulässig."[1113]

Aus der Sicht des Bundesverfassungsgerichts ist ein Präventiveinsatz damit nur nach Eintritt der Katastrophe und vor Schadenseintritt zulässig, wenn in diesem Fall „der katastrophale Schaden [...] mit an Sicherheit grenzender Wahrscheinlichkeit in Kürze eintreten wird". Angesichts der terroristischen Ereignisse der vergangenen Jahre und der neusten gemeinsamen Großübungen zwischen den Streitkräften und den Polizeikräften gewinnt die Problematik an neuer Aktualität. Im Fokus stehen dabei aber nicht mehr primär Flugzeugentführungen – die zweifellos für den Präventiveinsatz ein besonders wichtiges und einschlägiges Szenario darstellen –, sondern vielmehr jene Situationen, welche sich in der jüngeren Vergangenheit ereignet haben oder in den Übungsszenarien erprobt wurden.[1114]

Die Zulässigkeit des Präventiveinsatzes ist ein Problem der Verfassungsinterpretation. Die zentralen Fragestellungen liegen neben der Zulässigkeit des Präventiveinsatzes an sich vor allem bei dem Zeitpunkt wie auch der Gefahrenschwelle bzw. erforderlichen Wahrscheinlichkeit. Diese Problemstellungen sind jeweils zu hinterfragen und können nur durch Auslegung des Grundgesetzes einer angemessenen Antwort zugeführt werden. Auch ein Verfassungswandel kann diesbezüglich erwogen werden.

1. Überblick über die Phasen des präventiven Einsatzes

Es existieren verschiedene Zeitpunkte, zu denen die Zulässigkeit eines Einsatzes im Katastrophennotstand untersucht werden kann.[1115] Je früher ein präventiver

---

H. Hofmann/H.-G. Henneke, GG Kommentar, Art. 35 Rn. 38; *H. Bauer*, in: H. Dreier, GG Kommentar, Bd. II, Art. 35 Rn. 31; *V. Epping*, in: ders./C. Hillgruber, BeckOK GG, Art. 35 Rn. 24.3.

1113 BVerfGE 132, 1 (18 f., Rn. 47).

1114 Für einen Überblick siehe oben, Einleitung.

1115 Vgl. zu der Unterscheidung von einem Einsatz im Vorfeld gegenüber zu jenem nach Eintritt der Katastrophe, aber vor Schadenseintritt BVerfGE 132, 1 (18 f., Rn. 47).

Einsatz durchgeführt werden soll, umso schwieriger gestaltet sich die Argumentation für diesen. Der zeitliche Aspekt der Untersuchung wird daher zunächst anhand eines Phasenmodells veranschaulicht.

a) Längere Zeit im Vorfeld der Katastrophe (Phase 1)

Der früheste anzudenkende Zeitpunkt liegt noch deutlich vor einer potenziellen Katastrophe bzw. einem besonders schweren Unglücksfall zu dessen Verhinderung. Diese Phase zeichnet sich dadurch aus, dass sich ein solcher Einsatz vollständig im Vorfeld der Katastrophe ereignen würde. Möglich wäre hierbei auch ein Zeitraum von mehreren Tagen vor einem bloß denkbaren Unglücksfall. Vorstellbar wäre hier eine *abstrakte Gefahr* aufgrund vager Hinweise oder Vermutungen, aus denen sich in Zukunft erst noch eine konkretere Gefahr entwickeln könnte (Gefahrenvorsorge). Als Beispiel ließe sich ein – vorsichtshalber – durchgeführter Objekt- oder Raumschutz an einem Staudamm durch die Streitkräfte anführen, ohne dass Hinweise einen Rückschluss darauf zulassen, dass in näherer Zukunft tatsächlich ein katastrophaler Anschlag an diesem Ort droht. Nach allgemeiner Ansicht ist ein Einsatz zu diesem Zeitpunkt unzulässig.[1116]

b) Unmittelbar im Vorfeld der Katastrophe (Phase 2)

Ein zweiter Zeitpunkt für einen Einsatz liegt kurz vor dem Eintritt des denkbaren Katastrophenereignisses. Auch in dieser Phase würde sich der Einsatz noch im Vorfeld der Katastrophe zu dessen Verhinderung ereignen. Diese Phase charakterisiert sich jedoch im Unterschied zu der vorherigen durch eine deutliche zeitliche Nähe zu der potenziellen Katastrophe. Zeitlich dürfte dieses Ereignis im Stunden- oder Minutenbereich vor dem denkbaren Katastrophengeschehen liegen. Insoweit müsste sich mittlerweile eine konkrete Gefahr eines schwerwiegenden Terroranschlags durch stichhaltige Anhaltspunkte ergeben. Es könnte auch hier auf den Objekt- und Raumschutz von kritischer Infrastruktur abgestellt werden. Eine Verdichtung der Gefahr könnte sich durch Geheimdienstinformationen ergeben, die den konkreten Anschlag hinreichend konturiert haben. Die herrschende Meinung geht auch in dieser Phase von der Unzulässigkeit eines präventiven Einsatzes aus.[1117] Fraglich ist, ob diese Sichtweise überzeugend ist.

1116 Siehe etwa BVerfGE 132, 1 (18 f., Rn. 47).

1117 Vgl. auch hierzu BVerfGE 132, 1 (18 f., Rn. 47).

c) Nach Eintritt der Katastrophe, vor Eintritt des Schadens (Phase 3)

Ein dritter Zeitpunkt für den Präventiveinsatz im Rahmen des Katastrophennotstandes besteht, wenn das *Katastrophen*ereignis bzw. der besonders schwere Unglücksfall bereits eingetreten ist, sich das daraus ergebende katastrophale *Schadens*ereignis allerdings erst in Kürze realisieren wird. Der Einsatz erfolgt dann nicht mehr im Vorfeld des Katastrophenereignisses, sondern nur noch im Vorfeld des Schadensereignisses. Ein Präventiveinsatz in dieser Phase erfolgt also nur noch zur Schadensvorbeugung. Auch nach dem Bundesverfassungsgericht ist in dieser Phase ein Einsatz der Streitkräfte zulässig.[1118] Die Voraussetzungen werden allerdings besonders hoch gesetzt, wenn das Bundesverfassungsgericht verlangt, dass „der Eintritt katastrophaler Schäden unmittelbar droht", dass diese also „mit an Sicherheit grenzender Wahrscheinlichkeit in Kürze eintreten" werden.[1119] Die dieser Rechtsprechung innewohnende Problematik lässt sich gut unter Bezug auf das Beispiel mit kritischer Infrastruktur aufzeigen. So ließe sich das Szenario einer Großveranstaltung wie einem Gipfeltreffen zugrundelegen. Während die kritische Infrastruktur durch die Polizei geschützt wird, sind Eurofighter-Alarmrotten zur Sicherung des Luftraums in der Luft, um besonders schnelle Reaktionen zu gewährleisten. Würde nun ein mit Sprengstoff beladenes Fahrzeug eine etwaige Polizeikontrolle vor dem Staudamm durchbrechen und könnte nur noch ein Eurofighter der Luftwaffe das Fahrzeug stoppen, so wäre der Abschuss des Fahrzeugs verfassungsrechtlich nicht möglich, wenn eine Wahrscheinlichkeitsprognose ergäbe, dass der Staudamm infolge des Sprengstoffanschlags nur mit einer Wahrscheinlichkeit von 70% brechen würde. Auch der Wahrscheinlichkeitsgrad der „an Sicherheit grenzenden Wahrscheinlichkeit" ist daher auf den Prüfstand zu stellen.

d) Nach Eintritt des Schadens (Phase 4)

Die zeitliche letzte Phase betrifft den Fall, dass sowohl der Anschlag als besonders schwerer Unglücksfall als auch der damit einhergehende Schaden bereits eingetreten ist. Der Einsatz der Streitkräfte ist bei Vorliegen der Tatbestandsvoraussetzungen dann unstreitig und nach dem klaren Wortlaut der Art. 35 Abs. 2 S. 2, Abs. 3 S. 1 GG zulässig. Hierbei handelt es sich jedoch um keinen Präventiveinsatz im Sinne dieser Untersuchung mehr. Diese Phase wird daher nicht näher in den Blick genommen. Soweit ein besonders schwerer Unglücksfall und

---

1118 BVerfGE 132, 1 (18 f., Rn. 47).
1119 BVerfGE 132, 1 (18 f., Rn. 47).

sein Schaden eingetreten sind, die Streitkräfte aber einen weiteren katastrophalen Schaden abwenden können, liegt erneut eine Situation im Sinne der dritten Phase vor.

2. Wortlaut und Wortsinn

Vorrangig zu untersuchen ist, inwieweit der Wortlaut der Art. 35 Abs. 2 S. 2, Abs. 3 S. 1 GG Aussagen für oder gegen einen Präventiveinsatz enthalten. In Betracht zu ziehen sind dabei die Formulierungen „Zur Hilfe [...] bei" (Art. 35 Abs. 2 S. 2 GG), „gefährdet" sowie „zur wirksamen Bekämpfung erforderlich" (Art. 35 Abs. 3 S. 1 GG) und „Gefahr" (Art. 35 Abs. 3 S. 2 GG). Der Wortlaut setzt dabei den Rahmen für die weitere Auslegung.[1120] Ermittelt wird der Wortsinn mithilfe von anerkannten Wörterbüchern.[1121] Überschreitet die Auslegung den Sinn des Wortes, so liegt nicht länger eine Auslegung, sondern Rechtsfortbildung vor.[1122]

Eine weitverbreitete Auffassung legt den Wortlaut extensiv aus und führt diesen als Argument für einen Präventiveinsatz an.[1123] Der Wortlaut des Art. 35 Abs. 2 S. 2 GG „bei" spreche nicht dagegen, dass bereits eingeschritten werden kann, soweit zu erkennen ist, dass schon bald ein Schadensereignis „mit an Sicherheit grenzender Wahrscheinlichkeit" eintritt.[1124] Insoweit treffe der

---

1120 *H. Sauer*, Juristische Methodenlehre, in: J. Krüper, Grundlagen des Rechts, § 9 Rn. 23.

1121 *D. Looschelders/W. Roth*, Juristische Methodik, S. 140.

1122 *H. Sauer*, Juristische Methodenlehre, in: J. Krüper, Grundlagen des Rechts, § 9 Rn. 35.

1123 BVerfGE 115, 118 (145); 132, 1 (18 f., Rn. 47); 133, 241 (263 f., Rn. 65 ff.); *T. M. Spranger*, Einsatz der Streitkräfte zur Abwehr terroristischer Bedrohungen im Luftraum, in: D. Fleck, Terrorismusbekämpfung, S. 183 (193); *M. Hochhuth*, NZWehrr 2002, S. 154 (157); *T. Linke*, AöR 129 (2004), S. 489 (520); *M. Baldus*, NVwZ 2004, S. 1278 (1283); *H. Sattler*, NVwZ 2004, S. 1286 (1287); *J. Martínez Soria*, DVBl. 2004, S. 597 (602); *D. Winkler*, DÖV 2006, S. 149 (155); *J. Seifert/B. Bünker*, ThürVBl. 2006, S. 49 (54); *T. v. Danwitz*, in: H. v. Mangoldt/F. Klein/C. Starck, GG Kommentar, Bd. 2, Art. 35 Rn. 71; *H.-G. Dederer*, in: T. Maunz/G. Dürig, GG Kommentar, Art. 35 (2018) Rn. 126; *V. Epping*, in: ders./C. Hillgruber, BeckOK GG, Art. 35 Rn. 24.3; *L. Münkler*, in: B. Schmidt-Bleibtreu/H. Hofmann/H.-G. Henneke, GG Kommentar, Art. 35 Rn. 38; *H. Bauer*, in: H. Dreier, GG Kommentar, Bd. II, Art. 35 Rn. 29; *B. Grzeszick*, in: K. H. Friauf/W. Höfling, Berliner Kommentar zum Grundgesetz, Art. 35 (2006) Rn. 46.

1124 BVerfGE 115, 118 (145); 132, 1 (18 f., Rn. 47); 133, 241 (263 f., Rn. 65, 67); *T. v. Danwitz*, in: H. v. Mangoldt/F. Klein/C. Starck, GG Kommentar, Bd. 2, Art. 35 Rn. 71.

Wortlaut „bei“ keine Aussage in zeitlicher Hinsicht.[1125] Ein Einsatz sei daher möglich, wenn der Unglücksfall bereits vorliegt, der Schaden aber noch nicht eingetreten ist.[1126] Vertreten wird auch, dass dieser Wortlaut nicht temporal, sondern rein „funktional auf den Hilfsanlass bezogen zu verstehen“ sei.[1127] Auch das Wort „Zur“ sei bereits begrifflich zukunftsbezogen zu verstehen, während „Hilfe“ die Wiederherstellung als auch die (präventive) Aufrechterhaltung der öffentlichen Sicherheit meine.[1128] Dazu tritt, dass das Grundgesetz nicht von einem „eingetretenen“ Unglücksfall spricht; die Gegenauffassung tendiere dazu „eingetreten“ in die Norm einzulesen, genauso gut könnte aber auch das Wort „bevorstehend“ eingelesen werden.[1129] Der Art. 35 Abs. 3 S. 1 GG spricht mit seinem Wortlaut „gefährdet“ sogar ausdrücklich eine Gefährdung an und erscheint damit zukunftsgerichtet.[1130] Dies zeige, dass in dieser Vorschrift der Gedanke der Prävention enthalten sei.[1131] Auch der Art. 35 Abs. 3 S. 2 GG spricht ausdrücklich von der Beseitigung der „Gefahr“, nicht des Schadens, dies ergebe nur im Falle eines Präventiveinsatzes Sinn.[1132]

1125 *H. Sattler*, NVwZ 2004, S. 1286 (1287); ähnlich *J. Seifert/B. Bünker*, ThürVBl. 2006, S. 49 (54), nach denen „bei“ allenfalls eine zeitliche Begrenzung auf unmittelbar bevorstehende Ereignisse umfassen kann; *L. Münkler*, in: B. Schmidt-Bleibtreu/H. Hofmann/H.-G. Henneke, GG Kommentar, Art. 35 Rn. 38.

1126 *L. Münkler*, in: B. Schmidt-Bleibtreu/H. Hofmann/H.-G. Henneke, GG Kommentar, Art. 35 Rn. 38; *W. G. Leisner*, in: H. Sodan, GG Kommentar, Art. 35 Rn. 5.

1127 *G. Robbers*, Stellungnahme für die Öffentliche Anhörung des Innenausschusses des Deutschen Bundestages am 26.04.2004, S. 6.

1128 *G. Robbers*, Stellungnahme für die Öffentliche Anhörung des Innenausschusses des Deutschen Bundestages am 26.04.2004, S. 6.

1129 *M. Baldus*, NVwZ 2004, S. 1278 (1283).

1130 *F. Kirchhof*, Verteidigung und Bundeswehr, in: J. Isensee/P. Kirchhof, HStR IV, § 84 Rn. 62; *M. Hochhuth*, NZWehrr 2002, S. 154 (157); *D. Winkler*, DÖV 2006, S. 149 (155); *T. M. Spranger*, Einsatz der Streitkräfte zur Abwehr terroristischer Bedrohungen im Luftraum, in: D. Fleck, Terrorismusbekämpfung, S. 183 (193); vgl. auch *M. Ladiges*, Die Bekämpfung nicht-staatlicher Angreifer im Luftraum, S. 216.

1131 *M. Hochhuth*, NZWehrr 2002, S. 154 (157); *T. M. Spranger*, Einsatz der Streitkräfte zur Abwehr terroristischer Bedrohungen im Luftraum, in: D. Fleck, Terrorismusbekämpfung, S. 183 (193).

1132 *G. Robbers*, Stellungnahme für die Öffentliche Anhörung des Innenausschusses des Deutschen Bundestages am 26.04.2004, S. 6; so auch *M. Ladiges*, Die Bekämpfung nicht-staatlicher Angreifer im Luftraum, S. 218.

Eine restriktivere Auffassung hingegen wendet den Wortlaut als Argument gegen einen präventiven Einsatz an.[1133] Das Wort „bei" aus Art. 35 Abs. 2 S. 2 GG spreche dafür, dass der Unglücksfall bereits eingetreten sein muss und damit gegen einen Präventiveinsatz.[1134] Diese Präposition würde überdehnt werden, wenn hierunter präventive Verwendungen gefasst würden.[1135] So heiße es auch gerade nicht „zur Verhinderung"[1136] eines besonders schweren Unglücksfalls und gemeint sei auch kein „unmittelbar bevorstehender"[1137] besonders schwerer Unglücksfall. Damit soll nach dieser Auffassung der Wortlaut „bei" und „zur Hilfe" dafür sprechen, dass der Unglücksfall und sogar der Schaden bereits eingetreten sein müssten.[1138] Dem Wortlaut „bei" wird praktisch eine zeitliche Komponente zugemessen.[1139] Restriktiv geht diese Auffassung auch mit dem Wortlaut des Art. 35 Abs. 3 S. 1 GG „gefährdet" um. Dieses Wort beziehe sich nur auf Art. 35 Abs. 2 S. 2 GG und damit auf einen – nach dieser Ansicht – bereits eingetretenen Unglücksfall, nicht hingegen auf eine echte Gefährdungssituation, damit käme ein Einsatz nur zum Zwecke der Folgenbeseitigung in Betracht.[1140] Argumentiert wird auch, dass selbst das Wort „gefährdet" keine temporale, sondern nur eine lokale Dimension aufweise, sich also nur auf die räumliche Ausdehnung des Unglücksfalls beziehe.[1141]

Beide Auffassungen führen die Auslegung des Wortlauts anhand derselben Wörter grundverschiedenen Ergebnissen zu. Wegen dieser Gegensätzlichkeit

---

1133 *K. Fehn/M. Brauns*, Bundeswehr und innere Sicherheit, S. 60; *J.-P. Fiebig*, Der Einsatz der Bundeswehr im Innern, S. 325; *S. Middel*, Terrorismusbekämpfung, S. 82; *J. Senger*, Streitkräfte und Materielles Polizeirecht, S. 181; *M. Droege*, NZWehrr 2005, S. 199 (208); *M. Schubert*, in: M. Sachs, GG Kommentar, Art. 35 Rn. 38.

1134 *K. Fehn/M. Brauns*, Bundeswehr und innere Sicherheit, S. 60; *J. Senger*, Streitkräfte und Materielles Polizeirecht, S. 181; *C. Lutze*, NZWehrr 2003, S. 101 (105); *M. Schubert*, in: M. Sachs, GG Kommentar, Art. 35 Rn. 38; vgl. auch *C. Hümmer*, Die Bundeswehr im Innern, S. 98; *M. Droege*, NZWehrr 2005, S. 199 (208); in dieser Richtung auch *M. Bäumerich/M. Schneider*, NVwZ 2017, S. 189 (193), die dennoch von der Möglichkeit eines präventiven Einsatzes ausgehen.

1135 *J. Senger*, Streitkräfte und Materielles Polizeirecht, S. 181.

1136 *J.-P. Fiebig*, Der Einsatz der Bundeswehr im Innern, S. 325.

1137 *J. Senger*, Streitkräfte und Materielles Polizeirecht, S. 181.

1138 *H.-G. Dederer*, in: T. Maunz/G. Dürig, GG Kommentar, Art. 35 (2018) Rn. 126.

1139 Vgl. *H. Rehage*, Der Einsatz deutscher Streitkräfte, S. 90.

1140 *M. Droege*, NZWehrr 2005, S. 199 (208); *C. Burkiczak*, VR 2004, S. 379 (381); siehe auch *S. Middel*, Terrorismusbekämpfung, S. 82, nachdem sich das Wort „gefährdet" des Art. 35 Abs. 3 S. 1 GG nur auf die Folgen eines Unglücksfalls beziehen soll.

1141 *J. Senger*, Streitkräfte und Materielles Polizeirecht, S. 181.

spricht vieles dafür, den Wortlaut als *uneindeutig* zu beschreiben.[1142] Der Streit für und wider des Wortes „bei“ und „gefährdet“ in völlig unterschiedliche Richtungen zeigt, wie wenig sich dem Wortlaut argumentativ abgewinnen lässt; in diesem Sinne ist er „mehrdeutig“.[1143] Bei Art. 35 Abs. 2 S. 2 und Abs. 3 S. 1 GG handelt es sich um Tatbestände mit einer „unscharfen Formulierung“.[1144] So stellt die Präposition „bei“ ganz einfach nicht klar, inwieweit der Schaden sich bereits ereignet haben muss, eine etwaige Hilfe bereits vor dem Unglücksfall zu leisten ist oder der Unglücksfall zwar bereits vorliegen, der Schaden aber noch nicht eingetreten sein müsste.[1145] Das Wort „bei“ kann als Präposition sowohl für die Angabe eines Zeitpunktes als auch eines ganzen Zeitraumes oder einer Zeitspanne verwendet werden.[1146] Das Verb „gefährden“ bedeutet „in eine bestimmte Gefahr bringen; einer bestimmten Gefahr aussetzen“.[1147] Synonym ist damit „aufs Spiel setzen, bedrohen, eine Gefahr bilden, einer Gefahr aussetzen, gefährlich werden, in Gefahr bringen“ gemeint.[1148] Dies weist darauf hin, dass zumindest der Begriffshof[1149] des Wortes „bei“ in Zusammenhang mit „gefährdet“ bzw. der in Art. 35 Abs. 3 S. 2 GG benannten „Gefahr“ präventive Verwendungen jedenfalls nicht verbindlich ausschließt. Aus dem Wortlaut „bei“ kann so allerdings der Rückschluss gezogen werden, dass Präventiveinsätze im *weiten zeitlichen Vorfeld* („Phase 1“) des Unglücksfalles tatsächlich nicht mehr dem Begriffshof dieses Wortes unterfallen. Denn solche Einsätze können kaum von der Zeitspanne eines Unglücksfalls umfasst sein. In diesen Fällen existiert der Unglücksfall mehr *virtuell*, also abstrakter in der Zukunft als *aktuell* und somit in der Gegenwart in Form einer konkreter gewordenen Bedrohung. Ähnliches kann für den präventiven Einsatz im *kürzeren zeitlichen Vorfeld* („Phase

---

1142 *K. Paulke*, Terrorgefahren im Luftraum, S. 154; *M. Ladiges*, Die Bekämpfung nichtstaatlicher Angreifer im Luftraum, S. 214; *C. Hümmer*, Die Bundeswehr im Innern, S. 101; *D. Winkler*, NVwZ 2006, S. 536; *P. Reimer*, in: W. Kahl/C. Waldhoff/C. Walter, Bonner Kommentar zum Grundgesetz, Art. 35 (2017) Rn. 267.

1143 *D. Winkler*, NVwZ 2006, S. 536.

1144 Vgl. *P. Dreist*, UBWV 2006, S. 93 (99).

1145 *P. Reimer*, in: W. Kahl/C. Waldhoff/C. Walter, Bonner Kommentar zum Grundgesetz, Art. 35 (2017) Rn. 267.

1146 *Duden*, Deutsches Universalwörterbuch, S. 276 (bei).

1147 *Duden*, Deutsches Universalwörterbuch, S. 682 (gefährden).

1148 *Duden*, Das Synonymwörterbuch, S. 418 (gefährden).

1149 Siehe zu dem Begriff *D. Looschelders/W. Roth*, Juristische Methodik, S. 134 f. Der Begriffshof umfasst demnach „jene Gegenstände, deren Zuordnung zu dem Begriff nach dem Sprachgebrauch möglich, aber zweifelhaft ist“.

2") gelten. Gibt der Zeitraum oder die Zeitspanne der Präposition „bei" nur den zeitlichen Aspekt während des Ereignisses an, also von Eintritt bis Ende, so wäre dies ein wortlautbedingtes Argument gegen den Einsatz vor Eintritt des Unglücksfalls insgesamt. Auch wenn die Präposition „bei" zur Angabe von Zeitpunkten und bestimmten Zeiträumen verwendet wird, spricht die Formulierung nicht zwangsläufig gegen einen Einsatz im unmittelbarsten zeitlichen Vorfeld des Unglücksfalles.[1150] Wie weit dieses Vorfeld zu verstehen wäre, lässt sich jedoch kaum bestimmen. Es erscheint insoweit *rechtssicherer* den Eintritt des Unglücksfalls vorauszusetzen. Dabei kann wissenschaftlich betrachtet allerdings nicht in Abrede gestellt werden, dass der Wortlaut eine gewisse Offenheit auch für einen Einsatz im unmittelbar zeitlichen Vorfeld des Unglücksfalls aufweist. Zumindest jenseits des zeitlichen Vorfelds des Unglücksfalls steht die Frage der weitergehenden Interpretation offen.

3. *Systematische Auslegung*

Mittels der systematischen Auslegung werden aus dem Kontext der Norm Rückschlüsse für dessen Inhalt gezogen.[1151] Hinterfragt wird also der Sinn- und Regelungszusammenhang mit anderen Verfassungsnormen. Im Rahmen der systematischen Auslegung ist daher auch die Verfassung als Einheit zu berücksichtigen.[1152] Dies gilt auch für den Bereich der Notstandsverfassung.[1153] In Betracht gezogen wird hier daher ein Vergleich innerhalb der Absätze des Art. 35 GG (a). Anschließend wird das Verhältnis der Norm innerhalb der Notstandsverfassung zur Gewinnung von Erkenntnissen im Hinblick auf die Zulässigkeit von Präventiveinsätzen untersucht (b). Zuletzt rückt auch die Einheit der Verfassung in den Blickpunkt der Analyse (c).

1150 Anders dagegen aber BVerfGE 132, 1 (18 f., Rn. 47).

1151 *H. Sauer*, Juristische Methodenlehre, in: J. Krüper, Grundlagen des Rechts, § 9 Rn. 25 f.; *D. Looschelders/W. Roth*, Juristische Methodik, S. 149.

1152 Zu dem Grundsatz der „Einheit der Verfassung" als Bestandteil der systematischen Auslegung siehe *C. Starck*, Maximen der Verfassungsauslegung, in: J. Isensee/P. Kirchhof, HStR XII, § 271 Rn. 20; teilweise wird der Grundsatz der Einheit der Verfassung aber auch als eigenständige Interpretationstechnik aufgefasst, vgl. *F. Müller*, Die Einheit der Verfassung, S. 9 Fn. 4.

1153 *F. Müller*, Die Einheit der Verfassung, S. 178 f. dazu, dass die Notstandsverfassung für eine (systematische) Konkretisierung durch die übrige Verfassung zugänglich ist – umgekehrt allerdings nicht.

a) Norminterne systematische Aspekte

In nächstem systematischen Zusammenhang zu den Art. 35 Abs. 2 S. 2, Abs. 3 S. 1 stehen die mit ihnen verbundenen Wörter und Absätze selbst, also das norminterne Regelungsgefüge des Art. 35 GG, mit Ausnahme des Absatzes 1, der mit der Amtshilfe eine wesensverschiedene Regelung trifft. Insoweit ist an einen Vergleich des Unglücksfalles mit der Naturkatastrophe zu denken. In Blick zu nehmen sind auch die in Art. 35 Abs. 2 S. 1 GG und Art. 35 Abs. 3 S. 2 GG niedergelegten Regelungen.

aa) Vergleich zu der Naturkatastrophe aus Art. 35 Abs. 2 S. 2 GG

Der erste systematische Hinweis kann sich bereits aus den Tatbestandsalternativen des Art. 35 Abs. 2 S. 2 GG ergeben. Art. 35 Abs. 2 S. 2 GG lautet: „Zur Hilfe bei einer Naturkatastrophe oder bei einem besonders schweren Unglücksfall […]". Auch für die Naturkatastrophe wird die Zeitspanne mit der Präposition „bei" angegeben. Damit differenziert die Verfassung ihrem Wortlaut nach nicht in den Voraussetzungen zwischen den beiden Alternativen der Naturkatastrophe und des Unglücksfalls, für Naturkatastrophen ist ein präventiver Einsatz allerdings anerkannt.[1154] Dies spricht im Sinne einer „normativen Parallelisierung"[1155] dafür, dass die Option des Präventiveinsatzes auch bei besonders schweren Unglücksfällen möglich ist.[1156] Argumentativ lässt sich dieser Gedanke dadurch unterstreichen, dass eine (sichere) Abgrenzung zwischen Naturkatastrophen und besonders schweren Unglücksfällen nicht immer möglich ist.[1157]

bb) Vergleich zu Art. 35 Abs. 2 S. 1 GG

Art. 35 Abs. 2 S. 1 GG regelt unter anderem die Anforderung der Bundespolizei (ehemals Bundesgrenzschutz) durch ein Land in Fällen besonderer Bedeutung „zur Aufrechterhaltung oder Wiederherstellung der öffentlichen Sicherheit oder Ordnung". Der systematische Zusammenhang des Art. 35 Abs. 2 S. 2 GG mit Art. 35 Abs. 2 S. 1 GG und Art. 35 Abs. 3 S. 1 GG sollen dafür sprechen, dass auch Gefahren vom Anwendungsbereich des Katastrophennotstandes erfasst

1154 BVerfGE 115, 118 (144 f.); *T. v. Danwitz*, in: H. v. Mangoldt/F. Klein/C. Starck, GG Kommentar, Bd. 2, Art. 35 Rn. 71; *W.-R. Schenke*, NJW 2006, S. 736 (737); *D. Winkler*, NVwZ 2006, S. 536; *J. Senger*, Streitkräfte und Materielles Polizeirecht, S. 177.

1155 Zu dem Begriff BVerfGE 132, 1 (16 f., Rn. 43).

1156 So auch BVerfGE 115, 118 (145).

1157 So bereits BVerfGE 115, 118 (145).

werden.[1158] So wird auch der Katastrophennotstand als „Sonderfall“ einer Störung der öffentlichen Sicherheit oder Ordnung betrachtet.[1159]

Dagegen wendet sich *Katja Paulke*, die davon ausgeht, dass das Grundgesetz in Art. 35 Abs. 2 S. 1 GG gerade nur den Polizeikräften die Aufrechterhaltung der öffentlichen Sicherheit anvertraut und die Streitkräfte hiervon systematisch ausgeschlossen seien.[1160] Da die Formulierung „Aufrechterhaltung“ für Prävention spricht, Art. 35 Abs. 2 S. 2, Abs. 3 S. 1 GG eine vergleichbare Formulierung allerdings fehle, sei der Katastropheneinsatz nicht präventiv ausgestaltet.[1161] Außerdem gehe von der Polizei kein vergleichbares Gefährdungspotenzial für den Staat im Falle eines Machtmissbrauchs aus, sie seien hierfür personell und sachlich unzureichend ausgestattet.[1162]

Ein Rückschluss auf die Unzulässigkeit des Präventiveinsatzes bei einem Unglücksfall lässt sich wegen des fehlenden Wortes „Aufrechterhaltung“ in Art. 35 Abs. 2 S. 2 GG allerdings schwierig konstruieren. Es würde voraussetzen, dass auch Art. 35 Abs. 3 S. 1 GG tatsächlich kein Element der Prävention enthält und sich ein Präventiveinsatz systematisch auch sonst aus der Verfassung nicht begründen lässt. Die einzige zweifelsfreie Regelungsaussage, die sich Art. 35 Abs. 2 S. 1 GG entnehmen lässt, ist, dass ein regulärer Fall „besonderer Bedeutung“ nicht hinreichend für eine Anforderung der Streitkräfte ist. Eine solche Interpretation des „besonders schweren Unglücksfalls“ würde sich etwa systematisch verbieten. Das eher praktische bzw. rechtspolitische Argument um das Gefährdungspotenzial erscheint nicht ganz treffend: Weder von Polizei noch durch Streitkräfte ist in der Gegenwart eine irgendwie geartete missbräuchliche Verwendung zu befürchten. Die personelle Stärke der Polizei liegt zudem über jener der Streitkräfte, auch verfügen sie über einen für Machtmissbrauch zumindest relevanten Ressourcenbestand in Form von Fahrzeugen und Waffen, auch wenn die sachlichen Mittel der Polizeikräfte in ihrer Schlagkraft hinter jenen der Streitkräfte zurückbleiben.

Zu beachten ist auch, dass der heutige Art. 35 Abs. 2 S. 1 GG erst im Jahr 1972 – also nach der Integration der Notstandsverfassung – Eingang in das

---

1158 *L. Münkler*, in: B. Schmidt-Bleibtreu/H. Hofmann/H.-G. Henneke, GG Kommentar, Art. 35 Rn. 38.

1159 Siehe *M. Schubert*, in: M. Sachs, GG Kommentar, Art. 35 Rn. 38.

1160 *K. Paulke*, Terrorgefahren im Luftraum, S. 158.

1161 *K. Paulke*, Terrorgefahren im Luftraum, S. 158.

1162 *K. Paulke*, Terrorgefahren im Luftraum, S. 159.

Grundgesetz gefunden hat.[1163] Daher wird teils bestritten, dass die Norm eine tragende Rolle bei der Klärung der Frage einnehmen könne, inwieweit der Art. 35 Abs. 2 S. 2 GG einen präventiven Einsatz zulässt.[1164]

cc) Zusammenhang der Art. 35 Abs. 2 S. 2 und Art. 35 Abs. 3 S. 1 GG

Art. 35 Abs. 2 S. 2 GG steht in sehr engem systematischen Zusammenhang zu Art. 35 Abs. 3 S. 1 GG, welcher die Gefährdung explizit erwähnt.[1165] Dies spricht dafür, dass ein Präventiveinsatz auch im regionalen Katastrophennotstand möglich ist.[1166] Eine Sichtweise, welche den Präventiveinsatz im regionalen Katastrophennotstand hingegen für unzulässig, im überregionalen Katastrophennotstand wegen des Wortlauts „gefährdet" jedoch für zulässig erachtet, ist inkonsequent und verkennt diesen Zusammenhang.[1167] Auch das Bundesverfassungsgericht anerkennt, dass trotz des fehlenden Wortes „gefährdet" in Art. 35 Abs. 2 S. 2 GG eine präventive Auslegung dieser Norm möglich ist.[1168] Aus dem Normgefüge mit Art. 35 Abs. 2 S. 1 GG und Art. 35 Abs. 3 S. 1 GG zeige sich weiterhin, dass die Norm polizeirechtlich konstruiert und strukturiert ist.[1169] Das sich hier abzeichnende Dogma des Gefahrenabwehrrechts sollte gerade auch auf der Ebene des Verfassungsrechts wohl beibehalten werden.[1170] Deshalb müsse auch ein präventiver Einsatz möglich sein, der auf die Verhinderung eines drohenden besonders schweren Unglücksfalls gerichtet ist.[1171]

1163 Einunddreißigstes Gesetz zur Änderung des Grundgesetzes vom 28.07.1972 (BGBl. I, S. 1305).

1164 *M. Ladiges*, Die Bekämpfung nicht-staatlicher Angreifer im Luftraum, S. 223.

1165 *K. Paulke*, Terrorgefahren im Luftraum, S. 156; *J. Senger*, Streitkräfte und Materielles Polizeirecht, S. 177; *H. Sattler*, NVwZ 2004, S. 1286 (1287).

1166 *H. Sattler*, NVwZ 2004, S. 1286 (1287).

1167 Vgl. so aber *H. Rehage*, Der Einsatz deutscher Streitkräfte, S. 89.

1168 Vgl. BVerfGE 115, 118 (145).

1169 *C. Hillgruber/J. Hoffmann*, NWVBl. 2004, S. 176 (177), unter Bezug auf Art. 35 Abs. 2 S. 1 GG; *D. Winkler*, DÖV 2006, S. 149 (155); *M. Gubelt/M. Goldhammer*, in: I. v. Münch/P. Kunig, GG Kommentar, Art. 35 Rn. 59; *B. Grzeszick*, in: K. H. Friauf/W. Höfling, Berliner Kommentar zum Grundgesetz, Art. 35 (2006) Rn. 46; so auch *P. Reimer*, in: W. Kahl/C. Waldhoff/C. Walter, Bonner Kommentar zum Grundgesetz, Art. 35 (2017) Rn. 267.

1170 So auch *P. Reimer*, in: W. Kahl/C. Waldhoff/C. Walter, Bonner Kommentar zum Grundgesetz, Art. 35 (2017) Rn. 267.

1171 *B. Grzeszick*, in: K. H. Friauf/W. Höfling, Berliner Kommentar zum Grundgesetz, Art. 35 (2006) Rn. 46.

dd) Zusammenhang mit Art. 35 Abs. 3 S. 2 GG

Art. 35 Abs. 3 S. 2 GG formuliert, dass „Maßnahmen der Bundesregierung nach Satz 1 [...] unverzüglich nach Beseitigung der Gefahr aufzuheben" sind und dient damit primär der Sicherung der Länderinteressen.[1172] So lässt sich der Norm systematisch ein eindeutiger Bezug zu einer „Gefahr" entnehmen, andernfalls hätte geregelt werden können, dass der Einsatz nach „Beseitigung der Störung" oder „des Schadens" sofort zu beenden ist, was prinzipiell ebenfalls für die Möglichkeit präventiver Einsätze im Falle einer Gefahr oder Bedrohung spricht.[1173]

b) Der Katastrophennotstand im Gefüge der Notstandsverfassung

Über die Norm des Art. 35 GG hinaus sind auch andere Regelungen in den Blick zu nehmen, welche im Zusammenhang mit Art. 35 Abs. 2 S. 2 und Art. 35 Abs. 3 S. 1 GG stehen. Das sind vor allem die sonstigen Regelungen der Notstandsverfassung. Es sind die systematischen Zusammenhänge mit den Art. 87a Abs. 2, Abs. 3, Abs. 4 GG und Art. 91 GG zu untersuchen.

aa) Art. 87a Abs. 2 GG als Interpretationsmaxime

Bereits aus dem Verfassungsvorbehalt des Art. 87a Abs. 2 GG könnten sich Erkenntnisse als Interpretationsmaxime für Inneneinsatznormen gewinnen lassen. Diese Verfassungsnorm stellt den Einsatz der Streitkräfte unter Verfassungsvorbehalt: Für den Streitkräfteeinsatz im Innern bedarf es einer ausdrücklichen verfassungsrechtlichen Regelung.[1174] Art. 87a Abs. 2 GG bezweckt, dass einer „Ableitung ungeschriebener Zuständigkeiten aus der Natur der Sache" vorgebeugt wird.[1175] Das Bundesverfassungsgericht leitet daher aus Art. 87a Abs. 2 GG das „Gebot strikter Texttreue" als Auslegungsgrundsatz her.[1176] Das trägt der Begrenzungsfunktion der Norm Rechnung.[1177] Verstärkt wird hierdurch vor allem die Funktion des Wortlauts als Grenze der Auslegung.[1178] Gibt der *Wortlaut* der Einsatznorm und gegebenenfalls die *Systematik* der Verfassung

---

1172 Siehe *P. Reimer*, in: W. Kahl/C. Waldhoff/C. Walter, Bonner Kommentar zum Grundgesetz, Art. 35 (2017) Rn. 312.

1173 *M. Ladiges*, Die Bekämpfung nicht-staatlicher Angreifer im Luftraum, S. 218.

1174 Siehe oben, Teil 2, A.

1175 BT-Drs. V/2873, S. 13.

1176 BVerfGE 90, 286 (356 f.); 115, 118 (142); 132, 1 (9, 23 Rn. 25, 59); BVerwGE 160, 169 (189, Rn. 43).

1177 BVerfGE 132, 1 (9, Rn. 25).

1178 Vgl. *M. Baldus/S. Müller-Franken*, in: H. v. Mangoldt/F. Klein/C. Starck, GG Kommentar, Bd. III, Art. 87a Rn. 71.

ein Auslegungsergebnis vor, so darf hiervon nicht aus teleologischen Erwägungen abgewichen werden.[1179]

Im Schrifttum wird darüber hinaus in der Begrenzungsfunktion des Art. 87a Abs. 2 GG teilweise eine Interpretationsmaxime erkannt, die eine generelle restriktive Auslegung der Sekundäreinsatznormen vorsehe.[1180] Der verfassungsändernde Gesetzgeber habe mit dem Erfordernis einer ausdrücklichen Zulassung klargestellt, dass der verteidigungsfremde Inneneinsatz eine Ausnahme darstelle.[1181]

Gegen eine solche Sichtweise spricht jedoch, dass Ausnahmevorschriften nicht per se restriktiv auszulegen sind.[1182] Das Erfordernis einer restriktiven Auslegung ergibt sich vielmehr aus den Prinzipien der allgemeinen juristischen Methodik.[1183] Der Rechtsausschuss des Bundestages betonte, dass Art. 87a Abs. 2 GG eine „Ableitung ungeschriebener Zuständigkeiten aus der Natur der Sache"[1184] bezweckt. Der Verfassungsvorbehalt des Art. 87a Abs. 2 GG sollte demnach verhindern, dass den Streitkräften jenseits der Sekundäreinsatznormen – etwa durch Analogiebildung oder aus ungeschriebenem Notstandsrecht – neue Einsatzbefugnisse eröffnet werden.[1185] Eine zweckmäßige, extensivere Interpretation der Sekundäreinsatznormen *innerhalb des Wortlauts und der Systematik der jeweiligen Norm* sollte nicht versperrt werden.[1186] Insoweit statuiert

---

1179 So ausdrücklich BVerfGE 132, 1 (23, Rn. 59).

1180 Wohl grundlegend *K. Ipsen*, in: W. Kahl/C. Waldhoff/C. Walter, Bonner Kommentar zum Grundgesetz, Art. 87a (1969) Rn. 37 zu dem „verfassungsrechtlich normierten Auslegungsgrundsatz" einer restriktiven Interpretation für die Sekundäreinsatznormen; siehe auch *T. Linke*, NZWehrr 2004, S. 115 (121) zu einer „Auslegungsregel" restriktiver Interpretation; *J.-P. Fiebig*, Der Einsatz der Bundeswehr im Innern, S. 325 zu einem „Gebot restriktiver Auslegung der ausdrücklichen Zulassungen" und S. 406 zu der Bezeichnung als „Interpretationsbremse"; *K. Paulke*, Terrorgefahren im Luftraum, S. 156; *M. Ladiges*, Die Bekämpfung nicht-staatlicher Angreifer im Luftraum, S. 220; *C. Hümmer*, Die Bundeswehr im Innern, S. 98; *M. Baldus/S. Müller-Franken*, in: H. v. Mangoldt/F. Klein/C. Starck, GG Kommentar, Bd. III, Art. 87a Rn. 71; *W. Heun*, in: H. Dreier, GG Kommentar, Bd. III, Art. 87a Rn. 20; *B. Grzeszick*, in: K. H. Friauf/W. Höfling, Berliner Kommentar zum Grundgesetz, Art. 35 (2006) Rn. 46.

1181 Siehe *M. Baldus/S. Müller-Franken*, in: H. v. Mangoldt/F. Klein/C. Starck, GG Kommentar, Bd. III, Art. 87a Rn. 71.

1182 BVerfGE 47, 239 (250); *D. Looschelders/W. Roth*, Juristische Methodik, S. 144 f.; *F. Reimer*, Juristische Methodik, Rn. 340 ff.

1183 *M. Baldus/S. Müller-Franken*, in: H. v. Mangoldt/F. Klein/C. Starck, GG Kommentar, Bd. III, Art. 87a Rn. 71.

1184 BT-Drs. V/2873, S. 13.

1185 Vgl. BT-Drs. V/2873, S. 9, 13; näher dazu siehe unten, Teil 2, D.

1186 So letztlich auch BVerfGE 132, 1 (23, Rn. 59).

Art. 87a Abs. 2 GG kein umfassendes „Auslegungsverbot".[1187] Die Begrenzungsfunktion realisiert sich vorwiegend durch die klar begrenzte Anzahl an Einsatznormen und der strikten Wahrung deren Wortlaute. Das Argument restriktiver Auslegung ist damit zwar nicht völlig fehlgehend, setzt aber für einen eigenständigen argumentativen Wert zunächst noch die Bestätigung etwaiger systematischer und wortlautbedingter Argumente voraus.

bb) Art. 87a Abs. 3 GG als Einsatznorm im Verteidigungs- und Spannungsfall gem. Art. 80a, 115a GG

Systematische Anhaltspunkte können sich auch aus der Einsatznorm des Art. 87a Abs. 3 GG im Spannungs- und Verteidigungsfall ergeben.

(1) Der Verteidigungs- und Spannungsfall gem. Art. 80a, 115a GG

Als Bestandteil der Notstandsverfassung muss der Blick auch auf den Verteidigungs- und Spannungsfall gerichtet werden. Für den Verteidigungsfall gem. Art. 115a Abs. 1 S. 1 GG reicht es, dass ein Angriff „unmittelbar droht". Die Vorschrift ist damit eindeutig präventiv ausgerichtet. Ein solcher Angriff droht unmittelbar, wenn dieser besonders qualifizierte Angriff mit an Sicherheit grenzender Wahrscheinlichkeit bevorsteht.[1188] Die Rechtsfolge dieser Feststellung liegt primär in der verfassungsrechtlichen Eröffnung des Instrumentariums des Notstandsverfassungsrechts gem. Art. 115b ff. GG.[1189] Aus dieser Folge dürfte sich die erforderliche besonders hohe Wahrscheinlichkeit rechtfertigen. Die (eingeschränkte) Einsatzmöglichkeit der Streitkräfte gem. Art. 87a Abs. 3 GG dürfte mit Blick darauf als Rechtsfolge beinahe zweitrangig sein. Bereits bei der Feststellung des Spannungsfalls wird nicht mehr dieselbe hohe Wahrscheinlichkeit vorausgesetzt.[1190] Als Rechtsfolge eröffnet dieser auch nicht die Art. 115b ff. GG, allerdings dennoch den Streitkräfteeinsatz gem. Art. 87a Abs. 3 GG.[1191] Dies bestätigt die eben angestellte Überlegung bezüglich der erforderlichen Wahrscheinlichkeit noch. Hieraus lassen sich damit sogar zwei systematische Rückschlüsse für den Präventiveinsatz im Katastrophennotstand ziehen. Erstens: Auch der Spannungs- und Verteidigungsfall ist präventiv ausgestaltet und damit auch der damit einhergehende Einsatz auf Grundlage des Art. 87a Abs. 3

1187 *M. Baldus*, NVwZ 2004, S. 1278 (1283); vgl. *D. Winkler*, DÖV 2006, S. 149 (155).
1188 Siehe oben, Teil 2, B. I. 1. a).
1189 Siehe oben, Teil 2, B. I. 1. a).
1190 Siehe oben, Teil 2, B. I. 2. a).
1191 Siehe oben, Teil 2, B. I. 2. a).

S. 1 und S. 2 GG. Soweit die gesamte Notstandsverfassung also Präventiveinsätze zulässt, liegt die Vermutung nahe, dass dies systematisch auch im Rahmen des Art. 35 Abs. 2 S. 2 und Art. 35 Abs. 3 S. 1 GG der Fall ist.[1192] Zweitens: Es ist durchaus denkbar, dass keine „an Sicherheit grenzende Wahrscheinlichkeit" für einen Einsatz im Katastrophennotstand erforderlich ist. Übersehen werden darf natürlich nicht, dass grundverschiedene Situationen Gegenstand der jeweiligen Regelungen sind. Dennoch hat der Einsatz im Katastrophennotstand weder die gleiche politische Bedeutung oder Signalwirkung wie etwa der Verteidigungsfall, noch eröffnet er so tiefgreifende Handlungsmöglichkeiten wie Art. 115b ff. GG sie vorsehen. Deshalb wird bereits im Spannungsfall keine an Sicherheit grenzende Wahrscheinlichkeit mehr abverlangt.[1193] Das spricht dafür, dass der Einsatz im Katastrophennotstand ebenfalls keine an Sicherheit grenzende Wahrscheinlichkeit voraussetzt.

(2) Der Streitkräfteeinsatz gem. Art. 87a Abs. 3 GG

Soeben wurde angemerkt, dass mit der Feststellung des Verteidigungs- oder Spannungsfalls bei einer drohenden Gefahr auch der präventive Einsatz der Streitkräfte auf Art. 87a Abs. 3 GG gestützt werden kann. Als Rechtsfolge nach der Feststellung des Verteidigungs- oder Spannungsfalles können die Streitkräfte Aufgaben des Objektschutzes in den von Art. 87a Abs. 3 S. 1 GG benannten Grenzen durchführen.

Vereinzelt wird deswegen davon ausgegangen, dass ein auf Art. 35 Abs. 2 S. 2, Abs. 3 S. 1 GG gestützter Präventiveinsatz Maßnahmen des Objektschutzes ermögliche, obwohl hierfür Art. 87a Abs. 3 S. 1 GG die speziellere Norm sei.[1194] Dies spreche gegen einen Präventiveinsatz im Rahmen des Art. 35 Abs. 2 S. 2, Abs. 3 S. 1 GG.[1195]

Hiergegen ist einzuwenden, dass Art. 87a Abs. 3 S. 1 GG schon kein *lex specialis* gegenüber Art. 35 Abs. 2 S. 2, Abs. 3 S. 1 GG darstellt. In einem logischen Sinne zeichnen sich speziellere Regelungen dadurch aus, dass sie alle (Tatbestands-)Merkmale einer Norm und ein darüber hinausgehendes weiteres aufweisen.[1196] Beide Einsatznormen müssten also eine abweichende Regelung für dieselbe Situation enthalten,

---

1192 Ähnlich *P. Reimer*, in: W. Kahl/C. Waldhoff/C. Walter, Bonner Kommentar zum Grundgesetz, Art. 35 (2017) Rn. 267.

1193 Siehe oben, Teil 2, B. I. 2. a).

1194 *K. Paulke*, Terrorgefahren im Luftraum, S. 160; in ähnlichem Zusammenhang *J.-P. Fiebig*, Der Einsatz der Bundeswehr im Innern, S. 326.

1195 *K. Paulke*, Terrorgefahren im Luftraum, S. 160.

1196 *K. Larenz*, Methodenlehre, S. 267; *F. Reimer*, Juristische Methodik, Rn. 199.

also „den gleichen Gegenstand haben".[1197] Bei den in Rede stehenden Sekundäreinsatznormen handelt es sich aber um zwei arteigene Regelungen mit völlig unterschiedlichen tatbestandlichen Voraussetzungen unter Bezug auf grundverschiedene Notstandssituationen. Dass dabei Art. 87a Abs. 3 S. 1 GG den Objektschutz als eine besondere (begrenzende) Rechtsfolge vorsieht, welche in Art. 35 Abs. 2, Abs. 3 ihrerseits offengehalten wird, begründet kein Spezialitätsverhältnis. Daran ändert sich nichts dadurch, dass der Katastrophennotstand weiter gefasst ist, als es der äußere Notstand in Art. 87a Abs. 3 S. 1, 80a, 115a GG ist.[1198] Es schließt diese Rechtsfolge in dem eigenständigen Bereich des Art. 35 Abs. 2 S. 2 GG und Art. 35 Abs. 3 S. 1 GG ebenso wenig aus.

cc) Art. 87a Abs. 4 S. 1, 91 GG

Auch Art. 87a Abs. 4 S. 1 GG spricht für den inneren Notstand ausdrücklich von der Abwehr einer „drohenden Gefahr". Das gleiche gilt für Art. 91 Abs. 1 GG. Da es an einer solchen klaren Formulierung in Art. 35 Abs. S. 2, Abs. 3 S. 1 GG fehle, wird dies vereinzelt gegen die Möglichkeit eines Präventiveinsatzes im Rahmen des Katastrophennotstandes angeführt.[1199] Diese Normen sollen aufzeigen, dass der verfassungsändernde Gesetzgeber den Streitkräfteeinsatz im Innern nur unter restriktivsten Voraussetzungen zugelassen habe.[1200] Dort wo er einen präventiven Einsatz beabsichtigte, habe er diesen auch ausdrücklich geregelt.[1201]

Diese Sichtweise verkennt, dass bei Naturkatastrophen ein präventiver Einsatz unter dem gleichen Wortlaut wie bei einem Unglücksfall anerkannt ist.[1202] Darüber hinaus schenkt eine solche Sichtweise der klar präventiv ausgerichteten Formulierungen des Art. 35 Abs. 3 S. 1 und S. 2 GG („gefährdet" bzw. „Gefahr") keine hinreichende Beachtung.[1203] Dass die Voraussetzungen der benannten Normen (wesentlich) höher liegen, hängt mit der eigenständigen Ausrichtung der Tatbestände bzw. der dort geregelten Situationen zusammen. So soll die Norm Gewährleistung dafür tragen, dass schwerwiegende innere Unruhen bewältigt werden können. Aus diesem Grund entfaltet Art. 87a Abs. 4 S. 1 GG

1197 *F. Reimer*, Juristische Methodik, Rn. 200.
1198 Siehe dazu *F. Reimer*, Juristische Methodik, Rn. 201.
1199 *K. Paulke*, Terrorgefahren im Luftraum, S. 159.
1200 *J.-P. Fiebig*, Der Einsatz der Bundeswehr im Innern, S. 326.
1201 *K. Paulke*, Terrorgefahren im Luftraum, S. 159.
1202 Siehe oben, Teil 2, C. VI. 3. a) aa).
1203 Siehe oben, Teil 2, C. VI. 3. a) cc) und dd).

die oben angesprochene Sperrwirkung in seinem Regelungsbereich.[1204] Festzuhalten bleibt damit, dass der Einsatz im Inneren Notstand sowohl auf Grundlage des Art. 87a Abs. 4 S. 1 GG als auch auf Grundlage des Art. 91 Abs. 1, Abs. 2 GG „zur Abwehr einer drohenden Gefahr" möglich ist, diese also präventiv ausgerichtet sind.

c) Einheit der Verfassung

Möglicherweise können sich auch aus dem Gesichtspunkt der „Einheit der Verfassung" Erkenntnisse ergeben. Die „Einheit der Verfassung"[1205] ist nach dem Bundesverfassungsgericht bereits als das „vornehmste Interpretationsprinzip"[1206] bezeichnet worden bzw. als das „die Verfassungsinterpretation leitende Prinzip"[1207]. Die Verfassung ist demnach als Einheit zu interpretieren, einzelne Verfassungsnormen dürfen also nicht isoliert, sondern müssen vor dem Hintergrund der gesamten Verfassung ausgelegt werden.[1208] Zu berücksichtigen sind dabei nach der Rechtsprechung vor allem verfassungsgesetzgeberische Grundentscheidungen und Verfassungsgrundsätze.[1209] Im Rahmen der Einheit der Verfassung könnte daher versucht werden, die grundrechtlichen Schutzpflichten

---

1204 Überholt ist daher das gegen präventive Einsätze vorgebrachte Argument von *J.-P. Fiebig*, Der Einsatz der Bundeswehr im Innern, S. 326, dass die hohen Voraussetzungen des restriktiven Art. 87a Abs. 4 S. 1 GG nicht dadurch umgangen werden sollen, dass ein Einsatz stattdessen auf Grundlage des Art. 35 Abs. 2 S. 2, Abs. 3 S. 1 GG durchgeführt wird. Insoweit greift die Sperrwirkung, siehe oben, Teil 2, C. I.

1205 BVerfGE 1, 14 (32 f.); 1, 208 (227 f.); 15, 167 (194 f.); 19, 206 (220); 30, 1 (19); 52, 223 (246); 55, 274 (300); Sondervotum *R. Gaier*, BVerfGE 132, 24 (24, Rn. 61); 148, 296 (358, Rn. 139); grundlegend und zugleich kritisch dazu aus dem Schrifttum *F. Müller*, Die Einheit der Verfassung, S. 66, 75, 230 f. dazu, dass ein Rekurs auf die „Einheit der Verfassung" unnötig erscheint, da sie einfache systematische Auslegung darstelle und S. 155 f., 227 dazu, dass Aussagen über die Einheit der Verfassung als Ganzes methodisch nicht getrennt von systematisch hergeleiteten Einzelaspekten existieren können; zur der Überflüssigkeit des Ausdrucks auch *ders./R. Christensen*, Juristische Methodik, Bd. I, Rn. 388; in diese Richtung auch *D. Looschelders/W. Roth*, Juristische Methodik, S. 205 f.

1206 BVerfGE 19, 206 (220); Sondervotum *R. Gaier*, BVerfGE 132, 24 (24, Rn. 61); kritisch dazu *F. Müller*, Die Einheit der Verfassung, S. 177.

1207 BVerfGE 148, 296 (358, Rn. 139).

1208 *F. Müller/R. Christensen*, Juristische Methodik, Bd. I, Rn. 383; *J. Isensee*, Verfassungsrecht als „politisches Recht", in: ders./P. Kirchhof, HStR XII, § 268 Rn. 53.

1209 BVerfGE 30, 1 (19).

sowie das Trennungsprinzip polizeilicher und militärischer Aufgaben argumentativ fruchtbar zu machen.

aa) Grundrechtliche Schutzpflichten

Für einen präventiven Einsatz könnten unter dem Aspekt der Einheit der Verfassung die grundrechtlichen Schutzpflichten zu berücksichtigen sein. Die Grundrechte mögen in erster Linie subjektive Rechte des Bürgers in Form von Abwehrrechten sein, sie stellen allerdings zugleich eine „objektive Wertordnung“ auf, welche „als verfassungsrechtliche Grundentscheidung“ innerhalb der gesamten Rechtsordnung Geltung beansprucht.[1210] Aus dieser objektivrechtlichen Funktion der Grundrechte als objektive Wertordnung leiten sich die Schutzpflichten des Staates ab.[1211] Die Grundrechte vermögen allerdings nach der hier vertretenen Auffassung – wie bereits dargestellt wurde – keine staatsorganisationsrechtlichen Kompetenzen zu begründen oder zu erweitern; in ihrer objektiven Funktion sind sie vielmehr auch negative Kompetenznormen.[1212] Namentlich können grundrechtliche Schutzpflichten für Leib und Leben gem. Art. 2 Abs. 2 S. 1 GG daher nicht für einen präventiven Einsatz streiten.

bb) Das Trennungsprinzip

Gegen einen präventiven Einsatz könnte das Trennungsprinzip als verfassungsgesetzgeberische Grundentscheidung angeführt werden.[1213] Die Verfassung trennt demnach prinzipiell polizeiliche und militärische Gefahrenabwehr und Aufgabenbereiche (*Trennungsprinzip*).[1214] Dieses werde nach *Katja Paulke* durch einen präventiven Einsatz weiter aufgeweicht.[1215] So sollen gerade präventive Verwendungen zu einer zunehmenden Vermischung von polizeilichen und militärischen Aufgaben führen.[1216] Auf Art. 35 Abs. 2 S. 2 GG, Art. 35 Abs. 3 S. 1 GG gestützte Präventiveinsätze sollen daher dazu führen, dass eine regelrechte „Usurpationsgefahr“ entstehe,

---

1210 BVerfGE 7, 198 (205).

1211 *T. Kingreen/R. Poscher*, Grundrechte, Rn. 133.

1212 Siehe oben, Teil 1, B. I. 2. und Teil 2, A. II. 5. a).

1213 Allgemein zu den Hintergründen siehe oben, Teil 1, B. II.

1214 *F. Schoch*, Jura 2013, S. 255 (258); *S. Talmon*, BRJ 2016, S. 5 (7); *A. Dietz*, ZG 2017, S. 325 (330 f.); *M. Lepper*, Die verfassungsrechtliche Stellung der militärischen Streitkräfte im gewaltenteilenden Rechtsstaat S. 26 f.; zu der funktionalen Trennung von Streitkräften und Polizei siehe auch *N. K. Riedel*, Streitkräfte im Ausland, S. 163; *P. Dreist*, UBWV 2006, S. 93 (96).

1215 In diese Richtung *K. Paulke*, Terrorgefahren im Luftraum, S. 156 f.

1216 *K. Paulke*, Terrorgefahren im Luftraum, S. 156.

die Aufgaben der Streitkräfte also entgegen der verfassungsrechtlichen Regelungen sukzessiv erweitert werden.[1217] Dieses Argument wird im Schrifttum als überzogen eingeordnet.[1218] Wenn überhaupt, dann bestehe eine solche Gefahr nicht wegen einer extensiven Auslegung des Art. 35 Abs. 2 S. 2, Abs. 3 S. 1 GG, sondern wegen der Existenz der Streitkräfte an sich.[1219] Art. 35 Abs. 2 S. 2, Abs. 3 S. 1 GG weist zudem Tatbestände mit hohen Voraussetzungen auf, die eine Absorption polizeilicher Aufgaben von vornherein verhindern.[1220] Es ist außerdem Bestandteil der verfassungsgesetzgeberischen Grundentscheidung, dass im Bereich besonderer innerer Gefahren die materiell-rechtlichen Kompetenzen für einen Einsatz der Streitkräfte zwecks effektiver Bekämpfung der Katastrophensituation erweitert werden: Neben dem Trennungsprinzip gilt gerade auch das Prinzip der *Effektivität der Gefahrenabwehr*[1221]. An dieser Stelle zeichnet sich auch ab, dass die Staatsaufgabe Sicherheit von der Verfassung als einheitliche Aufgabe des Staates eingeordnet wird. Demnach ist ein Einsatz der Streitkräfte zur Wahrung der inneren Sicherheit unter bestimmten Voraussetzungen gerade möglich und vorgesehen. Das Trennungsprinzip unterliegt in der Literatur wohl auch daher zunehmend einer „pragmatischen" Betrachtung.[1222] Um aber die grundlegende Verteilung der Sicherheitsaufgabe nicht zu erodieren, sind die Sekundäraufgabenbereiche der Streitkräfte eng begrenzt.[1223]

In diesem Sinne lässt sich aus der Einheit der Verfassung kein systematisches Argument für oder gegen einen präventiven Einsatz herleiten.

d) Ergebnis der systematischen Auslegung

Als wesentliches Ergebnis der systematischen Auslegung lässt sich festhalten, dass sämtliche Normen der Notstandsverfassung durchgehend präventive Elemente und Bezüge aufweisen.[1224] Ihren Zwecken nach beschreiben sie das Einschreiten

---

1217 *K. Paulke*, Terrorgefahren im Luftraum, S. 157.

1218 *M. Ladiges,* Die Bekämpfung nicht-staatlicher Angreifer im Luftraum, S. 224.

1219 So *M. Ladiges,* Die Bekämpfung nicht-staatlicher Angreifer im Luftraum, S. 224; bereits zuvor *M. G. Fischer*, JZ 2004, S. 376 (381).

1220 In diese Richtung auch *C. Hillgruber/J. Hoffmann*, NWVBl. 2006, S. 176 (178).

1221 Zum Ziel der Effektivität der Gefahrenabwehr als Verfassungsgrundsatz für den Streitkräfteeinsatz siehe *A. Dietz*, ZG 2017, S. 325 (333 f.).

1222 So *B. Walter*, NZWehrr 2019, S. 3 (13); vgl. etwa *R. Schmidt-Radefeldt*, Inlandseinsätze der Armee und Militarisierung der Polizei, in: U. Kischel/S. Grf. v. Kielmansegg, Rechtsdurchsetzung mit militärischen Mitteln, S. 1 (33), zur Bekämpfung des Terrorismus gleichermaßen als polizeiliche und militärische Aufgabe.

1223 *C. Marxsen*, JZ 2017, S. 543 (545).

1224 So auch *P. Reimer*, in: W. Kahl/C. Waldhoff/C. Walter, Bonner Kommentar zum Grundgesetz, Art. 35 (2017) Rn. 267.

„Zur Aufrechterhaltung […] der öffentlichen Sicherheit […]“ (Art. 35 Abs. 2 S. 1 GG), wenn der besonders schwere Unglücksfall mehr als ein Land „gefährdet“ (Art. 35 Abs. 3 S. 1 GG), eine „drohende Gefahr“ besteht (Art. 87a Abs. 4 S. 1, Art. 91 Abs. 1, Abs. 2 GG) oder ein „Angriff unmittelbar droht“ (Art. 115a Abs. 1 S. 1 GG).[1225] Art. 35 Abs. 3 S. 2 GG verlangt, dass „Maßnahmen […] nach Satz 1 […] unverzüglich nach Beseitigung der Gefahr aufzuheben“ sind. Die Normen der Notstandsverfassung sind also durchgehend präventiv auf die Verhinderung erheblicher drohender Schäden ausgerichtet. Das spricht dafür, dass nichts anderes für den Katastrophennotstand Geltung beansprucht.[1226] Insbesondere ergibt sich auch nichts anderes für den regionalen Katastrophennotstand gem. Art. 35 Abs. 2 S. 2 GG, dessen Wortlaut „bei“ unter Zugrundelegung der systematischen Auslegung keinen Umkehrschluss begründet.[1227] Insoweit gilt das Prinzip „Prävention vor Repression“.[1228] Dass die anderen Normen der Notstandsverfassung tatbestandlich höhere Anforderungen stellen, ist für diesen Rückschluss unschädlich, da dies mit dem jeweiligen Anwendungsbereich und den geregelten Situationen zusammenhängt (etwa Einsatz bei inneren Unruhen gegen die eigene Bevölkerung im Falle des Art. 87a Abs. 4 S. 1 GG). Die systematische Auslegung spricht daher insgesamt dafür, dass ein Präventiveinsatz auf

---

1225 Siehe auch *P. Reimer*, in: W. Kahl/C. Waldhoff/C. Walter, Bonner Kommentar zum Grundgesetz, Art. 35 (2017) Rn. 267; *V. Epping*, Schriftliche Stellungnahme im Rahmen der öffentlichen Sachverständigenanhörung des Innenausschusses des Deutschen Bundestages am 26.04.2004, S. 7.

1226 Wie hier *P. Reimer*, in: W. Kahl/C. Waldhoff/C. Walter, Bonner Kommentar zum Grundgesetz, Art. 35 (2017) Rn. 267.

1227 *P. Reimer*, in: W. Kahl/C. Waldhoff/C. Walter, Bonner Kommentar zum Grundgesetz, Art. 35 (2017) Rn. 267 erwägt, dass seit der Integration des Art. 35 Abs. 2 S. 1 GG im Jahr 1972 das Wort „bei“ gar als „elliptische Bezugnahme“ auf den Satz 1 verstanden werden könnte; in diese Richtung auch *M. Ladiges*, Die Bekämpfung nicht-staatlicher Angreifer im Luftraum, S. 224.

1228 Vgl. zu dem Grundsatz bereits BVerfGE 30, 336 (350); 39, 1 (44); so *E. B. Franz/T. Günther*, VBlBW 2006, S. 340 (342); *P. Reimer*, in: W. Kahl/C. Waldhoff/C. Walter, Bonner Kommentar zum Grundgesetz, Art. 35 (2017) Rn. 267; in diese Richtung auch *G. Robbers*, Stellungnahme für die Öffentliche Anhörung des Innenausschusses des Deutschen Bundestages am 26.04.2004, S. 7; siehe auch *M. Hochhuth*, NZWehrr 2002, S. 154 (157), der mit dem allgemeinen Prinzip der Prävention argumentiert; so auch *W. Melzer/C. Haslach/O. Socher*, NVwZ 2005, S. 1361 (1364); *V. Epping*, in: ders./C. Hillgruber, BeckOK GG, Art. 35 Rn. 24.2; vgl. auch *C. Hümmer*, Die Bundeswehr im Innern, S. 101; *J. Senger*, Streitkräfte und Materielles Polizeirecht, S. 178.

Grundlage der Art. 35 Abs. 2 S. 2, Abs. 3 S. 1 GG auch ohne an Sicherheit grenzende Wahrscheinlichkeit möglich ist.

4. Historische und genetische Auslegung

Anhaltspunkte für die Zulässigkeit eines präventiven Einsatzes der Streitkräfte im Katastrophennotstand könnten sich auch aus der historischen oder genetischen Auslegung ergeben.

a) Historische Auslegung

Die historische Auslegung zielt auf die Auslegung der Norm unter Berücksichtigung des historischen Kontextes ab, insbesondere Vorgängernormen, um aus der Regelungssituation der Vergangenheit Rückschlüsse für etwaige Wertentscheidungen des verfassungsändernden Gesetzgebers zu ziehen.[1229] Zu berücksichtigen ist auch der rechtsgeschichtliche Zusammenhang.[1230]

aa) Rechtshistorische Entstehungshintergründe: Vorgängernormen

In den Blick zu nehmen sind als Erstes die Normvorläufer der in Rede stehenden Regelungen.

(1) Unmittelbare Vorläufer für die Katastrophenhilfe

Fraglich ist, welche Normen in der Vergangenheit für die Katastrophenhilfe existierten. Teilweise wird vertreten, dass in vorherigen Verfassungen überhaupt keine Normen für die Katastrophenhilfe bestanden haben.[1231] Dies wird vereinzelt nur als eingeschränkt zutreffend angesehen.[1232] So ähnele Art. 35 Abs. 2 S. 2 GG in historischer Hinsicht dem Requisitionsprinzip, welches einen verteidigungsfremden Inneneinsatz der Streitkräfte ermöglicht habe.[1233] Dieses war seinerzeit in der Kabinettsordre vom 17.10.1820, Art. 66 Abs. 2 BRV, der

---

1229 *F. Reimer*, Juristische Methodik, Rn. 347 ff.; *D. Looschelders/W. Roth*, Juristische Methodik, S. 155; *T. M. J. Möllers*, Juristische Methodenlehre, § 4 Rn. 148 f.; im Überblick auch *K. Stern*, Staatsrecht, Bd. I, S. 126.

1230 *J.-P. Fiebig*, Der Einsatz der Bundeswehr im Innern, S. 68.

1231 *K. Paulke*, Terrorgefahren im Luftraum, S. 154.

1232 *M. Ladiges*, Die Bekämpfung nicht-staatlicher Angreifer im Luftraum, S. 218.

1233 *M. Ladiges*, Die Bekämpfung nicht-staatlicher Angreifer im Luftraum, S. 218; *J. Pannkoke*, Der Einsatz des Militärs im Landesinnern, S. 241 geht sogar davon aus, dass das Requisitionsprinzip über Art. 35 Abs. 2 S. 2 GG unmittelbar in das Grundgesetz integriert wurde; in diese Richtung auch *A. Dietz*, ZG 2017, S. 325 (330).

Dienstvorschrift vom 19.03.1914 und insbesondere im § 17 Abs. 1 WehrG niedergelegt.[1234] Vor allem § 17 Abs. 1 WehrG hatte den Wortlaut „Bedrohung der öffentlichen Ordnung", ein Schadensereignis musste noch nicht eingetreten sein; dies spricht nach *Manuel Ladiges* in historischer Hinsicht für die Zulässigkeit des Präventiveinsatzes.[1235] *Manuel Ladiges* räumt allerdings selbst ein, dass die in § 17 Abs. 1 WehrG niedergelegte Regelung „nur eingeschränkt" für die Auslegung des Art. 35 Abs. 2 S. 2 herangezogen werden kann.[1236]

Dagegen spricht, dass selbst wenn man in Art. 35 Abs. 2 S. 2 GG das ehemalige Requisitionsprinzip erkennen wollte, die Regelung allenfalls ein „schwaches Schattenbild" des historisch in den vorgenannten Normen verankerten Requisitionsprinzips darstellt.[1237] In der Vergangenheit bestanden in der Tat keine Normen, welche unmittelbar die Katastrophenhilfe regelten. So kann der Blick nur auf Verfassungsnormen erweitert werden, welche den Inneneinsatz bzw. den Notstand regelten. Diese zeichneten sich durch eine erhebliche Reichweite für Einsätze auch polizeilicher Natur aus.[1238] Präventive, auch frühzeitige Verwendungen des Militärs waren üblich.

(2) Vorläufernormen im Notstandsrecht im Allgemeinen

Die Regelungssituation der Vergangenheit könnte daher nur erweitert in Blick genommen werden. Es könnte lediglich auf Notstandsvorschriften im Allgemeinen zurückgegriffen werden. Richtet man den Blick also in die tiefere Vergangenheit, so zeigt sich deutlich, dass die Rechtsgrundlagen für den Einsatz der Streitkräfte im Innern wesentlich weiter gefasst waren, als sie es heute sind.[1239] Zur Zeit des deutschen Bundes konnte ein Einschreiten mittels des Militärs ohne jegliche Normanbindung auf das „*ius eminens*" gestützt werden.[1240] Im Übrigen bestanden weitläufige Generalklauseln für den Einsatz des Militärs im Innern, von denen reger Gebrauch gemacht wurde.[1241] Diese Praxis wurde auch in der Weimarer Republik noch verfolgt, deren Verfassung in Art. 48 Abs. 2 WRV ein sehr weitgehendes Recht zum militärischen Einschreiten des Reichspräsidenten

---

1234 *M. Ladiges,* Die Bekämpfung nicht-staatlicher Angreifer im Luftraum, S. 218.
1235 *M. Ladiges,* Die Bekämpfung nicht-staatlicher Angreifer im Luftraum, S. 219.
1236 *M. Ladiges,* Die Bekämpfung nicht-staatlicher Angreifer im Luftraum, S. 219.
1237 P. *Reimer*, in: W. Kahl/C. Waldhoff/C. Walter, Bonner Kommentar zum Grundgesetz, Art. 35 (2017) Rn. 30.
1238 Siehe oben, insbesondere Teil 1, C. I. 3. a).
1239 Vgl. jeweils oben Teil 1, C. I. 1. sowie C. I. 2. und insbesondere C. I. 3.
1240 Siehe oben, Teil 1, C. I. 1.
1241 Siehe oben, Teil 1, C. I. 1.

vorsah.[1242] Nachverfolgt man die Änderungen im Grundgesetz, so wird ersichtlich, dass sich der verfassungsändernde Gesetzgeber von diesen historischen Umständen und dem damit einhergehenden Militarismus distanzieren wollte.[1243] Diese Entwicklungen stellen allerdings eben nicht unmittelbar den „status quo ante"[1244] der Normsituation für die Katastrophenhilfe dar. Ein valider Rückschluss ist damit schwierig aufzustellen und allenfalls in einer Tendenz möglich.

bb) Rechtsgeschichtlicher Entstehungskontext: Die Hamburger Flutkatastrophe

Hinter der Regelung des Art. 35 Abs. 2 S. 2, Abs. 3 S. 1 GG steht als Ereignis allen voran die Hamburger Flutkatastrophe aus dem Februar 1962, als sich eine große Sturmflut ereignete und Deiche brachen.[1245] Dieses Ereignis nahm tragenden Einfluss auf die Entstehung der Notstandsverfassung im Jahr 1968.[1246] Die Notstandslage wurde beispielsweise für Plünderungen ausgenutzt.[1247] Die rein technisch-logistische Hilfe der Soldaten ohne Eingriffsbefugnisse stellte sich daher als unzureichend heraus.[1248] Der Hamburger Katastrophenstab stattete deshalb mehrere Kompanien der Feldjäger mit hoheitlichen Befugnissen aus, sie wurden ausdrücklich auch zur Anwendung unmittelbaren Zwangs gegen Zivilpersonen berechtigt.[1249] Von diesen Befugnissen wurde in größerem Umfang Gebrauch gemacht.[1250] So war es etwa erforderlich Absperrungen und Evakuierungen, aber auch Festnahmen oder Verkehrsregelung durchzuführen.[1251] Die Verfassungsrechtslage war mit Blick auf hoheitliches bzw. polizeiliches Tätigwerden der Soldaten aber unzureichend.[1252] So räumte *Helmut Schmidt* offen

---

1242 Siehe oben, Teil 1, C. I. 3. a) bb).

1243 Vgl. etwa BT-Drs. III/1800, S. 3; *P. Lücke*, BT-Prot. 5/117 vom 29.06.1967, S. 5857D.

1244 *F. Reimer*, Juristische Methodik, Rn. 347.

1245 Siehe allgemein dazu *BMVg*, Hochwasserkatastrophe im August 2002, S. 17.

1246 BT-Drs. V/1879, S. 23.

1247 *J. Pannkoke*, Der Einsatz des Militärs im Landesinnern, S. 239 Fn. 322.

1248 *J. Senger*, Streitkräfte und Materielles Polizeirecht, S. 51.

1249 *H. P. Bull*, DÖV 1997, S. 290 (291); *J. Senger*, Streitkräfte und Materielles Polizeirecht, S. 51 f.

1250 *C. Arndt*, DVBl. 1968, S. 729; *J.-P. Fiebig*, Der Einsatz der Bundeswehr im Innern, S. 146.

1251 *N.-P. Kleiner*, Notstandsverfassung, S. 376.

1252 *K. Stern*, Staatsrecht, Bd. II, S. 1320; *P. Dreist*, NZWehrr 2006, S. 45 (58); *D. Wiefelspütz*, Abwehr terroristischer Anschläge, S. 32; *W. Speth*, Rechtsfragen des Einsatzes der Bundeswehr, S. 125 f.

ein, dass diese polizeiliche Verwendung Art. 143 GG a.F. widersprach und das von ihm angeordnete Handeln bewusst verfassungswidrig war.[1253] Die Flutkatastrophe war seiner Zeit bereits eingetreten. Von manchen Autoren wird dieser Entstehungskontext daher argumentativ gegen einen Präventiveinsatz in das Feld geführt.[1254] Der verfassungsändernde Gesetzgeber habe präventive Maßnahmen gar nicht im Blickfeld gehabt.[1255] Fraglich ist nur, inwieweit aus diesem Umstand überhaupt ein Rückschluss auf die Unzulässigkeit gezogen werden kann, möglicherweise bedachte der verfassungsändernde Gesetzgeber dieses Szenario schlichtweg nicht.[1256] Der rechtsgeschichtliche Entstehungskontext der Norm kann daher zumindest nicht gegen einen präventiven Einsatz angeführt werden.[1257] Auch wenn sich aus dem historischen Hintergrund der Hamburger Flutkatastrophe im Speziellen kein Argument gewinnen ließe, wird argumentiert, dass der Einsatz im Innern zumindest auf ein Minimum reduziert werden sollte.[1258]

b) Genetische Auslegung

Im Rahmen der genetischen Auslegung wird versucht, aus der Entstehungsgeschichte der Norm selbst Erkenntnisse zu gewinnen.[1259] Zu untersuchen sind dabei auch das Regelungsanliegen wie auch die Materialien des Gesetzgebungsverfahrens, also etwaige Entwürfe, Gesetzesbegründungen, Berichte, Plenarprotokolle, Modifikationen der Regelung im Gesetzgebungsverfahren und

---

1253 *H. Schmidt*, BT-Prot. 5/175 vom 16.05.1968, S. 9444C.

1254 *J.-P. Fiebig*, Der Einsatz der Bundeswehr im Innern, S. 325 f.; *P. Dreist*, UBWV 2006, S. 93 (98); *D. Winkler*, DÖV 2006, S. 149 (155, Fn. 81); vgl. auch *K. Paulke*, Terrorgefahren im Luftraum, S. 154 f.; *C. Hümmer*, Die Bundeswehr im Innern, S. 98; *J. Senger*, Streitkräfte und Materielles Polizeirecht, S. 181; *H. Rehage*, Der Einsatz deutscher Streitkräfte, S. 90.

1255 *H. Rehage*, Der Einsatz deutscher Streitkräfte, S. 90.

1256 *M. Baldus*, Innenausschuss, Protokoll Nr. 15/35 vom 26.04.2004, S. 34 f.; *K. Paulke*, Terrorgefahren im Luftraum, S. 155; *M. Ladiges*, Die Bekämpfung nicht-staatlicher Angreifer im Luftraum, S. 219; *C. Hümmer*, Die Bundeswehr im Innern, S. 98; *H. Rehage*, Der Einsatz deutscher Streitkräfte, S. 90.

1257 *M. Baldus*, Innenausschuss, Protokoll Nr. 15/35 vom 26.04.2004, S. 35; *M. Ladiges*, Die Bekämpfung nicht-staatlicher Angreifer im Luftraum, S. 219.

1258 *H. Rehage*, Der Einsatz deutscher Streitkräfte, S. 90.

1259 Allgemein dazu *K. Larenz/C.-W. Canaris*, Methodenlehre, S. 149 ff.; *F. Reimer*, Juristische Methodik, Rn. 350; *H. Sauer*, Juristische Methodenlehre, in: J. Krüper, Grundlagen des Rechts, § 9 Rn. 27; *D. Looschelders/W. Roth*, Juristische Methodik, S. 157.

ähnliche Dokumente.[1260] Hierbei wird die Vermutung aufgestellt, dass die herangezogenen Erwägungen auch bei der nachfolgenden Abstimmung im Parlament bestimmend waren.[1261] Die genetische Auslegung hat daher eher indizielle Wirkung.[1262]

Im Rahmen seiner Entstehungsgeschichte sah der erste Regierungsentwurf für die Notstandsverfassung von 1960 die Aufnahme eines Art. 115a GG in einem Abschnitt „Xa. Ausnahmezustand“ vor.[1263] Die Norm traf dabei jedoch keine Regelungsaussage zu einem Katastrophennotstand. In dieser Hinsicht ist sie daher unergiebig.

Der Regierungsentwurf aus der vierten Wahlperiode vom 11.01.1963 enthielt dagegen eine Regelung zum „Katastrophenzustand“ im vorgesehenen Art. 115m. Dieser lautete: „Sind Leib oder Leben der Bevölkerung, insbesondere durch eine Naturkatastrophe, ernstlich und unmittelbar gefährdet (Katastrophenzustand), so finden die Artikel 115k und 115l entsprechende Anwendung.“[1264] Mit dem Wortlaut „ernstlich und unmittelbar gefährdet“ enthielt diese Normierung durchaus präventive Tendenzen. Unklar ist jedoch, wieso an dieser Formulierung nicht festgehalten wurde.[1265] Insoweit sei es ebenso denkbar, dass ein Präventiveinsatz ausgeschlossen werden sollte, als dass dieser für selbstverständlich gehalten wurde; ein Rückschluss sei daher aus diesem entstehungsgeschichtlichen Aspekt kaum möglich.[1266]

Ähnliches gilt für den in derselben Wahlperiode vorgebrachten Entwurf durch den Bericht des Rechtsausschusses im Jahre 1965. Auch in diesem ging es unter anderem um die Ergänzung eines Art. 91a GG, der lautete:

> „(1) Sind Leib oder Leben der Bevölkerung eines Landes durch eine Naturkatastrophe oder einen besonders schweren Unglücksfall ernstlich und unmittelbar gefährdet, so kann das Land [...] Streitkräfte als Polizeikräfte [...] anfordern, soweit es zur Abwehr der drohenden Gefahr erforderlich ist. [...]
> (2) Ist das Land, in dem die Gefahr droht, nicht selbst zur Bekämpfung der Gefahr in der Lage oder erstreckt sich die Gefahr auf das Gebiet mehr als eines Landes [...]“[1267]

1260 *H. Sauer*, Juristische Methodenlehre, in: J. Krüper, Grundlagen des Rechts, § 9 Rn. 27.
1261 *D. Looschelders/W. Roth*, Juristische Methodik, S. 157.
1262 *D. Looschelders/W. Roth*, Juristische Methodik, S. 158 f.
1263 BT-Drs. III/1800, S. 2.
1264 BT-Drs. IV/891, S. 4.
1265 Vgl. BT-Prot. 4/56 vom 24.01.1963; so auch *M. Ladiges,* Die Bekämpfung nichtstaatlicher Angreifer im Luftraum, S. 220.
1266 *M. Ladiges,* Die Bekämpfung nicht-staatlicher Angreifer im Luftraum, S. 220.
1267 BT-Drs. IV/3494, S. 4; zu BT-Drs. IV/3494, S. 17 f.

Auch hier zeichnete sich die Absicht einer präventiven Ausgestaltung des Katastrophennotstands ab, indem eine „ernstliche und unmittelbare" Gefährdung bzw. eine „drohende Gefahr" für die Anforderung der Streitkräfte genügend war. Aus den Materialien ergibt ebenso wenig, weshalb von der entsprechenden Formulierung Abstand genommen wurde.[1268]

Der Regierungsentwurf aus der 5. Wahlperiode sah dann 1967 die Neufassung des Art. 91 GG dergestalt vor, dass abweichend zu der vorher beabsichtigten Regelung der innere Notstand gemeinsam mit dem Katastrophennotstand geregelt werden sollte.[1269] Diese Regelung lautete auszugsweise:

> „(1) Zur Abwehr einer drohenden Gefahr für den Bestand oder die freiheitliche demokratische Grundordnung des Bundes oder eines Landes sowie zur Bekämpfung einer Naturkatastrophe oder eines besonders schweren Unglücksfalles kann ein Land Polizeikräfte anderer Länder, Kräfte und Einrichtungen anderer Verwaltungen sowie des Bundesgrenzschutzes zur Hilfe anfordern. Reichen diese Kräfte zur Bekämpfung einer Naturkatastrophe, eines besonders schweren Unglücksfalles [...] nicht aus, so kann die Bundesregierung [...] Streitkräfte als Polizeikräfte zur Verfügung stellen.
> (2) Ist das Land nicht selbst zur Bekämpfung der Gefahr bereit oder in der Lage, so kann, soweit es zur Abwehr der Gefahr erforderlich ist, die Bundesregierung [...]; soweit es zur Bekämpfung einer Naturkatastrophe, eines besonders schweren Unglücksfalles [...] erforderlich ist, kann die Bundesregierung auch die Streitkräfte als Polizeikräfte einsetzen."[1270]

Der Fokus der Debatten war aber auf den „Zustand äußerer Gefahr" gerichtet.[1271] Über einen denkbaren präventiven Einsatz im Katastrophennotstand wurde nicht weiter gesprochen.[1272] Zur Entpolitisierung[1273] des Entwurfs schlug der Rechtsausschuss vor, die Regelung aufzuspalten und den Katastrophennotstand in Art. 35 Abs. 2 und Abs. 3 GG niederzulegen.[1274] Der Formulierungsvorschlag

1268 Vgl. BT-Prot. 4/190 vom 16.06.1965; 4/192 vom 24.06.1965.

1269 BT-Drs. V/1879, S. 3, 23 f.

1270 BT-Drs. V/1879, S. 3.

1271 Vgl. BT-Prot. 5/117 vom 29.06.1967, S. 5893C ff.

1272 Der Abgeordnete Even hielt zwar fest: „Dieser Entwurf einer Grundgesetzänderung ist der Entwurf eines Gesetzes zur Sicherung von Leben und Freiheit der Bürger bei großer Gefahr", siehe *Even*, BT-Prot. 5/117 vom 29.06.1967, S. 5873C, ähnlich S. 5876A. Die Aussage entstammt aber einem einzelnen Abgeordneten und bezog sich auf den gesamten Entwurf; ähnlich später: *C. O. Lenz*, BT-Prot. 5/174 vom 15.05.1968, S. 9314A.

1273 *C. Arndt*, DVBl. 1968, S. 729; *P. Dreist*, UBWV 2006, S. 93 (98); *K. Stern*, Staatsrecht, Bd. II, S. 1458, 1462; *S. Grf. v. Kielmansegg*, in: W. Kahl/C. Waldhoff/C. Walter, Bonner Kommentar zum Grundgesetz, Vorbem. z. Art. 115a-115l (2018) Rn. 67.

1274 BT-Drs. V/2873, S. 9.

zu Art. 35 Abs. 3 S. 1 GG lautete dabei zunächst „Erstreckt sich die Gefahr auf das Gebiet mehr als eines Landes […]“[1275]. Mit diesem Wortlaut wurde eindeutig eine Gefahrenlage vorausgesetzt.[1276] Die „Gefahr“ wurde dann, wahrscheinlich ohne eine Änderung begründen zu wollen, durch „die Katastrophe oder der Unglücksfall“[1277] ersetzt.[1278] Dies spricht nach *H. Sattler* dafür, den Begriff der Gefahr ergänzend heranzuziehen und auch Präventiveinsätze von der Norm als umfasst anzusehen.[1279] Systematisch wurde Art. 35 GG gewählt, da nach der Auffassung des Rechtsausschusses das Zusammenwirken im Katastrophenfall vorwiegend das Verhältnis zwischen Bund und Ländern betreffe.[1280] Festgehalten wurde, dass der Wortlaut „Zur Hilfe“ jedenfalls „die Wahrnehmung der im Rahmen eines solchen Einsatzes durchweg anfallenden Aufgaben polizeilicher Art, wie z.B. Absperrungen von gefährdeten Grundstücken“ umfasse.[1281] Aus dieser Aussage könnte der Rückschluss gezogen werden, dass auch präventive Einsätze erfasst sein sollten. Sie könnte aber mit Blick auf die Hamburger Flutkatastrophe ebenso nur auf Maßnahmen gar nach Eintritt eines Schadens und zur Schadenseindämmung bezogen sein.[1282]

Eine klare Aussage sucht man an dieser Stelle daher ebenso vergeblich, wie in den übrigen Materialien der Entstehungsgeschichte. Auch in der 5. Wahlperiode lag der Schwerpunkt der Diskussion auf dem inneren und äußeren Notstand.[1283] Über präventive Einsätze im hier untersuchten Sinne wurde zur Zeit der Entstehung der Notstandsverfassung tatsächlich kein Gedanke gefasst.[1284] Die Problematik stellte sich zu dieser Zeit auch noch nicht in vergleichbarer Weise, wie es heute durch den internationalen Terrorismus bedingt ist.[1285] Die erste

---

1275 Beratungen des Rechtsausschusses, Kurzprotokoll der 76. Sitzung vom 15.03.1968, Anlage 1.

1276 *H. Sattler*, NVwZ 2004, S. 1286 (1287).

1277 Beratungen des Rechtsausschusses, Kurzprotokoll der 76. Sitzung vom 15.03.1968, S. 6 f. und Anlage 4.

1278 *H. Sattler*, NVwZ 2004, S. 1286 (1287).

1279 *H. Sattler*, NVwZ 2004, S. 1286 (1287).

1280 BT-Drs. V/2873, S. 9.

1281 BT-Drs. V/2873, S. 10.

1282 Zu dieser Auffassung siehe oben, Teil 2, C. VI. 4. a) bb).

1283 Vgl. BT-Prot. 5/117 vom 29.06.1967, S. 5856 ff.; 5/174 vom 15.05.1968, S. 9313 ff.

1284 So auch *M. Baldus*, Innenausschuss, Protokoll Nr. 15/35 vom 26.04.2004, S. 34 f.; *P. Dreist*, UBWV 2006, S. 93 (98).

1285 Zu der hierdurch bedingten Verschiebung der Grenzen zwischen innerer und äußerer Sicherheit siehe oben, Teil 1, B. III.

umfassende Diskussionswelle lösten die Ereignisse vom 11. September 2001 und das in Deutschland danach entworfene Luftsicherheitsgesetz aus.[1286] Die historische und genetische Auslegung ist im Hinblick auf die Frage der Zulässigkeit des Präventiveinsatzes im Wesentlichen unergiebig.

5. *Teleologische Auslegung – Sinn und Zweck*

Die teleologische Auslegung hinterfragt den Sinn und Zweck der Norm.[1287] Das von der Norm verfolgte Ziel ist zu konkretisieren und diejenige Deutungsvariante zugrunde zu legen, welche das Ziel am ehesten erreicht.[1288] Uneinigkeit herrscht jedoch darüber, wie das Regelungsziel bzw. der Sinn und Zweck des Gesetzes zu ermitteln ist: subjektiv oder objektiv.[1289] Vor diesem Hintergrund werden in Rechtsprechung und Literatur im Wesentlichen zwei Zwecksetzungen in Art. 35 Abs. 2 S. 2, Abs. 3 S. 1 GG erkannt.

a) Folgenbekämpfung

Eine Auffassung geht davon aus, dass die Art. 35 Abs. 2 S. 2, Abs. 3 S. 1 GG rein auf die Folgenbeseitigung und -bekämpfung bei einer bereits realisierten Störung ausgerichtet seien.[1290] Diese Auffassung baut auf die subjektive Theorie der teleologischen Auslegung auf, die den Gesetzeszweck nach dem historisch ergründeten Willen des Gesetzgebers bestimmt und damit hinterfragt, welchen Zweck dieser der Norm als dessen Schöpfer zugemessen hat.[1291] Der Zweck

1286 Siehe auch *M. Ladiges*, Die Bekämpfung nicht-staatlicher Angreifer im Luftraum, S. 219 Fn. 326.

1287 *K. Larenz/C.-W. Canaris*, Methodenlehre, S. 153; *D. Looschelders/W. Roth*, Juristische Methodik, S. 165.

1288 Vgl. *J.-P. Fiebig*, Der Einsatz der Bundeswehr im Innern, S. 78.

1289 Zu dem Problem im Allgemeinen *K. Larenz/C.-W. Canaris*, Methodenlehre, S. 137 ff.; *D. Looschelders/W. Roth*, Juristische Methodik, S. 29 ff., 204; *H. Sauer*, Juristische Methodenlehre, in: J. Krüper, Grundlagen des Rechts, § 9 Rn. 28 ff.; *K. Engisch*, Einführung, S. 133 ff.; *T. M. J. Möllers*, Juristische Methodenlehre, § 6 Rn. 60 ff.

1290 *J.-P. Fiebig*, Der Einsatz der Bundeswehr im Innern, S. 326; *S. Kaiser*, TranspR 2004, S. 353 (355); *R. Stober/S. Eisenmenger*, NVwZ 2005, S. 121 (123); *F. Hase*, DÖV 2006, S. 213 (216); ähnlich *S. Middel*, Terrorismusbekämpfung, S. 82; *M. Droege*, NZWehrr 2005, S. 199 (208).

1291 *K. Engisch*, Einführung, S. 133; *D. Looschelders/W. Roth*, Juristische Methodik, S. 29, 46, 62 zu der Maßgeblichkeit des Willens des historischen Gesetzgebers aus Legitimationsgründen; *H. Sauer*, Juristische Methodenlehre, in: J. Krüper, Grundlagen des Rechts, § 9 Rn. 28.

wird dabei historisch anhand der Hamburger Flutkatastrophe hergeleitet: So zeigte sich während der Flutkatastrophe, dass rein technische Hilfeleistungen der Streitkräfte unzureichend waren und die eingesetzten Soldaten auch polizeiliche Befugnisse erhalten und ausüben mussten.[1292] Um die Folgen solcher bereits eingetretenen Situationen bekämpfen zu können und eine Rechtsgrundlage hierfür zu schaffen, habe der verfassungsändernde Gesetzgeber sich zu der in Art. 35 Abs. 2, Abs. 3 GG niedergelegten Regelung entschieden.[1293] Präventive Einsätze seien damit dem Sinn und Zweck der Norm nach ausgeschlossen.[1294]

b) Effektive Gefahrenabwehr und effektive Katastrophenbewältigung

Die Rechtsprechung und herrschende Meinung sehen den Kernzweck der Art. 35 Abs. 2 S. 2 GG und Art. 35 Abs. 3 S. 1 GG in der effektiven Gefahrenabwehr sowie der effektiven Bekämpfung von Katastrophensituationen.[1295] Mit Blick auf den staatstheoretischen Hintergrund sollten diese Einsatznormen dem Staat die Gewährleistung von Sicherheit als „fundamentalem" Staatszweck ermöglichen und diesem Bestreben „praktische Wirksamkeit" verschaffen.[1296] Um die Staatsaufgabe der Gefahrenabwehr so zu fördern, begründet Art. 35 Abs. 2, Abs. 3 GG für den Bund (materielle) Kompetenzen in diesem Bereich.[1297] Art. 35 Abs. 2 und Abs. 3 GG sollen so die Funktionsfähigkeit des Staates „mit Blick auf den Staatszweck Sicherheit" gewährleisten.[1298] Diese Sichtweise fußt im Wesentlich auf der objektiven Theorie, für die der (ehemalige) gesetzgeberische Wille

1292 *J.-P. Fiebig*, Der Einsatz der Bundeswehr im Innern, S. 325.

1293 *J.-P. Fiebig*, Der Einsatz der Bundeswehr im Innern, S. 325 f.

1294 Vgl. zu einer Argumentationsweise mit dem historischen Kontext der Hamburger Flutkatastrophe gegen einen Präventiveinsatz oben, Teil 2, C. VI. 4. a) bb).

1295 BVerfGE 115, 118 (145); 132, 1 (11 f., Rn. 31); *T. Linke*, AöR 129 (2004), S. 489 (520); *D. Winkler*, NVwZ 2006, S. 536; *C. Hillgruber*, JZ 2007, S. 209 (214); *J. Froese*, DVBl. 2017, S. 546 (549); *H.-G. Dederer*, in: T. Maunz/G. Dürig, GG Kommentar, Art. 35 (2018) Rn. 126; *L. Münkler*, in: B. Schmidt-Bleibtreu/H. Hofmann/H.-G. Henneke, GG Kommentar, Art. 35 Rn. 38; *V. Epping*, in: ders./C. Hillgruber, BeckOK GG, Art. 35 Rn. 23, 28.2; *T. v. Danwitz*, in: H. v. Mangoldt/F. Klein/C. Starck, GG Kommentar, Bd. 2, Art. 35 Rn. 71; *P. Reimer*, in: W. Kahl/C. Waldhoff/C. Walter, Bonner Kommentar zum Grundgesetz, Art. 35 (2017) Rn. 268; in diese Richtung auch *C. Hümmer*, Die Bundeswehr im Innern, S. 101.

1296 *H.-G. Dederer*, in: T. Maunz/G. Dürig, GG Kommentar, Art. 35 (2018) Rn. 113.

1297 Zu der „Überwindung bundesstaatlich begründeter Kompetenz- bzw. Zuständigkeitsgrenzen" durch die Norm siehe *H.-G. Dederer*, in: T. Maunz/G. Dürig, GG Kommentar, Art. 35 (2018) Rn. 113.

1298 *H.-G. Dederer*, in: T. Maunz/G. Dürig, GG Kommentar, Art. 35 (2018) Rn. 114.

nicht relevant ist; gefragt wird vielmehr nach dem objektiven bzw. objektivierten Gesetzeszweck in der Gegenwart.[1299] Nach dieser Maßgabe wird der Katastrophennotstand also vom Prinzip der „Effektivität der Gefahrenabwehr"[1300] angeleitet. Die Normen dienen „effektiver Katastrophenbewältigung".[1301] Der Sinn und Zweck des Art. 35 Abs. 2 S. 2 GG wird in der Gewährleistung einer „effektiven Hilfeleistung" im Katastrophenfall gesehen.[1302] Für einen „wirksamen Katastrophenschutz" müsse die Norm auch „unmittelbar drohende Gefahrenzustände" erfassen.[1303] Schließlich widerspreche es diesem Sinn der Norm, wenn der Schaden zunächst abzuwarten wäre, bevor die Streitkräfte angefordert bzw. eingesetzt werden könnten.[1304] Teilweise wird das Telos der Normen auch in der Verhinderung von Schäden gesehen, sodass auch Gefahrensituationen erfasst werden.[1305] Das Abwarten irreparabler Schäden widerspreche dem „Grundgedanken der Regelungen des Katastrophennotstands".[1306] Dies liefe einer effektiven Katastrophenbewältigung schlicht zuwider.[1307] Bei einer restriktiveren Auslegung sei daher Leib und Leben einer Vielzahl von Menschen gefährdet, die ansonsten hätten gerettet werden können, was mit den von der Norm geschützten Interessen nicht zu vereinbaren sei.[1308] Auch unter Zugrundelegung einer solchen Sichtweise können die Streitkräfte aber nicht entgegen dem Wortlaut bei

---

1299 Zu der objektiven Theorie siehe *K. Engisch*, Einführung, S. 134 f.; *G. Lübbe-Wolff*, Expropriation der Jurisprudenz?, in: C. Engel/W. Schön, Das Proprium der Rechtswissenschaft, S. 282 (285); *H. Sauer*, Juristische Methodenlehre, in: J. Krüper, Grundlagen des Rechts, § 9 Rn. 29; *M. Sachs*, in: ders., GG Kommentar, Einführung Rn. 37.

1300 *C. Hillgruber*, JZ 2007, S. 209 (214); *J. Froese*, DVBl. 2017, S. 546 (549); *H.-G. Dederer*, in: T. Maunz/G. Dürig, GG Kommentar, Art. 35 (2018) Rn. 126.

1301 *P. Reimer*, in: W. Kahl/C. Waldhoff/C. Walter, Bonner Kommentar zum Grundgesetz, Art. 35 (2017) Rn. 268.

1302 BVerfGE 115, 118 (145); 132, 1 (11 f., Rn. 31); *D. Winkler*, NVwZ 2006, S. 536; *T. v. Danwitz*, in: H. v. Mangoldt/F. Klein/C. Starck, GG Kommentar, Bd. 2, Art. 35 Rn. 71.

1303 *V. Epping*, in: ders./C. Hillgruber, BeckOK GG, Art. 35 Rn. 24.

1304 *G. Robbers*, Stellungnahme für die Öffentliche Anhörung des Innenausschusses des Deutschen Bundestages am 26.04.2004, S. 7; *C. Hillgruber/J. Hoffmann*, NWVBl. 2004, S. 176 (177).

1305 *L. Münkler*, in: B. Schmidt-Bleibtreu/H. Hofmann/H.-G. Henneke, GG Kommentar, Art. 35 Rn. 38; *C. Hümmer*, Die Bundeswehr im Innern, S. 101 stellt auf die Vermeidung von Schäden als oberstes Ziel ab.

1306 Vgl. *M. Ladiges*, Die Bekämpfung nicht-staatlicher Angreifer im Luftraum, S. 225; ähnlich *J. Senger*, Streitkräfte und Materielles Polizeirecht, S. 178.

1307 *C. Hillgruber*, JZ 2007, S. 209 (214).

1308 *T. Linke*, AöR 129 (2004), S. 489 (520).

einer bislang nur abstrakten Gefahr reguläre „Objektschutzaufgaben" im Vorfeld eines besonders schweren Unglücksfalls durchführen.[1309]

Die objektive Auslegung wird als „ergebnisorientiert" kritisiert und sieht sich dem Vorwurf ausgesetzt, ein „schöpferisches" und „politisches" Element in die Auslegung einzubringen.[1310] Es schwingt der latente Vorwurf der Auslegung nach subjektiven Vorlieben mit.[1311] So komme nicht der vom Gesetzgeber gesetzte Zweck, sondern die „Zwecksetzung des Rechtsanwenders" zum Tragen.[1312] Auch die subjektive Theorie lehnt sich allerdings an die objektive in dem Sinne an, dass das Recht gegenwärtigen Gegebenheiten angepasst werden muss, der Rechtsanwender sucht in dem Gesetz schließlich Antworten „auf die Fragen seiner Zeit".[1313] Deswegen legen auch Verfechter der subjektiven Theorie eine dynamische Sichtweise bezüglich des Zwecks zugrunde, wenn reale Entwicklungen dies erfordern, weil der Wille des historischen Gesetzgebers zeitlich überholt ist.[1314] Entgegen der (berechtigten) Kritik findet die objektive Auslegung in der Praxis weitläufige Anwendung, insbesondere das Bundesverfassungsgericht hängt ihr an.[1315] Auch im internationalen Recht wird sie verfolgt: So fungiert die EMRK als *„living instrument"*, welches die Gegenwart aufgreift und daher stetig interpretatorisch einer dynamischen Weiterentwicklung unterliegt.[1316] In diesem Sinne wird oft auch das Grundgesetz als eine „‚*lebendige*' Verfassung"

1309 *M. Ladiges*, Die Bekämpfung nicht-staatlicher Angreifer im Luftraum, S. 226.

1310 *G. Lübbe-Wolff*, Expropriation der Jurisprudenz?, in: C. Engel/W. Schön, Das Proprium der Rechtswissenschaft, S. 282 (284 f.); für weitere Kritik auch *T. M. J. Möllers*, Juristische Methodenlehre, § 6 Rn. 73.

1311 *D. Looschelders/W. Roth*, Juristische Methodik, S. 32.

1312 *H. Sauer*, Juristische Methodenlehre, in: J. Krüper, Grundlagen des Rechts, § 9 Rn. 30; in diese Richtung auch *D. Looschelders/W. Roth*, Juristische Methodik, S. 38, 41.

1313 Kritisch in diesem Sinne *K. Larenz/C.-W. Canaris*, Methodenlehre, S. 138 f.

1314 Gegen einen „original intent" in solchen Fällen etwa *H. Sauer*, Juristische Methodenlehre, in: J. Krüper, Grundlagen des Rechts, § 9 Rn. 31; siehe auch *D. Looschelders/W. Roth*, Juristische Methodik, S. 63 f., 207 f.; *K. F. Röhl/H. C. Röhl*, Allgemeine Rechtslehre, S. 628; kritisch zu einem „original intent" auch *A. Voßkuhle*, JuS 2019, S. 417 (422 f.).

1315 BVerfGE 1, 299 (312); 11, 126 (130); 62, 1 (45); 105, 135 (157); 133, 168 (205 f., Rn. 66).

1316 EGMR, Tyrer gegen Vereinigtes Königreich, Urteil vom 25.04.1978, Beschwerde-Nr. 5856/72, Rn. 31; siehe auch *H. Keller/D. Kühne*, ZaöRV 76 (2016), S. 245 (275 f.).

verstanden.[1317] Auf diesen Umstand ist noch zurückzukommen. Einer der effektiven Gefahrenabwehr Rechnung tragenden Zwecksetzung ist so jedenfalls keineswegs der Weg versperrt.

6. *Auslegungsergebnis und Gewichtung der Canones*

Es wird immer wieder bestritten, welcher Auslegungsmethode der Vorrang zukommt.[1318] Nach dem Bundesverfassungsgericht hingegen genießt keine Auslegungsmethode „unbedingten Vorrang“ vor einer anderen.[1319] Allgemein kann dennoch der Vorrang des Wortlauts betont werden, der die Grenze der Auslegung bildet.[1320] Dies gilt im Bereich der Rechtsgrundlagen für den Streitkräfteeinsatz im Innern in besonderem Ausmaß. Den Hintergrund dafür bildet das Gebot strikter Texttreue, welches aus der Begrenzungsfunktion des Art. 87a Abs. 2 GG fließt.[1321]

a) *Rückschluss über die Zulässigkeit des Präventiveinsatzes*

Die vorstehenden Ausführungen zugrunde gelegt, ergibt sich die grundsätzliche Zulässigkeit des Präventiveinsatzes im Katastrophennotstand.

Der Wortlaut „bei“ versperrt sich lediglich präventiver Verwendungsmöglichkeiten, die im tatsächlichen zeitlichen Vorfeld des besonders schweren Unglücksfalles liegen.[1322] Diese Präposition dient zutreffend auch dazu, einen Zeitpunkt, Zeitraum oder eine Zeitspanne anzugeben, sodass ihr in zeitlicher Hinsicht Bedeutung beizumessen ist.[1323] Aus diesem Wortlaut folgt damit zumindest das Erfordernis einer besonderen zeitlichen Nähe[1324], welche bei einer bloß abstrakten Gefahr nicht gewährleistet ist. Die Zulässigkeit eines Einsatzes im unmittelbaren zeitlichen Vorfeld wird durch den Wortlaut *nicht ausgeschlossen*.

1317 Siehe etwa *W. Melzer/C. Haslach/O. Socher*, NVwZ 2005, S. 1361 (1364); *M. Wittinger*, UBWV 2011, S. 441 (446); *U. Volkmann*, JZ 2018, S. 265 (270); *T. v. Danwitz*, JöR 67 (2019), S. 249 (254).

1318 Siehe dazu etwa *D. Looschelders/W. Roth*, Juristische Methodik, S. 192 ff.

1319 BVerfGE 133, 168 (205 f., Rn. 66).

1320 Zu dem Wortlaut als Grenze der Auslegung *D. Looschelders/W. Roth*, Juristische Methodik, S. 66 f.; *K. Larenz/C.-W. Canaris*, Methodenlehre, S. 143; *H. Sauer*, Juristische Methodenlehre, in: J. Krüper, Grundlagen des Rechts, § 9 Rn. 34.

1321 Siehe dazu oben Teil 2, C. VI. 3. b) aa).

1322 Siehe oben, Teil 2, C. VI. 2.

1323 Siehe oben, Teil 2, C. VI. 2.

1324 Vgl. *D. Winkler*, DÖV 2006, S. 149 (155).

In Ermangelung einer Bestimmbarkeit dieses (sehr kurzen) zeitlichen Vorfelds spricht die Rechtssicherheit (gerade auch für die Staatspraxis) dafür, dass der Unglücksfall bereits eingetreten sein muss.

In systematischer Hinsicht spricht für ein präventives Verständnis des Katastrophennotstandes bereits die Formulierung „gefährdet“ des Art. 35 Abs. 3 S. 1 und „Gefahr“ des Art. 35 Abs. 3 S. 2 GG.[1325] Diese Tendenz bestätigt sich durch die generell präventive Ausrichtung der Notstandsverfassung bzw. sonstigen Sekundäreinsatznormen, die insbesondere auch vorzeitig präventive Einsätze zulassen.[1326] Die Entstehungsgeschichte und Historik wird teilweise gegenüber der teleologischen Auslegung vorrangig eingeordnet, da diese einen besseren Rückschluss auf die Regelungs- und Wertentscheidung des verfassungsändernden Gesetzgebers ermögliche.[1327] Tatsächlich steht allerdings weder die Historik noch die Entstehungsgeschichte dem bisher gefundenen Auslegungsergebnis maßgeblich im Weg.[1328] Nur entfernt ließen sich historische Argumente gegen einen präventiven Einsatz rekonstruieren, indem etwa auf eine beabsichtigte generelle Abstandnahme vom mit Art. 48 Abs. 2 WRV einhergehenden Militarismus bezweckt werden sollte.[1329] Auch im Rahmen der Entstehungsgeschichte wurden präventive Einsätze im Rahmen des Katastrophennotstandes einfach nicht in den Blick genommen.[1330] Daher ist auch eine teleologische Auslegung des Katastrophennotstandes, welche sich ausschließlich auf die Folgenbekämpfung beschränkt, alles andere als historisch und genetisch zwingend. Den Zweck der Regelungen des Katastrophennotstandes nur in der Bekämpfung von Folgen zu erblicken, widerspricht dem auch von der Notstandsverfassung verfolgten Gedanken, effizient schweren inneren Gefahren vorzubeugen.

b) Rückschluss über die erforderliche Wahrscheinlichkeit

Das Bundesverfassungsgericht sieht den präventiven Einsatz der Streitkräfte nur als zulässig an, wenn der besonders schwere Unglücksfall bereits eingetreten ist und der Schadenseintritt noch bevorsteht („Phase 3“).[1331] Dann soll eine „an Sicherheit grenzende Wahrscheinlichkeit“ dafür erforderlich sein, dass der

---

1325 Siehe oben, Teil 2, C. VI. 3. a) cc) und dd).

1326 Siehe oben, Teil 2, C. VI. 3. b) bb) und cc) sowie d).

1327 *D. Looschelders/W. Roth*, Juristische Methodik, S. 193, 195.

1328 Siehe oben, Teil 2, C. VI. 4.

1329 Siehe oben, Teil 2, C. VI. 4. a) aa) (2).

1330 Siehe oben, Teil 2, C. VI. 4. b).

1331 BVerfGE 132, 1 (18 f., Rn. 47).

Eintritt des katastrophalen Schadens „in Kürze eintreten wird".[1332] Infolge der Entscheidungen des Bundesverfassungsgerichts hat sich die Schwelle der an Sicherheit grenzenden Wahrscheinlichkeit weitgehend durchgesetzt.[1333] Vor den Entscheidungen des Bundesverfassungsgerichts wurde vereinzelt von dem Ausreichen einer „hinreichenden Wahrscheinlichkeit"[1334] oder der „konkreten Gefahr eines Notstandes"[1335] ausgegangen.

aa) Gefahrenprävention

Im Rahmen der *Gefahrprävention* mag sich eine an Sicherheit grenzende Wahrscheinlichkeit rechtfertigen können, sofern man diese als von Art. 35 Abs. 2 S. 2, Abs. 3 S. 1 GG umfasst sehen würde. Eine an Sicherheit grenzende Wahrscheinlichkeit erschiene dann angemessen, weil ein Handeln noch kurz vor Eintritt des Unglücksfalls selbst im Raume stünde („Phase 2"). Dies könnte schließlich auch nur eine Anscheinsgefahr sein.[1336] Das rechtfertigt mit Blick auf den ultima ratio Gedanken des Streitkräfteeinsatzes im Innern eine an sich besonders hohe Wahrscheinlichkeitsschwelle. *J. Martínez Soria* begründete das Erfordernis dieser Wahrscheinlichkeit bereits vor der ersten Entscheidung des Bundesverfassungsgerichts damit, dass der Wortlaut „Hilfe bei" den sicheren Eintritt des Unglücksfalls im Sinne einer gegenwärtigen Gefahr voraussetze.[1337] Wie bereits aufgezeigt wurde, spricht die Rechtssicherheit aber eher dafür, einen Einsatz im Vorfeld des Unglücksfalls abzulehnen.[1338]

1332 BVerfGE 132, 1 (18 f., Rn. 47).

1333 BVerfGE 115, 118 (145); 132, 1 (18 f., Rn. 47); 133, 241 (264, Rn. 67); *J. Martínez Soria*, DVBl. 2004, S. 597 (602); *E. B. Franz/T. Günther*, VBlBW 2006, S. 340 (342); *J. Froese*, DVBl. 2017, S. 546 (549); *L. Münkler*, in: B. Schmidt-Bleibtreu/H. Hofmann/H.-G. Henneke, GG Kommentar, Art. 35 Rn. 38; *M. Schubert*, in: M. Sachs, GG Kommentar, Art. 35 Rn. 38; *M. Gubelt/M. Goldhammer*, in: I. v. Münch/P. Kunig, GG Kommentar, Art. 35 Rn. 59; *H. Bauer*, in: H. Dreier, GG Kommentar, Bd. II, Art. 35 Rn. 29.

1334 *H. Sattler*, NVwZ 2004, S. 1286 (1287).

1335 *T. Linke*, AöR 129 (2004), S. 489 (520); *G. Robbers*, Stellungnahme für die Öffentliche Anhörung des Innenausschusses des Deutschen Bundestages am 26.04.2004, S. 7, der davon ausgeht, dass eine „konkrete Gefährdung" sogar den Objektschutz der Streitkräfte rechtfertigt; unter Bezug zur polizeilichen konkreten Gefahr auch *W. G. Leisner*, in: H. Sodan, GG Kommentar, Art. 35 Rn. 5.

1336 So *C. Hillgruber/J. Hoffmann*, NWVBl. 2004, S. 176 (178); *M. Ladiges*, Die Bekämpfung nicht-staatlicher Angreifer im Luftraum, S. 150 unter Bezug auf die Verteidigung.

1337 *J. Martínez Soria*, DVBl. 2004, S. 597 (602).

1338 Siehe oben, Teil 2, C. VI. 2.

bb) Schadensprävention

Für die *Schadensprävention* („Phase 3"), wenn also *feststeht*, dass sich ein Unglücksfall ereignet, kann das jedoch keine Geltung beanspruchen. Infolge dessen kann nicht von einer an Sicherheit grenzenden Wahrscheinlichkeit für drohende katastrophale Schäden ausgegangen werden. Diese von dem Bundesverfassungsgericht aufgestellte Wahrscheinlichkeitsgrenze hat schon zuvor Kritik im Schrifttum erfahren: *Wolf-Rüdiger Schenke* merkte bereits an, dass die Schwelle der an „Sicherheit grenzenden Wahrscheinlichkeit" sehr vom konkreten Einzelfall, also dem Abschuss eines entführten Flugzeugs geprägt wird, sodass sich diese Wahrscheinlichkeit nicht aus Art. 35 Abs. 2, Abs. 3 GG herleitet, sondern aus Art. 2 Abs. 2 S. 1 GG.[1339] Eine so restriktive Lesart ergibt sich demnach gerade nicht aus den Regelungen zum Katastrophennotstand nach Art. 35 Abs. 2 S. 2 GG und Art. 35 Abs. 3 S. 1 GG. Ähnlich gehen auch *Einiko Benno Franz* und *Thomas Günther* davon aus, dass der Gefahrengrad in diesen Renegade-Fällen aus dem gefährdeten Rechtsgut des menschlichen Lebens resultiert.[1340] *Ulrich Fastenrath* stellt fest, dass Art. 35 Abs. 3 S. 1 GG nur von einer Gefahr spricht, der Verfassungstext also in keiner Weise das Erfordernis des unmittelbaren Bevorstehens oder einer an Sicherheit grenzenden Wahrscheinlichkeit benennt.[1341]

Eine so hohe Wahrscheinlichkeitsgrenze lässt sich aus der Verfassung jedenfalls für die Schadensprävention nicht herleiten. Der Wortlaut ist diesbezüglich unergiebig. Die Systematik zeigt tendenziell auf, dass keine an Sicherheit grenzende Wahrscheinlich vorausgesetzt wird. So wird für ein derart einschneidendes Instrument wie der Feststellung des Verteidigungsfalls eine an Sicherheit grenzende Wahrscheinlichkeit vorausgesetzt; für den Spannungsfall hingegen bereits nicht mehr, ausreichend ist dort eine „große Wahrscheinlichkeit".[1342] Weiterhin gegen eine so restriktive Gefahrenschwelle spricht der Sinn und Zweck der Art. 35 Abs. 2 S. 2, Abs. 3 S. 1 GG, welcher eine effektive Katastrophenbewältigung ermöglichen soll.

Fraglich ist allerdings, welche Gefahrenschwelle dann sachgerecht ist. Hier bieten sich Anleihen an das einfache Gefahrenabwehrrecht an. Dort wird eine hinreichende Wahrscheinlichkeit vorausgesetzt, welche im Einzelfall nach dem

---

1339 *W.-R. Schenke*, NJW 2006, S. 736 (737); dem folgend *U. Fastenrath*, JZ 2012, S. 1128 (1129); *M. Ladiges*, Die Bekämpfung nicht-staatlicher Angreifer im Luftraum, S. 227.

1340 *E. B. Franz/T. Günther*, VBlBW 2006, S. 340 (342).

1341 *U. Fastenrath*, JZ 2012, S. 1128 (1129); dem folgend *V. Epping*, in: ders./C. Hillgruber, BeckOK GG, Art. 35 Rn. 24.3.

1342 Siehe oben, Teil 2, C. VI. 3. b) bb) (1).

Modell der gestuften Gefahrenschwelle zu bestimmen ist.[1343] Dies bedeutet, dass eine umso niedrigere Wahrscheinlichkeit und zeitliche Nähe ausreicht, je größer der drohende Schaden ist.[1344] Zwar droht im Falle eines Katastrophennotstandes regelmäßig ein außergewöhnlich hoher Schaden, die Idee des Modells dürfte sich dennoch gegebenenfalls mit Modifikationen anwenden lassen. Sachdienlich erscheint es, in diesem Fall eine *hinreichende Wahrscheinlichkeit* für die Gefahrprognose vorauszusetzen. In dieser Phase steht die Realisierung des Unglücksfalls schließlich schon fest. Die Wahrscheinlichkeitsprognose für das drohende Schadensausmaß kann sich nicht mit einer solchen für das Ereignis eines Unglücksfalls vergleichen. Es dürfte hier daher durchaus reichen, primär das erwartete Schadensausmaß zu berücksichtigen und gegenüber dem Umfang des Einsatzes sowie dessen Eingriffspotenzials abzuwägen (ultima ratio Prinzip). Im Falle eines besonders verheerenden Schadens ließe sich ein Präventiveinsatz zur Schadensvorbeugung entsprechend leichter rechtfertigen. Mit diesen Voraussetzungen dürfte eine wirksame Katastrophenbewältigung möglich sein, ohne anerkannte Grundsätze wie den ultima ratio Gedanken übermäßig zu „strapazieren".

7. Zusammenfassendes Ergebnis

Die Zulässigkeit des Präventiveinsatzes der Streitkräfte im Katastrophennotstand ergibt sich bereits im Wege einfacher Verfassungsinterpretation. Dies lässt sich besonders für den Einsatz der Streitkräfte zur Schadensprävention herleiten, also nach Eintritt des Unglücksfalls und vor Eintritt des katastrophalen Schadens. Die Anforderungen an die Wahrscheinlichkeit des Schadenseintritts liegen dabei für einen präventiven Einsatz im Rahmen des Art. 35 Abs. 2 S. 2 GG und Art. 35 Abs. 3 S. 1 GG nicht so hoch, wie es ursprünglich vom Bundesverfassungsgericht feststellt wurde. Namentlich bedarf es für den Eintritt des Schadens keiner an Sicherheit grenzenden Wahrscheinlichkeit. Ausreichend ist vielmehr eine hinreichende Wahrscheinlichkeit. Mit dieser Wahrscheinlichkeitsschwelle lässt sich ein Einsatz in echten Notfällen aufgrund einer vertretbaren Prognoseentscheidung sinnvoll durchführen, ohne dabei zu „vergessen", dass der Einsatz der Streitkräfte das letzte Mittel zur Abwehr einer Gefahr ist. Der Effektivität der Gefahrenabwehr wird so praktische Wirksamkeit verschafft, ohne dass die

---

1343 *J. Dietlein*, in: ders./J. Hellermann, Öffentliches Recht in Nordrhein-Westfalen, § 3 Rn. 61.

1344 *J. Dietlein*, in: ders./J. Hellermann, Öffentliches Recht in Nordrhein-Westfalen, § 3 Rn. 61.

Elastizität der Notstandsverfassung überspannt werden würde. Ein Einsatz im auch nur kürzeren zeitlichen Vorfeld des Unglücksfalls ist hingegen aus Gründen der Rechtssicherheit bei der Beachtung der Wortlautgrenze nicht möglich.

VII. Zulässigkeit von Eingriffsmaßnahmen unter dem Vorbehalt des Gesetzes

Ist ein (präventiver) Einsatz im regionalen oder überregionalen Katastrophennotstand zulässig, so stellt sich das Problem, aufgrund welcher Ermächtigungsgrundlagen die Streitkräfte einzelne Eingriffshandlungen vornehmen können. In Ermanglung von Ermächtigungsgrundlagen könnte andernfalls auch im Katastrophennotstand jede Maßnahme der Streitkräfte bei der Durchführung eines Einsatzes zur Abwehr einer terroristischen Gefahr verfassungswidrig sein. Das erfasst beispielsweise Platzverweise ebenso wie die Festnahme von Personen oder gar den Schusswaffengebrauch. Ähnlich wie im Verteidigungseinsatz lässt sich die unmittelbare Anwendung von Art. 35 Abs. 2 S. 2, Abs. 3 S. 1 GG als Ermächtigungsgrundlagen für solche Einzelmaßnahmen in Erwägung ziehen.[1345] Diese scheiden nicht deswegen schon als Eingriffstitel aus, weil es sich um Normen von Verfassungsrang handelt.[1346] Die Art. 35 Abs. 2 S. 2, Abs. 3 S. 1 GG regeln als staatsorganisationsrechtliche Kompetenznormen aber nur die Zulässigkeit („Ob") des Einsatzes, nicht hingegen „Wie" dieser konkret durchzuführen ist.[1347] Die Normen sind nicht als Eingriffstitel für konkrete Maßnahmen während der Durchführung konzipiert, sie enthalten in diesem Zusammenhang keinen erkennbaren Tatbestand mit entsprechender Rechtsfolge als Grundvoraussetzung einer Ermächtigungsgrundlage; hieraus folgt: Sie sind zu diesem Zweck jedenfalls zu unbestimmt.[1348] Fraglich ist, welche Ermächtigungsgrundlagen dann heranzuziehen sind.

1345 Siehe oben Teil 2, A. II. 5. a) zu der Parallelproblematik im Verteidigungseinsatz.

1346 Siehe oben Teil 2, A. II. 5. a).

1347 *R. Böhme*, Innere Einsätze, S. 83.

1348 *W. Speth*, Rechtsfragen des Einsatzes der Bundeswehr, S. 138 f.; *R. Böhme*, Innere Einsätze, S. 84; zu einer fehlenden Eignung der Normen für Grundrechtseingriffe siehe auch *H.-G. Dederer*, in: T. Maunz/G. Dürig, GG Kommentar, Art. 35 (2018) Rn. 110; ablehnend bereits zuvor *D. Keidel*, Polizei und Polizeigewalt im Notstandsfall, S. 167.

1. *Meinungsstand*

Wesentlich umstritten ist im regionalen und überregionalen Katastrophennotstand nur, ob Landesrecht oder Bundesrecht für etwaige Eingriffsmaßnahmen heranzuziehen ist.

a) Vollzug von Landesrecht im Katastrophennotstand

Eine starke Auffassung geht davon aus, dass jedenfalls im regionalen Katastrophennotstand gem. Art. 35 Abs. 2 S. 2 GG Landesrecht für Einzelmaßnahmen heranzuziehen sei.[1349]

Für die Anwendung von Landesrecht im regionalen Katastrophennotstand wird die Entstehungsgeschichte der Norm angeführt.[1350] Im Bericht des Rechtsausschusses wird ausdrücklich davon ausgegangen, dass auch die zur Verfügung gestellten Bundeskräfte an das Polizeirecht des jeweiligen Einsatzlandes gebunden seien.[1351] So sollen die Streitkräfte auf Anforderung Hilfe bei dem Vollzug des einschlägigen Gefahrenabwehrrechts leisten, daher seien sie auch an dieses gebunden.[1352] Im Falle des regionalen Katastrophennotstands gehe es schließlich um Gefahrenabwehr, sodass Aufgaben bzw. Kompetenzen des Landes wahrgenommen werden.[1353] Da der Einsatz somit innerhalb der Kompetenzhoheit des Landes erfolge, sollen den angeforderten Kräften keine anderen Kompetenzen zustehen können als dem anfordernden Hoheitsträger selbst.[1354] Irrelevant

---

1349 *E. Klein*, Innerer Staatsnotstand, in: J. Isensee/P. Kirchhof, HStR XII, § 280 Rn. 37; *M. Droege*, NZWehrr 2005, S. 199 (207 f.); *C. O. Lenz*, Notstandsverfassung, Art. 35 Rn. 10; *L. Münkler*, in: B. Schmidt-Bleibtreu/H. Hofmann/H.-G. Henneke, GG Kommentar, Art. 35 Rn. 56; *T. v. Danwitz*, in: H. v. Mangoldt/F. Klein/C. Starck, GG Kommentar, Bd. 2, Art. 35 Rn. 64, 75, 84; *V. Epping*, in: ders./C. Hillgruber, BeckOK GG, Art. 35 Rn. 28.2; *H.-G. Dederer*, in: T. Maunz/G. Dürig, GG Kommentar, Art. 35 (2018) Rn. 154; *M. Gubelt*, in: I. v. Münch/P. Kunig, GG Kommentar, Art. 35 Rn. 28; siehe auch die Darstellung bei *P. Reimer*, in: W. Kahl/C. Waldhoff/C. Walter, Bonner Kommentar zum Grundgesetz, Art. 35 (2017) Rn. 241 ff.; *G. Robbers*, DÖV 1989, S. 926 (928 f.); *T. Linke*, AöR 129 (2004), S. 489 (521 f.).

1350 BT-Drs. V/1879, S. 23; V/2873, S. 10; vgl. auch *R. Böhme*, Innere Einsätze, S. 96 f.

1351 BT-Drs. V/2873, S. 10.

1352 *L. Münkler*, in: B. Schmidt-Bleibtreu/H. Hofmann/H.-G. Henneke, GG Kommentar, Art. 35 Rn. 44.

1353 *S. Magen*, in: D. C. Umbach/T. Clemens, GG Kommentar, Art. 35 Rn. 39; *R. Böhme*, Innere Einsätze, S. 101.

1354 *K. Stern*, Staatsrecht, Bd. II, S. 1465.

sei, dass die eingesetzten Bundeskräfte organisatorisch beim Bund bleiben.[1355] Trotz dieser organisatorischen Zugehörigkeit zum Bund handeln die Einsatzkräfte schließlich funktionell für das Land, weshalb auch dessen Gefahrenabwehrrecht anzuwenden sei.[1356] Die Anwendbarkeit landesrechtlicher Befugnisse wird von einem Teil des Schrifttums, wohl in Ermangelung einfachgesetzlicher Anwendungsverweisungen, unmittelbar auf Art. 35 Abs. 2 S. 2 GG gestützt.[1357]

Die Sichtweise, dass Landespolizeirecht anzuwenden sei, wird teilweise auf den überregionalen Katastrophennotstand gem. Art. 35 Abs. 3 S. 1 GG erweitert.[1358] So erfolge die Bundesintervention fremdnützig „zur Unterstützung" der Polizeikräfte des Einsatzlandes, damit verbleibe auch im überregionalen Katastrophennotstand die zu erfüllende Aufgabe eine Angelegenheit des Landes.[1359] Insoweit bestehe keine Bundeskompetenz im Katastrophenfall.[1360] Angeführt wird auch, dass keine geeigneten bundesrechtlichen Regelungen bestünden, wobei eingeräumt wird, dass solche geschaffen werden könnten.[1361] Art. 35 GG

1355 *L. Münkler*, in: B. Schmidt-Bleibtreu/H. Hofmann/H.-G. Henneke, GG Kommentar, Art. 35 Rn. 44.

1356 *H.-G. Dederer*, in: T. Maunz/G. Dürig, GG Kommentar, Art. 35 (2018) Rn. 154.

1357 *G. Robbers*, DÖV 1989, S. 926 (929); *T. Linke*, AöR 129 (2004), S. 489 (521 f.); siehe dazu *P. Reimer*, in: W. Kahl/C. Waldhoff/C. Walter, Bonner Kommentar zum Grundgesetz, Art. 35 (2017) Rn. 241.

1358 *E. Klein*, Innerer Staatsnotstand, in: J. Isensee/P. Kirchhof, HStR XII, § 280 Rn. 42; *R. Böhme*, Innere Einsätze, S. 143 f.; *T. v. Danwitz*, in: H. v. Mangoldt/F. Klein/C. Starck, GG Kommentar, Bd. 2, Art. 35 Rn. 84; *L. Münkler*, in: B. Schmidt-Bleibtreu/H. Hofmann/H.-G. Henneke, GG Kommentar, Art. 35 Rn. 60; *M. Gubelt*, in: I. v. Münch/P. Kunig, GG Kommentar, Art. 35 Rn. 28, 30; vgl. bereits *C. Arndt*, DVBl. 1968, S. 729 (729 f.).

1359 *T. v. Danwitz*, in: H. v. Mangoldt/F. Klein/C. Starck, GG Kommentar, Bd. 2, Art. 35 Rn. 84; *L. Münkler*, in: B. Schmidt-Bleibtreu/H. Hofmann/H.-G. Henneke, GG Kommentar, Art. 35 Rn. 61; *M. Gubelt*, in: I. v. Münch/P. Kunig, GG Kommentar, Art. 35 Rn. 30; *R. Böhme*, Innere Einsätze, S. 143; *G. Robbers*, DÖV 1989, S. 926 (928 f.); *C. Gramm*, NZWehrr 2003, S. 89 (94); *H. Sattler*, NVwZ 2004, S. 1286 (1288); in diese Richtung auch *A. Musil/S. Kirchner*, Die Verwaltung 39 (2006), S. 373 (377 f.); ablehnend zu diesem Argument *B. Grzeszick*, in: K. H. Friauf/W. Höfling, Berliner Kommentar zum Grundgesetz, Art. 35 (2006) Rn. 51.

1360 *R. Böhme*, Innere Einsätze, S. 144.

1361 *T. v. Danwitz*, in: H. v. Mangoldt/F. Klein/C. Starck, GG Kommentar, Bd. 2, Art. 35 Rn. 84.

stelle eine Sonderregelung dar, welche die Anwendung von Landesrecht für Bundesbehörden eröffne.[1362]

b) Vollzug von Bundesrecht im Katastrophennotstand

Die Gegenauffassung geht von der strikten und generellen Anwendung von Bundesrecht im regionalen und überregionalen Katastrophennotstand aus.[1363] Hierfür wird angeführt, dass auch nach der Rechtsprechung des Bundesverfassungsgerichts Bundesbehörden kein Landesrecht vollziehen würden.[1364] Dies widerspreche der Konzeption des Grundgesetzes, nach dem der Vollzug des Landesrechts gem. Art. 30 GG ausschließlich Ländersache sei.[1365] Dem wird entgegengehalten, dass diese Auffassung durch die Einfügung des Art. 35 Abs. 2 S. 2, Abs. 3 S. 1 GG überholt sei.[1366] Eine Überholung wird jedoch mit den Argumenten abgelehnt, dass es methodisch fragwürdig sei, die mit der Notstandsverfassung einhergehende Verfassungsänderung als Gegensatz zu der Rechtsprechung des Bundesverfassungsgerichts zu verstehen, schließlich gebe es weiterhin keine die Ausnahme durchbrechende ausdrückliche Regelung im Grundgesetz.[1367] Daneben hat das Bundesverfassungsgericht auch nach der Einfügung des Art. 35 Abs. 2, Abs. 3 GG weiterhin auf seine vorherige Rechtsprechung verwiesen, sodass diese also gerade nicht überholt sei.[1368] Die Streitkräfte sollten ausweislich der Entstehungsgeschichte auch nicht mehr „als Polizeikräfte" tätig werden, sondern ihren militärischen Status behalten.[1369] Daneben

---

1362 *L. Münkler*, in: B. Schmidt-Bleibtreu/H. Hofmann/H.-G. Henneke, GG Kommentar, Art. 35 Rn. 60.

1363 Siehe etwa *P. Karpinski*, Einsatz der Streitkräfte im Staatsnotstand, S. 86; *W. Speth*, Rechtsfragen des Einsatzes der Bundeswehr, S. 138 f.; *G. Laschewski*, Streitkräfte im Inland, S. 94, 98; *D. Wiefelspütz*, NWVBl. 2006, S. 41 (43 f.).

1364 Vgl. BVerfGE 12, 205 (221); 21, 312 (327); so *P. Karpinski*, Einsatz der Streitkräfte im Staatsnotstand, S. 86; *G. Lehnguth*, Verwaltungsakte der Streitkräfte, S. 135; *D. Keidel*, Polizei und Polizeigewalt im Notstandsfall, S. 167; *W. Speth*, Rechtsfragen des Einsatzes der Bundeswehr, S. 139; *M. Ladiges*, Die Bekämpfung nicht-staatlicher Angreifer im Luftraum, S. 212.

1365 *G. Lehnguth*, Verwaltungsakte der Streitkräfte, S. 135; *N.-P. Kleiner*, Notstandsverfassung, S. 394 f.

1366 *G. Robbers*, DÖV 1989, S. 926 (929); dem folgend *R. Böhme*, Innere Einsätze, S. 93; *H. Sattler*, Gefahrenabwehr im Katastrophenfall, S. 79.

1367 *M. Ladiges*, Die Bekämpfung nicht-staatlicher Angreifer im Luftraum, S. 212.

1368 BVerfGE 26, 338 (368); so *M. Ladiges*, Die Bekämpfung nicht-staatlicher Angreifer im Luftraum, S. 212.

1369 *P. Karpinski*, Einsatz der Streitkräfte im Staatsnotstand, S. 86.

liege auch die Gesetzgebungskompetenz für die Ausgestaltung des Einsatzes auf Grundlage der Art. 35 Abs. 2 S. 2, Abs. 3 S. 1 GG beim Bund.[1370] Unzweifelhaft gelte dies in manchen Bereichen, in welchen das Land gar nicht regelnd tätig werden kann (etwa Luftsicherheit), mindestens dort komme Bundesrecht zur Anwendung.[1371] Rechtspolitische Bedenken gegen die Anwendung von Landesrecht ergeben sich daraus, dass dann das Recht von 16 Bundesländern durch die Soldaten zu erlernen sei.[1372] Darüber hinaus bestehe mit der Bindung an Landesrecht auch eine Beschränkung der Mittel auf landespolizeirechtliche Einsatzmittel, was dem Zweck effektiver Gefahrenabwehr abträglich sei.[1373]

Soweit Bundesrecht anzuwenden sei, könne das UZwGBw direkt[1374] oder analog[1375] angewendet werden. Der Einsatz solle zumindest nicht im „rechtsfreien Raum" erfolgen.[1376] Problematisch hieran ist jedoch, dass das UZwGBw über einen stark eingeschränkten Anwendungsbereich verfügt, sodass dieses im Katastrophenfall keine umfänglichen Einzelmaßnahmen eröffnet.[1377] In Ermangelung einer Eignung des UZwGBw wird teilweise auch ein Ausführungsgesetz gefordert.[1378]

1370 *M. Ladiges,* Die Bekämpfung nicht-staatlicher Angreifer im Luftraum, S. 212; *J. Broscheit,* DÖV 2013, S. 802 (805 f.).

1371 *M. Baldus,* NVwZ 2004, S. 1278 (1284).

1372 *P. Dreist,* NZWehrr 2006, S. 45 (60); *W. Speth,* Rechtsfragen des Einsatzes der Bundeswehr, S. 139.

1373 *G. Laschewski,* Streitkräfte im Inland, S. 94.

1374 *B. Grzeszick,* in: K. H. Friauf/W. Höfling, Berliner Kommentar zum Grundgesetz, Art. 35 (2006) Rn. 53.

1375 *P. Karpinski,* Einsatz der Streitkräfte im Staatsnotstand, S. 88; *G. Lehnguth,* Verwaltungsakte der Streitkräfte, S. 137 f.; *W. Speth,* Rechtsfragen des Einsatzes der Bundeswehr, S. 142 für eine „entsprechende" Anwendung; *M. Hochhuth,* NZWehrr 2002, S. 154 (163); für eine „verfassungsbezogene Normerweiterung" dagegen *N.-P. Kleiner,* Notstandsverfassung, S. 404 ff., 410.

1376 *P. Karpinski,* Einsatz der Streitkräfte im Staatsnotstand, S. 87.

1377 Siehe oben Teil 2, A. II. 5. e). Die Bedenken gegen die Anwendbarkeit des UZwGBw verlaufen insoweit parallel zu der Problematik im Verteidigungseinsatz.

1378 *D. Keidel,* Polizei und Polizeigewalt im Notstandsfall, S. 168; *M. Ladiges,* Die Bekämpfung nicht-staatlicher Angreifer im Luftraum, S. 213; *C. Hillgruber/J. Hoffmann,* NWVBl. 2006, S. 176 (180); *P. Dreist,* NZWehrr 2006, S. 45 (60); *U. Fastenrath,* JZ 2012, S. 1128 (1132); *M. Ladiges,* ZRP 2016, S. 185.

c) *Vollzug von Landesrecht im Falle des regionalen und Bundesrecht im Falle des überregionalen Katastrophennotstandes*

Vertreten wird auch, dass im regionalen Katastrophennotstand Landesrecht und im überregionalen Katastrophennotstand dagegen Bundesrecht anzuwenden sei.[1379] Selbst wenn der Einsatz im Rahmen des überregionalen Katastrophennotstandes „zur Unterstützung" der Polizeikräfte erfolge, so könne kein Landesrecht Anwendung finden, weil der Einsatz ohne Anforderung des Landes, ja gegebenenfalls sogar gegen dessen Willen erfolge.[1380] Im Falle der Bundesintervention sei das Handeln der Streitkräfte dem Bund zuzuordnen, schließlich kann auch nur die Bundesregierung die Streitkräfte einsetzen.[1381] Macht der Bund also ohne Ersuchen des Landes von seiner Kompetenz zur Bundesintervention Gebrauch, so müssen entsprechende Einzelmaßnahmen auch auf Bundesrecht gestützt werden.[1382] Es fehlt zudem an einer „bundesrechtlichen Verweisung", sodass der Weg zur Anwendung von Landesrecht kompetenziell versperrt sei.[1383] Im Falle eines unwilligen Landes könnten die Landesgesetze gar so ausgestaltet werden, dass eine Anwendung durch die Streitkräfte vollständig ausgeschlossen sei.[1384] Damit bestehe die Gefahr zur Aushöhlung der Bundeskompetenz aus Art. 35 Abs. 3 S. 1 GG.[1385] Praktische Probleme könnten daraus

---

1379 *F. Kirchhof*, Verteidigung und Bundeswehr, in: J. Isensee/P. Kirchhof, HStR IV, § 84 Rn. 61; *D. Keidel*, Polizei und Polizeigewalt im Notstandsfall, S. 167 f.; *N.-P. Kleiner*, Notstandsverfassung, S. 402 f., 410; *T. Linke*, AöR 129 (2004), S. 489 (521 f., 526); *M. Schubert*, in: M. Sachs, GG Kommentar, Art. 35 Rn. 41; *V. Epping*, in: ders./C. Hillgruber, BeckOK GG, Art. 35 Rn. 34; *H.-G. Dederer*, in: T. Maunz/G. Dürig, GG Kommentar, Art. 35 (2018) Rn. 161; *B. Grzeszick*, in: K. H. Friauf/W. Höfling, Berliner Kommentar zum Grundgesetz, Art. 35 (2006) Rn. 51, 53; *P. Reimer*, in: W. Kahl/C. Waldhoff/C. Walter, Bonner Kommentar zum Grundgesetz, Art. 35 (2017) Rn. 306; jedenfalls unter Bezug auf Art. 35 Abs. 3 S. 1 GG auch *M. Hochhuth*, NZWehrr 2002, S. 154 (163); *E. Klein*, FS R. Mußgnug, 2005, S. 71 (74 f.).

1380 *V. Epping*, in: ders./C. Hillgruber, BeckOK GG, Art. 35 Rn. 34.

1381 *H.-G. Dederer*, in: T. Maunz/G. Dürig, GG Kommentar, Art. 35 (2018) Rn. 161.

1382 *B. Grzeszick*, in: K. H. Friauf/W. Höfling, Berliner Kommentar zum Grundgesetz, Art. 35 (2006) Rn. 51.

1383 *B. Grzeszick*, in: K. H. Friauf/W. Höfling, Berliner Kommentar zum Grundgesetz, Art. 35 (2006) Rn. 53.

1384 *P. Reimer*, in: W. Kahl/C. Waldhoff/C. Walter, Bonner Kommentar zum Grundgesetz, Art. 35 (2017) Rn. 305; *H. Sattler*, Gefahrenabwehr im Katastrophenfall, S. 113.

1385 *M. Hochhuth*, NZWehrr 2002, S. 154 (163).

folgen, dass bei einem Einsatz in Grenznähe verschiedener Bundesländer der stetige Wechsel der Rechtsgrundlagen den Einsatz erschwere.[1386]

2. Bewertung

Der langjährige Streit hat sich im Schrifttum verfestigt, wobei jede Auffassung gewichtige Argumente für sich anführen kann, ohne die Argumente der Gegenseite abschließend zu entkräften. Die Staatspraxis selbst geht von der generellen Anwendbarkeit des Landesrechts im regionalen und überregionalen Katastrophennotstand aus, soweit kein erheblicher Luftzwischenfall nach dem Luftsicherheitsgesetz vorliegt.[1387] Das damit einhergehende Problem liegt allerdings zutreffend in fehlenden Anwendungsverweisungen für fremde Kräfte.[1388] Jedenfalls solche müssten zwingend noch geschaffen werden, um die Anwendbarkeit landesrechtlicher Eingriffsbefugnisse zu eröffnen. Eine verfassungsunmittelbare Erstreckung der Befugnisse auf angeforderte bzw. eingesetzte Kräfte gem. Art. 35 Abs. 2 S. 2, Abs. 3 S. 1 GG überzeugt dagegen nicht; das widerspräche dem von den Vertretern dieser Auffassung in den Regelungen gesehenen Zweck, die Landeshoheit auch im Falle der Belastung zu stabilisieren und zu erhalten.[1389] Es verbliebe damit allein beim Land zu entscheiden, welchem externen Hoheitsträger welche Befugnisse eingeräumt werden.[1390] Zu hinterfragen ist auch das Argument der Kompetenzhoheit der Länder, nach dem angeforderte Kräfte keine andere Kompetenz ausüben können, als der anfordernde Hoheitsträger.[1391] Die Notstandsverfassung erweitert aber schließlich im Rahmen der Art. 35 Abs. 2 S. 2, Abs. 3 S. 1 GG materiell die Kompetenzen des Bundes um den Einsatz der Streitkräfte im Innern zum Zwecke effektiver Gefahrenabwehr.[1392] Es wurde auch aufgezeigt, dass es sich bei den benannten Normen daher um keine einfachen Spezialfälle der Amtshilfe handeln kann; dies betrifft Art. 35 Abs. 2 S. 2 GG

1386 *M. Hochhuth*, NZWehrr 2002, S. 154 (163); *E. Klein*, FS R. Mußgnug, 2005, S. 71 (74 f.).

1387 Zentrale Dienstvorschrift A-2110/10 (GMBl. 2018, S. 670), Nr. 304.

1388 Siehe auch *P. Reimer*, in: W. Kahl/C. Waldhoff/C. Walter, Bonner Kommentar zum Grundgesetz, Art. 35 (2017) Rn. 242.

1389 *P. Reimer*, in: W. Kahl/C. Waldhoff/C. Walter, Bonner Kommentar zum Grundgesetz, Art. 35 (2017) Rn. 243.

1390 *P. Reimer*, in: W. Kahl/C. Waldhoff/C. Walter, Bonner Kommentar zum Grundgesetz, Art. 35 (2017) Rn. 243.

1391 Siehe dazu *K. Stern*, Staatsrecht, Bd. II, S. 1465.

1392 Siehe oben Teil 1, B. II. 2. und 3.

und Art. 35 Abs. 3 S. 1 GG gleichermaßen und unabhängig davon, dass Art. 35 Abs. 3 S. 1 GG sogar als Bundesintervention ausgestaltet ist.[1393] Die Art. 35 Abs. 2 S. 2, Abs. 3 S. 1 GG zugrunde liegenden Situationen unterscheiden sich maßgeblich von einfachen gefahrenabwehrrechtlichen Standardfällen. Nach dem Bundesverfassungsgericht können daher als ultima ratio auch militärische Mittel eingesetzt werden.[1394] Damit trägt es dem Gedanken effektiver Gefahrenabwehr Rechnung. Hiermit wäre es unverträglich, wenn Länder die Einsatzmittel beschränken oder die Einsatzbefugnisse völlig ausschließen könnten.[1395]

Es erscheint so, als sprechen die besseren Argumente für die Anwendbarkeit von Bundesrecht. In diesem Fall bestehen allerdings aktuell keine zureichenden Ermächtigungsgrundlagen.[1396] Das UZwGBw ist im Katastrophenfall bereits nach seinem Wortlaut nicht unmittelbar anwendbar.[1397] Der Anwendungsbereich erstreckt sich auf militärische Sicherheitsbereiche, deren Einrichtung voraussetzt, dass sie „aus Gründen der militärischen Sicherheit zur Erfüllung dienstlicher Aufgaben der Bundeswehr unerlässlich ist", was im Katastrophenfall nicht gegeben ist (vgl. § 2 Abs. 2 UZwGBw).[1398] Auch eine analoge Anwendung des UZwGBw wirft erhebliche Probleme auf: Das entsprechend anzuwendende Parlamentsgesetz – hier dann das UZwGBw – war gerade lückenhaft und klärte die Frage des konkreten Eingriffs in der konkreten Situation nicht.[1399] Damit basieren solche Eingriffe nicht dergestalt auf einem Parlamentsgesetz, wie es der Vorbehalt des Gesetzes mit seinen strengen Bestimmtheitsanforderungen im grundrechtsrelevanten Bereich für eine Eingriffsgrundlage erfordert.[1400] Das Handeln der Eingriffsverwaltung würde so unvorhersehbarer werden, es entstünde eine respektable Einbuße an Rechtssicherheit.[1401] Auch eine Analogie zu

---

1393 Siehe oben Teil 2, A. I. 4. b).

1394 BVerfGE 132, 1 (9, 19 Rn. 24, 48).

1395 Vgl. *P. Reimer*, in: W. Kahl/C. Waldhoff/C. Walter, Bonner Kommentar zum Grundgesetz, Art. 35 (2017) Rn. 305 zum Fall des unwilligen Landes; *H. Sattler*, Gefahrenabwehr im Katastrophenfall, S. 113.

1396 Solche dürften infolge des geringen „politischen Nutzens" auch nicht in nächster Zeit zu erwarten sein, vgl. *P. Reimer*, Das Staatsrecht des Notstands in Deutschland, in: A. Scherzberg/O. Can/İ. Doğan, Der Rechtsstaat in Zeiten von Notstand und Terrorabwehr, S. 83 (113).

1397 *G. Lehnguth*, Verwaltungsakte der Streitkräfte, S. 136c ff.; *H. Klückmann*, Amtshilfe, S. 168 f.; *R. Böhme*, Innere Einsätze, S. 94.

1398 *R. Böhme*, Innere Einsätze, S. 94.

1399 *G. Beaucamp*, AöR 134 (2009), S. 83 (100).

1400 *G. Beaucamp*, AöR 134 (2009), S. 83 (99 f.).

1401 *G. Beaucamp*, AöR 134 (2009), S. 83 (99).

Lasten des Bürgers verbietet sich aus diesen Gründen innerhalb der Eingriffsverwaltung.[1402] Selbst wenn man entgegen dieser Grundsätze eine Analogie in Betracht ziehen wollte, ist nicht erkennbar, wie eine vergleichbare Interessenlage konstruiert werden sollte: Das UZwGBw dient der begrenzten Erfüllung von Wachaufgaben als Streitkräftepolizeirecht und wird damit von anderen Grundsätzen und Wertentscheidungen geleitet als der Streitkräfteeinsatz im Katastrophennotstand (Sekundäraufgabenbereich, Ultima ratio Prinzip, Trennungsprinzip).[1403] Damit verbleibt für die Streitkräfte prinzipiell nur das Luftsicherheitsgesetz, welches in seiner gegenwärtigen neuen Fassung zumindest nicht mehr die Einwirkung mit Waffengewalt vorsieht. Es erscheint daher sinnvoll, die Schaffung eines entsprechenden bundesrechtlichen Ausführungsgesetzes zu fordern.[1404]

VIII. Gesamtergebnis

Art. 35 Abs. 2 S. 2 und Art. 35 Abs. 3 S. 1 GG stellen Sekundäreinsatznormen dar, welche für den Einsatz der Streitkräfte zur Abwehr terroristischer Angriffe herangezogen werden können. Dabei können jedenfalls terroristische Großlagen den Normen als „besonders schwerer Unglücksfall" unterfallen. Konstitutiv ist jedoch die formelle Anforderung durch das Land (Art. 35 Abs. 2 S. 2 GG) oder die Anordnung des Einsatzes durch die Bundesregierung als Kollegialorgan (Art. 35 Abs. 3 S. 1 GG). Ein spontaner Katastropheneinsatz scheidet daher aus. In zeitlich akuten Terrorlagen kann dies nur sofort im Wege einer Telefonkonferenz erfolgen, da die Bundesregierung daran gehindert ist, einen Vorrats-Kabinettsbeschluss für diesen Fall zu treffen. Der Einsatz der Streitkräfte kann im äußersten Fall mit spezifisch militärischem Mitteln durchgeführt werden. Die Auslegung hat ergeben, dass unter diesen Voraussetzungen auch ein Präventiveinsatz zur Vorbeugung des Schadens durchgeführt werden kann. Zur Bestimmung der hinreichenden Wahrscheinlichkeit des Schadenseintritts ist im Einzelfall der erwartete Schaden gegen den Umfang des Einsatzes abzuwägen. Einem Einsatz im kürzeren zeitlichen Vorfeld der Katastrophe verschließt sich

---

1402 *G. Beaucamp*, AöR 134 (2009), S. 83 (90 f., 105); *J. Dietlein*, in: ders./J. Hellermann, Öffentliches Recht in Nordrhein-Westfalen, § 3 Rn. 41.

1403 Vgl. oben, Teil 2, A. II. 5 e) zu dem UZwGBw.

1404 So bereits *D. Keidel*, Polizei und Polizeigewalt im Notstandsfall, S. 168; *M. Ladiges*, Die Bekämpfung nicht-staatlicher Angreifer im Luftraum, S. 213; *C. Hillgruber/J. Hoffmann*, NWVBl. 2006, S. 176 (180); *P. Dreist*, NZWehrr 2006, S. 45 (60); *U. Fastenrath*, JZ 2012, S. 1128 (1132); *M. Ladiges*, ZRP 2016, S. 185.

der Wortlaut nicht, dieses Vorfeld ist allerdings schwer zu bestimmen, sodass sich aus Gründen der Rechtssicherheit empfiehlt, den Eintritt des Katastrophengeschehens vorauszusetzen. Problematisch ist in einem solchen Einsatz, dass es an hinreichenden einfachgesetzlichen Ermächtigungsgrundlagen für das Eingriffshandeln während der Durchführung des Einsatzes fehlt. Das führt unweigerlich zu einem Konflikt mit dem Vorbehalt des Gesetzes. Vorzugswürdig zeigte sich die Heranziehung von Bundesrecht, sodass ein entsprechendes Ausführungsgesetz durch den Bund zu erlassen wäre.

Als verfassungsrechtliche Ermächtigungsgrundlage für den präventiven Streitkräfteeinsatz zur Terrorabwehr weisen die Art. 35 Abs. 2 S. 2, Abs. 3 S. 1 GG die beste Eignung von allen Einsatznormen auf. Ihre Tatbestände beinhalten keine in der Praxis kaum zu klärenden Umstände, wie das Erfordernis eines Angriffs „von außen".[1405] Die Normen sind daher wesentlich geeigneter als Rechtsgrundlage für einen Antiterroreinsatz als etwa jene aus Art. 87a Abs. 2 GG.

D. Kein Einsatz auf Grundlage ungeschriebenen Notstandsrechts

Zu berücksichtigen ist in im Kontext des Streitkräfteeinsatzes im Innern auch das Problem ungeschriebenen Notstandsrechts.[1406] Diese Fragestellung kommt gerade auch im Bereich der Abwehr terroristischer Bedrohungen immer wieder zutage.[1407] Demnach sollen ungeschriebene Notstandsbefugnisse den tatsächlich handlungsfähigen Teil der Exekutive dazu berechtigen (als ultima ratio) das Nötige zu tun, um den Schutz des Staates und der Bevölkerung zu gewährleisten.[1408] Historisch beruht diese Idee auf dem im Deutschen Bund (1815 - 1866) existenten *„ius eminens"*.[1409] Oft besaß der Herrscher bereits das verfassungsmäßig gewährleistete Recht, generell die zur Sicherheit des Staates erforderlichen

1405 Anders aber wohl *C. Gramm*, NZWehrr 2003, S. 89 (94); *H. Rehage*, Der Einsatz deutscher Streitkräfte, S. 89.

1406 Siehe dazu *K. Stern*, Staatsrecht, Bd. II, S. 1328 ff.; *C.-W. Neubert*, Einsatz tödlicher Waffengewalt, S. 242 ff.; *E.-W. Böckenförde*, FS M. Hirsch, 1981, S. 259 (262 ff.); *E. Klein*, Innerer Staatsnotstand, in: J. Isensee/P. Kirchhof, HStR XII, § 280 Rn. 88 ff.

1407 Siehe dazu *J. Isensee*, Verfassungsrecht als „politisches Recht", in: ders./P. Kirchhof, HStR XII, § 268 Rn. 121; *M. Schröder*, AöR 103 (1978), S. 121 (134).

1408 In diese Richtung *C.-W. Neubert*, Einsatz tödlicher Waffengewalt, S. 243; *M. Schröder*, AöR 103 (1978), S. 121 (132).

1409 *M. Schröder*, AöR 103 (1978), S. 121 (132) m.w.N.

Maßnahmen zu ergreifen.[1410] Das *ius eminens* verlieh dem Herrscher, soweit eine verfassungsmäßige Regelung nicht bestand, auch ungeschrieben die notwendigen Befugnisse, um die öffentliche Sicherheit zu gewährleisten.[1411] Eine Beschränkung des *ius eminens* war vielmehr nur dann gegeben, wenn die Verfassung eine solche ausdrücklich vorsah und kein dringender Fall vorlag.[1412]

Die Idee der ungeschriebenen Notstandsbefugnisse trägt keine Früchte im Bereich des Inneneinsatzes der Streitkräfte.[1413] Art. 87a Abs. 2 GG versperrt sich in seiner Begrenzungsfunktion mit seiner Ausprägung als Gebot strikter Texttreue der Anwendung jedweden ungeschriebenen Notstandsrechts für Inneneinsätze der Streitkräfte.[1414] Es sollten gerade generalklauselartige Befugnisse, wie sie historisch üblich waren, von Anfang an ausgeschlossen werden.[1415] Dafür nahm man ausdrücklich in Kauf, dass die Anwendung des deutschen Notstandsrechts „schwerfälliger" und „komplizierter" werden würde, als in anderen

---

1410 Vgl. beispielhaft Art. 73 der Verfassungsurkunde für das Großherzogtum Hessen vom 17.12.1820: „Der Großherzog ist befugt, ohne ständische Mitwirkung, die zur Vollstreckung und Handhabung der Gesetze erforderlichen, so wie die aus dem Aufsichts- und Verwaltungsrecht ausfließenden Verordnungen und Anstalten zu treffen, *und in dringenden Fällen das Nöthige zur Sicherheit des Staates vorzukehren.*" [Hervorhebung durch den Verfasser] (zitiert nach *E. R. Huber*, Dokumente, Bd. I, S. 230).

1411 Siehe dazu *H. M. Parche*, Notstand, S. 61 f.; *J. Pannkoke,* Der Einsatz des Militärs im Landesinnern, S. 34.

1412 *H. M. Parche*, Notstand, S. 62.

1413 Bereits generell ablehnend: *A. Arndt*, NJW 1961, S. 897 (899); *E. Denninger*, VVDStRl 37 (1979), S. 7 (44 ff., 51); *V. Epping*, in: ders./C. Hillgruber, BeckOK GG, Art. 87a Rn. 23 f. mit dem Argument einer abschließenden Regelung; *V. Epping*, in: T. Maunz/G. Dürig, GG Kommentar, Art. 115a (2012) Rn. 26; ebenfalls kritisch dazu im Bereich des Streitkräfteeinsatzes *J.-P. Fiebig,* Der Einsatz der Bundeswehr im Innern, S. 409 f.; *M. Ladiges,* Die Bekämpfung nicht-staatlicher Angreifer im Luftraum, S. 275 ff.; *C.-W. Neubert*, Einsatz tödlicher Waffengewalt, S. 245; hingegen befürwortend mit dem Argument, dass solche Notstandsbefugnisse eine rechtliche Fundierung in den Schutzpflichten der Grundrechte fänden *J. Isensee*, Resilienz von Recht im Ausnahmefall, in: K. v. Lewinski, Resilienz des Rechts, S. 33 (53).

1414 So auch *M. Ladiges,* Die Bekämpfung nicht-staatlicher Angreifer im Luftraum, S. 277; in diese Richtung bereits zuvor *A. Roßnagel*, KJ 1977, S. 257 (259) nach dem die Notstandsverfassung als geschriebene (abschließende) Regelung eine Grenze auch im Notfall aufstellt; allgemeiner dazu siehe auch *T. Mayen*, NVwZ 2020, S. 828 (829, 833).

1415 BT-Drs. V/1879, S. 15.

Ländern.[1416] Das erklärte „Ziel der Notstandsverfassung" lag auch darin, dass ein „Rückgriff auf ungeschriebene Verfassungsgrundsätze durch ausdrückliche Regelungen" erübrigt werden sollte.[1417] Art. 87a Abs. 2 GG soll „eine Ableitung ungeschriebener Zuständigkeiten aus der Natur der Sache" gerade ausschließen.[1418] Die Anwendung ungeschriebenen Notstandsrechts verbietet sich daher insbesondere im Bereich des Inlandseinsatzes der Streitkräfte. Es liegt wesentlich näher, dass die geschriebenen Einsatzgrundlagen – soweit sie hierfür offen sind – dynamischer Interpretation unterliegen.

1416 BT-Drs. V/1879, S. 15.

1417 So wörtlich BT-Drs. V/2873, S. 9 unter Bezug auf das Widerstandsrecht gem. Art. 20 Abs. 4 GG; vgl. auch die Aussage des Abgeordneten *Stammberger*, BT-Prot. 5/175 vom 16.05.1968, S. 9451A, der vollständige verfassungsrechtliche Regelungen forderte, „um nicht mit einem übergesetzlichen Notstand manipulieren zu müssen"; siehe auch die Äußerung von *Schäfer* bei den Beratungen des Rechtsausschusses, Kurzprotokoll der 57. Sitzung vom 16.11.1967, S. 73, nach dem es auch der Zweck der Notstandsverfassung sein sollte, einen „Rückgriff auf überverfassungsmäßiges Recht" auszuschließen.

1418 BT-Drs. V/2873, S. 13.

Teil 3: Verfassungswandel in der Notstandsverfassung

Ein Argument für die Möglichkeit zur Durchführung eines Präventiveinsatzes der Streitkräfte zur Bekämpfung terroristischer Gefahren könnte sich auch aus dem Gesichtspunkt des Verfassungswandels ergeben. Um diesem Aspekt nachzugehen und die Rechtsfigur des Verfassungswandels anwenden zu können, muss diese Rechtsfigur zunächst näher untersucht werden (A.). In einem zweiten Schritt wird überprüft, ob die Voraussetzungen und Grenzen eines Verfassungswandels im Katastrophennotstand vorliegen bzw. eingehalten werden können (B.) und sich gegebenenfalls sogar auf die Grundsätze des Verteidigungseinsatzes auswirken können (C.).

A. Die Rechtsfigur des Verfassungswandels

Der Verfassungswandel ist eine nur schwer greifbare Rechtsfigur, welche die staatsrechtliche Diskussion bereits seit über 100 Jahren begleitet.[1419] Hinsichtlich des Begriffs, der Voraussetzungen und Grenzen besteht dennoch keine Klarheit im Schrifttum und der Rechtsprechung.[1420] Die Verfassung ist als normative Rahmen- und Grundordnung des Staates grundsätzlich offen und knapp verfasst.[1421] Sie konstituiert das Gemeinwesen, ordnet und organisiert den Staat, stabilisiert ihn und begrenzt zugleich dessen Macht, indem die wichtigsten

1419 Zur historischen Entwicklung unter Bezug auf Paul Laband, Georg Jellinek und Rudolf Smend siehe etwa die Darstellungen bei *K. Stock*, Verfassungswandel, S. 159 ff.; *U. Becker/J. Kersten*, AöR 141 (2016), S. 1 (9 ff.); *A. Voßkuhle*, Gibt es und wozu nutzt eine Lehre vom Verfassungswandel?, in: R. Wahl, Verfassungsänderung, Verfassungswandel, Verfassungsinterpretation, S. 201 (202 f.).

1420 Die Unklarheit des Begriffs, dessen Inhalts und Grenzen wird mit einer gewissen Regelmäßigkeit festgestellt, soweit der Verfassungswandel zur Sprache kommt, siehe etwa *B.-O. Bryde*, Verfassungsentwicklung, S. 254; *K. Stern*, Staatsrecht, Bd. I, S. 160; *H. Dreier*, in: ders., GG Kommentar, Bd. II, Art. 79 I Rn. 38; *L. Michael*, RW 2014, S. 426 (427) bezeichnet den Verfassungswandel als „bis heute ungelöstes Rätsel des Verfassungsrechts".

1421 *M. Borowski*, Subjekte der Verfassungsinterpretation, in: J. Isensee/P. Kirchhof, HStR XII, § 274 Rn. 2; *M. Möstl*, Regelungsfelder der Verfassung, in: O. Depenheuer/C. Grabenwarter, Verfassungstheorie, § 17 Rn. 39.

Rechte und Pflichten festgelegt werden.[1422] Ein Resultat dieses kurzen Stils kann darin liegen, dass die Verfassung für manche Bereiche im Laufe der Zeit defizitär werden kann. Die Problematik des Verfassungswandels befasst sich dann im Wesentlichen mit der Frage einer „entstehungszeitlichen" oder „geltungszeitlichen" Auslegung der Verfassung.[1423] Der Verfassungswandel spielt eine Rolle, wenn eine hinreichend offen gefasste Verfassungsnorm, die Lebenswirklichkeit infolge tatsächlicher Entwicklungen nicht mehr (vollständig) zu erfassen vermag, der Wirklichkeitsanspruch der Verfassung also wegzubrechen droht und sich daher ihr Sinn wandelt oder wandeln muss.[1424] In diesem Fall muss die Verfassung „flexibel" und „anpassungsfähig" sein, sie vor „lebensfremder Erstarrung" geschützt sein, um ihre konstitutive Stabilität weiterhin zu gewährleisten.[1425] Die Verfassung muss eine „sich wandelnde Wirklichkeit" also auch normativ in sich aufnehmen können.[1426] Der Verfassungswandel trägt in diesem Sinne dazu bei, dass die Verfassung funktionsfähig bleibt.[1427] *Andreas Voßkuhle* spricht daher zu Recht davon, dass Verfassungswandel auch „Verfassungspflege" bedeutet, ihr also bei richtiger Anwendung nicht schadet, sondern von Nutzen ist.[1428]

Im Streit um die Notstandsverfassung wurde die Problematik um den Verfassungswandel in der Vergangenheit bereits in Kürze angesprochen, aber letztlich

---

1422 Zu den Funktionen der Verfassung ausführlich *A. Voßkuhle*, AöR 119 (1994), S. 35 (46 ff.); siehe auch *P. Lerche*, FG T. Maunz, 1971, S. 285 (292); *K. Hesse*, FS U. Scheuner, 1973, S. 123 (139 f.); allgemein dazu auch *M. Lukan*, DÖV 2019, S. 811 (811 f.).

1423 *F. Reimer*, in: W. Kahl/C. Waldhoff/C. Walter, Bonner Kommentar zum Grundgesetz, Art. 79 (2017) Rn. 132.

1424 Vgl. zu der Verfassung als einer „zur Wirklichkeit und ihren Wandlungen hin offene Ordnung" im Sinne der Prozesstheorien *U. Volkmann*, Geltungsanspruch und Wirksamkeit des Grundgesetzes, in: J. Isensee/P. Kirchhof, HStR XII, § 256 Rn. 9; *ders.*, JZ 2018, S. 265 (265, 271) zu der grundsätzlichen Wandelbarkeit einer Verfassung, um mit der Wirklichkeit Schritt zu halten; vgl. zu dem Spannungsverhältnis von Verfassungswirklichkeit und dem Verfassungsrecht *K. Stern*, Staatsrecht, Bd. I, S. 161.

1425 Vgl. *H. Dreier*, in: ders., GG Kommentar, Bd. II, Art. 79 II Rn. 14; ähnlich *C. Kreuter-Kirchhof*, Verfassungsgerichtsbarkeit im Dienste der Verfassung, in: J. Isensee/P. Kirchhof, HStR XII, § 272 Rn. 60, 63; in diesem Sinne auch *W.-R. Schenke*, AöR 103 (1978), S. 566 (585); *M. Ludwigs/D. Kuhn*, JuS 2018, S. 629 (633).

1426 *A. Voßkuhle*, JuS 2019, S. 417 (417).

1427 *K. Hesse*, Grundzüge des Verfassungsrechts, Rn. 40; vgl. auch *C. Starck*, FS J. Isensee, 2007, S. 215 (215, 217).

1428 *A. Voßkuhle*, JuS 2019, S. 417 (418, 423); ähnlich *U. Volkmann*, JZ 2018, S. 265 (271); dazu, dass eine „Unveränderlichkeit" eine Verfassung auch zum „zerbrechen" führen kann *H. Dreier*, in: ders., GG Kommentar, Bd. II, Art. 79 II Rn. 14.

doch wenig rezipiert.[1429] Um die Zulässigkeit eines die *interpretatorische Argumentation stützenden* Verfassungswandels vor allem im Bereich des Katastrophennotstandes zu überprüfen, muss das Rechtsinstitut und dessen Nutzen im Folgenden näher konturiert werden.

I. Definition und Begrifflichkeit

Zu der Begrifflichkeit des Verfassungswandels bestehen die unterschiedlichsten Ansätze.[1430] *Peter Häberle* geht gar davon aus, dass ein Verfassungswandel gar nicht existiere und vielmehr vollständig in Verfassungsinterpretation aufgehe.[1431] *Peter Lerche* vertritt dagegen den Ansatz, dass ein Verfassungswandel durch einfache Gesetze erfolgt, indem diese Gesetze einen (sozialen) Wandel als Erstes aufgreifen.[1432] Dies führe dazu, dass die Verfassung sukzessiv „von unten her" umgelesen werde.[1433] Andere wiederum sehen in dem Verfassungswandel ein Rechtsinstitut, welches in die Richtung einer Änderung der Verfassung ohne Verfassungstextänderung gehe, wobei eine Abgrenzung zur

---

1429 Für einen Gesamtüberblick über die Wehr- und Notstandsverfassung ergibt sich: ablehnend für Terrorismus im Rahmen des Art. 87a Abs. 4 GG *J.-P. Fiebig*, Der Einsatz der Bundeswehr im Innern, S. 404 f.; dem folgend *J. Senger*, Streitkräfte und Materielles Polizeirecht, S. 190 ff.; ablehnend in Bezug auf „neuartige Bedrohungen" und die Verteidigung *J. Wieland*, Verfassungsrechtliche Grundlagen polizeiähnlicher Einsätze der Bundeswehr, in: D. Fleck, Terrorismusbekämpfung, S. 167 (175); ablehnend unter Bezug auf eine erweiterte Auslegung des Begriffs der Verteidigung aus Art. 87a Abs. 2 GG (entfallen des Außenbezugs) *M. G. Fischer*, JZ 2004, S. 376 (380); distanziert zu einem Verfassungswandel im Bereich des Art. 35 Abs. 3 S. 1 GG durch die Entscheidungen des Bundesverfassungsgerichts *C. Enders*, Normalitätserwartung der Verfassung, in: J. Isensee/P. Kirchhof, HStR XII, § 276 Rn. 29 und Fn. 98; befürwortend für die Erfassung terroristischer Angriffe über den Spannungsfall gem. Art. 80a GG *T. Mertins*, Der Spannungsfall, S. 54 f., 89 f.; bejahend für Einsätze im Ausland im Bereich der Art. 24 Abs. 2, 59 Abs. 2 S. 1, 87a Abs. 2 GG *K. Stock*, Verfassungswandel, S. 164, 233, 247; mit Blick auf denkbare Konkretisierungen im Rahmen des Begriffs der Verteidigung aus Art. 87a Abs. 2 GG siehe auch *M. Herdegen*, in: T. Maunz/G. Dürig, GG Kommentar, Art. 79 (2014) Rn. 33.

1430 Für einen Überblick siehe etwa *K. Hesse*, FS U. Scheuner, 1973, S. 123 (123 f.); *E.-W. Böckenförde*, FS P. Lerche, 1993, S. 3 (3 f.).

1431 *P. Häberle*, ZfP 1974, S. 111 (129 f.); dagegen *A. Voßkuhle*, Gibt es und wozu nutzt eine Lehre vom Verfassungswandel?, in: R. Wahl, Verfassungsänderung, Verfassungswandel, Verfassungsinterpretation, S. 201 (206 f.).

1432 *P. Lerche*, FG T. Maunz, 1971, S. 285 (287).

1433 *P. Lerche*, FG T. Maunz, 1971, S. 285 (291).

Verfassungsinterpretation schwierig sei.[1434] *Peter Badura* sieht in dem Verfassungswandel dagegen eine (qualifizierte) Form der Verfassungsfortbildung.[1435] Der vorherrschenden Auffassung näher kommt das Verständnis von *Brun-Otto Bryde*, der formuliert: „Unter Verfassungswandel wird ein Vorgang verstanden, in dem die Verfassung ohne Textänderung ihren Sinn ändert, eine Entwicklung des Verfassungsrechts, in deren Folge neue Verhaltensanforderungen (Gebote, Verbote, Erlaubnisse) an die Normadressaten aus einem gleichbleibenden Text gestellt werden."[1436] Kurz lässt sich daher sagen: „Durch Verfassungswandel ändert sich der Sinn einer Verfassungsnorm, ohne dass auch ihr Text verändert wird."[1437] In dieser Eigenschaft stellt sich der Verfassungswandel primär als „Interpretationsproblem"[1438] dar, welcher sich als Bedeutungswandel „im Rahmen von Sinn und Zweck einer Norm"[1439] vollzieht. Damit realisiert sich ein solcher Verfassungswandel durch einen Bedeutungswandel einer Verfassungsnorm in Verbindung mit einer geänderten Interpretation.[1440] Der Verfassungswandel

---

1434 *M. Sachs*, in: ders., GG Kommentar, Einführung Rn. 27.

1435 *P. Badura*, Die Verfassung im Ganzen der Rechtsordnung und die Verfassungskonkretisierung durch Gesetz, in: J. Isensee/P. Kirchhof, HStR XII, § 265 Rn. 13; *ders.*, Staatsrecht, A Rn. 16, F Rn. 60; ähnlich und die Rechtsfigur ablehnend *J. P. Schaefer*, AöR 143 (2018), S. 393 (410).

1436 *B.-O. Bryde*, Verfassungsentwicklung, S. 254; dem folgend und darauf aufbauend *K. Stock*, Verfassungswandel, S. 252; siehe auch *L. Michael*, RW 2014, S. 426 (433).

1437 So wörtlich *K. Stern*, Staatsrecht, Bd. I, S. 161; ähnlich *H. Maurer*, Staatsrecht I, § 1 Rn. 74; *K. Hesse*, FS U. Scheuner, 1973, S. 123 (128); *R. Wahl*, Verfassungsgebung – Verfassungsänderung – Verfassungswandel I, in: ders., Verfassungsänderung, Verfassungswandel, Verfassungsinterpretation, S. 29 (43); unter Betonung der inhaltlichen Änderung *E.-W. Böckenförde*, FS P. Lerche, 1993, S. 3 (6); *U. Becker/J. Kersten*, AöR 141 (2016), S. 1 (9); *M. Ludwigs/D. Kuhn*, JuS 2018, S. 629 (633); *B.-O. Bryde*, in: I. v. Münch/P. Kunig, GG Kommentar, Art. 79 Rn. 11 f.; *K.-E. Hain*, in: H. v. Mangoldt/F. Klein/C. Starck, GG Kommentar, Bd. 2, Art. 79 Rn. 13; in diese Richtung auch *A. Voßkuhle*, JuS 2019, S. 417 (418); *J. Rozek*, Verfassungsrevision, in: J. Isensee/P. Kirchhof, HStR XII, § 257 Rn. 4; *H. Dreier*, in: ders., GG Kommentar, Bd. II, Art. 79 I Rn. 38; *B. Schöbener*, in: K. H. Friauf/W. Höfling, Berliner Kommentar zum Grundgesetz, Art. 79 (2015) Rn. 76; *L. Michael*, RW 2014, S. 426 (433).

1438 So auch BVerfGE 142, 25 (65, Rn. 110); bereits zuvor *K. Stern*, Staatsrecht, Bd. I, S. 161; *C. Walter*, AöR 125 (2000), S. 517 (521).

1439 *K. Stern*, Staatsrecht, Bd. I, S. 162.

1440 *A. Hopfauf*, in: B. Schmidt-Bleibtreu/H. Hofmann/H.-G. Henneke, GG Kommentar, Einleitung Rn. 222; ähnlich *J. Dietlein*, in: V. Epping/C. Hillgruber, BeckOK GG, Art. 79 Rn. 5.3; *H. Dreier*, in: ders., GG Kommentar, Bd. II, Art. 79 I Rn. 38; *K. Stock*,

ist somit jedenfalls auf die Verfassungsinterpretation angewiesen.[1441] Er vollzieht sich durch die „Neuinterpretation"[1442] oder Ergänzung neuartiger Konkretisierungen im Wege der Interpretation.[1443] Diese Neuinterpretation hat durch das Bundesverfassungsgericht zu erfolgen, welches als letztverbindlicher Interpret der Verfassung hierzu legitimiert ist und damit die Verantwortung für einen Bedeutungs- bzw. Verfassungswandel trägt.[1444] Dass der Verfassungswandel als „besonderer Anwendungsfall der Interpretation"[1445] bzw. einer „besonderen Spielart"[1446] der Interpretation eingeordnet wird, dürfte daher zutreffen.

II. Voraussetzungen eines Verfassungswandels

Zu der Bestimmung der Voraussetzungen eines Verfassungswandels bieten sich in erster Linie die Erkenntnisse des Bundesverfassungsgerichts zu dem Rechtsinstitut an. Es bedarf eines *Bedeutungswandels* einer Verfassungsnorm durch Interpretation infolge einer Veränderung im Sach- und Lebensbereich der Verfassungsnorm.[1447] Nach dem Bundesverfassungsgericht liegt ein solcher Bedeutungswandel einer

---

Verfassungswandel, S. 162 f.; *M. Wittinger*, UBWV 2011, S. 441 (441, 446); *S. Haack*, JZ 2017, S. 213 (214).

1441 *B. Schöbener*, in: K. H. Friauf/W. Höfling, Berliner Kommentar zum Grundgesetz, Art. 79 (2015) Rn. 76.

1442 *F. Reimer*, in: W. Kahl/C. Waldhoff/C. Walter, Bonner Kommentar zum Grundgesetz, Art. 79 (2017) Rn. 132; siehe dazu auch *R. Wahl*, Verfassungsgebung – Verfassungsänderung – Verfassungswandel I, in: ders., Verfassungsänderung, Verfassungswandel, Verfassungsinterpretation, S. 29 (43); kritisch zu einer solchen Neuinterpretation *C. Hillgruber*, Verfassungsinterpretation, in: O. Depenheuer/C. Grabenwarter, Verfassungstheorie, § 15 Rn. 23.

1443 *A. Voßkuhle*, Gibt es und wozu nutzt eine Lehre vom Verfassungswandel?, in: R. Wahl, Verfassungsänderung, Verfassungswandel, Verfassungsinterpretation, S. 201 (209); dem folgend *K.-E. Hain*, in: H. v. Mangoldt/F. Klein/C. Starck, GG Kommentar, Bd. 2, Art. 79 Rn. 13; *B. Schöbener*, in: K. H. Friauf/W. Höfling, Berliner Kommentar zum Grundgesetz, Art. 79 (2015) Rn. 77; ähnlich unter Einbeziehung der Verfassungspraxis *K.-D. Schnapauff*, in: D. Hömig/H. A. Wolff, GG Kommentar, Art. 79 Rn. 1.

1444 *K. Stock*, Verfassungswandel, S. 205 ff., 216; *H. Dreier*, in: ders., GG Kommentar, Bd. II, Art. 79 I Rn. 40; zum Verfassungswandel durch Änderung der Rechtsprechung des Bundesverfassungsgerichts siehe auch *C. Walter*, AöR 125 (2000), S. 517 (521).

1445 *U. Volkmann*, Geltungsanspruch und Wirksamkeit des Grundgesetzes, in: J. Isensee/P. Kirchhof, HStR XII, § 256 Rn. 9.

1446 *A. Voßkuhle*, JuS 2019, S. 417 (418).

1447 *K. Stock*, Verfassungswandel, S. 164.

Verfassungsnorm vor, „wenn in ihrem Bereich neue, nicht vorausgesehene Tatbestände auftauchen oder bekannte Tatbestände durch ihre Einordnung in den Gesamtablauf einer Entwicklung in neuer Beziehung oder Bedeutung erscheinen“[1448]. In einem Urteil zu Oppositionsfraktionsrechten stellte das Bundesverfassungsgericht für einen *Verfassungswandel* darauf ab, dass die Verfassungsnorm ursprünglich ihrem Sinn gerecht wurde, „sich die tatsächlichen Verhältnisse jedoch im Laufe der Zeit derart geändert hätten, dass“ sie ihren Sinn verloren hat.[1449] Damit nutzt das Bundesverfassungsgericht die Begrifflichkeiten des Bedeutungs- bzw. Verfassungswandels in gewisser Parallelität zueinander.[1450] Im Schrifttum wird über den Bedeutungswandel hinaus teils auch eine inhaltliche Sinnänderung für einen Verfassungswandel vorausgesetzt.[1451] Demnach soll es nicht reichen, wenn ein bloßer Funktionszuwachs infolge des Hinzutretens neuer Sachverhalte im Sach- und Lebensbereich der Norm erfolgt.[1452]

Als wichtigstes Element für einen Verfassungswandel lässt sich damit festhalten, dass es eines Bedeutungswandels einer Verfassungsnorm infolge von faktischen Veränderungen in der Lebenswirklichkeit bedarf.

III. Grenzen des Verfassungswandels

Soweit der Verfassungswandel also den Sinn einer Verfassungsnorm auch in Form von Kompetenzerweiterungen wandeln kann, steht fest, dass er klaren Grenzen unterliegen muss. Ein unbegrenzter Verfassungswandel kann der Verfassung kaum nutzen, vielmehr würde er Gefahr laufen zu einer Chiffre „interpretatorischer Beliebigkeit“[1453] zu werden. Der Verfassungsinterpret liefe Gefahr zum „Rechtspolitiker“[1454] zu werden.

1448 BVerfGE 2, 380 (401); 3, 407 (422); 7, 342 (351); 40, 296 (311, 315 f.); zum Verfassungswandel ohne Begriffsdefinition siehe auch BVerfGE 45, 1 (33); 62, 1 (49); 142, 25 (65 f., Rn. 110); dem folgend etwa *C. Kreuter-Kirchhof*, Verfassungsgerichtsbarkeit im Dienste der Verfassung, in: J. Isensee/P. Kirchhof, HStR XII, § 272 Rn. 60.

1449 BVerfGE 142, 25 (65 f., Rn. 110).

1450 So auch *W. Heun*, AöR 109 (1984), S. 13 (27); *H. A. Wolff*, Verfassungsrecht, S. 96 und Fn. 695; *K. Stock*, Verfassungswandel, S. 162.

1451 *K. Stock*, Verfassungswandel, S. 164; *E.-W. Böckenförde*, FS P. Lerche, 1993, S. 3 (6); *A. Voßkuhle*, Gibt es und wozu nutzt eine Lehre vom Verfassungswandel?, in: R. Wahl, Verfassungsänderung, Verfassungswandel, Verfassungsinterpretation, S. 201 (203).

1452 *E.-W. Böckenförde*, FS P. Lerche, 1993, S. 3 (6, 9 f.).

1453 Vgl. *M. Borowski*, Subjekte der Verfassungsinterpretation, in: J. Isensee/P. Kirchhof, HStR XII, § 274 Rn. 5.

1454 *K. Stern*, Staatsrecht, Bd. I, S. 162.

Die wichtigste Grenze dieser interpretativen Wandlung infolge geänderter faktischer Verhältnisse ist der *Wortlaut der Verfassungsnorm.*[1455] Der Grund dafür liegt einerseits darin, dass der Wortlaut die Grenze der Verfassungsinterpretation aufstellt und andererseits diese Grenze zwingend erforderlich ist, damit die Verfassung nicht ihre Kernfunktionen der Rationalisierung, Stabilisierung und insbesondere der Machtbegrenzung einbüßt.[1456] Das ergibt sich methodisch besonders dann, wenn der Verfassungswandel als „Interpretationsproblem" betrachtet wird. Als zweite Grenze ist die *Systematik bzw. Normativität der Verfassung* als Grenze ins Auge zu fassen.[1457] Eine Auslegung bzw. Neuinterpretation kann daher nicht auf eine Weise erfolgen, welche die praktische Wirksamkeit bestimmter anderer Verfassungsnormen (im Sinne eines verschwindenden Anwendungsbereichs) verdrängt bzw. „aushöhlt".[1458] Dies würde zu einer systematischen Entwertung der entsprechenden Norm führen. Eine dritte und absolute Wandlungsgrenze wird teils in der *Verfassungsidentität* aus Art. 79 Abs. 3 GG gesehen.[1459] Bei diesen Werten handelt es sich um einen wandlungsfesten normativen Grundschatz, der schon dem – noch weitergehenden – förmlichen

1455 Zu dem Wortlaut als Grenze sieh etwa *K. Hesse*, FS U. Scheuner, 1973, S. 123 (139 f.); *ders.*, Grundzüge des Verfassungsrechts, Rn. 40, 77; *W.-R. Schenke*, AöR 103 (1978), S. 566 (589); *C. Walter*, AöR 125 (2000), S. 517 (540 f.); *U. Becker/J. Kersten*, AöR 141 (2016), S. 1 (33); *F. Müller*, Die Einheit der Verfassung, S. 120; *K. Stock*, Verfassungswandel, S. 197 ff., 257; *B.-O. Bryde*, in: I. v. Münch/P. Kunig, GG Kommentar, Art. 79 Rn. 13; *M. Sachs*, in: ders., GG Kommentar, Einführung Rn. 27; *J. Dietlein*, in: V. Epping/C. Hillgruber, BeckOK GG, Art. 79 Rn. 5.3; unter Bezug auf Art. 79 Abs. 1 GG *H. Dreier*, in: ders., GG Kommentar, Bd. II, Art. 79 I Rn. 39; *F. Reimer*, in: W. Kahl/C. Waldhoff/C. Walter, Bonner Kommentar zum Grundgesetz, Art. 79 (2017) Rn. 132.

1456 *K. Hesse*, Grundzüge des Verfassungsrechts, Rn. 77.

1457 Die Spielräume des Verfassungswandels unter Bezug auf die „Dichte der Verfassungsbestimmungen" aufzeigend *K.-E. Hain*, in: H. v. Mangoldt/F. Klein/C. Starck, GG Kommentar, Bd. 2, Art. 79 Rn. 13; siehe zu der Grenze der Systematik auch *M. G. Fischer*, JZ 2004, S. 376 (380); vgl. auch *C. Bäcker*, AöR 143 (2018), S. 339 (368 ff.) zu den Grenzen, welche die Verfassung als „gesetztes Recht" wortlautbedingt und systematisch aufstellt; *C. Enders*, Normalitätserwartung der Verfassung, in: J. Isensee/P. Kirchhof, HStR XII, § 276 Rn. 29.

1458 *F. Reimer*, in: W. Kahl/C. Waldhoff/C. Walter, Bonner Kommentar zum Grundgesetz, Art. 79 (2017) Rn. 133.

1459 *P. Badura*, Die Verfassung im Ganzen der Rechtsordnung und die Verfassungskonkretisierung durch Gesetz, in: J. Isensee/P. Kirchhof, HStR XII, § 265 Rn. 13; *U. Becker/J. Kersten*, AöR 141 (2016), S. 1 (33); *M. Sachs*, in: ders., GG Kommentar, Art. 79 Rn. 85.

Verfahren der Verfassungsänderung gem. Art. 79 Abs. 1 GG entzogen ist: Die Ewigkeitsgarantie stellt damit praktisch den Inbegriff für ein „konservierendes Moment“[1460] der Verfassung dar.

Für den Bereich der Inneneinsatznormen der Notstandsverfassung gilt das Argument der Wortlautgrenze in besonderem Maße. Der Grund dafür liegt in dem aus Art. 87a Abs. 2 GG fließenden Gebot strikter Texttreue als eindeutige Grundentscheidung des verfassungsändernden Gesetzgebers.[1461] Bestünde die Wortlautgrenze nicht, so wäre also die Möglichkeit zur Machtentgrenzung eröffnet. Ein Verfassungswandel verbietet sich daher, der mit kompetenzbegründender Wirkung neue Einsatzgrundlagen schaffen würde, indem er sinngemäß einen Einsatz ermöglicht, der vom Wortlaut nicht gedeckt ist. So schafft die Wortlautgrenze im Zusammenhang mit der Normativität der Verfassung gerade im Bereich der Notstandsverfassung auch eine *wirksame Einschränkung* des Verfassungswandels.

IV. Methodische Abgrenzung zur Verfassungsinterpretation

Der Verfassungswandel schneidet sich nach der vorstehenden Untersuchung mit anderen methodischen Aspekten. Dies ist besonders die Verfassungsinterpretation. Eine Abgrenzung zu der Rechts- bzw. Verfassungsfortbildung lässt sich einfach dadurch begründen, dass diese zur Präzisierung, Erweiterung oder Berichtigung einer Norm *über dessen Wortlaut* hinausgehen kann.[1462] Eine Verfassungsänderung nach Art. 79 Abs. 1 GG setzt als wesentlichen Unterschied das förmliche Änderungsverfahren nach Art. 79 Abs. 1 und Abs. 2 GG voraus, welches die Änderung des Wortlauts nach sich zieht, während dieser für den Verfassungswandel die Grenze aufstellt.[1463] Eine Abgrenzung des Verfassungswandels zur Verfassungsinterpretation erscheint dagegen auch bei näherer Betrachtung schwierig, so ist der Verfassungswandel doch angewiesen auf verfassungsrechtliche Interpretationsmethodik, weil sich ein Verfassungswandel durch die

1460 Zu dieser Grenze siehe *A. Voßkuhle*, JuS 2019, S. 417 (421).

1461 Siehe oben, Teil 2, C. VI. 3. b) aa).

1462 So *K. Stock*, Verfassungswandel, S. 185, dagegen dazu, dass der Verfassungswandel an die Grenze des Wortlauts einer Verfassungsnorm gebunden ist, siehe S. 186, 197 ff., 257.

1463 *K. Stock*, Verfassungswandel, S. 199, siehe aber auch S. 203 dazu, dass eine Verfassungsänderung punktuell erfolgt, der Verfassungswandel sich aber über einen längeren Zeitraum ereignet.

(geänderte) Auslegung seitens des Bundesverfassungsgerichts vollzieht.[1464] Ein Unterschied wird in dem verfolgten Ziel erkannt und damit darin, dass die Interpretation der *Erschließung des Sinns* der Norm dient, der Verfassungswandel hingegen die *Änderung des Sinns* bedingt.[1465] Ein weiterer wichtiger Unterschied liegt darin, dass die Verfassungsinterpretation „durch das geschriebene Gesetz angeleitet"[1466] wird. Im Gegenzug dazu mögen die interpretatorischen Grenzen eine wichtige Rolle für den Verfassungswandel spielen, trotzdem lässt sich beobachten, dass der Verfassungswandel von tatsächlichen Veränderungen der Lebenswirklichkeit geleitet wird.[1467] So bestehen doch sichtbare (methodische) Unterschiede zwischen Verfassungswandel und Verfassungsinterpretation, auch wenn sie in einer Art Wechselwirkung stehen.

V. Spezifischer Nutzen eines Verfassungswandels

Der methodische Ertrag des Verfassungswandels wird teilweise als gering oder aber jedenfalls den Aufwand kaum wert angesehen.[1468] Dieser Umstand kann nicht völlig von der Hand gewiesen werden. Der Verfassungswandel weist dennoch einen methodischen Gewinn für die normative Verfassungsinterpretation auf. Für die subjektiv-teleologische Auslegung wurde der Gewinn bereits mit der Akzeptanz gegenwartsbezogener, dynamischer Deutungen im Zweck der Norm angedeutet.[1469] Dafür dürfte zwar eine Veränderung der tatsächlichen Verhältnisse im Zweifel ausreichend sein.[1470] Eine solche Veränderung ist jedoch zwingende Voraussetzung eines Verfassungswandels. Damit entfaltet

---

1464 *K. Stock,* Verfassungswandel, S. 175, 258, 263; vgl. *J. Dietlein*, in: V. Epping/C. Hillgruber, BeckOK GG, Art. 79 Rn. 5.3; *M. Herdegen*, in: T. Maunz/G. Dürig, GG Kommentar, Art. 79 (2014) Rn. 33.

1465 *K. Stock,* Verfassungswandel, S. 183, 187, 258; vgl. auch *E.-W. Böckenförde*, FS P. Lerche, 1993, S. 3 (11 f.).

1466 *K. Stock,* Verfassungswandel, S. 183.

1467 In diese Richtung zumindest das Verständnis des Bundesverfassungsgerichts, siehe BVerfGE 2, 380 (401); 3, 407 (422); 7, 342 (351); 40, 296 (311, 315 f.); zum Verfassungswandel siehe auch BVerfGE 45, 1 (33); 142, 25 (65 f., Rn. 110).

1468 *K. Stock,* Verfassungswandel, S. 252; *A. Voßkuhle*, Gibt es und wozu nutzt eine Lehre vom Verfassungswandel?, in: R. Wahl, Verfassungsänderung, Verfassungswandel, Verfassungsinterpretation, S. 201 (208 f.).

1469 Siehe oben, Teil 2, C. VI. 5. b).

1470 In diese Richtung *D. Looschelders/W. Roth*, Juristische Methodik, S. 64; *H. Sauer*, Juristische Methodenlehre, in: J. Krüper, Grundlagen des Rechts, § 9 Rn. 31; in Ansätzen auch *K. F. Röhl/H. C. Röhl*, Allgemeine Rechtslehre, S. 628.

der Verfassungswandel unmittelbare Auswirkung auf die normative Interpretation. Er verhilft Antworten auf die gegenwärtigen Fragestellungen auch dann zu finden, wenn eine subjektiv-teleologische Sichtweise zugrunde gelegt wird. Daneben kann ein Verfassungswandel auch unter Zugrundelegung einer eher objektiv-teleologischen Sichtweise zur Bestätigung und Bekräftigung eines Arguments oder Ergebnisses dienen, indem ein gefundenes Auslegungsergebnis „untermauert" wird.[1471] Dies dürfte für jenes Ergebnis gelten, welches den Wirklichkeitsanspruch der Verfassung gegenwärtig und unter Bezug auf die neuen Verhältnisse am ehesten wiederherstellt. Mit Blick auf Art. 35 Abs. 2 S. 2, Abs. 3 S. 1 GG läge dies in jenen Interpretationsergebnissen, welche den Sinn und Zweck der Gefahrenabwehr gegenwartsbezogen am ehesten verwirklichen.

Gerade im Falle politischer Unwilligkeit bzw. Unfähigkeit erscheint der Verfassungswandel bei tatsächlichen Änderungen im Laufe der Zeit auch flexibler als eine Verfassungsänderung.[1472] Die politische Unwilligkeit zur Reform ist besonders auf dem Gebiet der Notstandsverfassung zu beobachten, die seit nunmehr etwa 50 Jahren eine unveränderte Konstante bildet.[1473] Sie ist in der Zeit des Kalten Krieges entstanden und damit auf ganz andere Umstände und Bedrohungslagen zugeschnitten, als sie heute existieren.[1474] Die Notstandsverfassung stellt im Grundgesetz eine „Antwort" auf die Lage dieser Zeit dar, die nun gegebenenfalls fortzudenken ist.[1475] Gerade in diesem Rahmen kann daher ein bestimmtes Ergebnis durch den Verfassungswandel bestärkt werden.[1476] Mit Blick auf dieses Beispiel formuliert *Klaus Stern* treffend: „Die Problematik des Verfassungswandels beginnt da, wo man auf die Verfassungsänderung verzichtet"[1477].

1471 So *K. Stock*, Verfassungswandel, S. 257.

1472 Vgl. *K. Stock*, Verfassungswandel, S. 249, 254, 257 f.

1473 Zu gescheiterten Reformversuchen zwischen den Jahren 2000 und 2017 siehe BT-Drs. 15/2649; BR-Drs. 993/01; 181/04; 97/17.

1474 *C. Gramm*, NZWehrr 2007, S. 221.

1475 Zum „Antwortcharakter der Verfassung" und der Notwendigkeit eines „Nach- und Fortdenkens des historischen Ausgangspunktes" siehe *P. Kirchhof*, Begriff und Kultur der Verfassung, in: O. Depenheuer/C. Grabenwarter, Verfassungstheorie, § 3 Rn. 7.

1476 Vgl. *K. Stock*, Verfassungswandel, S. 257 unter Bezug auf Art. 87a GG.

1477 *K. Stern*, Staatsrecht, Bd. I, S. 163; ähnlich auch *L. Michael*, RW 2014, S. 426 (456).

B. Verfassungswandel im Katastrophennotstand

Zu klären ist, inwieweit sich im Katastrophennotstand ein Verfassungswandel ereignet hat oder ereignen kann. Dabei kann sowohl auf die bereits vorgenommenen Neuinterpretationen und -konkretisierungen geblickt werden als auch auf jene, welche in Zukunft anzudenken sind.

I. Bedeutungswandel aufgrund veränderter Bedrohungslage

Es müsste ein Bedeutungswandel im Sinn der Rechtsprechung des Bundesverfassungsgerichts erfolgt sein. Die Art. 35 Abs. 2 S. 2, Abs. 3 S. 1 GG müssten ursprünglich dem effektiven Schutz bei schwersten Bedrohungen im Innern genügt haben und es müssten neue Veränderung im Sach- und Lebensbereich der Verfassungsnormen bestehen, aufgrund derer sie diesem Zweck nicht mehr (vollständig) gerecht werden. Mit der Normierung des Katastrophennotstandes sollte ursprünglich im Falle besonders qualifizierter innerer Gefahren, welche aus Katastrophen bzw. Unglücksfällen resultieren, eine Möglichkeit geschaffen werden, mittels der auch die Streitkräfte zu der effektiven Bewältigung der Situation beitragen können.[1478] Vor Augen stand dem verfassungsändernden Gesetzgeber dabei die Hamburger Flutkatastrophe. Dies war ein Ereignis, bei dem es im Wesentlichen um die Folgenbeseitigung ging, da die Flutkatastrophe bereits eingetreten war.[1479] Mit Blick auf diese Umstände hat die Norm zur Zeit seiner Schaffung den Ansprüchen effektiven Schutzes bei schwerwiegenden inneren Bedrohungen im Falle von Naturkatastrophen und besonders schweren Unglücksfällen genügt.

Für den Katastrophennotstand der Art. 35 Abs. 2 S. 2, Abs. 3 S. 1 GG hat sich mit der Erscheinung des modernen Terrorismus aber eine wesentliche Neuerung in deren Sach- und Lebensbereich ergeben: Den aufkommenden internationalen Terrorismus sah der verfassungsändernde Gesetzgeber seinerzeit nicht.[1480] Dies verwundert wenig, da die ersten ernstzunehmenden Probleme mit dem Terrorismus erst in den 1970er Jahren aufkamen.[1481] Erst in dieser Zeit entstand beispielsweise die sogenannte „Rote Armee Fraktion“. Dass der Staat auf den Terrorismus nicht vorbereitet war und mit diesem neuen Problem nicht rechnete,

1478 Vgl. unter Bezug auf den Zweck der gesamten Notstandsverfassung *J.-P. Fiebig*, Der Einsatz der Bundeswehr im Innern, S. 127.

1479 Siehe oben, Teil 2, C. VI. 4. a) bb).

1480 So auch *W. Melzer/C. Haslach/O. Socher*, NVwZ 2005, S. 1361 (1364).

1481 So auch *J.-P. Fiebig*, Der Einsatz der Bundeswehr im Innern, S. 404 f.

zeigte auch dessen Überforderung angesichts des Attentats auf die Olympiamannschaft Israels im Jahre 1972.[1482] Ein Gegenargument ergibt sich auch nicht daraus, dass der Terrorismus mit manchen seiner Mittel prinzipiell bereits 1968 existierte und daher keine vollständige Neuerscheinung in der „Lebenswirklichkeit" darstelle.[1483] Dies würde verkennen, dass die wirkliche Entwicklung des Terrorismus – jedenfalls in den vergangenen zwei Jahrzehnten – bedeutende Veränderungen der abstrakten inneren Sicherheitslage nach sich zogen. Selbst wenn man davon ausgehen wollte, dass es bereits 1968 bestimmte terroristische Mittel gab (Flugzeugentführungen, bestimmte Waffen), so muss festgehalten werden, dass die Entwicklung hin zum internationalen Terrorismus in keiner Weise in dieser Komplexität und Relevanz in der Vergangenheit bestand.[1484] Mit dem Anschlag vom 11.09.2001 in den USA auf das World Trade Center erreichte der internationale Terrorismus in Sachen Komplexität und Bedrohungswirkung eine neue Stufe.[1485] In den vergangenen Jahren erst entwickelte sich die Terrororganisation des sog. „Islamischen Staates", welche den Terror mittels organisierter Anschläge vor allem nach Europa trug. Gerade mit Blick auf den komplexen Anschlag am 13.11.2015 in Paris lässt sich hier von einer „neuen Dimension"[1486] des Terrorismus sprechen. Mit der Entwicklung dieser Terrororganisation änderte sich auch die tatsächliche Bedrohungslage maßgeblich.[1487] Infolge dieser Entwicklung haben sich die tatsächlichen Verhältnisse und insbesondere die Bedrohungslage im Laufe der Zeit also erheblich verändert. Mit dem neuartigen internationalen Terrorismus bestehen damit Veränderungen im Sach- und Lebensbereich der Art. 35 Abs. 2 S. 2, Abs. 3 S. 1 GG, welche von diesem normativ aufgenommen werden müssen, da andernfalls Schutzlücken

---

1482 Siehe hierzu und der darauf beruhenden Gründung der Spezialeinheiten der Polizei *F. Rachor/F. Roggan*, in: H. Lisken/E. Denninger, Handbuch des Polizeirechts, C Rn. 70.

1483 So aber *J.-P. Fiebig*, Der Einsatz der Bundeswehr im Innern, S. 405.

1484 Vgl. *A. Voßkuhle*, JuS 2019, S. 417 (422), demnach geht es sich um Fragen, „die den Verfassungsmüttern und –vätern nicht vor Augen standen, weil es bestimmte Voraussetzungen dieser Fragestellungen schlicht noch nicht oder nicht in dieser Form gab".

1485 Auch das Bundesverfassungsgericht stellt vorwiegend auf dieses Ereignis ab, um das Bewusstsein darüber zu verdeutlichen, welches Bedrohungspotenzial von nichtstaatlichen Akteuren ausgehen kann, siehe BVerfG, Beschluss des Zweiten Senats vom 17.09.2019, 2 BvE 2/16, Rn. 54; wie hier auch *S. Goertz*, Terrorismusabwehr, S. 130.

1486 Siehe etwa *BMI*, Verfassungsschutzbericht 2015, S. 151.

1487 Siehe oben, Einleitung.

entstehen können, weil die Notstandsverfassung von 1968 sie nicht zu bewältigen vermag. Ein Bedeutungswandel lässt sich damit bestätigen.

II. Änderung im Sinn der Norm

Fraglich ist, soweit man diese Voraussetzung mit einem Teil des Schrifttums überhaupt für erforderlich hält, inwieweit dieser Bedeutungswandel auch den Sinn der Norm berührt. Dafür kann darauf abgestellt werden, inwieweit „neue Verhaltensanforderungen (Gebote, Verbote, Erlaubnisse) an den Normadressaten [...] gestellt“[1488], also etwa Kompetenzen begründet werden. Bei einer Neuinterpretation bzw. uminterpretierten Konkretisierungen von staatsorganisationsrechtlichen Kompetenznormen dürfte diese Voraussetzung sogar mit gewisser Regelmäßigkeit erfüllt werden, weil dies in den meisten Fällen zu einer Kompetenzerweiterung, -einschränkung oder einer Kompetenzbegründung bzw. -einbuße führen wird. Dies lässt sich auch bereits anhand der ersten beiden Entscheidungen des Bundesverfassungsgerichts zum Luftsicherheitsgesetz nachzeichnen: Infolge des Anschlags vom 11.09.2001 in den USA und im Rahmen der Diskussion um das Luftsicherheitsgesetz stellte das Bundesverfassungsgericht bereits die Anwendbarkeit der Norm auch auf vorsätzliches Handeln bzw. terroristische Taten fest, bei denen sich obendrein der Schaden noch nicht verwirklicht hat (präventiv).[1489] Bereits in dieser Rechtsprechung lässt sich ein Zuwachs von Funktionen zu der Normierung des Katastrophennotstandes infolge gewandelter tatsächlicher Verhältnisse erkennen, um die Norm zu „modernisieren“.[1490] Umgesetzt wird dies, indem wegen des neuartigen Gefahrenfalls des Terrorismus der Anwendungsbereich der Art. 35 Abs. 2 S. 2, Abs. 3 S. 1 GG auch auf den Fall der Terrorismusbekämpfung erstreckt wird. Folgerichtig darauf aufbauend nahm das Bundesverfassungsgericht dann eine Neuinterpretation der Art. 35 Abs. 2, Abs. 3 GG dergestalt vor, dass auch spezifisch militärische Waffen eingesetzt werden dürfen, obwohl das zuvor noch abgelehnt wurde.[1491] Damit schritt die Anpassung der Art. 35 Abs. 2, Abs. 3 GG an die Verhältnisse und Erfordernisse der Gegenwart voran. Diese Auslegungsänderung eröffnet mit der Verwendung spezifisch militärischer Mittel im Katastropheneinsatz neue

---

1488 *K. Stock*, Verfassungswandel, S. 218, 232.

1489 BVerfGE 115, 118 (143 ff.); 132, 1 (18 f., Rn. 46 f.); 133, 241 (263 f., Rn. 64 ff.).

1490 Wohl (distanzierend) auch als Verfassungswandel einordnend: *C. Enders*, Normalitätserwartung der Verfassung, in: J. Isensee/P. Kirchhof, HStR XII, § 276 Rn. 29 und Fn. 98.

1491 BVerfGE 132, 1 (9, 19 Rn. 24, 48).

staatsorganisationsrechtliche Möglichkeiten. Bereits in dieser Rechtsprechungsänderung lässt sich so ein sinnändernder Bedeutungs- und Verfassungswandel erkennen.[1492] Auch hier zeigt sich, dass das Bundesverfassungsgericht oft nicht von einem Verfassungswandel spricht, sondern die Verfassung schlicht wandelt.[1493] Doch wie weit kann ein solcher Verfassungswandel (noch) gehen?

In den Blick zu nehmen sind dabei erstens Prognosewahrscheinlichkeiten wie auch zweitens ein vorzeitig-präventives Einschreiten noch vor Eintritt des Unglücksfalls. Prognosen kommen im öffentlichen Recht, aber gerade im Bereich des Gefahrenabwehrrechts, eine große Bedeutung zu. Befugnisse zum Einschreiten stützen sich regelmäßig auf eine bestimmte Wahrscheinlichkeit des Eintritts eines bestimmten Schadens an Schutzgütern zu einem bestimmten Zeitpunkt. Dabei macht es einen erheblichen Unterschied, wie hoch jeweils die erforderliche Wahrscheinlichkeit anzusetzen ist, um ein Einschreiten zu rechtfertigen. Prognosen haben im öffentlichen Recht damit funktionell eine „kompetenzbegründende" Wirkung.[1494] Damit steht zugleich fest, dass der Sinn der Art. 35 Abs. 2 S. 2, Abs. 3 S. 1 GG berührt würde. Auch eine solche Entwicklung bzw. Neuinterpretation könnte damit als Verfassungswandel eingeordnet werden. Soweit ein Einsatz noch im Vorfeld des Katastrophengeschehens angedacht wird, so würde hiermit interpretatorischer Einfluss auf den Zeitpunkt genommen werden. Auch mit einer solchen Auslegung würde eine Kompetenzerweiterung begründet werden. Ein Einsatz der Streitkräfte wäre dann schließlich – zumindest entgegen noch aktueller bundesverfassungsgerichtlicher Rechtsprechung[1495] – bereits im unmittelbaren Vorfeld eines Unglücksfalles denkbar („Phase 2"). Der Sinn der Norm würde in diesem Fall durch eine Kompetenzerweiterung auch im Falle eines vorzeitig-präventiven Einsatzes berührt werden. In einer solchen Entwicklung wäre ebenfalls ein Verfassungswandel zu sehen. Die Voraussetzungen eines grundsätzlichen Bedeutungswandels liegen vor. Des Weiteren kann durch die jeweiligen Neuinterpretationen auch eine Änderung im Sinn der Norm erkannt werden. Ein Verfassungswandel müsste sich aber auch in den zulässigen Grenzen halten.

1492 So wohl auch *A. Voßkuhle*, JuS 2019, S. 417 (421); *H. Dreier*, in: ders., GG Kommentar, Bd. II, Art. 79 I Rn. 38.

1493 *K. Stock*, Verfassungswandel, S. 253.

1494 *M. Goldhammer*, Zwischen Prophetie und Prognose – zur Eigenlogik der hoheitlichen Vorhersage, in: L. Münkler, Dimensionen des Wissens im Recht, S. 217 (232).

1495 BVerfGE 132, 1 (18 f., Rn. 47).

III. Grenzen des Verfassungswandels im Katastrophennotstand

Ein Verstoß dieser Interpretationen gegen die Werte des Art. 79 Abs. 3 GG liegt evident nicht vor. Auch bestehen keine Bedenken in die Richtung, dass die in Rede stehende Auslegung mit der Normativität der Verfassung unvereinbar wäre. Ebenso wenig bestehen Anhaltspunkte für ein „konservierendes Moment“[1496]. Das Gebot strikter Texttreue, welches aus Art. 87a Abs. 2 GG fließt, ist insofern nur ein Auslegungsgrundsatz der es verbietet, dass die Verfassung entgegen ihrem Wortlaut (oder ihrer Systematik) gewandelt wird.[1497] Ersichtlich ist hingegen nicht, dass der Katastrophennotstand in jeder Hinsicht „zeitfest“ geschrieben werden sollte, also einem Wandel bereits prinzipiell unzugänglich wäre. Fraglich ist nur, ob die Wortlautgrenze der Verfassung gewahrt wird. Für den bereits erfolgten Verfassungswandel – insbesondere um den Einsatz spezifisch militärischer Waffen – lässt sich festhalten, dass die Begrifflichkeiten „Kräfte und Einrichtungen“ bzw. „Einheiten“ keine klaren Beschränkungen auf nicht-militärische Mittel aufzeigen.[1498] Ähnliches ergibt sich für die Absenkung der Wahrscheinlichkeitsschwelle von einer „an Sicherheit grenzenden Wahrscheinlichkeit“ hin zu einer nur hinreichenden Wahrscheinlichkeit. Für eine solche verstellt der Wortlaut des Grundgesetzes ebenfalls nicht den Weg.

Problematischer ist die Wortlautgrenze (und das Gebot strikter Texttreue) bei der Anerkennung vorzeitig-präventiver Katastropheneinsätze. In einer kontextualen Zusammenschau der Wörter „bei“ (Art. 35 Abs. 2 S. 2 GG) und „gefährdet“ (Art. 35 Abs. 3 S. 1 GG) wiegen sich die Argumente für und wider einer Überschreitung der Wortlautbegrenzung praktisch auf.[1499] Denn einerseits gibt „bei“ tatsächlich dem Sprachgebrauch nach bestimmte (eng gefasste) Zeitpunkte, Zeiträume oder Zeitspannen an.[1500] Das Wort „gefährdet“ und „zur wirksamen Bekämpfung erforderlich“ zeigt dagegen recht unmissverständlich präventive Tendenzen auf, welche sich auch auf das Vorfeld eines Unglücksfalles beziehen könnten.[1501] An dieser Stelle ist interpretatorisch praktisch keine Auffassung vorzugswürdig. Gewichtige Argumente lassen sich in beide Richtungen gleichermaßen konstruieren. So könnte gut begründet systematisch davon ausgegangen werden, dass Art. 35 Abs. 3 S. 1 GG mit seinem Wortlaut „gefährdet“

1496 Siehe dazu *A. Voßkuhle*, JuS 2019, S. 417 (421).
1497 Siehe oben, Teil 2, C. VI. 3. b) aa).
1498 Siehe oben, Teil 2, C. V. 2. b).
1499 Siehe oben, Teil 2, C. VI. 2.
1500 Siehe oben, Teil 2, C. VI. 2.
1501 Siehe oben, Teil 2, C. VI. 2.

sich auf den bereits eingetretenen Unglücksfall des Art. 35 Abs. 2 S. 2 beziehen würde („bei").[1502] Andersherum lässt sich genauso gut argumentieren, dass kontextual in Art. 35 Abs. 2 S. 2 „bei" einem Unglücksfall auch das zeitliche Vorfeld gemeint sein könnte, wie Art. 35 Abs. 3 S. 1 GG verdeutliche.[1503]

Soweit man dem Wortlaut noch im unmittelbaren zeitlichen Vorfeld des Unglücksfalls eine Einsatzbefugnis entnehmen wollte, so wäre dieses (knapp zu bemessende) Vorfeld zeitlich kaum bestimmbar. Aus Gründen der Rechtssicherheit wurde daher zuvor davon ausgegangen, dass der Wortlaut den Eintritt des Unglücksfalls voraussetzt.[1504] Soweit man also davon ausgeht, dass Art. 35 Abs. 2 S. 2 GG den Zeitraum des (eingetretenen) Unglücksfalls festlegt, wäre ein Verfassungswandel aufgrund der Überschreitung des Wortlauts ausgeschlossen. Es bedürfte einer förmlichen Verfassungsänderung gem. Art. 79 Abs. 1 GG.

Nach der Rechtsprechung des Plenums des Bundesverfassungsgerichts muss der Unglücksfall „wie im Wortlaut des Art. 35 Abs. 2 Satz 2 und Abs. 3 Satz 1 deutlich zum Ausdruck kommt, bereits vorliegen"[1505]. Demnach wäre nach den Maßstäben der Rechtsprechung des Bundesverfassungsgerichts ein Verfassungswandel ausgeschlossen, der zu einem vorzeitig-präventiven Einsatz führen würde. Vor wenigen Jahren vertrat der Erste Senat des Bundesverfassungsgerichts allerdings auch noch die Auffassung, dass der Wortlaut der Art. 35 Abs. 2 S. 2, Abs. 3 S. 1 GG zu einem Ausschluss militärischer Mittel „zwingen"[1506] würde. Das Plenum kam zutreffend zu dem genau entgegengesetzten Ergebnis, da der Wortlaut diesbezüglich keine Restriktionen enthält.[1507] Ähnlich verhält es sich bei dem vorzeitig-präventiven Einsatz, der mittels kontextualer Zusammenschau der Begriffe beide Ergebnisse (wohl auch gleichermaßen vertretbar) zulässt. Daraus folgt, dass ein Verfassungswandel durch das Bundesverfassungsgericht auch in diese Richtung denkbar wäre, selbst wenn gegenwärtig noch die Ansicht eines klaren – den vorzeitigen Einsatz ausschließenden – Wortlauts beim Bundesverfassungsgericht vorherrscht. Denn wie eben und bereits zuvor aufgezeigt wurde, zwingt der Wortlaut keineswegs zu einer solchen Sichtweise.

1502 Siehe oben, Teil 2, C. VI. 2.
1503 Siehe oben, Teil 2, C. VI. 2.
1504 Siehe oben, Teil 2, C. VI. 2.
1505 BVerfGE 132, 1 (18 f., Rn. 47).
1506 BVerfGE 115, 118 (147).
1507 BVerfGE 132, 1 (10 f., Rn. 29).

IV. Ergebnis

Die Analyse hat gezeigt, dass ein Verfassungswandel nicht nur zulässig ist, sondern die (Notstands-)Verfassung sich bereits im Wandel befindet. Infolge der im Laufe der Zeit geänderten Bedrohungslage stellt der Verfassungswandel primär ein stützendes Argument für die im Wege der Interpretation gefundenen Ergebnisse dar. Das trifft besonders auf die Annahme einer geringer anzusetzenden Wahrscheinlichkeitsschwelle im Sinne einer hinreichenden Wahrscheinlichkeit[1508] für einen Präventiveinsatz nach Eintritt des Unglücksfalls und vor Eintritt des Schadens zu. Diese Wahrscheinlichkeitsschwelle findet Rückhalt und Unterstützung unter dem Aspekt des Verfassungswandels.

Daneben legitimiert schon der Bedeutungswandel (geänderte Bedrohungslage) auch unter Zugrundelegung einer subjektiv-teleologischen Sichtweise die gefundenen dynamischeren Interpretationen.[1509] Für einen Präventiveinsatz im Vorfeld des Unglücksfalles vermag der Verfassungswandel wenig beizutragen. Unter Zugrundelegung der *Sichtweise des Bundesverfassungsgerichts* stößt dieser hier in jedem Fall an die Wortlautgrenze der Verfassung. Es kann aber nicht ausgeschlossen werden, dass das Bundesverfassungsgericht in Zukunft einem extensiveren Verständnis des Wortlauts anhängen wird.[1510] Die Grenze des Wortlauts ist unabhängig vom methodischen Streit um die Rechtsfigur des Verfassungswandels jedenfalls im Bereich der Notstandsverfassung verbindlich. Dies ergibt sich aus der verfassungsgesetzgeberischen Grundentscheidung des Art. 87a Abs. 2 GG (Beschränkungsfunktion und Gebot strikter Texttreue).[1511] Nach dem *hier gefundenen Ergebnis* ist der Wortlaut durchaus offen für weitergehende Präventiveinsätze, aber Gründe der Rechtssicherheit sprechen gegen eine entsprechende Auslegung, die einen Einsatz im Vorfeld der Katastrophe ermöglichen.[1512] Der Verfassungswandel wird an dieser Stelle zu keiner Rechtssicherheit beitragen können. Eine Auslegung, die Einsätze sogar im weiteren zeitlichen Vorfeld („Phase 1“) ermöglichen, ist mit dem Wortlaut des Grundgesetzes gänzlich unvereinbar. Die hinter dem Verfassungswandel stehende „normative Kraft des Faktischen“[1513] kann hier kein argumentatives Gewicht entfalten.

1508 Siehe oben, Teil 2, C. VI. 6. b) bb).

1509 Siehe oben, Teil 2, C. VI. 5. b) und Teil 3, A. V.

1510 Zu der prinzipiellen Offenheit des Wortlauts siehe oben, Teil 2, C. VI. 2.

1511 Siehe oben, Teil 2, C. VI. 3. b) aa).

1512 Siehe oben, Teil 2, C. VI. 2.

1513 Siehe dazu grundlegend *G. Jellinek*, Allgemeine Staatslehre, S. 337 ff.; siehe im Überblick auch *T. M. J. Möllers*, Juristische Methodenlehre, § 5 Rn. 95 ff.; *K. F. Röhl/H. C.*

C. Verfassungswandel im Rahmen des Art. 87a Abs. 2 GG?

Fraglich ist, ob sich auch im Bereich der Verteidigung eine andere Sichtweise aus dem Gesichtspunkt des Verfassungswandels ergeben kann.

Ähnlich wie im Bereich des Katastrophennotstandes kann eine dynamischere Interpretation aufgrund der geänderten Bedrohungslage angezeigt sein. Es zeigt sich, dass mit der „Neuausrichtung“[1514] des Begriffs der Verteidigung letztlich ohnehin ein Verfassungswandel im Raume steht. Mittels dynamischer Neuinterpretationen wird dieser Begriff so auch auf terroristische Anschläge bezogen. Aber wäre auch ein Verfassungswandel zulässig, welcher den Außenbezug des Angriffs entfallen lässt?[1515] Nur dann würde der Einsatz zur Verteidigung eine – in manchen Fällen – verlässliche Einsatzgrundlage bilden. Nur in diesem Fall, würde die Prognose sich nicht auf einen Angriff von außen beziehen müssen. Diese Prognose stellt letztlich den Grund dafür dar, dass Art. 87a Abs. 2 GG in fast allen Fällen nicht als Einsatzgrundlage für terroristische Bedrohungen in Betracht kommt.[1516]

Bereits die Voraussetzungen werfen allerdings Fragen auf. Es müsste ein Bedeutungswandel im Sinn der Rechtsprechung des Bundesverfassungsgerichts erfolgt sein. Dies bedeutet, dass Art. 87a Abs. 2 GG ursprünglich eine effektive Landesverteidigung gewährleistet haben muss, diese Funktion allerdings im Laufe der Zeit durch gewandelte tatsächliche Verhältnisse erodiert ist. Für die geänderte Bedrohungslage kann nichts anderes gelten, als im Rahmen des Katastrophennotstandes.[1517] Allerdings ist die Zweckrichtung des Art. 87a Abs. 2 GG mit der Landesverteidigung eine wesentlich andere. Bezieht man diese auf die zunehmenden asymmetrischen Bedrohungen, so mag sich diese Voraussetzung noch herleiten lassen. Selbst wenn man die Voraussetzungen als erfüllt ansehen wollte, stößt der Verfassungswandel hier allerdings an seine Grenzen.

Schon *M. G. Fischer* zeigte auf, dass Wortlaut und Systematik – also praktisch die Normativität der Verfassung – eine Grenze des Verfassungswandels aufstellt.[1518] Daher ist ein Verfassungswandel ausgeschlossen, der für den Begriff

---

Röhl, Allgemeine Rechtslehre, S. 130 f.; *O. Depenheuer*, Vorbehalt des Möglichen, in: J. Isensee/P. Kirchhof, HStR XII, § 269 Rn. 5, 29.

1514 Siehe oben, Teil 2, A. II. 2.

1515 So bereits *M. G. Fischer*, JZ 2004, S. 376 (380).

1516 *F. Hase*, DÖV 2006, S. 213 (215); *D. Winkler*, NVwZ 2006, S. 536 (538); *R. Schmidt-Radefeldt*, Inlandseinsätze der Armee und Militarisierung der Polizei, in: U. Kischel/S. Grf. v. Kielmansegg, Rechtsdurchsetzung mit militärischen Mitteln, S. 1 (31).

1517 Siehe oben, Teil 3, B. I.

1518 *M. G. Fischer*, JZ 2004, S. 376 (380).

der Verteidigung das systematisch herleitbare Gebot der Außengerichtetheit des Angriffs entfallen lässt.[1519] Daneben besteht ein weiteres bedeutendes Ausschlusskriterium: Die „Maxime wirkungserhaltender Auslegung“[1520]. Würde die Verteidigung ihren Aspekt der Außengerichtetheit einbüßen, so entstünde eine Art gefahrenabwehrrechtliche Generalklausel auf Verfassungsrechtsebene für den Streitkräfteeinsatz im Innern. Systematisch würden die Inneneinsatznormen der Art. 35 Abs. 2 S. 2, Abs. 3 S. 1 GG, Art. 87a Abs. 3, Abs. 4 GG in erheblichen Teilen ihres Anwendungsbereichs beraubt und entwertet werden. Die Auftrennung nach unterschiedlicher Angriffsqualität und Reaktionsmöglichkeit würde in erheblichem Ausmaß verwischt werden. Schließlich könnte bei entsprechender Angriffsintensität schlicht ein Verteidigungseinsatz erfolgen – ganz unabhängig davon, wo die Gefahr ihren Ursprung findet. Die ursprünglich begrenzende Funktion des Art. 87a Abs. 2 GG würde in das Gegenteil einer „entgrenzenden“ Funktion verkehrt.[1521] Die in der Notstandsverfassung zugrunde gelegten Wertentscheidungen würden konterkariert werden. So argumentiert auch *Roman Schmidt-Radefeldt* damit, dass eine entsprechende „Entgrenzung“ des Anwendungsbereichs im Wege der Auslegung, welche den Außenbezug als erforderliches Merkmal der Verteidigung aufhebt, dem Begriff der Verteidigung „jeglicher tatbestandlicher Konturen berauben und dadurch in seinem normativ-machteinhegenden Geltungsanspruch schwächen“ würde.[1522] Ein Verfassungswandel vollzieht sich daher eher im Bereich der Sekundäreinsatznormen für den Inneneinsatz. Die „normative Kraft des Faktischen“[1523] stößt

---

1519 *M. G. Fischer*, JZ 2004, S. 376 (380); zu dem systematischen Erfordernis des Merkmals „von außen“ siehe bereits oben, Teil 2, A. II. 2. a) bb).

1520 *F. Reimer*, in: W. Kahl/C. Waldhoff/C. Walter, Bonner Kommentar zum Grundgesetz, Art. 79 (2017) Rn. 133; siehe auch oben Teil 3, A. III.

1521 Ähnlich argumentieren *M. Thiel*, Entgrenzung, S. 356 f.; *R. Schmidt-Radefeldt*, Inlandseinsätze der Armee und Militarisierung der Polizei, in: U. Kischel/S. Grf. v. Kielmansegg, Rechtsdurchsetzung mit militärischen Mitteln, S. 1 (31 f.).

1522 *R. Schmidt-Radefeldt*, Inlandseinsätze der Armee und Militarisierung der Polizei, in: U. Kischel/S. Grf. v. Kielmansegg, Rechtsdurchsetzung mit militärischen Mitteln, S. 1 (31 f.); ähnlich auch *M. Ladiges*, Die Bekämpfung nicht-staatlicher Angreifer im Luftraum, S. 504; vgl. *J. Senger*, Streitkräfte und Materielles Polizeirecht, S. 115; *J. Kokott/D. Hummel*, in: M. Sachs, GG Kommentar, Art. 87a Rn. 21; *S. Schmahl/F. Jung*, Ad Legendum 2012, S. 134 (135).

1523 Siehe dazu grundlegend *G. Jellinek*, Allgemeine Staatslehre, S. 337 ff.; siehe im Überblick auch *T. M. J. Möllers*, Juristische Methodenlehre, § 5 Rn. 95 ff.; *K. F. Röhl/H. C. Röhl*, Allgemeine Rechtslehre, S. 130 f.; *O. Depenheuer*, Vorbehalt des Möglichen, in: J. Isensee/P. Kirchhof, HStR XII, § 269 Rn. 5, 29.

hier an ihre Grenzen der Normativität der Verfassung. Ein Verfassungswandel im Bereich der Verteidigung, welcher im Wege einer Neuinterpretation das Merkmal „von außen" entfallen lässt, ist daher unzulässig.[1524]

1524 So im Ergebnis auch *M. G. Fischer*, JZ 2004, S. 376 (380).

Schlussbetrachtungen

Der Terrorismus der jüngeren Vergangenheit zwingt die Verfassung zu der Beantwortung neuartiger Fragen. Die Untersuchung hat gezeigt, dass die Verfassung in begrenztem Umfang zu einer Antwort auf diese Fragen im Stande ist. In den Jahren 2018 bis 2020 mag sich die Relevanz dieser Problematik glücklicherweise vorerst geschmälert haben. So wird der sogenannte „Islamische Staat" mittlerweile als militärisch besiegt eingeordnet. Die Polizei ermittelt gegenwärtig mit sichtbaren Erfolgen und konnte seit dem Anschlag auf den Berliner Weihnachtsmarkt im Dezember 2016 zahlreiche Anschläge erfolgreich verhindern.[1525] Dies bedeutet jedoch keineswegs, dass die Fragestellung in Bedeutungslosigkeit versinkt. Auch die zuständigen staatlichen und überstaatlichen Stellen ordnen die Bedrohungslage weiterhin als akut ein. Nicht umsonst werden mittlerweile die verfassungsrechtlich eröffneten Möglichkeiten des Streitkräfteeinsatzes gegen terroristische Bedrohungen regelmäßig und umfangreich geübt bzw. erprobt.

Die Notstandsverfassung ist angesichts der durchgeführten Untersuchung interpretatorisch für die Abwehr von terroristischen Anschlägen im Wege eines Streitkräfteeinsatzes bedingt eröffnet. Dabei bestehen auch begrenzte Möglichkeiten des präventiven Einsatzes. Solche Einsätze ließen sich in bestimmten, seltenen Fällen sogar auf die Verteidigung gem. Art. 87a Abs. 2 GG stützen. Als wichtigste und tragende Einsatzgrundlage ergab sich der Katastrophennotstand nach dem Art. 35 Abs. 2 S. 2, Art. 35 Abs. 3 S. 1 GG. Im Rahmen solcher Einsätze wäre bereits das einfache Recht defizitär und stellt keine hinreichenden Eingriffsermächtigungen zur Verfügung. In dieser Hinsicht müsste der einfache Gesetzgeber tätig werden. Die Untersuchung zeigte weiterhin, dass die interpretatorischen und wandlungsfähigen Grenzen der Notstandsverfassung durch diverse aufgezeigte Problemkreise erreicht werden. So konnte im Katastrophennotstand selbst mit erheblichem Begründungsaufwand die Zulässigkeit eines Präventiveinsatzes vor Eintritt des Unglücksfalls nicht mehr sicher nachgewiesen werden. Unter diese Kategorie fällt ein besonders wichtiges Szenario für einen Präventiveinsatz: Der weiträumige Objekt- und Raumschutz von kritischen Infrastrukturen zur Entlastung der Polizei. Ein solcher wäre verfassungsrechtlich

---

1525 *FAZ online*, Seit Breitscheidplatz sieben Anschläge verhindert, FAZ (online) vom 23.10.2019, zu finden unter: https://www.faz.net/aktuell/politik/inland/bka-chef-seit-breitscheidplatz-sieben-anschlaege-verhindert-16446811.html (Stand: 03.07.2021).

vor Eintritt des Unglücksfalls nicht durchführbar. Präventive Einsatzmöglichkeiten könnten zur Gewährleistung von Rechtssicherheit (auch in der Phase der Gefahrenprävention) im Wege einer Verfassungsänderung nach Art. 79 Abs. 1 GG normiert werden. Diese Option ist einmal mehr für die Zukunft anzuraten, wenn der Blick auf den Cyberraum gerichtet wird. Für die Verfassungsänderung gilt dabei – um auf die Einleitung zu rekurrieren – nichts anderes wie für die Interpretation: Die verfassungsrechtliche Zulässigkeit dieser Einsatzmöglichkeiten ist im Vorfeld zu klären.[1526]

Angesichts der gegenwärtigen politischen Situation wird sich eine Zweidrittelmehrheit für diese Frage wohl weiterhin kaum auffinden lassen. Es ist daher durchaus möglich, dass das Bundesverfassungsgericht früher oder später mit den hier angesprochenen Auslegungsfragen von Neu- und Uminterpretation konfrontiert werden wird.

1526 Siehe oben, Einleitung, A.

Zusammenfassung in Thesen

Die Notstandsverfassung befindet sich im Wandel. Der internationale Terrorismus und jene Herausforderungen, die er mit sich bringt, stellen hierfür tragende Gründe dar. Dieser kann die Polizei sowie die ihr zu Verfügung stehenden Mittel an ihre Grenzen bringen. Eine effektive Gefahrenabwehr kann in manchen Situationen daher neben dem Einsatz der Polizei auch den Einsatz der Streitkräfte mit ihren besonderen Fähigkeiten erfordern. Die seit etwa 50 Jahren nicht mehr reformierte Notstandsverfassung stößt hierbei allerdings an die Grenzen ihres Wortlauts. In Thesen lässt sich zusammenfassend festhalten:

1. Die generell historisch begründeten Bedenken gegen den Einsatz der Streitkräfte im Innern lassen sich kaum in die Gegenwart transferieren. Die staatlichen Systeme und die politische Lage der Vergangenheit sind insoweit mit den heutigen Gegebenheiten nicht hinreichend vergleichbar.[1527]
2. Auch wenn die präventive Terrorismusbekämpfung primär die Aufgabe der Polizei ist, obliegt diese in bestimmtem Umfang zugleich den Streitkräften als Sekundäraufgabe.[1528] Die Streitkräfte verfügen über besondere Fähigkeiten („Unikat-Fähigkeiten"), die für eine effektive Abwehr von Gefahren in bestimmten Fällen unverzichtbar sind.[1529]
3. Ein „Einsatz" der Streitkräfte im Sinne des Verfassungsvorbehalts aus Art. 87a Abs. 2 GG liegt im Einklang mit der Auffassung des Bundesverfassungsgerichts immer dann vor, wenn die Streitkräfte „als Mittel der vollziehenden Gewalt in einem Eingriffszusammenhang" verwendet werden.[1530] Dieser Eingriffszusammenhang ist grundrechtlicher Natur und dann erfüllt, wenn die Streitkräfte dazu befugt werden, Grundrechtseingriffe vorzunehmen oder sie gar durchführen. Beachtlich sind insbesondere auch mittelbar-faktische Eingriffe, weil ihre Eingriffswirkung klassischen Eingriffen gleichen muss. Eine Einordnung als Einsatz kann neben dem Grundrechtseingriff im Sinne eines Zweitkriteriums bei einer Abschreckungswirkung angenommen werden, selbst wenn die Schwelle des Grundrechtseingriffs nicht erreicht wird. Maßgeblich ist dann, ob aus der Sicht

1527 Siehe oben, Teil 1, C. insbesondere III.
1528 Siehe oben, Teil 1, B. II. 2. und 3.
1529 Siehe oben, Einleitung, A.; Teil 1, B. III. 2. b).
1530 Siehe oben, Teil 2, A. I. 2. c); Teil 2, A. I. 3.

eines objektiven Dritten durch die Art und Weise der konkreten Verwendung von Mitteln der Streitkräfte die Befürchtung begründet wird, dass diese zu seinem Nachteil genutzt werden, sodass sich das „Droh- und Einschüchterungspotenzial" dieser Ressourcen erkennbar verwirklicht.[1531]

4. Eine Verwendung der Streitkräfte, welche hinter den Kriterien des Einsatzes zurückbleiben, kann auf Grundlage der Amtshilfe gem. Art. 35 Abs. 1 GG durchgeführt werden.[1532] Dies betrifft in der Praxis eine große Vielzahl von Verwendungen, vor allem etwa logistische Hilfsleistungen.[1533]
5. Der Streitkräfteeinsatz im Inland zur „Verteidigung" im Sinne des Art. 87a Abs. 2 GG setzt voraus, dass ein militärischer Angriff von außen vorliegt.[1534] Der Wortlaut der Norm steht dabei offen für nicht-staatliche Angreifer ohne Kombattantenstatus.[1535] Nach dem Zweck einer effektiven Abwehr äußerer Gefahren können in Zeiten zunehmender asymmetrischer Bedrohungen daher auch Terroristen Angreifer im Sinne des Art. 87a Abs. 2 GG sein.[1536] Die Einsatzentscheidung trifft die Bundesregierung als Kollegialorgan.[1537]
6. Auch ein Verteidigungseinsatz im Inland gem. Art. 87a Abs. 2 GG kann präventiv durchgeführt werden.[1538] Aufgrund des systematisch zwingenden Erfordernisses eines Angriffs „von außen" eignet die Norm sich allerdings grundsätzlich nicht zur Abwehr terroristischer Bedrohungen. Es wird im Regelfall nicht feststellbar sein, ob mit hinreichender Wahrscheinlichkeit ein Angriff „von außen" vorliegt.[1539]
7. Das Merkmal „von außen" im Rahmen des Verteidigungsbegriffs ist ein zwingendes systematisches Merkmal. Es wird durch Terroranschläge nur erfüllt, wenn der Angriff durch eine ausländische internationale Terrororganisation gesteuert oder mittels Personal, Geldmitteln, Logistik oder Wissen qualifiziert unterstützt wird.[1540]
8. Im Rahmen eines Verteidigungseinsatzes im Innern sind die Streitkräfte Bestandteil der Eingriffsverwaltung und damit vollumfänglich an den

1531 Insgesamt hierzu siehe oben, Teil 2, A. I. 3.
1532 Siehe oben, Teil 2, A. I. 4.
1533 Für Beispiele siehe oben, Teil 1, C. II. 1. – 3.
1534 Siehe oben, Teil 2, A. II. 2.
1535 Siehe oben, Teil 2, A. II. 2. c).
1536 Siehe oben, Teil 2, A. II. 2. c).
1537 Siehe oben, Teil 2, A. II. 2. a) cc).
1538 Siehe oben, Teil 2, A. II. 4 a).
1539 Siehe oben, Teil 2, A. II. 4 b) bb).
1540 Siehe oben, Teil 2, A. II. 2. a) cc).

Vorbehalt des Gesetzes aus Art. 20 Abs. 3 GG gebunden. Für die Vornahme von Einzelmaßnahmen sind Soldaten daher an das Bestehen inhaltlich hinreichend bestimmter Eingriffsermächtigungen angewiesen. Solche Ermächtigungsgrundlagen für Einzelmaßnahmen existieren gegenwärtig nicht oder unzureichend. Nahezu jede Eingriffshandlung der Streitkräfte wäre damit bei der Durchführung eines Verteidigungseinsatzes im Inland verfassungswidrig. Diesbezüglich muss der einfache Gesetzgeber tätig werden.[1541]

9. Ein Einsatz auf Grundlage des Art. 87a Abs. 3 S. 1 und S. 2 GG setzt die Feststellung des Spannungs- oder Verteidigungsfalls gem. Art. 80a, 115a GG voraus. Selbst wenn der Wortlaut offen für terroristische Bedrohungsszenarien ist, stellt diese Einsatzgrundlage angesichts der besonders hohen Voraussetzungen für die Feststellung des Spannungs- oder Verteidigungsfalls keine geeignete Einsatzgrundlage für einen Streitkräfteeinsatz zur Abwehr terroristischer Bedrohungen im Inland dar.[1542]
10. Ein Einsatz auf Grundlage des Art. 87a Abs. 4 S. 1 GG setzt eine Bedrohung des Bundes oder eines Landes, näher ausgeprägt durch eine Bedrohung des Staatsvolks, der Staatsgewalt oder des Staatsgebietes oder der freiheitlich demokratischen Grundordnung, voraus. Die Norm ist auf die Bedrohungsszenarien eines Umsturzes oder Bürgerkriegs zugeschnitten und nicht zuletzt wegen ihrer besonders qualifizierten Voraussetzungen praktisch unanwendbar auf herkömmliche terroristische Szenarien.[1543]
11. Art. 87a Abs. 4 S. 1 GG entfaltet nicht nur in seinem Tatbestandsbereich, sondern in seinem gesamten Regelungsbereich eine Sperrwirkung gegenüber der Einsatzermächtigung aus Art. 35 Abs. 2 S. 2, Abs. 3 S. 1 GG. Dies trägt dem Sinn der Norm Rechnung, dass im Falle innerer Unruhen der Einsatz der Streitkräfte das letzte Mittel zur Bewältigung der Lage sein muss und daher nur in den speziellen Fällen des Art. 87a Abs. 4 S. 1 GG nach dessen Maßgaben erfolgen kann.[1544]
12. Die Art. 35 Abs. 2 S. 2 GG (regionaler Katastrophennotstand) und Art. 35 Abs. 3 S. 1 GG (überregionaler Katastrophennotstand) stellen für den Einsatz zur Abwehr terroristischer Bedrohungen geeignete verfassungsrechtliche

1541 Insgesamt hierzu siehe oben, Teil 2, A. II. 5.
1542 Siehe oben, Teil 2, B. I.
1543 Siehe oben, Teil 2, B. II. insbesondere 2.
1544 Siehe oben, Teil 2, C. I.

Einsatzermächtigungen auf. Dem Umfang nach können, wenn dies zwingend erforderlich ist, auch militärische Mittel eingesetzt werden.[1545]

a) Ein besonders schwerer Unglücksfall ist ein „Ereignis katastrophischer Dimension" im Sinne von unüblichen Ausnahmesituationen.[1546] Indizien für das Vorliegen einer solchen Situation sind eine besondere Betroffenheit der Öffentlichkeit sowie der Gefährdung besonders wichtiger Rechtsgüter in größerem Ausmaß, insbesondere von Leib und Leben einer Mehrzahl von Menschen.[1547] Ein besonders schwerer Unglücksfall kann auch vorsätzlich herbeigeführt werden, sodass terroristische Anschläge der Norm unterfallen. Als Kriterien für die Einordnung eines Anschlags als besonders schwerer Unglücksfall eignen sich die Art der Bewaffnung, der Grad an Organisation sowie das Angriffsziel zur Bestimmung des drohenden Schadensausmaßes.[1548]
b) Im Fall des überregionalen Katastrophennotstandes wird die Entscheidung über den Einsatz nach dem klaren Wortlaut des Art. 35 Abs. 3 S. 1 GG durch die Bundesregierung als Kollegialorgan getroffen. Eine Delegation dieser Organkompetenz ist auch im Eilfall unzulässig und kann im Regelfall auch nicht etwa mittels eines „Vorrats-Kabinettsbeschlusses" umgangen werden.[1549]
c) Das im Einsatz anzuwendende Recht für eingreifende Einzelmaßnahmen der Streitkräfte im Katastrophennotstand ist defizitär. Nach der bestehenden Rechtslage ist nahezu jede in Grundrechte eingreifende Maßnahme der Streitkräfte während der Durchführung eines Katastropheneinsatzes verfassungswidrig. Es bedarf der Schaffung von Ermächtigungsgrundlagen durch den Bundesgesetzgeber.[1550]

13. Der Einsatz im Katastrophennotstand kann auch präventiv erfolgen. Unzweifelhaft ergibt sich dies im Wege der Auslegung für Einsätze nach Eintritt des Unglücksfalls und vor Eintritt des Schadens (Schadensprävention). Zweifelhaft ist der Präventiveinsatz noch vor Eintritt des Unglücksfalls (Gefahrenprävention). In diesem Fall ist angesichts des Wortlauts unklar wie kurz die Zeitspanne im Vorfeld zu bestimmen wäre, die eine Einsatzoption eröffnet. Da diese jedenfalls sehr kurz zu bemessen wäre,

1545 Insgesamt hierzu siehe oben, Teil 2, C. II. 1. b) und V.
1546 Siehe oben, Teil 2, C. II. 1.
1547 Siehe oben, Teil 2, C. II. 1. a).
1548 Siehe oben, Teil 2, C. II. 1. b).
1549 Insgesamt hierzu siehe oben, Teil 2, C. III. 4. b).
1550 Insgesamt hierzu siehe oben, Teil 2, C. VII.

ist aus Gründen der Rechtssicherheit ein Einsatz zur Gefahrenprävention abzulehnen.[1551]

14. Für einen Präventiveinsatz nach Eintritt des Unglücksfalls und vor Eintritt des Schadens (Schadensprävention) lässt sich das Erfordernis einer an Sicherheit grenzende Wahrscheinlichkeit des Eintritts katastrophaler Schäden aus der Verfassung nicht herleiten. Nach der Systematik und dem Normzweck genügt eine hinreichende Wahrscheinlichkeit.[1552]
15. Ein Einsatz auf der Grundlage von ungeschriebenem Notstandsrecht ist mit dem Gebot strikter Texttreue unvereinbar. Dieses lässt sich als verfassungsgesetzgeberische Grundentscheidung aus Art. 87a Abs. 2 GG in seiner Begrenzungsfunktion herleiten und versperrt bei Inlandseinsätzen der Streitkräfte den Weg zu ungeschriebenen Ermächtigungsgrundlagen.[1553]
16. Die Rechtsfigur des Verfassungswandels spielt eine zunehmende Bedeutung in der Notstandsverfassung. Ein Verfassungswandel liegt vor, wenn die Norm im Laufe der Zeit wegen sich ändernder tatsächlicher Verhältnisse in ihrem Sach- und Lebensbereich einen Bedeutungswandel erfährt, um ihren Sinn zu erhalten.[1554] Der Verfassungswandel vollzieht sich im Wege der Neu- oder Uminterpretation einer Norm.[1555] Argumentativ kann der Verfassungswandel ein gegenwartsbezogenes teleologisches Argument legitimieren (subjektiv-teleologische Sichtweise) oder unterstützen (objektiv-teleologische Sichtweise), welches den Wirklichkeitsanspruch der Verfassung am ehesten wiederherstellt.[1556]
17. Der Katastrophennotstand nach Art. 35 Abs. 2 S. 2 GG und Art. 35 Abs. 3 S. 1 GG befindet sich im Verfassungswandel. Durch die infolge des internationalen Terrorismus sich ändernde Bedrohungslage erfolgte bereits ein Bedeutungswandel der Norm, wie auch ein sinnändernder Funktionszuwachs. Dieser besteht in der Erstreckung des Tatbestandes auf Terroristen sowie der Legitimierung des Einsatzes militärischer Mittel im Katastrophennotstand als ultima ratio.[1557]

1551 Siehe oben, Teil 2, C. VI. insbesondere 2.
1552 Insgesamt hierzu siehe oben, Teil 2, C. VI. 6. b) bb).
1553 Insgesamt hierzu siehe oben, Teil 2, D.
1554 Siehe oben, Teil 3, A. I. und II.
1555 Siehe oben, Teil 3, A. I.
1556 Siehe oben, Teil 3, A. V.
1557 Insgesamt hierzu siehe oben, Teil 3, B. I. und II.

18. Ein weiterer zulässiger Verfassungswandel, welcher den Zweck der Gefahrenabwehr gegenwartsbezogen am ehesten verwirklichen kann, liegt in der Annahme einer hinreichenden Wahrscheinlichkeit im Falle der Schadensprävention. Unzulässig wäre infolge der Rechtsunsicherheit bezüglich der Wortlautgrenze ein Verfassungswandel hin zu einem vorzeitig-präventiven Einsatz zur Gefahrenprävention.[1558]
19. Ein Verfassungswandel, welcher das Merkmal „von außen" für den Verteidigungseinsatz aufzulösen versucht, ist unzulässig. Dieses Erfordernis lässt sich gesichert systematisch herleiten, sodass ein Verfassungswandel an der Grenze der Normativität der Verfassung scheitert.[1559]

1558 Insgesamt hierzu siehe oben, Teil 3, B. III. und IV.
1559 Siehe oben, Teil 3, C.

Literaturverzeichnis

Anschütz, Gerhard, Die Verfassung des Deutschen Reichs vom 11. August 1919, Nachdruck der 14. Aufl. (4. Bearbeitung), Darmstadt 1965 (zitiert: *G. Anschütz*, WRV)

Anschütz, Gerhard, Zabern I, DJZ 1913, Sp. 1457

Anter, Andreas, Die politische Idee der Sicherheit, JBÖS 2008/2009, S. 15

Arndt, Adolf, Der Rechtsstaat und sein polizeilicher Verfassungsschutz, NJW 1961, S. 897

Arndt, Claus, Bundeswehr und Bundespolizei im Notstand, DVBl. 1968, S. 729

Arndt, Claus, Bundeswehreinsatz für die UNO, DÖV 1992, S. 618

Bachmann, Peter/Zeisler, Kurt, Der deutsche Militarismus vom 17. Jahrhundert bis 1917, 2. Aufl., Köln 1986

Bäcker, Matthias, Terrorismusbekämpfung und Sicherheitsverfassungsrecht in Deutschland, in: Scherzberg, Arno/Can, Osman/Doğan, İlyas (Hrsg.), Der Rechtsstaat in Zeiten von Notstand und Terrorabwehr, Berlin 2019, S. 117

Bader, Johann/Ronellenfitsch, Michael (Hrsg.), Beck'scher Online-Kommentar zum Verwaltungsverfahrensgesetz, Stand: 50. Edition (Januar 2021), München (zitiert: *Bearbeiter*, in: J. Bader/M. Ronellenfitsch, BeckOK VwVfG)

Badura, Peter, Der Verfassungsauftrag der Streitkräfte im Grundgesetz, ZSE 2007, S. 358

Badura, Peter, Die Verfassung im Ganzen der Rechtsordnung und die Verfassungskonkretisierung durch Gesetz, in: Isensee, Josef/Kirchhof, Paul (Hrsg.), Handbuch des Staatsrechts der Bundesrepublik Deutschland, Bd. XII: Normativität und Schutz der Verfassung, 3. Aufl., Heidelberg 2014, § 265 (zitiert: *P. Badura*, Die Verfassung im Ganzen der Rechtsordnung und die Verfassungskonkretisierung durch Gesetz, in: J. Isensee/P. Kirchhof, HStR XII, § 265)

Badura, Peter, Staatsrecht, 7. Aufl., München 2018

Bähr, Biner Kurt Wenkholm, Verfassungsmäßigkeit des Einsatzes der Bundeswehr im Rahmen der Vereinten Nationen, Frankfurt am Main u.a. 1994 (zugl. Diss. Kiel 1993) (zitiert: *B. K. W. Bähr*, Verfassungsmäßigkeit des Einsatzes)

Bähr, Biner Kurt Wenkholm, Verfassungsmäßigkeit des Einsatzes der Bundeswehr im Rahmen der Vereinten Nationen, ZRP 1994, S. 97

Bajumi, Alexander, Das UZwGBw als Streitkräftepolizeirecht in der Praxis, GSZ 2019, S. 238

Baldus, Manfred, Streitkräfteeinsatz zur Gefahrenabwehr im Luftraum, NVwZ 2004, S. 1278

Bartke, Matthias, Verteidigungsauftrag der Bundeswehr. Eine verfassungsrechtliche Analyse, Baden-Baden 1991

Baumann, Karsten, Das Urteil des BVerfG zum Luftsicherheitseinsatz der Streitkräfte, Jura 2006, S. 447

Bäumerich, Maik/Schneider, Maximilian, Terrorismusbekämpfung durch Bundeswehreinsätze im Innern: Eine neue alte Diskussion, NVwZ 2017, S. 189

Beaucamp, Guy, Zum Analogieverbot im öffentlichen Recht, AöR 134 (2009), S. 83

Beck, Daniel, Auslandseinsätze deutscher Streitkräfte. Materiell-rechtliche Bindungen aus Völkerrecht und Grundgesetz, insbesondere zum Schutz des Lebens, Hamburg 2008 (zugl. Diss. Mannheim 2007)

Becker, Florian, Grundrechtliche Grenzen staatlicher Überwachung zur Gefahrenabwehr, NVwZ 2015, S. 1335

Becker, Ulrich/Kersten, Jens, Phänomenologie des Verfassungswandels. Eine verfassungstheoretische und rechtsdogmatische Perspektiverweiterung anlässlich der demografischen Entwicklung, AöR 141 (2016), S. 1

Beckert, Erwin, Bundeswehr und Polizei, BWV 1986, S. 145

Berkemann, Jörg, Das Deutsche Reich ist eine Republik, DÖV 2019, S. 584

Böckenförde, Ernst-Wolfgang, Anmerkungen zum Begriff Verfassungswandel, in: Badura, Peter/Scholz, Rupert (Hrsg.), Wege und Verfahren des Verfassungslebens, Festschrift für Peter Lerche, München 1993, S. 3

Böckenförde, Ernst-Wolfgang, Ausnahmerecht und demokratischer Rechtsstaat, in: Vogel, Hans Jochen/Simon, Helmut/Podlech, Adalbert (Hrsg.), Die Freiheit des Anderen, Festschrift für Martin Hirsch, Baden-Baden 1981, S. 259

Böhme, Ralf, Innere Einsätze der Streitkräfte beim Katastrophenschutz im Frieden, Hamburg 2007 (zugl. Diss. Halle-Wittenberg 2006) (zitiert: *R. Böhme*, Innere Einsätze)

Borowski, Martin, Subjekte der Verfassungsinterpretation, in: Isensee, Josef/Kirchhof, Paul (Hrsg.), Handbuch des Staatsrechts der Bundesrepublik Deutschland, Bd. XII: Normativität und Schutz der Verfassung, 3. Aufl., Heidelberg 2014, § 274 (zitiert: *M. Borowski*, Subjekte der Verfassungsinterpretation, in: J. Isensee/P. Kirchhof, HStR XII, § 274)

Breitwieser, Thomas, Verteidigung – Wandlungen eines Begriffs in 60 Jahren, NZWehrr 2009, S. 150

Brenner, Michael, Staatsaufgaben, in: Depenheuer, Otto/Grabenwarter, Christoph (Hrsg.), Verfassungstheorie, Tübingen 2010, § 25 (zitiert: *M. Brenner*, Staatsaufgaben, in: O. Depenheuer/C. Grabenwarter, Verfassungstheorie, § 25)

Brinkmann, Rainer/Peters, Dirk, Herausforderung: Maritime Sicherheit, S+F 2008, S. 19

Brockhaus, Enzyklopädie in 30 Bänden, 5. Bd. (Buci – Come), 21. Aufl., Mannheim 2006; 22. Bd. (Pot – Rens), 21. Aufl., Mannheim 2006; 27. Bd. (Talb – Try), 21. Aufl., Mannheim 2006

Broscheit, Jannis, Gesetzgebungsbefugnis des Bundes für Inlandseinsätze der Bundeswehr zu anderen als Verteidigungszwecken, DÖV 2013, S. 802

Brugger, Winfried, Gewährleistung von Freiheit und Sicherheit im Lichte unterschiedlicher Staats- und Verfassungsverständnisse, VVDStRl 63 (2004), S. 101

Brunkow, Wolfgang, Gedanken zu Art. 87a Abs. 2 GG, NZWehrr 1971, S. 12

Brunkow, Wolfgang, Rechtliche Probleme des Einsatzes der Bundeswehr auf dem Territorium der Bundesrepublik Deutschland nach Art. 87a GG, Bonn 1971 (zugl. Diss. Bonn 1971) (zitiert: *W. Brunkow*, Rechtliche Probleme des Einsatzes)

Bryde, Brun-Otto, Verfassungsentwicklung. Stabilität und Dynamik im Verfassungsrecht der Bundesrepublik Deutschland, Baden-Baden 1982 (zugl. Habil.-Schr., Hamburg 1981)

Bull, Hans Peter, Die Staatsaufgaben nach dem Grundgesetz, 2. Aufl., Kronberg im Taunus 1977 (1. Aufl. zugl. Habil.-Schr., Hamburg 1973) (zitiert: *H. P. Bull*, Staatsaufgaben)

Bull, Hans Peter, Staatszwecke im Verfassungsstaat, NVwZ 1989, S. 801

Bull, Hans Peter, Vom Einfluss eines Einzelnen auf die Rechtspolitik – Zum 70. Geburtstag von Claus Arndt –, DÖV 1997, S. 290

Bundesministerium der Verteidigung (Hrsg.), 7. Bericht des Bundesministeriums der Verteidigung zu Rüstungsangelegenheiten, Teil 1, Berlin 2018

Bundesministerium der Verteidigung (Hrsg.), Abschlussbericht Aufbaustab Cyber- und Informationsraum, Berlin 2016

Bundesministerium der Verteidigung (Hrsg.), Hochwasserkatastrophe im August 2002, Berlin 2002

Bundesministerium der Verteidigung (Hrsg.), Konzeption der Bundeswehr, Berlin 2018

Bundesministerium der Verteidigung (Hrsg.), Verteidigungspolitische Richtlinien, Berlin 2011

Bundesministerium der Verteidigung (Hrsg.), Waffensysteme und Großgerät, Berlin 2016

Bundesministerium der Verteidigung (Hrsg.), Weissbuch 2016 zur Sicherheitspolitik und zur Zukunft der Bundeswehr, Berlin 2016 (zitiert: *BMVg*, Weissbuch 2016)

Bundesministerium des Innern (Hrsg.), Cyber-Sicherheitsstrategie für Deutschland, Berlin 2016

Bundesministerium des Innern (Hrsg.), Nationale Strategie zum Schutz kritischer Infrastrukturen (KRITIS-Strategie), Berlin 2009 (zitiert: *BMI*, KRITIS-Strategie)

Bundesministerium des Innern (Hrsg.), Verfassungsschutzbericht 2016, Berlin 2017

Bundesministerium des Innern (Hrsg.), Verfassungsschutzbericht 2015, Berlin 2016

Bundesministerium des Innern, für Bau und Heimat (Hrsg.), Verfassungsschutzbericht 2017, Berlin 2018

Bundesministerium des Innern, für Bau und Heimat (Hrsg.), Verfassungsschutzbericht 2018, Berlin 2019

Bundesministerium des Innern, für Bau und Heimat (Hrsg.), Verfassungsschutzbericht 2019, Berlin 2020

Bundesministerium des Innern, für Bau und Heimat (Hrsg.), Verfassungsschutzbericht 2020, Berlin 2021

Bünnigmann, Kathrin, Anmerkung zur Plenarentscheidung des Bundesverfassungsgerichts vom 03.07.2012: ≫Allein es steht in einem andern Buch≪ – zum Einsatz militärspezifischer Mittel im Rahmen polizeirechtlicher Gefahrenabwehr, DVBl. 2013, S. 621

Burkiczak, Christian, Der praktische Fall: Das Luftsicherheitsgesetz, VR 2004, S. 379

Busch, Eckart, Die Wehrverfassung in der Staatsverfassung, NZWehrr 1981, S. 52

Calker, Fritz van, Das Recht des Militärs zum administrativen Waffengebrauch, München 1888

Calliess, Christian, Gewährleistung von Freiheit und Sicherheit im Lichte unterschiedlicher Staats- und Verfassungsverständnisse, DVBl. 2003, S. 1096

Calliess, Christian, Sicherheit im freiheitlichen Rechtsstaat – eine verfassungsrechtliche Gratwanderung mit staatstheoretischem Kompass, ZRP 2002, S. 1

Calliess, Christian/Ruffert, Matthias, EUV/AEUV, mit Europäischer Grundrechtecharta, Kommentar, 5. Aufl., München 2016 (zitiert: *Bearbeiter*, in: C. Calliess/M. Ruffert, EUV/AEUV Kommentar)

Coridaß, Alexander, Der Auslandseinsatz von Bundeswehr und nationaler Volksarmee, Frankfurt am Main u.a. 1985 (zugl. Diss. Mainz 1985) (zitiert: *A. Coridaß*, Der Auslandseinsatz)

Couzigou, Irène, The Right to Self-Defence Against Non-State Actors – Criteria of the "Unwilling or Unable" Test, ZaöRV 77 (2017), S. 53

Cremer, Hans-Joachim, Die Beistandsklausel des EUV, ZG 2016, S. 97

Crößmann, Cristoph, Die Unruhen in Oberhessen im Herbste 1830, Gießen 1928 (zugl. Diss. Gießen 1928)

Danwitz, Thomas von, Zukunft des Grundgesetzes, JöR 67 (2019), S. 249

Dau, Corinna, Die völkerrechtliche Zulässigkeit von Selbstverteidigung gegen nicht-staatliche Akteure, Baden-Baden 2018 (zugl. Diss. Berlin 2017) (zitiert: *C. Dau*, Selbstverteidigung)

Dau, Klaus, Die militärische Evakuierungsoperation ≫Libelle≪– ein Paradigma der Verteidigung?, NZWehrr 1998, S. 89

Dau, Klaus, Die Streitkräfte in der Rechtsprechung des Bundesverfassungsgerichts, NZWehrr 2011, S. 1

Deiseroth, Dieter, Die Beteiligung Deutschlands am kollektiven Sicherheitssystem der Vereinten Nationen aus verfassungsrechtlicher Sicht, Neue Justiz 1993, S. 145

Denninger, Erhard, Freiheit durch Sicherheit? Wie viel Schutz der inneren Sicherheit verlangt und verträgt das deutsche Grundgesetz?, KJ 2002, S. 467

Denninger, Erhard, Verfassungstreue und Schutz der Verfassung, VVDStRl 37 (1979), S. 7

Depenheuer, Otto, Vorbehalt des Möglichen, in: Isensee, Josef/Kirchhof, Paul (Hrsg.), Handbuch des Staatsrechts der Bundesrepublik Deutschland, Bd. XII: Normativität und Schutz der Verfassung, 3. Aufl., Heidelberg 2014, § 269 (zitiert: *O. Depenheuer*, Vorbehalt des Möglichen, in: J. Isensee/P. Kirchhof, HStR XII, § 269)

Depenheuer, Otto, Zwischen polizeilicher Gefahrenabwehr und militärischer Verteidigung, ZG 2008, S. 1

Detterbeck, Steffen, Allgemeines Verwaltungsrecht, 17. Aufl., München 2019

Di Fabio, Udo, Die Weimarer Verfassung. Aufbruch und Scheitern, München 2018

Di Fabio, Udo, Freiheit in Sicherheit, NJW 2008, S. 421

Dietl, Wilhelm/Hirschmann, Kai/Tophoven, Rolf, Das Terrorismus-Lexikon. Täter, Opfer, Hintergründe, Frankfurt am Main 2006 (zitiert: *W. Dietl/K. Hirschmann/R. Tophoven*, Terrorismuslexikon)

Dietlein, Johannes/Hellermann, Johannes, Öffentliches Recht in Nordrhein-Westfalen, 7. Aufl., München 2019 (zitiert: *Bearbeiter*, in: J. Dietlein/J. Hellermann, Öffentliches Recht in Nordrhein-Westfalen)

Dietz, Andreas, Das Primat der Politik in kaiserlicher Armee, Reichswehr, Wehrmacht und Bundeswehr. Rechtliche Sicherungen der Entscheidungsgewalt über Krieg und Frieden zwischen Politik und Militär, Tübingen 2011 (zugl. Habil.-Schr., Augsburg 2011) (zitiert: *A. Dietz*, Das Primat der Politik)

Dietz, Andreas, Die Kompetenzverteilung des Grundgesetzes für Amtshilfe- und Unterstützungsmaßnahmen sowie Einsätze der Bundeswehr, DÖV 2012, S. 952

Dietz, Andreas, Erweiterte Einsatzmöglichkeiten der Bundeswehr im Innern zur Terrorabwehr, ZG 2017, S. 325

Drees, Nicole/Niedzwicki, Matthias, Die Fußballweltmeisterschaft 2006 und der bewaffnete innerdeutsche Einsatz der Bundeswehr, UBWV 2006, S. 139

Dreier, Horst, Grundgesetz Kommentar, Bd. II, Art. 20-82, 3. Aufl., Tübingen 2015; Bd. III, Art. 83-146, 3. Aufl., Tübingen 2018 (zitiert: *Bearbeiter*, in: H. Dreier, GG Kommentar)

Dreist, Peter, Bundeswehreinsatz als Wahrnehmung materieller Polizeiaufgaben ohne Grundgesetzänderung?, UBWV 2006, S. 93

Dreist, Peter, Bundeswehreinsatz für die Fußball-WM 2006 als Verfassungsfrage, NZWehrr 2006, S. 45

Dreist, Peter, Terroristenbekämpfung als Streitkräfteauftrag – zu den verfassungsrechtlichen Grenzen polizeilichen Handelns der Bundeswehr im Innern, NZWehrr 2004, S. 89

Drewes, Michael/Malmberg, Karl Magnus/Wagner, Marc/Walter, Bernd, Bundespolizeigesetz – BPolG –. Zwangsanwendung nach Bundesrecht VwVG/UZwG, 6. Aufl., Stuttgart u.a. 2019 (zitiert: *Bearbeiter*, in: M. Drewes/K. M. Malmberg/M. Wagner/B. Walter)

Droege, Michael, Anfängerhausarbeit – Öffentliches Recht: Militärische Beobachtung freier Versammlungen – „Tornados im Tiefflug", JuS 2008, S. 135

Droege, Michael, Die Zweifel des Bundespräsidenten – Das Luftsicherheitsgesetz und die überforderte Verfassung, NZWehrr 2005, S. 199

Droege, Michael/Broscheit, Jannis, (Original-)Referendarexamensklausur – Öffentliches Recht: Staatsorganisationsrecht – Land unter... Der Einsatz der Bundeswehr als letztes Mittel?, JuS 2015, S. 633

Duden, Das Synonymwörterbuch, 7. Aufl., Berlin 2019

Duden, Deutsches Universalwörterbuch, 8. Aufl., Berlin 2015

Ebert, Frank, Entwicklungen und Tendenzen im Recht der Gefahrenabwehr, LKV 2017, S. 10

Eick, Christophe, „Präemption", „Prävention" und die Weiterentwicklung des Völkerrechts, ZRP 2004, S. 200

Emde, Raimond, Voraussetzungen für die Zulässigkeit eines Bundeswehreinsatzes innerhalb und außerhalb der NATO, NZWehrr 1992, S. 133

Enders, Christoph, Anmerkung zu BVerwG, Urteil vom 25.10.2017, JZ 2018, S. 464

Enders, Christoph, Der Staat in Not. – Terrorismusbekämpfung an den Grenzen des Rechtsstaats –, DÖV 2007, S. 1039

Enders, Christoph, Normalitätserwartung der Verfassung, in: Isensee, Josef/Kirchhof, Paul (Hrsg.), Handbuch des Staatsrechts der Bundesrepublik Deutschland, Bd. XII: Normativität und Schutz der Verfassung, 3. Aufl., Heidelberg 2014, § 276 (zitiert: *C. Enders*, Normalitätserwartung der Verfassung, in: J. Isensee/P. Kirchhof, HStR XII, § 276)

Engisch, Karl, Einführung in das juristische Denken, herausgegeben und bearbeitet von Würtenberger, Thomas/Otto, Dirk, 12. Aufl., Stuttgart 2018 (zitiert: *K. Engisch*, Einführung)

Ennuschat, Jörg, Der Bundeszwang gem. Art. 37 GG, NWVBl. 2018, S. 309

Epping, Volker, Der Fall >Godewind<, NZWehrr 1993, S. 103

Epping, Volker/Hillgruber, Christian (Hrsg.), Beck'scher Online-Kommentar zum Grundgesetz, Stand: 46. Edition (Februar 2021), München (zitiert: *Bearbeiter*, in: V. Epping/C. Hillgruber, BeckOK GG)

Erbguth, Wilfried/Mann, Thomas/Schubert, Mathias, Besonderes Verwaltungsrecht. Kommunalrecht, Polizei- und Ordnungsrecht, Baurecht, 13. Aufl., Heidelberg 2020 (zitiert: *W. Erbguth/T. Mann/M. Schubert*, Besonderes Verwaltungsrecht)

Ernst, Wolfgang, Aufgaben und Verwendungsmöglichkeiten des Bundesgrenzschutzes nach dem Grundgesetz im Spannungsfeld Bund-Länder unter Berücksichtigung des Bundesgrenzschutzgesetzes vom 18.8.1972, Göttingen 1980 (zugl. Diss. Göttingen 1979) (zitiert: *W. Ernst*, Verwendungsmöglichkeiten des Bundesgrenzschutzes)

Fassbender, Bardo, Militärische Einsätze der Bundeswehr, in: Isensee, Josef/Kirchhof, Paul (Hrsg.), Handbuch des Staatsrechts der Bundesrepublik Deutschland, Bd. XI: Internationale Bezüge, 3. Aufl., Heidelberg 2013, § 244 (zitiert: *B. Fassbender*, Militärische Einsätze der Bundeswehr, in: J. Isensee/P. Kirchhof, HStR XI, § 244)

Fastenrath, Ulrich, Anmerkung zu BVerfG, Beschluss des Plenums vom 03.07.2012, JZ 2012, S. 1128

Fehn, Karsten/Brauns, Miriam, Bundeswehr und innere Sicherheit, Frankfurt am Main 2003

Fiebig, Jan-Peter, Der Einsatz der Bundeswehr im Innern. Verfassungsrechtliche Zulässigkeit von innerstaatlichen Verwendungen der Streitkräfte bei Großveranstaltungen und terroristischen Bedrohungen, Berlin 2004 (zugl. Diss. Köln 2002) (zitiert: *J.-P. Fiebig*, Der Einsatz der Bundeswehr im Innern)

Finke, Jasper, Funktion und Wirkung der Ausnahme im Recht, AöR 140 (2015), S. 514

Fischer, Matthias G., Terrorismusbekämpfung durch die Bundeswehr im Inneren Deutschlands?, JZ 2004, S. 376

Fischer, Matthias G./Ladiges, Manuel, Die Evakuierungsoperation ≫Pegasus≪ in Libyen – militärisch erfolgreich, aber verfassungsrechtlich problematisch, NZWehrr 2011, S. 221

Fleischmann, Max, Wörterbuch des Deutschen Staats- und Verwaltungsrechts, begründet von Karl Freiherr von Stengl: Bd. I (A bis F), 2. Aufl., Tübingen 1911

Föh, Jörg, Die Bekämpfung des internationalen Terrorismus nach dem 11. September 2001. Auswirkungen auf das Völkerrecht und die Organisation der Vereinten Nationen, Berlin 2011 (zugl. Diss. Bucerius Law School Hamburg 2010) (zitiert: *J. Föh*, Die Bekämpfung des internationalen Terrorismus)

Franz, Einiko Benno, Der Bundeswehreinsatz im Innern und die Tötung Unschuldiger im Kreuzfeuer von Menschenwürde und Recht auf Leben, Der Staat 45 (2006), S. 501

Franz, Einiko Benno/Günther, Thomas, Tötungshandlungen beim Bundeswehreinsatz im Innern. Das Luftsicherheitsgesetz vor dem Bundesverfassungsgericht, VBlBW 2006, S. 340

Friauf, Karl Heinrich/Höfling, Wolfram, Berliner Kommentar zum Grundgesetz, Loseblattsammlung, Berlin (zitiert nach Bearbeitern und Stand der Kommentierung)

Frisch, Hans Ritter von, Die Verantwortlichkeit der Monarchen und höchsten Magistrate, Berlin 1904 (zitiert: *H. R. v. Frisch*, Verantwortlichkeit der Monarchen)

Froese, Judith, Bundeswehreinsätze im Inneren zur Terrorismusbekämpfung: Die ≫terroristische Großlage≪ als Katastrophennotstand?, DVBl. 2017, S. 546

Gärditz, Klaus Ferdinand, Grundrechte im Rahmen der Kompetenzordnung, in: Isensee, Josef/Kirchhof, Paul (Hrsg.), Handbuch des Staatsrechts der Bundesrepublik Deutschland, Bd. IX: Allgemeine Grundrechtslehren, 3. Aufl., Heidelberg 2011, § 189 (zitiert: *K. F. Gärditz*, Grundrechte im Rahmen der Kompetenzordnung, in: J. Isensee/P. Kirchhof, HStR IX, § 189)

Gas, Tonio, Darf der Staat töten?, Die Polizei 2007, S. 33

Glawe, Robert, Anmerkung zu BVerfG, Urteil vom 23.09.2015, NVwZ 2015, S. 1602

Goertz, Stefan, Der neue Terrorismus. Neue Akteure, neue Strategien, neue Taktiken und neue Mittel, Wiesbaden 2018

Goertz, Stefan, Terrorismusabwehr. Zur aktuellen Bedrohung durch den islamistischen Terrorismus in Deutschland und Europa, 2. Aufl., Wiesbaden 2019

Goldhammer, Michael, Zwischen Prophetie und Prognose – zur Eigenlogik der hoheitlichen Vorhersage, in: Münkler, Laura (Hrsg.), Dimensionen des Wissens im Recht, Tübingen 2019, S. 217

Gornig, Gilbert, Die Verfassungsmäßigkeit der Entsendung von Bundeswehrsoldaten zu „Blauhelm"-Einsätzen, JZ 1993, S. 123

Görres-Gesellschaft (Hrsg.), Staatslexikon: Bd. I (ABC-Waffen – Ehrenamt), 8. Aufl., Freiburg im Breisgau 2017 (zitiert nach Bearbeitern)

Götz, Volkmar, Innere Sicherheit, in: Isensee, Josef/Kirchhof, Paul (Hrsg.), Handbuch des Staatsrechts der Bundesrepublik Deutschland, Bd. IV: Aufgaben des Staates, 3. Aufl., Heidelberg 2006, § 85 (zitiert: *V. Götz*, Innere Sicherheit, in: J. Isensee/P. Kirchhof, HStR IV, § 85)

Götz, Volkmar/Geis, Max-Emanuel, Allgemeines Polizei- und Ordnungsrecht, 16. Aufl., München 2017 (zitiert: *V. Götz/M.-E. Geis*, POR)

Grabitz, Eberhard/Hilf, Meinhard/Nettesheim, Martin, Das Recht der Europäischen Union, EUV/AEUV Kommentar, Loseblattsammlung, München (zitiert nach Bearbeitern und Stand der Kommentierung)

Gramm, Christof, Bundeswehr als Luftpolizei: Aufgabenzuwachs ohne Verfassungsänderung?, NZWehrr 2003, S. 89

Gramm, Christof, Die Aufgaben der Bundeswehr und ihre Grenzen in der Verfassung, NZWehrr 2005, S. 133

Gramm, Christof, Die Bundeswehr in der neuen Sicherheitsarchitektur, Die Verwaltung 41 (2008), S. 375

Gramm, Christof, Glaubwürdigkeitsdefizite der Wehrverfassung, NZWehrr 2007, S. 221

Grau, Richard, Die Diktaturgewalt der Landesregierungen, in: Anschütz, Gerhard/Thoma, Richard (Hrsg.), Handbuch des Deutschen Staatsrechts, Bd. II, Tübingen 1932, § 81 (zitiert: *R. Grau*, Die Diktaturgewalt der Landesregierungen, in: G. Anschütz/R. Thoma, HDStR (1932), Bd. II, § 81)

Grau, Richard, Die Diktaturgewalt des Reichspräsidenten, in: Anschütz, Gerhard/Thoma, Richard (Hrsg.), Handbuch des Deutschen Staatsrechts, Bd. II, Tübingen 1932, § 80 (zitiert: *R. Grau*, Die Diktaturgewalt des Reichspräsidenten, in: G. Anschütz/R. Thoma, HDStR (1932), Bd. II, § 80)

Griebel, Jörn/Schäfer, Christian, Terrorprävention im nordrhein-westfälischen Landespolizeirecht, NVwZ 2020, S. 511

Grimm, Dieter, Weimars Ende und Untergang, in: Dreier, Horst/Waldhoff, Christian (Hrsg.), Das Wagnis der Demokratie. Eine Anatomie der Weimarer Reichsverfassung, München 2018, S. 263 (zitiert: *D. Grimm*, Weimars Ende und Untergang, in: H. Dreier/C. Waldhoff, Das Wagnis der Demokratie)

Groeben, Hans von der/Schwarze, Jürgen/Hatje, Armin, Europäisches Unionsrecht, Vertrag über die Europäische Union, Vertrag über die Arbeitsweise der Europäischen Union, Charta der Grundrechte der Europäischen Union, Kommentar: Bd. 1, Art. 1 bis 55 EUV, Art. 1 bis 54 GRC, Art. 1 bis 66 AEUV, 7. Aufl., Baden-Baden 2015 (zitiert: *Bearbeiter*, in: H. v. d. Groeben/J. Schwarze/A. Hatje, Europäisches Unionsrecht)

Grubert, Wolfgang, Verteidigungsfremde Verwendungen der Streitkräfte in Deutschland seit dem Kaiserreich außerhalb des inneren Notstandes, Frankfurt am Main u.a. 1997 (zugl. Diss. Freiburg im Breisgau 1996) (zitiert: *W. Grubert*, Verteidigungsfremde Verwendungen der Streitkräfte)

Grzeszick, Bernd, Staat und Terrorismus, in: Isensee, Josef (Hrsg.), Der Terror, der Staat und das Recht, Berlin 2004, S. 55

Gusy, Christoph, Gewährleistung von Freiheit und Sicherheit im Lichte unterschiedlicher Staats- und Verfassungsverständnisse, VVDStRl 63 (2004), S. 151

Gusy, Christoph, Polizei- und Ordnungsrecht, 10. Aufl., Tübingen 2017 (zitiert: *C. Gusy*, POR)

Gusy, Christoph, Rechtsgüterschutz als Staatsaufgabe – Verfassungsfragen der „Staatsaufgabe Sicherheit", DÖV 1996, S. 573

Haack, Stefan, Verfassungswandel durch Migration, JZ 2017, S. 213

Haardt, Oliver F. R./Clark, Christopher M., Die Weimarer Reichsverfassung als Moment in der Geschichte, in: Dreier, Horst/Waldhoff, Christian (Hrsg.), Das Wagnis der Demokratie. Eine Anatomie der Weimarer Reichsverfassung, München 2018, S. 9 (zitiert: *O. F. R. Haardt/C. M. Clark*, Die Weimarer Reichsverfassung als Moment in der Geschichte, in: H. Dreier/C. Waldhoff, Das Wagnis der Demokratie)

Häberle, Peter, Zeit und Verfassung, ZfP 1974, S. 111

Haentzschel, Ueber Grundlagen und Grenzen des heutigen Ausnahmerechts, DJZ 1924, Sp. 341

Hall, Karl-Heinrich, Ausgewählte Probleme des geltenden Notstandsrechts, dargestellt an Hand von ausgewählter Literatur, JZ 1970, S. 353

Hamm, O., Zabern, DJZ 1914, Sp. 121

Hase, Friedhelm, Das Luftsicherheitsgesetz: Abschuss von Flugzeugen als „Hilfe bei einem Unglücksfall"?, DÖV 2006, S. 213

Hebeler, Timo, Verfassungs- und verwaltungsrechtliche Grundsatzfragen der Amtshilfe, JA 2019, S. 881

Heckel, Johannes, Diktatur, Notverordnungsrecht, Verfassungsnotstand, AöR 22 (1932), S. 257

Heckmann, Dirk, Sicherheitsarchitektur im bedrohten Rechtsstaat. Neue Polizeibefugnisse zwischen gestalterischer Freiheit und grundrechtlicher Statik, in: Blaschke, Ulrich/Förster, Achim/Lumpp, Stephanie/Schmidt, Judith (Hrsg.), Sicherheit statt Freiheit? Staatliche Handlungsspielräume in extremen Gefährdungslagen, Berlin 2005 (zitiert: *D. Heckmann*, Sicherheitsarchitektur im bedrohten Rechtsstaat, in: U. Blaschke/A. Förster/S. Lumpp/J. Schmidt, Sicherheit statt Freiheit?)

Heinicke, Thomas, Piratenjagd vor der Küste Somalias, KJ 2009, S. 178

Herdegen, Matthias, Völkerrecht, 18. Aufl., München 2019

Herrmann, Joachim/Pistorius, Boris, Bundeswehreinsatz im Innern ausweiten?, DRiZ 2016, S. 296

Hesse, Konrad, Grenzen der Verfassungswandlung, in: Ehmke, Horst/Kaiser, Joseph H./Kewenig, Wilhelm A./Meessen, Karl Matthias/Rüfner, Wolfgang (Hrsg.), Festschrift für Ulrich Scheuner, Berlin 1973, S. 123

Hesse, Konrad, Grundzüge des Verfassungsrechts der Bundesrepublik Deutschland, 20. Aufl., Neudruck, Heidelberg 1999 (zitiert: *K. Hesse*, Grundzüge des Verfassungsrechts)

Heun, Werner, Die Stellung des Bundespräsidenten im Licht der Vorgänge um die Auflösung des Bundestages, AöR 109 (1984), S. 13

Hillgruber, Christian, Der Staat des Grundgesetzes – nur „bedingt abwehrbereit"? – Plädoyer für eine wehrhafte Verfassungsinterpretation –, JZ 2007, S. 209

Hillgruber, Christian, Verfassungsinterpretation, in: Depenheuer, Otto/Grabenwarter, Christoph (Hrsg.), Verfassungstheorie, Tübingen 2010, § 15

Hillgruber, Christian/Hoffmann, Jeannine, Mehr, als die Polizei erlaubt? Kann die Bundeswehr in NRW gegen terroristische Angriffe aus der Luft eingesetzt werden?, NWVBl. 2004, S. 176

Hobbes, Thomas, Leviathan oder Stoff, Form und Gewalt eines bürgerlichen und kirchlichen Staates [1651], herausgegeben und eingeleitet von Fetscher, Iring, Neuwied u.a. 1966 (zitiert: *T. Hobbes*, Leviathan)

Hobbes, Thomas, Vom Menschen. Vom Bürger [1642], übersetzt und hrsg. von Gawlick, Günter, Hamburg 1959 (zitiert: *T. Hobbes*, De Cive)

Hochhuth, Martin, Militärische Bundesintervention bei inländischem Terrorakt, NZWehrr 2002, S. 154

Hofer, H.-J., Die Streitkräfte als ersuchende und ersuchte Behörde im Recht der Amtshilfe, NZWehrr 1973, S. 2

Hoffman, Bruce, Terrorismus – der unerklärte Krieg. Neue Gefahren politischer Gewalt, 2. Aufl., Frankfurt am Main 2008

Hoffmann-Riem, Wolfgang, Freiheit und Sicherheit im Angesicht terroristischer Anschläge, ZRP 2002, S. 497

Höfling, Wolfram/Augsberg, Steffen, Luftsicherheit, Grundrechtsregime und Ausnahmezustand, JZ 2005, S. 1080

Hömig, Dieter/Wolff, Heinrich Amadeus, Grundgesetz für die Bundesrepublik Deutschland, Handkommentar, 12. Aufl., Baden-Baden 2018 (zitiert: *Bearbeiter*, in: D. Hömig/H. A. Wolff, GG Kommentar)

Horn, Sascha, Die Verfassungsgemäßheit präventiver Terrorismusbekämpfungsmaßnahmen, Frankfurt am Main u.a. 2014 (zugl. Diss. Düsseldorf 2013) (zitiert: *S. Horn*, Terrorismusbekämpfungsmaßnahmen)

Huber, Ernst Rudolf, Bundesexekution und Bundesintervention. Ein Beitrag zur Frage des Verfassungsschutzes im Deutschen Bund, AöR 79 (1953/1954), S. 1

Huber, Ernst Rudolf, Deutsche Verfassungsgeschichte seit 1789: Bd. II, Der Kampf um Einheit und Freiheit 1830 bis 1850, 2. Aufl., Stuttgart 1968; Bd. IV, Struktur und Krisen des Kaiserreichs, Stuttgart u.a. 1969; Bd. V, Weltkrieg, Revolution und Reichserneuerung, Stuttgart u.a. 1978; Bd. VI, Die Weimarer Reichsverfassung, Stuttgart u.a. 1981; Bd. VII, Ausbau, Schutz und Untergang der Weimarer Republik, Stuttgart u.a. 1984 (zitiert: *E. R. Huber*, Verfassungsgeschichte)

Huber, Ernst Rudolf, Dokumente zur Deutschen Verfassungsgeschichte: Bd. I, Deutsche Verfassungsdokumente 1803-1850, 3. Aufl., Stuttgart 1978 (zitiert: *E. R. Huber*, Dokumente)

Hümmer, Christian, Die Bundeswehr im Innern. Reichweite und Grenzen von Artikel 35 Absatz 2 Satz 2 GG und Artikel 35 Absatz 3 Satz 1 GG und deren Verhältnis zu Art. 87a GG und Artikel 91 GG, Frankfurt am Main u.a. 2011 (zugl. Diss. Passau 2011)

Institute for Economics & Peace, Global Terrorism Index 2019, Sydney 2019

Ipsen, Knut, Bündnisfall und Verteidigungsfall, DÖV 1971, S. 583

Ipsen, Knut, Der Einsatz der Bundeswehr zur Verteidigung, im Spannungs- und Verteidigungsfall sowie im internen bewaffneten Konflikt, in: Schwarz, Klaus-Dieter (Hrsg.), Sicherheitspolitik. Analysen zur politischen und militärischen Sicherheit, 3. Aufl., Bad Honnef-Erpel 1978, S. 615 (zitiert: *K. Ipsen*, in: K.-D. Schwarz, Sicherheitspolitik)

Ipsen, Knut, Der Einsatz der Streitkräfte im Inneren, DVBl. 1969, S. 396

Ipsen, Knut, Verteidigung: Neue Dimensionen eines Völkerrechts- und Verfassungsbegriffs?, S+F 2009, S. 266

Isensee, Josef, Das Grundrecht als Abwehrrecht und als staatliche Schutzpflicht, in: ders./Kirchhof, Paul (Hrsg.), Handbuch des Staatsrechts der Bundesrepublik Deutschland, Bd. IX: Allgemeine Grundrechtslehren, 3. Aufl., Heidelberg 2011, § 191 (zitiert: *J. Isensee*, Das Grundrecht als Abwehrrecht und als staatliche Schutzpflicht, in: ders./P. Kirchhof, HStR IX, § 191)

Isensee, Josef, Das Grundrecht auf Sicherheit. Zu den Schutzpflichten des freiheitlichen Verfassungsstaates, Berlin u.a. 1983 (zitiert: *J. Isensee*, Das Grundrecht auf Sicherheit)

Isensee, Josef, Der Vorbehalt der Verfassung. Das Grundgesetz als abschließende und als offene Norm, in: ders./Lecheler, Helmut (Hrsg.), Freiheit und Eigentum, Festschrift für Walter Leisner, Berlin 1999, S. 359

Isensee, Josef, Idee und Gestalt des Föderalismus im Grundgesetz, in: ders./Kirchhof, Paul (Hrsg.), Handbuch des Staatsrechts der Bundesrepublik Deutschland, Bd. VI: Bundesstaat, 3. Aufl., Heidelberg 2008, § 126 (zitiert: *J. Isensee*, Idee und Gestalt des Föderalismus im Grundgesetz, in: ders./P. Kirchhof, HStR VI, § 126)

Isensee, Josef, Resilienz von Recht im Ausnahmefall, in: Lewinski, Kai von (Hrsg.), Resilienz des Rechts, Baden-Baden 2016, S. 33

Isensee, Josef, Staatsaufgaben, in: ders./Kirchhof, Paul (Hrsg.), Handbuch des Staatsrechts der Bundesrepublik Deutschland, Bd. IV: Aufgaben des Staates, 3. Aufl., Heidelberg 2006, § 73 (zitiert: *J. Isensee*, Staatsaufgaben, in: ders./P. Kirchhof, HStR IV, § 73)

Isensee, Josef, Verfassungsrecht als „politisches Recht", in: ders./Kirchhof, Paul (Hrsg.), Handbuch des Staatsrechts der Bundesrepublik Deutschland, Bd. XII: Normativität und Schutz der Verfassung, 3. Aufl., Heidelberg 2014, § 268 (zitiert: *J. Isensee*, Verfassungsrecht als „politisches Recht", in: ders./P. Kirchhof, HStR XII, § 268)

Jahn, Ralf/Riedel, Norbert Karl, Streitkräfteeinsatz im Wege der Amtshilfe. Zu den verfassungsrechtlichen Schranken eines nach innen gerichteten Einsatzes der Bundeswehr in Friedenszeiten, DÖV 1988, S. 957

Jarass, Hans D./Pieroth, Bodo, Grundgesetz-Kommentar, 16. Aufl., München 2020 (zitiert: *Bearbeiter*, in: H. D. Jarass/B. Pieroth, GG Kommentar)

Jellinek, Georg, Allgemeine Staatslehre, 3. Aufl. unter Verwertung des handschriftlichen Nachlasses durchgesehen und ergänzt von Walter Jellinek, Berlin 1914

Jochum, Heike, Der Einsatz der Streitkräfte im Innern, JuS 2006, S. 511

Kahl, Wolfgang/Waldhoff, Christian/Walter, Christian, Bonner Kommentar zum Grundgesetz, Loseblattsammlung, Heidelberg (zitiert nach Bearbeitern und Stand der Kommentierung)

Kaiser, Anna-Bettina, Ausnahmezustand, Ad Legendum 2017, S. 200

Kaiser, Stefan, Die Grenzen der Sicherheit: Zum Entwurf des Luftsicherheitsgesetzes, TranspR 2004, S. 353

Kalla, Carsten/Zillmann, Anna, Das Parteiverbot im freiheitlichen Staat, BRJ 2012, S. 176

Karpinski, Peter, Öffentlich-rechtliche Grundsätze für den Einsatz der Streitkräfte im Staatsnotstand, Berlin 1974 (zugl. Diss. Heidelberg 1973) (zitiert: *P. Karpinski*, Einsatz der Streitkräfte im Staatsnotstand)

Kaufmann, Franz-Xaver, Sicherheit als soziologisches und sozialpolitisches Problem. Untersuchungen zu einer Wertidee hochdifferenzierter Gesellschaften, Stuttgart 1973 (zitiert: *F.-X. Kaufmann*, Sicherheit)

Keidel, Dieter, Polizei und Polizeigewalt im Notstandsfall. Funktion, rechtliche Stellung und Befugnisse der Vollzugskräfte von Polizei, Bundesgrenzschutz und Bundeswehr bei den vom Grundgesetz vorgesehenen Einsätzen im Notstand, Berlin 1973

Keller, Helen/Kühne, Daniela, Zur Verfassungsgerichtsbarkeit des Europäischen Gerichtshofs für Menschenrechte, ZaöRV 76 (2016), S. 245

Kersten, Jens, Ausnahmezustand?, JuS 2016, S. 193

Kersting, Klaus, Bündnisfall und Verteidigungsfall, Bochum 1979 (zugl. Diss. Bochum 1979)

Kersting, Klaus, Kollektive Sicherheit durch peace keeping operations. Insbesondere: Zur Beteiligung der Bundeswehr an UN-Aktionen, NZWehrr 1983, S. 64

Kielmansegg, Sebastian Graf von, Inlandseinsätze der Streitkräfte in rechtsvergleichender Perspektive, GSZ 2019, S. 45

Kindhäuser, Urs/Zimmermann, Till, Strafrecht Allgemeiner Teil, 9. Aufl., Baden-Baden 2020 (zitiert: *U. Kindhäuser/T. Zimmermann*, Strafrecht AT)

Kingreen, Thorsten/Poscher, Ralf, Grundrechte. Staatsrecht II, 35. Aufl., Heidelberg 2019

Kingreen, Thorsten/Poscher, Ralf, Polizei- und Ordnungsrecht, begründet und bis zur 7. Auflage bearbeitet von Pieroth, Bodo/Schlink, Bernhard/Kniesel, Michael, 10. Aufl., München 2018 (zitiert: *T. Kingreen/R. Poscher*, POR)

Kirchhof, Ferdinand, Verteidigung und Bundeswehr, in: Isensee, Josef/Kirchhof, Paul (Hrsg.), Handbuch des Staatsrechts der Bundesrepublik Deutschland, Bd. IV: Aufgaben des Staates, 3. Aufl., Heidelberg 2006, § 84 (zitiert: *F. Kirchhof*, Verteidigung und Bundeswehr, in: J. Isensee/P. Kirchhof, HStR IV, § 84)

Kirchhof, Paul, Begriff und Kultur der Verfassung, in: Depenheuer, Otto/Grabenwarter, Christoph (Hrsg.), Verfassungstheorie, Tübingen 2010, § 3

Kirchhof, Paul, Der deutsche Staat im Prozeß der europäischen Integration, in: Isensee, Josef/ders. (Hrsg.), Handbuch des Staatsrechts der Bundesrepublik Deutschland, Bd. X: Deutschland in der Staatengemeinschaft, 3. Aufl., Heidelberg 2012, § 214 (zitiert: *P. Kirchhof*, Der deutsche Staat im Prozeß der europäischen Integration, in: J. Isensee/ders., HStR X, § 214)

Kirchhof, Paul, Der Verteidigungsauftrag der deutschen Streitkräfte, in: Beyerlin, Ulrich/Bothe, Michael/Hofmann, Rainer/Petersmann, Ernst-Ulrich (Hrsg.), Recht zwischen Umbruch und Bewahrung, Festschrift für Rudolf Bernhardt, Berlin u.a. 1995, S. 797

Kirchhof, Paul, Verfassung, Theorie und Dogmatik, in: Isensee, Josef/ders. (Hrsg.), Handbuch des Staatsrechts der Bundesrepublik Deutschland, Bd. XII: Normativität und Schutz der Verfassung, 3. Aufl., Heidelberg 2014, § 273 (zitiert: *P. Kirchhof*, Verfassung, Theorie und Dogmatik, in: J. Isensee/ders., HStR XII, § 273)

Klein, Eckart, Die vorsätzliche Tötung unbeteiligter Personen durch den Staat, in: Grupp, Klaus/Hufeld, Ulrich (Hrsg.), Recht – Kultur – Finanzen, Festschrift für Reinhard Mußgnug, Heidelberg 2005, S. 71

Klein, Eckart, Innerer Staatsnotstand, in: Isensee, Josef/Kirchhof, Paul (Hrsg.), Handbuch des Staatsrechts der Bundesrepublik Deutschland, Bd. XII: Normativität und Schutz der Verfassung, 3. Aufl., Heidelberg 2014, § 280 (zitiert: *E. Klein*, Innerer Staatsnotstand, in: J. Isensee/P. Kirchhof, HStR XII, § 280)

Klein, Eckart, Rechtsprobleme einer deutschen Beteiligung an der Aufstellung von Streitkräften der Vereinten Nationen, ZaöRV 34 (1974), S. 429

Kleiner, Niels-Peter, Aufgabe(n) und Befugnisse der Streitkräfte im Innern nach der Bonner Notstandsverfassung vom 24. Juni 1968. Zugleich eine verfassungsgeschichtliche und begriffsvergleichende Studie zum Begriff der „Streitkräfte im materiellen Sinne“, Münster 1977 (zugl. Diss. Münster 1976) (zitiert: *N.-P. Kleiner*, Notstandsverfassung)

Kloepfer, Michael, Verfassungsrecht: Bd. II, Grundrechte, 1. Aufl., München 2010

Klückmann, Harald, Bundesgrenzschutz und Land im Anforderungsfall des Art. 35 Abs. 2 Satz 2 GG unter Berücksichtigung allgemeiner Amtshilferegeln, DÖV 1976, S. 333

Klückmann, Harald, Die Bundeswehr im Recht der Amtshilfe, Kiel 1984 (zugl. Diss. Kiel 1977) (zitiert: *H. Klückmann*, Amtshilfe)

Klückmann, Harald, Die Entwicklung des Wehrrechts 1978/1979, NJW 1979, S. 2281

Klückmann, Harald, Zur behördlichen Hilfe der Streitkräfte. Die Truppe als Adressat staatlichen und kommunalen Hilfeersuchens, DVBl. 1977, S. 952

Kniesel, Michael, „Innere Sicherheit" und Grundgesetz, ZRP 1996, S. 482

Krause, Ulf von, Der Einsatz der Bundeswehr im Innern. Ein Überblick über eine aktuelle, kontroverse politische Diskussion, Wiesbaden 2017 (zitiert: *U. v. Krause*, Einsatz der Bundeswehr im Innern)

Kreuter-Kirchhof, Charlotte, Verfassungsgerichtsbarkeit im Dienste der Verfassung, in: Isensee, Josef/Kirchhof, Paul (Hrsg.), Handbuch des Staatsrechts der Bundesrepublik Deutschland, Bd. XII: Normativität und Schutz der Verfassung, 3. Aufl., Heidelberg 2014, § 272 (zitiert: *C. Kreuter-Kirchhof*, Verfassungsgerichtsbarkeit im Dienste der Verfassung, in: J. Isensee/P. Kirchhof, HStR XII, § 272)

Kreutzer, Rudolf, Der Begriff der „Streitkräfte" im Grundgesetz, DVBl. 1969, S. 399

Krings, Günter/Burkiczak, Christian, Bedingt abwehrbereit? – Verfassungs- und völkerrechtliche Aspekte des Einsatzes der Bundeswehr zur Bekämpfung terroristischer Gefahren im In- und Ausland, DÖV 2002, S. 501

Krings, Günter/Burkiczak, Christian, Sicherer Himmel per Gesetz? – Zum Regierungsentwurf für ein Luftsicherheitsgesetz –, NWVBl. 2004, S. 249

Kroß, Peter, Der Einsatz der Streitkräfte im Inneren unter der Herrschaft der Weimarer Reichsverfassung, Göttingen 1971 (zitiert: *P. Kroß*, Weimarer Reichsverfassung)

Kutscha, Martin, Anmerkung zu BVerwG, Urteil vom 25.10.2017, GSZ 2018, S. 112

Kutscha, Martin, Das Grundrecht auf Leben unter Gesetzesvorbehalt – ein verdrängtes Problem, NVwZ 2004, S. 801

Laband, Paul, Das Staatsrecht des Deutschen Reiches, vierter Band, 5. Aufl. Tübingen 1914 (zitiert: *P. Laband*, Staatsrecht, Bd. IV)

Laband, Paul, Die Kommandogewalt und die Kabinettsorder von 1820, DJZ 1914, Sp. 185

Ladiges, Manuel, Anmerkung zu BVerfG, Beschluss vom 20.03.2013, NZWehrr 2013, S. 166

Ladiges, Manuel, Art. 87a Abs. 2 GG im Lichte der neueren Rechtsprechung, UBWV 2010, S. 114

Ladiges, Manuel, Aufklärungsflüge als Einsatz der Streitkräfte?, NZWehrr 2018, S. 177

Ladiges, Manuel, Der Cyberraum – ein (wehr-)verfassungsrechtliches Niemandsland?, NZWehrr 2017, S. 221

Ladiges, Manuel, Der Einsatz der Streitkräfte im Katastrophennotstand nach dem Plenarbeschluss des Bundesverfassungsgerichts, NVwZ 2012, S. 1225

Ladiges, Manuel, Die Bekämpfung nicht-staatlicher Angreifer im Luftraum. Unter besonderer Berücksichtigung des § 14 Abs. 3 LuftSiG und der strafrechtlichen Beurteilung der Tötung von Unbeteiligten, 2. Aufl., Berlin 2013 (zugl. Diss. Greifswald 2006) (zitiert: *M. Ladiges*, Die Bekämpfung nichtstaatlicher Angreifer im Luftraum)

Ladiges, Manuel, Grenzen des wehrverfassungsrechtlichen Parlamentsvorbehalts, NVwZ 2010, S. 1075

Ladiges, Manuel, Reform des Bundeswehreinsatzes im Inneren, ZRP 2016, S. 185

Ladiges, Manuel, Verfassungsrechtliche Grundlagen für den Einsatz der Streitkräfte, JuS 2015, S. 598

Ladiges, Manuel/Glawe, Robert, Eine dramatische Vorstellung: Zum bewaffneten innerdeutschen Einsatz der Streitkräfte bei Terrorgefahr, DÖV 2011, S. 621

Laqueur, Walter, Die globale Bedrohung. Neue Gefahren des Terrorismus, Berlin 1998 (zitiert: *W. Laqueur*, Die globale Bedrohung)

Larenz, Karl, Methodenlehre der Rechtswissenschaft, 6. Aufl., Berlin 1991 (zitiert: *K. Larenz*, Methodenlehre)

Larenz, Karl/Canaris, Claus-Wilhelm, Methodenlehre der Rechtswissenschaft, 3. Aufl., Berlin u.a. 1995 (zitiert: *K. Larenz/C.-W. Canaris*, Methodenlehre)

Laschewski, Gregor, Der Einsatz der deutschen Streitkräfte im Inland. Unter Berücksichtigung des neuen Luftsicherheitsgesetzes sowie aktueller Initiativen zur Änderung des Grundgesetzes, Würzburg 2005 (zugl. Diss. Würzburg 2005) (zitiert: *G. Laschewski*, Streitkräfte im Inland)

Lavalle, Roberto, A Politicized and Poorly Conceived Notion Crying Out for Clarification: The Alleged Need for a Universally Agreed Definition of Terrorism, ZaöRV 67 (2007), S. 89

Lehnguth, Gerold, Die Verwaltungsakte der Streitkräfte gegenüber dem Bürger, Göttingen 1973 (zugl. Diss. Göttingen 1973) (zitiert: *G. Lehnguth*, Verwaltungsakte der Streitkräfte)

Lenz, Carl Otto, Notstandsverfassung des Grundgesetzes, Kommentar, Frankfurt am Main 1971 (zitiert: *C. O. Lenz*, Notstandsverfassung)

Lepper, Manfred, Die verfassungsrechtliche Stellung der militärischen Streitkräfte im gewaltenteilenden Rechtsstaat, Bielefeld 1962 (zugl. Diss. Bonn 1963)

Lerche, Peter, Stiller Verfassungswandel als aktuelles Politikum, in: Spanner, Hans/ders./Zacher, Hans/Badura, Peter/Campenhausen, Axel Freiherr von (Hrsg.), Festgabe für Theodor Maunz, München 1971, S. 285

Limbach, Jutta, Ist die kollektive Sicherheit Feind der individuellen Freiheit?, AnwBl. 2002, S. 454

Lindenau, Heinrich, Zabern II, DJZ 1913, Sp. 1461

Link, Christoph, Staatszwecke im Verfassungsstaat – nach 40 Jahren Grundgesetz, VVDStRl 48 (1990), S. 7

Linke, Tobias, Die „militärische Waffe" – Ein Begriffsgespenst im Wehrverfassungs- und im Recht der Inneren Sicherheit?, NZWehrr 2006, S. 177

Linke, Tobias, Inlandsverwendungen jenseits der schlichten Amtshilfe Status quo und Perspektiven, in: Weingärtner, Dieter (Hrsg.), Die Bundeswehr als Armee im Einsatz, Baden-Baden 2010, S. 189

Linke, Tobias, Innere Sicherheit durch die Bundeswehr? Zu Möglichkeiten und Grenzen der Inlandsverwendung der Streitkräfte, AöR 129 (2004), S. 489

Linke, Tobias, Zur Rolle des Art. 35 GG in dem Entwurf eines Gesetzes zur Neuregelung von Luftsicherheitsaufgaben, NZWehrr 2004, S. 115

Lisken, Hans/Denninger, Erhard, Handbuch des Polizeirechts, herausgegeben von Bäcker, Matthias/Denninger, Erhard/Graulich, Kurt, 6. Aufl., München 2018 (zitiert: *Bearbeiter*, in: H. Lisken/E. Denninger, Handbuch des Polizeirechts)

Locke, John, Zwei Abhandlungen über die Regierung, herausgegeben und eingeleitet von Euchner, Walter, Frankfurt am Main 1967 (zitiert: *J. Locke*, Zwei Abhandlungen, Zweite Abhandlung)

Looschelders, Dirk/Roth, Wolfgang, Juristische Methodik im Prozeß der Rechtsanwendung. Zugleich ein Beitrag zu den verfassungsrechtlichen Grundlagen von Gesetzesauslegung und Rechtsfortbildung, Berlin 1996 (zitiert: *D. Looschelders/W. Roth*, Juristische Methodik)

Lübbe-Wolff, Gertrude, Expropriation der Jurisprudenz?, in: Engel, Christoph/Schön, Wolfgang (Hrsg.), Das Proprium der Rechtswissenschaft, Tübingen 2007, S. 282 (zitiert: *G. Lübbe-Wolff*, Expropriation der Jurisprudenz?, in: C. Engel/W. Schön, Das Proprium der Rechtswissenschaft)

Lucks, Ulrich, Inhalt und Grenzen einer Amtshilfeleistung durch die Streitkräfte am Beispiel der Flüchtlingshilfe, NVwZ 2015, S. 1648

Ludwigs, Markus/Kuhn, Daniel, Referendarexamensklausur – Öffentliches Recht: Grundrechte – Ehe für alle, JuS 2018, S. 629

Lukan, Matthias, Verfassungskontinuität durch Verfassungsänderung – Wie kann eine Verfassung ihre Dauerhaftigkeit sichern?, DÖV 2019, S. 811

Lutze, Christian, Abwehr terroristischer Angriffe als Verteidigungsaufgabe der Bundeswehr, NZWehrr 2003, S. 101

Lutze, Christian, Bewachung der Euro-Geldtransporte durch die Bundeswehr?, NZWehrr 2001, S. 117

Maier, Alfons, Die verfassungsrechtliche und staatspolitische Stellung der deutschen Wehrmacht. Ein Überblick über die Jahre 1919 – 1934, VerwArch 39 (1934), S. 265

Mammen, Lars, Völkerrechtliche Stellung von internationalen Terrororganisationen, Baden-Baden 2008 (zugl. Diss. Düsseldorf 2006)

Mangoldt, Hermann von/Klein, Friedrich/Starck, Christian, Kommentar zum Grundgesetz: Bd. 3, Art. 83-146, 6. Aufl., München 2010; Bd. 1, Präambel, Art. 1-19, 7. Aufl., München 2018; Bd. 2, Art. 20-82, 7. Aufl., München 2018; Bd. 3, Art. 83-146, 7. Aufl., München 2018 (zitiert: *Bearbeiter*, in: H. v. Mangoldt/F. Klein/C. Starck, GG Kommentar)

Martínez Soria, José, Polizeiliche Verwendungen der Streitkräfte. – Möglichkeiten und Grenzen eines Einsatzes der Bundeswehr im Inneren –, DVBl. 2004, S. 597

Marxsen, Christian, Verfassungsrechtliche Regeln für Cyberoperationen der Bundeswehr. Aktuelle Herausforderungen für Einsatzbegriff und Parlamentsvorbehalt, JZ 2017, S. 543

März, Wolfgang, Äußerer Staatsnotstand, in: Isensee, Josef/Kirchhof, Paul (Hrsg.), Handbuch des Staatsrechts der Bundesrepublik Deutschland, Bd. XII: Normativität und Schutz der Verfassung, 3. Aufl., Heidelberg 2014, § 281 (zitiert: *W. März*, Äußerer Staatsnotstand, in: J. Isensee/P. Kirchhof, HStR XII, § 281)

Maunz, Theodor/Dürig, Günter, Grundgesetz-Kommentar, Loseblattsammlung, hrsg. von Herzog, Roman/Scholz, Rupert/Herdegen, Matthias/Klein, Hans H., München (zitiert: *Bearbeiter*, in: T. Maunz/G. Dürig, GG Kommentar und nach Stand der Kommentierung)

Maurer, Hartmut, Staatsrecht I, 6. Aufl., München 2010

Mayen, Thomas, Der verordnete Ausnahmezustand. Zur Verfassungsmäßigkeit der Befugnisse des Bundesministeriums für Gesundheit nach § 5 IfSG, NVwZ 2020, S. 828

Meier, Ernst-Christoph/Hannemann, Andreas/Meyer zum Felde, Rainer, Wörterbuch zur Sicherheitspolitik. Deutschland in einem veränderten internationalen Umfeld, 8. Aufl., Hamburg u.a. 2012 (zitiert: Wörterbuch zur Sicherheitspolitik)

Melzer, Wolfgang/Haslach, Christian/Socher, Oliver, Der Schadensausgleich nach dem Luftsicherheitsgesetz, NVwZ 2005, S. 1361

Mertins, Torsten, Der Spannungsfall. Eine Untersuchung zur Notstandsverfassung des Grundgesetzes unter besonderer Berücksichtigung der Abwehr terroristischer Gefahren, Baden-Baden 2013 (zugl. Diss. Göttingen 2011/12)

Metzger, Philipp-Sebastian, Nochmals: Aufklärungsflüge als Einsatz der Streitkräfte?, NZWehrr 2018, S. 185

Michael, Lothar, Die verfassungswandelnde Gewalt, RW 2014, S. 426

Middel, Stefan, Innere Sicherheit und präventive Terrorismusbekämpfung, Baden-Baden 2007 (zugl. Diss. Berlin 2006) (zitiert: *S. Middel*, Terrorismusbekämpfung)

Mohl, Robert von, Die Polizei-Wissenschaft nach den Grundsätzen des Rechtsstaates, Bd. I, 2. Aufl., Tübingen 1844 (zitiert: *R. v. Mohl*, Polizei-Wissenschaft)

Möllers, Martin H.W., Wörterbuch der Polizei, 2. Aufl., München 2012; 3. Aufl., München 2018

Möllers, Thomas M. J., Juristische Methodenlehre, 2. Aufl., München 2019

Mössner, Jörg Manfred, Bundeswehr in blauen Helmen, in: v. Münch, Ingo (Hrsg.), Staatsrecht – Völkerrecht – Europarecht, Festschrift für Hans-Jürgen Schlochauer, Berlin u.a. 1981, S. 97

Möstl, Markus, Die staatliche Garantie für die öffentliche Sicherheit und Ordnung. Sicherheitsgewährleistung im Verfassungsstaat, im Bundesstaat und in der Europäischen Union, Tübingen 2002 (zugl. Habil.-Schr., München 2001/2002) (zitiert: *M. Möstl*, staatliche Garantie)

Möstl, Markus, Regelungsfelder der Verfassung, in: Depenheuer, Otto/Grabenwarter, Christoph (Hrsg.), Verfassungstheorie, Tübingen 2010, § 17

Müller, Carsten, Terrorismus und das Problem der Begrifflichkeit, JBÖS 2018/2019, S. 223

Müller, Friedrich, Die Einheit der Verfassung – Kritik des juristischen Holismus, 2. Aufl., Berlin 2007

Müller, Friedrich/Christensen, Ralph, Juristische Methodik: Bd. I, Grundlegung für die Arbeitsmethoden der Rechtspraxis, 11. Aufl., Berlin 2013

Münch, Ingo von/Kunig, Philip, Grundgesetz-Kommentar, 7. Aufl., München 2021 (zitiert: *Bearbeiter*, in: I. v. Münch/P. Kunig, GG Kommentar)

Musil, Andreas/Kirchner, Sören, Katastrophenschutz im föderalen Staat, Die Verwaltung 39 (2006), S. 373

Mußgnug, Reinhard, Die Befugnisse der Bundeswehr im Verteidigungsfall, DÖV 1989, S. 917

Neubacher, Frank, Was haben ≫Rote Armee Fraktion≪ und ≫Jihadisten≪ gemeinsam?, Jura 2010, S. 744

Neubert, Carl-Wendelin, Der Einsatz tödlicher Waffengewalt durch die deutsche auswärtige Gewalt, Freiburg im Breisgau u.a. 2016 (zugl. Diss. Freiburg im Breisgau 2015) (zitiert: *C.-W. Neubert*, Einsatz tödlicher Waffengewalt)

Nölle, Bernd, Die Verwendung des deutschen Soldaten im Ausland, Bonn 1973 (zugl. Diss. Bonn 1973) (zitiert: *B. Nölle*, Verwendung)

Odendahl, Kerstin, Der Umgang mit Unbeteiligten im Recht der Gefahrenabwehr: Das Luftsicherheitsgesetz als Verfassungsgemäßer Paradigmenwechsel?, Die Verwaltung 38 (2005), S. 425

Oellers-Frahm, Karin, Article 51 – What Matters Is the Armed Attack, not the Attacker, ZaöRV 77 (2017), S. 49

Oermann, Markus/Staben, Julian, Mittelbare Grundrechtseingriffe durch Abschreckung? Zur grundrechtlichen Bewertung polizeilicher „Online-Streifen" und „Online-Ermittlungen" in sozialen Netzwerken, Der Staat 52 (2013), S. 630

Ooyen, Robert Chr. van, „Kalte" Verfassungsänderung – die Plenarentscheidung des Bundesverfassungsgerichts zur Luftsicherheit, RuP 2013, S. 26

Palm, Ulrich, Der wehrlose Staat? Der Einsatz der Streitkräfte im Innern nach der Entscheidung des Bundesverfassungsgerichts zum Luftsicherheitsgesetz, AöR 132 (2007), S. 95

Pannkoke, Jörg, Der Einsatz des Militärs im Landesinnern in der neueren deutschen Verfassungsgeschichte, Münster 1998 (zugl. Diss., Münster, 1998) (zitiert: *J. Pannkoke*, Der Einsatz des Militärs im Landesinnern)

Parche, Hans Michael, Der Einsatz von Streitkräften im inneren Notstand. Zugleich ein Beitrag zur Lehre vom rechtsstaatlichen Handeln der Exekutive und seiner Kontrollen, Münster 1974 (zugl. Diss. Münster 1973) (zitiert: *H. M. Parche*, Notstand)

Paulke, Katja, Die Abwehr von Terrorgefahren im Luftraum, Hamburg 2005 (zugl. Diss. Berlin 2005) (zitiert: *K. Paulke*, Terrorgefahren im Luftraum)

Paulus, Andreas, Der Terrorist als Feind? Geleitwort, in: Kulick, Andreas/Goldhammer, Michael (Hrsg.), Der Terrorist als Feind? Personalisierung im Polizei- und Völkerrecht, Tübingen 2020, S. 1

Payandeh, Mehrdad/Sauer, Heiko, Die Beteiligung der Bundeswehr am Antiterroreinsatz in Syrien. Völker- und verfassungsrechtliche Rahmenbedingungen, ZRP 2016, S. 34

Pieroth, Bodo, 100 Jahre Weimarer Verfassung: Errungenschaften und Fehlentwicklungen, Jura 2019, S. 789

Poscher, Ralf, Sicherheitsverfassungsrecht im Wandel, in: Vesting, Thomas/Korioth, Stefan (Hrsg.), Der Eigenwert des Verfassungsrechts, Tübingen 2011, S. 245

Raesch, Otto, Die staatsrechtliche und staatspolitische Stellung der deutschen Wehrverfassung seit dem Bismarck'schen Reich, Königsberg 1938 (zugl. Diss. Königsberg 1938) (zitiert: *O. Raesch*, Wehrverfassung)

Rehage, Hannah, Der Einsatz deutscher Streitkräfte. Unter besonderer Berücksichtigung der verfassungsmäßigen Prüfung innerstaatlicher Verwendungen bei terroristischen Angriffen, München 2018 (zugl. Diss. Münster (Westf.) 2018)

Reimer, Franz, Juristische Methodik, Baden-Baden 2016

Reimer, Philipp, Das Staatsrecht des Notstands in Deutschland, in: Scherzberg, Arno/Can, Osman/Doğan, İlyas (Hrsg.), Der Rechtsstaat in Zeiten von Notstand und Terrorabwehr, Berlin 2019, S. 83

Reimer, Philipp/Kempny, Simon, Einführung in das Notstandsrecht, VR 2011, S. 253

Richter, Christian, Preemptive Self-Defense. Die Vereinbarkeit des Konzepts der Preemptive Self-Defense mit dem Völkerrecht, Berlin 2016 (zugl. Diss. Linz 2013)

Riedel, Norbert Karl, Der Einsatz deutscher Streitkräfte im Ausland – verfassungs- und völkerrechtliche Schranken, Frankfurt am Main u.a. 1989 (zugl. Diss. Würzburg 1989) (zitiert: *N. K. Riedel*, Streitkräfte im Ausland)

Riedel, Norbert Karl, Deutsche als UNO-Soldaten?, DÖV 1989, S. 890

Riegler, Thomas, Terrorismus. Akteure, Strukturen, Entwicklungslinien, Innsbruck u.a. 2009

Riemenschneider, Johann D., Der Begriff der Verteidigung in Art. 87a GG, NZWehrr 2019, S. 191

Robbers, Gerhard, Die Befugnisse der Bundeswehr im Katastrophenfall, DÖV 1989, S. 926

Robbers, Gerhard, Sicherheit als Menschenrecht, Aspekte der Geschichte, Begründung und Wirkung einer Grundrechtsfunktion, Baden-Baden 1987 (zugl. Habil.-Schr., Freiburg im Breisgau 1986/1987) (zitiert: *G. Robbers*, Sicherheit als Menschenrecht)

Rödel, Chäremon, Der Inlandseinsatz der Streitkräfte im Hinblick auf terroristische Angriffe, Jena 2017 (zugl. Diss. Jena 2017) (zitiert: *C. Rödel*, Inlandseinsatz)

Roggan, Fredrik, Tiefflug eines Tornado-Kampfflugzeugs über Demonstranten-Camp, Anmerkung zu BVerwG, Urteil vom 25.10.2017, NJW 2018, S. 723

Roggan, Fredrik/Kutscha, Martin, Handbuch zum Recht der Inneren Sicherheit, 2. Aufl., Berlin 2006 (zitiert: *Bearbeiter*, in: F. Roggan/M. Kutscha, Handbuch Innere Sicherheit)

Röhl, Klaus F./Röhl, Hans Christian, Allgemeine Rechtslehre, 3. Aufl., Köln u.a. 2008

Roßnagel, Alexander, Der alltägliche Notstand, KJ 1977, S. 257

Rozek, Jochen, Verfassungsrevision, in: Isensee, Josef/Kirchhof, Paul (Hrsg.), Handbuch des Staatsrechts der Bundesrepublik Deutschland, Bd. XII: Normativität und Schutz der Verfassung, 3. Aufl., Heidelberg 2014, § 257 (zitiert: *J. Rozek*, Verfassungsrevision, in: J. Isensee/P. Kirchhof, HStR XII, § 257)

Rürup, Reinhard, Deutschland im 19. Jahrhundert 1815 – 1871, 2. Aufl., Göttingen 1992

Sachs, Michael, Grundgesetz-Kommentar, 9. Aufl., München 2021 (zitiert: *Bearbeiter*, in: M. Sachs, GG Kommentar)

Sachs, Michael, Grundrechte: Faktischer Eingriff in die Versammlungsfreiheit. Grundrechtsbeeinträchtigung durch einschüchternden Tiefflug mit Tornado-Kampfflugzeug, JuS 2018, S. 596

Sachs, Michael, Staatsorganisationsrecht: Einsatz der Streitkräfte nach dem Luftsicherheitsgesetz, JuS 2013, S. 283

Sachs, Michael, Staatsorganisationsrecht: Streitkräfte unter Parlamentsvorbehalt, JuS 2016, S. 94

Sattler, Henriette, Gefahrenabwehr im Katastrophenfall. Verfassungsrechtliche Vorgaben für die Gefahrenabwehr bei Naturkatastrophen und ihre einfachgesetzliche Umsetzung, Berlin 2008 (zugl. Diss. Mainz 2006)

Sattler, Henriette, Terrorabwehr durch die Streitkräfte nicht ohne Grundgesetzänderung, NVwZ 2004, S. 1286

Sauer, Heiko, Juristische Methodenlehre, in: Krüper, Julian (Hrsg.), Grundlagen des Rechts, 3. Aufl., Baden-Baden 2017, § 9

Sauer, Heiko, Parameter eines materiellen Auslandseinsatzrechts. – Anwendbarkeit, Rechtsbindungen und Haftungsvorgaben des Grundgesetzes bei Auslandseinsätzen der Bundeswehr –, DÖV 2019, S. 714

Sauer, Heiko, Staatsrecht III. Auswärtige Gewalt, Bezüge des Grundgesetzes zu Völker- und Europarecht, 5. Aufl., München 2018

Saul, Ben, Definition of „Terrorism" in the UN Security Council: 1985 – 2004, CJIL 4 (2005), S. 141

Sax, Florian, Soldaten gegen Piraten. Der extraterritoriale Einsatz der deutschen Marine zur Pirateriebekämpfung im Lichte von Völkerrecht und Grundgesetz, Berlin 2018 (zugl. Diss. Regensburg 2017)

Schaefer, Jan Philipp, Die „Ehe für alle" und die Grenzen der Verfassungsfortbildung, AöR 143 (2018), S. 393

Schäuble, Wolfgang, Aktuelle Sicherheitspolitik im Lichte des Verfassungsrechts, ZRP 2007, S. 210

Schäuble, Wolfgang, Neue Bedrohungen und die Antwort des Notstandsrechts, EuGRZ 2005, S. 294

Schemann, Eric, Verfassungsrechtliche Legitimation nichtmilitärischer Auslandseinsätze der Bundeswehr, Tübingen 1998 (zugl. Diss. Tübingen 1997)

Schenk, Erwin, Der Fall Zabern, Stuttgart 1927

Schenke, Wolf-Rüdiger, Das Luftsicherheitsgesetz und das Recht der Gefahrenabwehr, in: Roggan, Fredrik (Hrsg.), Mit Recht für Menschenwürde und Verfassungsstaat, Festgabe für Burkhard Hirsch, Berlin 2006, S. 75

Schenke, Wolf-Rüdiger, Die Verfassungswidrigkeit des § 14 III LuftSiG, NJW 2006, S. 736

Schenke, Wolf-Rüdiger, Polizei- und Ordnungsrecht, 10. Aufl., Heidelberg 2018 (zitiert: *W.-R. Schenke*, POR)

Schenke, Wolf-Rüdiger, Polizeiliches Handeln bei Anscheinsgefahr und Gefahrverdacht, JuS 2018, S. 505

Schenke, Wolf-Rüdiger, Verfassung und Zeit – von der „entzeiteten" zur zeitgeprägten Verfassung, AöR 103 (1978), S. 566

Schenke, Wolf-Rüdiger/Graulich, Kurt/Ruthig, Josef, Sicherheitsrecht des Bundes. BPolG, BKAG, ATDG, BVerfSchG, BNDG, VereinsG, 2. Aufl., München 2019 (zitiert: *Bearbeiter*, in: W.-R. Schenke/K. Graulich/J. Ruthig, Sicherheitsrecht des Bundes)

Scherer, Werner/Alff, Richard/Poretschkin, Alexander/Lucks, Ulrich, Soldatengesetz, Kommentar, 10. Aufl., München 2018 (zitiert nach Bearbeitern)

Scheuren, Christoph M., Einsatz der Bundeswehr im Inland mit spezifisch militärischen Waffen, BWV 2017, S. 124

Schiedermair, Stephanie, Piratenjagd im Golf von Aden, AöR 135 (2010), S. 185

Schlink, Bernhard, Die Amtshilfe. Ein Beitrag zu einer Lehre von der Gewaltenteilung in der Verwaltung, Berlin 1982 (zugl. Habil.-Schr., Freiburg 1981)

Schmahl, Stefanie/Jung, Florian, Einsätze der Streitkräfte im In- und Ausland, Ad Legendum 2012, S. 134

Schmalenbach, Kirsten, Der Internationale Terrorismus – ein Definitionsversuch, NZWehrr 2000, S. 15

Schmidt-Bleibtreu, Bruno/Hofmann, Hans/Henneke, Hans-Günter, Grundgesetz-Kommentar, 14. Aufl., Köln 2018 (zitiert: *Bearbeiter*, in: B. Schmidt-Bleibtreu/H. Hofmann/H.-G. Henneke, GG Kommentar)

Schmidt-Jortzig, Edzard, Verfassungsänderung für Bundeswehreinsätze im Innern Deutschlands?, DÖV 2002, S. 773

Schmidt-Radefeldt, Roman, Die Wehrverfassung in schlechter Verfassung? Inlandseinsätze der Bundeswehr auf dem Prüfstein der Wehrverfassung, NZWehrr 2008, S. 221

Schmidt-Radefeldt, Roman, Parlamentarische Kontrolle der internationalen Streitkräfteintegration, Berlin 2005 (zugl. Habil.-Schr., Leipzig 2004) (zitiert: *R. Schmidt-Radefeldt*, Streitkräfteintegration)

Schmidt-Radefeldt, Roman, Rechtsdurchsetzung mit militärischen Mitteln – Inlandseinsätze der Armee und Militarisierung der Polizei – Landesbericht Deutschland, in: Kischel, Uwe/Kielmansegg, Sebastian Graf von (Hrsg.), Rechtsdurchsetzung mit militärischen Mitteln, Tübingen 2018, S. 1 (zitiert: *R. Schmidt-Radefeldt*, Inlandseinsätze der Armee und Militarisierung der Polizei, in: U. Kischel/S. Grf. v. Kielmansegg, Rechtsdurchsetzung mit militärischen Mitteln)

Schmitt, Carl, Die Diktatur des Reichspräsidenten nach Art. 48 der Reichsverfassung, VVDStRl 1 (1924), S. 63

Schmitz-Elvenich, Heiko F., Targeted Killing. Die völkerrechtliche Zulässigkeit der gezielten Tötung von Terroristen im Ausland, Frankfurt am Main u.a. 2008 (zugl. Diss. Köln 2007)

Schneider, Hans, Die Reichsverfassung vom 11. August 1919, in: Isensee, Josef/ Kirchhof, Paul (Hrsg.), Handbuch des Staatsrechts der Bundesrepublik Deutschland, Bd. I: Historische Grundlagen, 3. Aufl., Heidelberg 2003, § 5 (zitiert: *H. Schneider*, Die Reichsverfassung vom 11. August 1919, in: J. Isensee/P. Kirchhof, HStR I, § 5)

Schoch, Friedrich, Verfassungsrechtliche Anforderungen an den Einsatz der Streitkräfte im Inland, Jura 2013, S. 255

Schoch, Friedrich, Besonderes Verwaltungsrecht, 1. Aufl., München 2018 (zitiert: *Bearbeiter*, in: F. Schoch, Besonderes Verwaltungsrecht)

Scholz, Michael, Staatliches Selbstverteidigungsrecht gegen terroristische Gewalt, Berlin 2006 (zugl. Diss. Bonn 2005)

Schopohl, Ulrich, Der Außeneinsatz der Streitkräfte im Frieden, Hamburg 1991 (zugl. Diss. Hamburg 1991) (zitiert: *U. Schopohl*, Außeneinsatz)

Schorkopf, Frank, Staatsrecht der internationalen Beziehungen, München 2017

Schreiber, Wolfgang, Die Befugnisse der Streitkräfte nach Art. 87a Abs. 3 GG, DÖV 1969, S. 729

Schröder, Florian, Das parlamentarische Zustimmungsverfahren zum Auslandseinsatz der Bundeswehr in der Praxis, Köln 2005 (zugl. Diss. Göttingen 2004) (zitiert: *F. Schröder*, Zustimmungsverfahren zum Auslandseinsatz)

Schröder, Jens-Ole, Die internationale Integration deutscher Streitkräfte und ihre verfassungsrechtlichen Grenzen, Aachen 1997 (zugl. Diss. Kiel 1996) (zitiert: *J.-O. Schröder*, Integration deutscher Streitkräfte)

Schröder, Meinhard, Staatsrecht an den Grenzen des Rechtsstaates. Überlegungen zur Verteidigung des Rechtsstaates in außergewöhnlichen Lagen, AöR 103 (1978), S. 121

Schulte-Bunert, Christoph, Grundrechtsschutz und Verteidigungsauftrag, Berlin 2013 (zugl. Diss. Köln 2012)

Schultz, Marcus, Die Auslandsentsendung von Bundeswehr und Bundesgrenzschutz zum Zwecke der Friedenswahrung, Frankfurt am Main u.a. 1998 (zugl. Diss. Würzburg 1997)

Schwalb, Die außerordentlichen Befugnisse der Landesregierungen aus Art. 48 RVerf., DJZ 1925, Sp. 209

Schwetzel, Wolfram, Freiheit, Sicherheit, Terror. Das Verhältnis von Freiheit und Sicherheit nach dem 11. September 2001 auf verfassungsrechtlicher und einfachgesetzlicher Ebene, München 2006 (zugl. Diss. Köln 2006)

Seifert, Jens/Bünker, Benedikt, Der Einsatz der Bundeswehr im Innern, ThürVBl. 2006, S. 49

Senger, Jens, Streitkräfte und Materielles Polizeirecht. Die Wahrnehmung materiell-polizeilicher Aufgaben durch die Streitkräfte innerhalb der Bundesrepublik Deutschland, Hamburg 2011

Seydel, Max von, Commentar zur Verfassungs-Urkunde für das Deutsche Reich, 2. Aufl., Freiburg im Breisgau 1897 (zitiert: *M. v. Seydel*, BRV Kommentar)

Siemsen, Annelie, Der Schutz personenbezogener Daten bei der Auslandsaufklärung durch Bundeswehrsoldaten, Berlin 2018 (zugl. Diss. Hamburg 2018) (zitiert: *A. Siemsen*, Auslandsaufklärung durch Bundeswehrsoldaten)

Sigloch, Daniel, Auslandseinsätze der deutschen Bundeswehr, Hamburg 2006 (zugl. Diss. Tübingen 2004) (zitiert: *D. Sigloch*, Auslandseinsätze)

Sittard, Ulrich/Ulbrich, Martin, Fortgeschrittenenklausur – Öffentliches Recht: Das Luftsicherheitsgesetz, JuS 2005, S. 432

Sodan, Helge, Grundgesetz, Kompakt-Kommentar, 4. Aufl., München 2018 (zitiert: *Bearbeiter*, in: H. Sodan, GG Kommentar)

Speth, Wolfgang, Rechtsfragen des Einsatzes der Bundeswehr unter besonderer Berücksichtigung sekundärer Verwendungen, München 1985 (zitiert: *W. Speth*, Rechtsfragen des Einsatzes der Bundeswehr)

Spies-Otto, Sylvia Charlotte, Die verfassungsrechtliche Dimension staatlichen Verhaltens im Cyber-Raum, NZWehrr 2016, S. 133

Spranger, Tade Matthias, Einsatz der Streitkräfte zur Abwehr terroristischer Bedrohungen im Luftraum, in: Fleck, Dieter (Hrsg.), Rechtsfragen der Terrorismusbekämpfung durch Streitkräfte, Baden-Baden 2004, S. 183 (zitiert: *T.*

M. Spranger, Einsatz der Streitkräfte zur Abwehr terroristischer Bedrohungen im Luftraum, in: D. Fleck, Terrorismusbekämpfung)

Spranger, Tade Matthias, Wehrverfassung im Wandel, Baden-Baden 2003 (zugl. Diss. München 2002) (zitiert: *T. M. Spranger*, Wehrverfassung)

Staben, Julian, Der Abschreckungseffekt auf die Grundrechtsausübung. Strukturen eines verfassungsrechtlichen Arguments, Tübingen 2016 (zugl. Diss. Hamburg 2016) (zitiert: *J. Staben*, Abschreckungseffekt)

Starck, Christian, Auslegung und Fortbildung der Verfassung und des Verfassungsprozessgesetzes durch das Verfassungsgericht, in: Depenheuer, Otto/ Heintzen, Markus/Jestaedt, Matthias/Axer, Peter (Hrsg.), Staat im Wort, Festschrift für Josef Isensee, Heidelberg 2007, S. 215

Starck, Christian, Maximen der Verfassungsauslegung, in: Isensee, Josef/Kirchhof, Paul (Hrsg.), Handbuch des Staatsrechts der Bundesrepublik Deutschland, Bd. XII: Normativität und Schutz der Verfassung, 3. Aufl., Heidelberg 2014, § 271 (zitiert: *C. Starck*, Maximen der Verfassungsauslegung, in: J. Isensee/P. Kirchhof, HStR XII, § 271)

Starski, Paulina, Right to Self-Defense, Attribution and the Non-State Actor. – Birth of the "Unable or Unwilling" Standard? –, ZaöRV 75 (2015), S. 455

Stein, Horst, Verteidigungsfunktion und Grundgesetzordnung. Die Bundeswehr im Spannungsfeld zwischen Effizienz und Systemkonformität, Frankfurt am Main u.a. 1990 (zugl. Diss. Hagen 1987) (zitiert: *H. Stein*, Verteidigungsfunktion)

Stein, Torsten, Landesverteidigung und Streitkräfte im 40. Jahr des Grundgesetzes, in: Hailbronner, Kay/Ress, Georg/ders. (Hrsg.), Staat und Völkerrechtsordnung, Festschrift für Karl Doehring, Berlin u.a. 1989, S. 935

Stein, Torsten, Rechtssicherheit aus einer Hand? Die verfassungsrechtliche Grundlage des Luftsicherheitsgesetzes, in: Grupp, Klaus/Hufeld, Ulrich (Hrsg.), Recht – Kultur – Finanzen, Festschrift für Reinhard Mußgnug, Heidelberg 2005, S. 85

Stern, Klaus, Das Staatsrecht der Bundesrepublik Deutschland: Bd. I: Grundbegriffe und Grundlagen des Staatsrechts, Strukturprinzipien der Verfassung, 2. Aufl., München 1984; Bd. II: Staatsorgane, Staatsfunktionen, Finanz- und Haushaltsverfassung, Notstandsverfassung, München 1980; Bd. III/1: Allgemeine Lehren der Grundrechte, München 1988 (zitiert: *K. Stern*, Staatsrecht)

Stober, Rolf/Eisenmenger, Sven, Katastrophenverwaltungsrecht – Zur Renaissance eines vernachlässigten Rechtsgebietes, NVwZ 2005, S. 121

Stock, Katharina, Verfassungswandel in der Außenverfassung. Entwicklung von Verfassungsrecht in Text und Kontext, Berlin 2017 (zugl. Diss. Heidelberg 2016) (zitiert: *K. Stock*, Verfassungswandel)

Streinz, Rudolf, EUV/AEUV, Vertrag über die Europäische Union, Vertrag über die Arbeitsweise der Europäischen Union, Charta der Grundrechte der Europäischen Union, Kommentar, 3. Aufl., München 2018 (zitiert: *Bearbeiter*, in: R. Streinz, EUV/AEUV Kommentar)

Talmon, Stefan, Bewaffnete Bundeswehrsoldaten am Brandenburger Tor? Zum Objektschutz durch die Streitkräfte bei terroristischen Anschlägen, BRJ 2016, S. 5

Tams, Christian J., Die Zuständigkeit des Bundes für die Abwehr terroristischer Gefahren, DÖV 2007, S. 367

Thiel, Markus, ‚Entgrenzung' der Gefahrenabwehr – Inflation der Sicherheit und Rückkehr des Polizeistaates? – Zur Weiterentwicklung der Sicherheitsarchitektur in Deutschland, JBÖS 2012/2013, S. 251

Thiel, Markus, Die „Entgrenzung" der Gefahrenabwehr. Grundfragen von Freiheit im Zeitalter der Globalisierung, Tübingen 2011 (zitiert: *M. Thiel*, Entgrenzung)

Thiel, Markus, Polizei- und Ordnungsrecht, 4. Aufl., Baden-Baden 2020 (zitiert: *M. Thiel*, POR)

Thoma, Die Regelung der Diktaturgewalt, DJZ 1924, Sp. 654

Tohsche, Claws E., BWTEX 2019. Interdisziplinäre Übung der Sicherheitsbehörden in Baden-Württemberg, ES&T 12/2019, S. 43

Tomuschat, Christian, Internationale Terrorismusbekämpfung als Herausforderung für das Völkerrecht, DÖV 2006, S. 357

Trotter, Markus, Der Ausnahmezustand im historischen und europäischen Rechtsvergleich, Heidelberg 1997 (zugl. Diss. Heidelberg 1997) (zitiert: *M. Trotter*, Ausnahmezustand)

Trute, Hans-Heinrich, Die Erosion des klassischen Polizeirechts durch die polizeiliche Informationsvorsorge, in: Erbguth, Wilfried/Müller, Friedrich/Neumann, Volker (Hrsg.), Rechtstheorie und Rechtsdogmatik im Austausch, Gedächtnisschrift für Bernd Jeand'Heur, Berlin 1999, S. 403

Ullrich, Volker/Roggan, Fredrik, Bundeswehreinsatz im Inneren?, ZRP 2016, S. 126

Umbach, Dieter C./Clemens, Thomas, Grundgesetz Mitarbeiterkommentar: Bd. I, Art. 1-37, Heidelberg 2002 (zitiert: *Bearbeiter*, in: D. C. Umbach/T. Clemens, GG Kommentar)

Urban, Johannes, Internationaler Islamistischer Terrorismus, in: Backes, Uwe/Jesse, Eckhard (Hrsg.), Gefährdungen der Freiheit. Extremistische Ideologien im Vergleich, Göttingen 2006, S.441 (zitiert: *J. Urban*, Internationaler Islamistischer Terrorismus, in: U. Backes/E. Jesse, Gefährdungen der Freiheit)

Verlage, Christopher, Liegt der NATO-Bündnisfall noch vor?, VR 2008, S. 6

Volkmann, Uwe, Geltungsanspruch und Wirksamkeit des Grundgesetzes, in: Isensee, Josef/Kirchhof, Paul (Hrsg.), Handbuch des Staatsrechts der Bundesrepublik Deutschland, Bd. XII: Normativität und Schutz der Verfassung, 3. Aufl., Heidelberg 2014, § 256 (zitiert: *U. Volkmann*, Geltungsanspruch und Wirksamkeit des Grundgesetzes, in: J. Isensee/P. Kirchhof, HStR XII, § 256)

Volkmann, Uwe, Verfassungsänderung und Verfassungswandel, JZ 2018, S. 265

Voßkuhle, Andreas, Der Wandel der Verfassung und seine Grenzen, JuS 2019, S. 417

Voßkuhle, Andreas, Gibt es und wozu nutzt eine Lehre vom Verfassungswandel?, in: Wahl, Rainer (Hrsg.), Verfassungsänderung, Verfassungswandel, Verfassungsinterpretation, Berlin 2008, S. 201

Voßkuhle, Andreas, Verfassungsstil und Verfassungsfunktion, AöR 119 (1994), S. 35

Wahl, Rainer, Verfassungsgebung – Verfassungsänderung – Verfassungswandel I, in: ders. (Hrsg.), Verfassungsänderung, Verfassungswandel, Verfassungsinterpretation, Berlin 2008, S. 29

Waldmann, Peter, Terrorismus. Provokation der Macht, 3. Aufl., Hamburg 2011

Walter, Bernd, Am besten nichts Neues – eine Bestandsaufnahme der Diskussion um den erweiterten Einsatz der Streitkräfte zur Gefahrenabwehr im Innern, NZWehrr 2019, S. 3

Walter, Bernd, Annäherung an die Realitäten – neue Einsichten des Bundesverfassungsgerichtes zum Einsatz der Streitkräfte im Innern, NZWehrr 2013, S. 221

Walter, Bernd, Einsatz der Bundeswehr zur Gewährleistung Innerer Sicherheit – eine Sicherheitsstrategische Grundsatzfrage im Spannungsfeldzwischen Verfassungsrecht und staatlichen Gewährleistungspflichten, NZWehrr 2006, S. 70

Walter, Bernd, Einsatz der Streitkräfte im Inneren – Anmerkungen aus polizeirechtlicher Sicht unter Berücksichtigung der aktuellen Staatspraxis, NZWehrr 2010, S. 101

Walter, Christian, Grundrechtliche und rechtsstaatliche Bindungen der Bundeswehr beim Einsatz im Ausland, in: Breuer, Marten/Epiney, Astrid/Haratsch, Andreas/Schmahl, Stefanie/Weiß, Norman (Hrsg.), Der Staat im Recht, Festschrift für Eckart Klein, Berlin 2013, S. 351

Walter, Christian, Hüter oder Wandler der Verfassung? Zur Rolle des Bundesverfassungsgerichts im Prozeß des Verfassungswandels, AöR 125 (2000), S. 517

Walter, Tasia Tamara, Der Staat als Sicherheitsgarant? Sicherheitsverständnisse, Sicherheitserwartungen und Sicherheitsverheißungen des Staates im Umgang mit neuen terroristischen Bedrohungen des 21. Jahrhunderts, Baden-Baden 2019 (zugl. Diss. Gießen 2017)

Walz, Dieter/Eichen, Klaus/Sohm, Stefan, Soldatengesetz, Kommentar, 3. Aufl., Heidelberg 2016 (zitiert nach Bearbeitern)

Warg, Gunter, Extremismus und Terrorismus. Ein Definitionsversuch aus rechtlicher Sicht, VerwArch 102 (2011), S. 570

Wehler, Hans-Ulrich, Krisenherde des Kaiserreichs 1871 – 1918, 2. Aufl., Göttingen 1979

Welz, Joachim, ≫Zwei Hahne taugen nicht auf einem Mist≪. Die Wehrverfassung des Deutschen Bundes als ≫echtes≪ Kontingentsheer, NZWehrr 2019, S. 221

Werner, Angela, Die Grundrechtsbindung der Bundeswehr bei Auslandseinsätzen, Frankfurt am Main u.a. 2006 (zugl. Diss. Köln 2005)

Wette, Wolfram, „Ungewöhnliche Ausnahmesituation katastrophischen Ausmaßes". Anmerkung zur Entscheidung des BVerfG vom 3.7.2012 zum Einsatz militärischer Kampfmittel im Innern, Betrifft JUSTIZ 2012, S. 400

Wiefelspütz, Dieter, Anmerkung zu BVerfG, Beschluss des Plenums vom 03.07.2012, DVBl. 2012, S. 1233

Wiefelspütz, Dieter, Auslandseinsatz der Streitkräfte und Grundrechte, NZWehrr 2008, S. 89

Wiefelspütz, Dieter, Bundeswehr und Amtshilfe für die Polizei, BWV 2004, S. 121

Wiefelspütz, Dieter, Bundeswehr und innere Sicherheit, NWVBl. 2006, S. 41

Wiefelspütz, Dieter, Der Einsatz bewaffneter deutscher Streitkräfte im Ausland, AöR 132 (2007), S. 44

Wiefelspütz, Dieter, Der Einsatz bewaffneter deutscher Streitkräfte und der konstitutive Parlamentsvorbehalt, Baden-Baden 2003 (zitiert: *D. Wiefelspütz*, Parlamentsvorbehalt)

Wiefelspütz, Dieter, Die Abwehr terroristischer Anschläge und das Grundgesetz. Polizei und Streitkräfte im Spannungsfeld neuer Herausforderungen, Frankfurt am Main 2007 (zitiert: *D. Wiefelspütz*, Abwehr terroristischer Anschläge)

Wiefelspütz, Dieter, Die Plenarentscheidung des Bundesverfassungsgerichts zum Einsatz der Streitkräfte im Innern (≫Luftsicherheitsgesetz≪), NZWehrr 2013, S. 1

Wiefelspütz, Dieter, Einsatz der Streitkräfte im Inneren, Die Polizei 2003, S. 301

Wiefelspütz, Dieter, Sicherheit vor den Gefahren des internationalen Terrorismus durch den Einsatz der Streitkräfte?, NZWehrr 2003, S. 45

Wiefelspütz, Dieter, Verteidigung und Terrorismusbekämpfung durch die Streitkräfte, NZWehrr 2007, S. 12

Wieland, Joachim, Verfassungsrechtliche Grundlagen polizeiähnlicher Einsätze der Bundeswehr, in: Fleck, Dieter (Hrsg.), Rechtsfragen der Terrorismusbekämpfung durch Streitkräfte, Baden-Baden 2004, S. 167 (zitiert: *J. Wieland*, Verfassungsrechtliche Grundlagen polizeiähnlicher Einsätze der Bundeswehr, in: D. Fleck, Terrorismusbekämpfung)

Wildfang, Anne, Terrorismus: Definition, Struktur, Dynamik, Berlin 2010 (zugl. Diss. Freiburg im Breisgau 2009)

Wilkesmann, Peter, Terroristische Angriffe auf die Sicherheit des Luftverkehrs, NVwZ 2002, S. 1316

Winkler, Daniela, Die Systematik der grundgesetzlichen Normierung des Bundeswehreinsatzes unter Anknüpfung an die Regelung des LuftSiG, DÖV 2006, S. 149

Winkler, Daniela, Verfassungsmäßigkeit des Luftsicherheitsgesetzes, NVwZ 2006, S. 536

Wittinger, Michaela, Das Grundgesetz im Wandel: zum Wandel der Verfassung mittels Auslegung, UBWV 2011, S. 441

Wolff, Heinrich Amadeus, Der verfassungsrechtliche Rahmen für den Einsatz der Bundeswehr im Innern zur Terrorismusbekämpfung und zum Schutz ziviler Objekte, ThürVBl. 2003, S. 176

Wolff, Heinrich Amadeus, Ungeschriebenes Verfassungsrecht unter dem Grundgesetz, Tübingen 2000 (zugl. Habil.-Schr., Speyer 1998) (zitiert: *H. A. Wolff*, Verfassungsrecht)

Wolff, Heinrich Amadeus, Verfassung in ausgewählten Teilrechtsordnungen: Konstitutionalisierung und Gegenbewegungen – Sicherheitsrecht, DVBl. 2015, S. 1076

Wolff, Heinrich Amadeus, Verwendungen der Bundeswehr im Rahmen der Amtshilfe, in: Weingärtner, Dieter (Hrsg.), Die Bundeswehr als Armee im Einsatz, Baden-Baden 2010, S. 171

Wood, Michael, Self-Defense Against Non-State Actors – A Practitioner's View, ZaöRV 77 (2017), S. 75

Zimmer, Mark, Einsätze der Bundeswehr im Rahmen kollektiver Sicherheit, Frankfurt am Main u.a. 1995, (zugl. Diss. Würzburg 1994) (zitiert: *M. Zimmer*, Einsätze der Bundeswehr)

Sonstige verwendete Quellen: Tageszeitungen, Statistiken

Allgemeine Zeitung, Zur Geschichte der Unruhen in Oberhessen, außerordentliche Beilage Nr. 197 und 198 vom 21.11.1830, S. 786

Allgemeine Zeitung, Zur Geschichte der Unruhen in Oberhessen, außerordentliche Beilage Nr. 199 und 200 vom 22.11.1830, S. 793

FAZ online, Seit Breitscheidplatz sieben Anschläge verhindert, FAZ (online) vom 23.10.2019, zu finden unter: https://www.faz.net/aktuell/politik/inland/bka (Stand: 03.07.2021)

Hermann, Rainer, Warum der IS weiter gefährlich bleibt, FAZ (online) vom 22.03.2019, zu finden unter: https://www.faz.net/aktuell/politik/ausland/warum-der-is-weiter-gefaehrlich-bleibt-16103411.html (Stand: 03.07.2021)

Holscher, Max, Bundeswehr und Polizei üben gemeinsam den Antiterrorkampf, Spiegel Online vom 07.03.2017, zu finden unter: http://www.spiegel.de/politik/deutschland/bundeswehr-und-polizei-ueben-einsatz-gegen-terror-a-1137522.html (Stand: 03.07.2021)

Leithäuser, Johannes, Unbekannte Gefilde, FAZ vom 06.03.2017, S. 4

Luftfahrtamt der Bundeswehr, SAR-Jahresbericht 2017, Köln 2018

Schäuble, Wolfgang, Wir kommen zu nichts vor lauter Bedenken, FAZ vom 24.12.1993, S. 8

Statista, Anzahl der Polizisten in Deutschland nach Bundesländern im Jahr 2016, zu finden unter: https://de.statista.com/statistik/daten/studie/516101/umfrage/polizisten-in-deutschland-nach-bundeslaendern (Stand: 03.07.2021)

Statista, Wie sehr vertrauen Sie der Bundeswehr?, zu finden unter: https://de.statista.com/statistik/daten/studie/377235/umfrage/umfrage-in-deutschland-zum-vertrauen-in-die-bundeswehr/ (Stand: 03.07.2021)

www.ingramcontent.com/pod-product-compliance
Ingram Content Group UK Ltd.
Pitfield, Milton Keynes, MK11 3LW, UK
UKHW020714041026
15590UKWH00002B/658

9 783631 859964